国外马克思学译丛 ｜ 鲁克俭 丛书主编

# 布鲁诺·鲍威尔的
# 哲学和政治学

[加] 道格拉斯·莫格奇 （Douglas Moggach） 著

刘亚品 译

The Philosophy and
Politics of
Bruno Bauer

北京师范大学出版集团
BEIJING NORMAL UNIVERSITY PUBLISHING GROUP
北京师范大学出版社

# 总　序

　　经过一段时间的酝酿、筹划和准备，在北京师范大学出版社的大力支持下，我们正式推出这套"国外马克思学译丛"。现就译丛的编译旨趣、编译原则和工作分担问题作一简要说明。

## 一

　　对于"马克思学"[①]这个术语，国内外学术界还存在着不同的理解和界定。我们认为，如果不过分纠缠于吕贝尔创制 Marxologie 这个法文词的特定含义，而是从广义上理解，马克思学就是关于马克思生平事业、著作版本和思想理论的学术性研究。

　　关于马克思生平事业的研究成果通常是马克思传记。比较有代表性且已译成中文出版的有德国学者弗·梅林的《马克思传》(1918年)[②]、德国学者海因里希·格姆科夫等著的《马克思传》(1968

---

　　① "马克思学"的法文和德文都是 Marxologie，英文是 Marxology，俄文是 марксоведение。

　　② Franz Mehring, *Karl Marx*：*Geschichte seines Lebens*，*Leipzig*：Leipziger Buchdruck-erei, 1918. 该书有两个中译本：一是罗稷南译本，由上海骆驼书店 1946 年出版，生活·读书·新知三联书店 1950 年出版；一是樊集译本，由人民出版社 1972 年出版。

年)①、苏联学者彼·费多谢耶夫等著的《马克思传》(1973 年)②、苏联学者斯捷潘诺娃的《马克思传略》(1978 年)③、英国马克思学家戴维·麦克莱伦的《马克思传》④等。

关于著作版本的研究成果有几种形式:一是马克思著作年表,比较有代表性的有苏联马克思恩格斯列宁研究院(Marx-Engels-Lenin Institute)院长阿多拉茨基主编的《马克思年表》(1934 年)⑤、吕贝尔的《没有神话的马克思》(1975 年)⑥等;二是《马克思恩格斯全集》中的"题注"以及 MEGA2 资料卷对马克思著作(含手稿)和书信的写作时间、版本、文本写作过程和手稿修改等情况的介绍;三是马克思文献学专家发表的有关马克思著作版本考证的研究论文。

关于马克思思想理论的研究成果主要体现为专著,包括以下几种形式:(1)马克思思想传记,如吕贝尔的《马克思思想传记》(1957 年)⑦、科尔纽的《马克思恩格斯传》(1955、1958、1970 年)⑧、麦克莱伦的《马克思思想导论》(1971、1980、1995、2006 年)⑨等。(2)对马克思思想的分期研究,如日本学者广松涉的《唯物史观的原像》

---

① 中译本由易廷镇、侯焕良译,生活·读书·新知三联书店1978年出版。

② 中译本由孙家衡等译,生活·读书·新知三联书店1980年出版。

③ 中译本由关益、李荫寰译,中国社会科学出版社1982年出版。

④ 原书名是《卡尔·马克思:他的生平与思想》,1973年出第1版,2006年出第4版。中译本由王珍根据第3版和第4版翻译,中国人民大学出版社2006年出版,2008年再版。

⑤ 中文版由人民出版社1982年出版。该书在索引部分列出"马克思著作索引",包括三个部分:甲,书籍、小册子和重要手稿;乙,共产主义者同盟和第一国际给报纸编辑部的信,以及声明、公告、呼吁书和文件;丙,文章、报告和演说。

⑥ Maximilien Rubel and Margaret Manale, *Marx Without Myth*, Blackwell Publishers, 1975.

⑦ Maximilien Rubel, *Karl Marx : Essai de Biographie Intellectuelle*, Librairie Marcel Riviere et Cie, 1957.

⑧ Auguste Cornu, *Karl Marx et Friedrich Engels : Leur vie et leur œuvre*, Presses Universitaires de France, 1955, 1958, 1970.

⑨ David McLellan, *The Thought of Karl Marx : An Introduction*, Harper and Row, 1971, 1980, 1995, 2006.

（1971年）①、苏联学者拉宾的《马克思的青年时代》（1976年）等。
（3）对马克思理论的整体研究，如艾伦·伍德的《卡尔·马克思》
（1981、2004年）②、艾尔斯特的《卡尔·马克思导论》（1990年）③等。
（4）对马克思某一方面思想或具体著作的专题研究，如阿维内里的
《卡尔·马克思的社会和政治思想》（1970年）④、德雷珀的四卷本《马
克思的革命理论》（1977、1978、1981、1989年）⑤、奥尔曼的《异化：
马克思论资本主义社会中人的概念》（1971、1976年）⑥、科恩的
《马克思的历史理论：一种辩护》（1978、2000年）⑦、奈格里的《〈大
纲〉：超越马克思的马克思》（1979年）⑧、卡弗的《马克思与恩格斯：
学术思想关系》（1983年）⑨、拉雷恩的《马克思主义与意识形态：马
克思主义意识形态论研究》（1983年）⑩、拉比卡的《马克思的〈关于费
尔巴哈的提纲〉》（1987年）⑪、克拉克的《马克思的危机理论》（1994
年）⑫、莱文的《不同的路径：马克思主义与恩格斯主义中的黑格尔》

---

① 该书中文版已由南京大学出版社 2009 年出版。

② Allen W. Wood, *Karl Marx*, Routledge & Kegan Paul, 1981, 2004.

③ Jon Elster, *An Introduction to Karl Marx*, Cambridge University Press, 1990.

④ Shlomo Avineri, *The Social and Political Thought of Karl Marx*, Cambridge University Press, 1970.

⑤ Hal Draper, *Karl Marx's Theory of Revolution*.

⑥ Bertell Ollman, *Alienation: Marx's Conception of Man in Capitalist Society*, Cambridge University Press, 1971, 1976.

⑦ G. A. Cohen, *Karl Marx's Theory of History: A Defence*, Princeton University Press, 1978, 2000。重庆出版社 1989 年根据该书第 1 版出版了岳长龄的中译本, 高等教育出版社 2008 年根据第 2 版出版了段忠桥的中译本。

⑧ Antonio Negri, *Marx oltre Marx: Quaderno di lavoro sui Grundrisse*, Milan, Feltrinelli, 1979.

⑨ Terrell Carver, *Marx & Engels: The Intellectual Relationship*, Indiana University Press, 1983.

⑩ Jorge Larrain, *Marxism and Ideology*, The Macmillan Press Ltd. , 1983.

⑪ Georges Labica, *Karl Marx. les Thèses sur Feuerbach*, Presses Universitaires de France, 1987.

⑫ Simon Clarke, *Marx's Theory of Crisis*, Palgrave Macmillan, 1994.

（2006 年）①等。

马克思学主要分考据性研究和文本解读研究两种类型。"考据"包括对马克思生平事业中历史细节的考据，对马克思思想观点的来源、形成和发展过程的考据，对马克思著作版本的文献学考据等。"文本解读"是对马克思思想发展的内在逻辑、马克思思想的要旨和理论体系的整体把握和阐释。人们对马克思思想发展的内在逻辑、马克思思想的要旨和理论体系的言说，实际上都不是在描述一个客观事实，而是在进行"文本解读"。

作为专门术语的"马克思学"，或与之相近的名词虽然 20 世纪初才出现②，但马克思研究却是在马克思去世之后，甚至在马克思生前即已存在的学术现象。恩格斯在马克思生前所写的多篇关于马克思的传记和书评③，以及他在马克思逝世后为马克思著作所写的大量再版序言或导言等，就是这种研究存在的证明。此外，资产阶级学者对马克思著作和思想的评论或批判，在广义上也属于"马克思研究"的范畴。正因如此，列宁 1914 年在《卡尔·马克思（传略和马克思主义概述）》中说："论述马克思和马克思主义的著作数量甚多，不胜枚举。"他列举了威·桑巴特的《马克思主义书目》（开列了 300 本书）、1883—1907 年及往后几年《新时代》杂志上的索引、约瑟夫·施塔姆哈默尔的《社会主义和共产主义书目》（1893—1909 年）耶拿版第 1—3 卷等，供读者参阅。列宁还提到了庞巴维克的《马克思体系的终结》（1896 年）、里克斯的《价值和交换价值》（1899 年）、冯·博尔特

---

① Norman Levine, *Divergent Paths*：*Hegel in Marxism and Engelsism*, Lexington Books, 2006.

② 一般认为，西文中"马克思学"（Marxologie）这个术语是法国学者吕贝尔（Maximil-ien Rubel）创制的，但实际情况并非如此。早在 1904 年，奥地利马克思主义者阿德勒就与希法亭一起创办了《马克思研究》（*Marx-Studien*）杂志，而且 20 世纪 20 年代在苏联就已出现俄文词"马克思学"（марксоведение）。

③ 例如，恩格斯 1859 年 8 月写的《卡尔·马克思〈政治经济学批判。第一分册〉》书评，1877 年 6 月写的《卡尔·马克思》传记等。

克维奇的《马克思主义体系中的价值核算和价格核算》(1906—1907年)以及《马克思研究》杂志[1]等。

马克思学可分为正统马克思主义的马克思学和非正统马克思主义的马克思学两大派别。恩格斯和列宁为后来正统马克思主义的马克思学奠定了基本解读框架。恩格斯在《在马克思墓前的讲话》中把唯物史观和剩余价值学说看作是马克思一生的"两大发现",认为马克思既是革命家又是科学家。列宁认为,经济学说是马克思理论的核心内容,而唯物主义、辩证法、唯物主义历史观和阶级斗争学说构成了马克思的"整个世界观";唯物主义历史观是19世纪40年代马克思把唯物主义贯彻和推广运用于社会历史领域的结果,《资本论》使唯物史观由假设变为被科学地证明了的原理;马克思的思想有三个来源,即德国古典哲学、英国古典政治经济学以及法国科学社会主义;虽然马克思没有留下"大写的逻辑",但留下了《资本论》的逻辑;等等。

正统马克思主义的马克思学研究在梁赞诺夫(Riazanov,1870—1938年)[2]那里得到发扬光大。梁赞诺夫早年投身革命,多次被捕和流放,两次流亡国外(德国和奥地利)。他从青年时代就开始进行马克思学和马克思主义基本理论的研究,积极寻找和搜集马克思恩格斯的遗稿,早在1905年前就被列宁评价为"视野广泛、有丰富学识、极好地掌握科学社会主义创始人的文献遗产"。十月革命胜利后,在列宁的支持下,梁赞诺夫筹建马克思恩格斯研究院[3],并任第一任院长(1921—1931年)。马克思恩格斯研究院在梁赞诺夫领导下,特

---

[1]　*Marx-Studien. Blätter zur Theorie und Politik des wissenschaftlichen Sozialismus*, herausgegeben von Dr. M. Adler und Dr. R. Hilferding, 1904—1923.

[2]　原名达维德·波里索维奇·戈尔登达赫。

[3]　1924年起,马克思恩格斯研究院成为直接隶属于苏共中央的机构。1931年11月,它与1924年成立的列宁研究院合并为马克思恩格斯列宁研究院。1956年改称马克思列宁主义研究院(即我们通常所说的苏共马列主义研究院)。

别是在列宁支持下，系统收集马克思恩格斯文献，对马克思恩格斯
大量原始手稿和书信进行照相复制，培养了一批马克思字迹辨认专
家，启动了历史考证版。<sup>①</sup> 除马克思恩格斯文献的收集、编辑和出
版，梁赞诺夫还出版了许多关于马克思革命活动及思想理论的研究
著作，如关于马克思恩格斯的传记《卡尔·马克思和弗里德里希·恩
格斯》(1927 年)<sup>②</sup>和大部头著作《马克思主义史概论》(1928 年)，主
编《卡尔·马克思：伟人、思想家和革命家》(1927 年)<sup>③</sup>等。1930 年
梁赞诺夫 60 寿辰时，他的学生索拜尔<sup>④</sup>评价说："梁赞诺夫不仅是当
代俄国，而且是当代世界最杰出的马克思研究者，马克思研究之所
以成为一门特殊的科学，首先是因为有了梁赞诺夫的科学工作、编
辑工作和组织工作……是他为马克思研究打开了真正无限广阔的历
史和国际的视野……梁赞诺夫在进行马克思学研究的初期就已作为
特殊标志表现出来的第二个特征，是在理解和再现马克思和恩格斯
的著作时力求有条理和尽可能的完整。"

梁赞诺夫使马克思研究成为一门相对独立的学科，促成了苏联
马克思学的研究传统，并为阿多拉茨基后来编辑出版 *MEGA1* 奠定
了基础。俄文"马克思学"(марксоведение)一词出现于 20 世纪 20 年
代初。《马克思恩格斯的文献遗产在苏联的出版和研究史》<sup>⑤</sup>一书第
109 页写道："在这些年间，这家杂志和其他一些杂志上越来越多地
出现了'马克思学'这一术语，并试图给它下一个定义。""这些年间"
是指 1922—1923 年，"这家杂志"是指《哲学问题》的前身《在马克思
主义旗帜下》。苏联马克思学有别于一般意义上的苏联马克思主义研

---

① 即 *MEGA1*(1927—1935)。

② 该书 1927 年在伦敦出版了英文版。1929 年以《马克思恩格斯合传》出了中文版(李
一氓译，上海江南书店出版)，1933 年又出了刘侃元译本(上海春秋书店出版)。

③ D. B Riazanov ed. , *Karl Marx*：*Man*，*Thinker*，*and Revolutionist*，Martin Law-
rence，1927.

④ 1919 年任匈牙利苏维埃驻维也纳大使。

⑤ 莫斯科政治文献出版社 1969 年出版。

究(包括马克思主义哲学史研究)，它与《马克思恩格斯全集》俄文版和历史考证版(*MEGA*)的编辑和出版有密切的关系。1982 年苏联学者博尔迪烈夫就将《马克思恩格斯全集》俄文第 2 版(50 卷)出齐，说成是"最近时期苏联马克思学的重大成就"。而从 1975 年开始出版的 *MEGA2* 各卷次的资料卷，更是代表了当今国际马克思文献学研究的最新成果。

非正统马克思主义的马克思学研究，包括西方马克思主义的马克思学研究、学院派的马克思学研究以及反马克思主义的马克思学研究。卢卡奇、马尔库塞、阿尔都塞等是西方马克思主义的马克思学家的代表，他们身兼西方马克思主义者(思想家)和马克思学家(学问家)的双重身份，旨在通过挖掘马克思丰厚的思想资源以构建自己的理论体系，从而为批判或改良资本主义提供理论支点。

学院派的马克思学研究是非正统马克思主义的马克思学研究的主流，而吕贝尔是学院派马克思学研究的代表。20 世纪 40 年代，吕贝尔从收集有关马克思生平传记和著作目录的资料入手投身于马克思学事业，并因创制了"马克思学"(Marxologie)这个法文词和主编刊物《马克思学研究》[①]，而在 20 世纪下半叶几乎成为西方马克思学家的代名词。按照吕贝尔自己的说法，他自觉地继承格律恩贝尔格[②]和梁赞诺夫的马克思研究传统，注重考据和思想研究相结合。具体来说，吕贝尔规定了马克思学研究的三项任务：一是了解马克思的著作；二是批判的分析的评论；三是文献和图书。学院派的马克思学研究强调价值中立和学术研究的客观性，强调超越意识形态

---

① 　*Etudes de Marxologie*，1959—1994.

② 　格律恩贝尔格(Karl Grünberg)是法兰克福社会研究所第一任所长，梁赞诺夫的老师和亲密朋友。他主编的《社会主义与工人运动史文库》(1910—1930 年)发表了大量马克思研究的成果，以《格律恩贝尔格文库》而闻名。科尔施的《马克思主义与哲学》最早就发表在《格律恩贝尔格文库》(1923 年)。1924 年苏共马克思恩格斯研究院与法兰克福社会研究所达成协议，在出版 *MEGA* 方面进行合作，《社会主义与工人运动史文库》也就成为 *MEGA1* 的配套研究刊物。

偏见。当然，研究者事实上很难真正做到价值中立，因为任何解读研究都会存在"合法的先见"。

反马克思主义的马克思学研究充满意识形态偏见，是"冷战"时期东西方意识形态对抗的产物。当然，我们不应将学院派的马克思学研究随意贴上反马克思主义的标签，以免犯下将洗澡水和孩子一同泼掉的错误。

## 二

自马克思主义传入中国的那一天起，它就被当时的志士仁人和知识精英选择作为"观察国家命运的工具"，所以马克思主义在中国的研究常常是与中国的具体国情和特定时代任务紧密结合的。但是，中国知识界从来没有把马克思主义当作可以随意解释的灵丹妙药或实用工具，而是一开始就对马克思主义抱着严肃的科学态度。这种严肃的科学态度首先就是对马克思主义特别是马克思主义创始人马克思的思想学说的充分了解和深入研究。由于马克思主义是一种外来的思想学说，因此对它的学理研究又往往是与对国外相关学术成果的译介相互伴随的。

早在20世纪初，马克思主义刚传入中国不久，中国共产党人及其理论家除了对马克思主义基本理论进行宣传和普及，也开始对马克思进行学术研究。比如，早期上海共产主义小组成员李季(1892—1967年)所著的三卷本《马克思传：其生平其著作及其学说》，1930—1932年由上海神州国光社出版，书中有蔡元培先生写的序言。新中国成立特别是1953年中共中央编译局成立后，随着《马克思恩格斯全集》中文第1版50卷(1956—1985年)陆续出版，关于马克思和马克思主义的学术研究在中国高等学校和科研机构中也逐步开展起来。首先是国外特别是苏联东欧大量关于马克思生平事业、著作版本和思想理论的研究成果（专著以及论文）被翻译出版；其次是越来越多中国学者关于马克思生平事业、著作版本和思想理论的研究成果相继问世。

但是毋庸讳言，中国学界在国外马克思主义成果的译介方面具有一定的片面性。如果说以前的片面性主要表现为偏向苏联东欧马克思主义而忽视西方马克思主义，那么现在则主要表现为忽视对国外马克思学成果的译介。

长期以来，由于中国的马克思主义者熟悉和接纳的主要是苏俄马克思主义，甚至把它当成马克思主义的唯一"正统"，从而对西方马克思主义采取完全排斥的态度。改革开放以来，这种情况发生了根本变化。为了适应人们了解国外思潮的需要，学界开始译介和研究西方马克思主义。20 世纪 80 年代是西方马克思主义研究的第一次高潮，进入 90 年代以后，西方马克思主义研究再次掀起高潮。因为随着苏联解体、东欧剧变，苏俄马克思主义失去了其权威和"正统"地位，人们比以前更加迫切地渴望了解马克思主义的另一种形态，即西方马克思主义。近 20 年来，关于西方马克思主义的研究形成一种颇具声势的学术潮流。首先，研究视野拓宽了，除传统意义上的"西方马克思主义"外，进一步扩展到 20 世纪 60 年代以后形成的一些新思潮，如分析马克思主义、市场社会主义、生态学马克思主义、女权主义马克思主义、后现代马克思主义和后马克思主义等。其次，研究基调改变了，逐渐从以前对西方马克思主义的定性中摆脱出来，承认西方马克思主义也是马克思主义的一种形态。许多学者充分肯定西方马克思主义研究在当代中国的意义。事实上，自从西方马克思主义被引入中国学界以来，它就以各种方式深刻地影响了中国的马克思主义研究，并且为中国马克思主义的创新和现代转型提供了重要的思想资源。

通过学者们多年坚持不懈的努力，国外马克思主义的代表性著作大都已翻译成中文，先后出版了几套丛书，如徐崇温主编的"国外马克思主义和社会主义研究丛书"（重庆出版社）、郑一明和杨金海先后任主编的"马克思主义研究译丛"（中国人民大学出版社）、段忠桥主编的"当代英美马克思主义研究译丛"（高等教育出版社）、魏小萍主编的"马克思与当代世界"译丛（东方出版社）、刘森林主编的"马克思与西方传统"译丛（华东师范大学出版社）等。此外，张一兵主编的"当代学术棱镜译丛"（南京大学出版社）、周宪等主编的"现代性研究译丛"（商务印书馆）、刘东主编的"人文与社会译丛"（译林出版社），也都收入了一些西方马克思主义的著作。与此同时，我国学者也出版了大量关于西方马克思主义的研究著作，总数多达几十种。其中既有通论性质的著作或教材，又有专题、思潮研究以及人物和文本个案研究。即使不专门从事国外马克思主义研究的学者，现在也比较注意在自己的研究中参考和借鉴国外马克思主义的研究成果。这说明国外马克思主义已经在一定程度上内在于中国马克思主义研究的自我建构。事实上，国外马克思主义不仅为我国马克思主义研究提供了可资借鉴的思想资源，而且通过对国外马克思主义的研究，锻造和培育了一批学养深厚、素质较高的马克思主义理论工作者。

但一个不能回避的事实是，与国外马克思主义研究的热烈程度相比，中国学界对国外马克思学的译介和研究则相当冷清。这主要与人们对"马克思学"所持有的约定俗成的偏见有关。

对于西方马克思学研究的成果，中国马克思主义理论界早在20世纪六七十年代就通过苏联学者的一些著作有所了解。但是由于受当时意识形态因素的影响，人们对西方"马克思学"持完全排斥否定的态度。进入20世纪80年代以后，虽然学界开始对以吕贝尔为代表的西方马克思学进行系统的评介，但是一直持续到90年代的很长一段时间里，人们对西方马克思学的基本看法并未改变。其实，从国外马克思研究的总体格局来看，其大致可以分为两个方面：一是国外马克思学，以版本考证、文献梳理、人物思想关系研究为特征和内容；一是国外马克思主义，即带有明显现实关怀的研究。"冷战"结束以后，随着"回到马克思"成为国际马克思主义学界的大趋势并在中国产生回响，较之颇具意识形态色彩的西方马克思主义思潮，中国学者更能从西方马克思学研究成果中发现可资利用的学术资源。

2007年初，在众多前辈学者的支持下，北京大学、清华大学、中国人民大学、中央编译局、中国社会科学院等北京高校和科研机构的一批中青年学者，共同发起成立了"马克思学论坛"。在此期间，鲁克俭向杨学功和张秀琴谈了编译"国外马克思学译丛"的设想，随即得到他们的响应。三人开始协商编译原则，搜集和遴选书目，并在较短的时间内形成了丛书的方案，同时联系国外作者、版权以及国内译者和出版社。后征求论坛成员的意见，大家都积极献计献策。在此过程中，中山大学的刘森林、北京师范大学的吴向东、中国社会科学院的王歌给予了十分热情的襄助，他们或者帮助推荐书目，或者联系作者和版权方，或者承担相关译事。令人感动的是，不少国外作者向我们免费赠送了版权。所以，本译丛得以顺利出版，是全体编委协同努力的结果，也是出版者敬业工作的产物，还包含众多前辈学者以及国外作者的关切和帮助。这里虽然不能一一列出他们的尊名，但我们一定会记住他们为此所做的一切。

目前，学界对马克思学的评价还很不平衡。有的学者明确提出"创建中国马克思学"的口号和纲领，有的学者则仍然对马克思学抱着怀疑的态度。我们认为，这在学术研究中是十分自然和正常的。说实话，即使是在主编之间和编委内部，对问题的认识也存在分歧，但这并没有影响译丛成为我们共同的事业。原因很简单，我们可以不同意西方马克思学的具体观点或结论，但不能回避他们提出的问题。譬如西方马克思学中所谓"马恩差异（对立）论"，作为一种观点我们可以不同意，但是借用卡弗的话来说，马克思与恩格斯的学术思想关系，是一个"标准的研究课题"，谁也不能否认对这个课题的研究将有助于我们深化对马克思主义及其历史发展的理解。

应该承认，与国外马克思学成果相比，中国的马克思研究仍然有很大的距离。一方面，我们缺乏原创性的版本考证和文献学研究成果；另一方面，我们探讨的问题并没有真正超出西方马克思学一直以来的研究热点问题。苏联马克思学以考证研究见长，西方马克思学以文本解读研究见长。中国不像苏共马列主义研究院那样拥有马克思著作全部手稿的复制件，也没有实质性参与 *MEGA2* 的编辑工作，因此中国学者要在版本考证和文献学研究方面超过苏联马克思学，是相当困难的，但中国学者完全有可能超越西方马克思学。伴随着改革开放以来思想解放的深入，中国的马克思研究者现在已经有了相当宽松的学术环境，因此完全有可能像西方马克思学者那样生产出有分量的原创性学术成果。

为达此目的，首先有必要全面了解和译介国外马克思学研究的新成果，避免做低水平重复性研究，这是深化中国马克思学研究的一项基础性工作。但是，到目前为止，国外马克思学的代表性成果（包括西方马克思学开创者吕贝尔的著作）大都还没有翻译成中文。我们策划出版的这套"国外马克思学译丛"，就是希望把国外马克思学的代表性成果全面译介过来。2009 年，"国外马克思学译丛"首批出版 6 本：《吕贝尔马克思学文集（上）》、莱文的《不同的路径：马克思主义与恩格斯主义中的黑格尔》、费彻尔的《马克思与马克思主义：从经济学批判到世界观》、卡弗的《政治性写作：后现代视野中的马克思形象》、洛克莫尔的《历史唯物主义：哈贝马斯的重建》、古尔德的《马克思的社会本体论：马克思社会实在理论中的个性和共同体》。2011 年，"国外马克思学译丛"出版第二批 3 本：奥尔曼的《异化：马克思论资本主义社会中人的概念》、奈格里的《〈大纲〉：超越马克思的马克思》、克拉克的《经济危机理论：马克思的视角》。2013 年，

　　"国外马克思学译丛"出版第三批 4 本：拉雷恩的《马克思主义与意识形态：马克思主义意识形态论研究》、费彻尔的《马克思：思想传记》、列斐伏尔的《马克思的社会学》、布雷克曼的《废黜自我：马克思、青年黑格尔派与激进社会理论的起源》。此次，北京师范大学出版社从已出版的 13 本书中挑选了学术价值较高、社会反响较好的 7 本书(《吕贝尔马克思学文粹》、莱文的《马克思主义与恩格斯主义中的黑格尔》、费彻尔的《马克思与马克思主义》、古尔德的《马克思的社会本体论》、奥尔曼的《马克思的异化理论》、列斐伏尔的《马克思的社会学》、布雷克曼的《马克思、青年黑格尔派与激进社会理论的起源》)精装再版，并与近几年完成翻译的 3 本新书(阿尔布瑞顿的《政治经济学中的辩证法与解构》、阿瑟的《新辩证法与马克思的〈资本论〉》、洛克莫尔的《费希特、马克思与德国哲学传统》)一起出版，作为"国外马克思学译丛"第二辑。未来还会有新书作为第二辑陆续出版，以期为国内马克思文本研究提供基础性研究资料。

　　望海内外有识之士不吝批评匡正，帮助我们把这套丛书出好。

鲁克俭　杨学功

2017 年 9 月 19 日

本书是英语世界第一部关于布鲁诺·鲍威尔的完整论著。布鲁诺·鲍威尔是 19 世纪 40 年代黑格尔哲学的代表人物。受黑格尔哲学的启发，鲍威尔领导了一场思想革命，对马克思产生了深刻的影响，并塑造了现代世俗人文主义。在这一过程中，他提出了一种共和主义方案以替代自由主义和社会主义，批判了宗教和政治保守主义，并定义了现代大众社会和工业社会的发展条件。

　　本书基于深入彻底的档案研究，追溯了 1848 年欧洲革命之前共和政治思想在德国的兴起。莫格奇教授研究了鲍威尔的共和主义以及他关于"无限自我意识"（infinite self-consciousness）的概念。他还探讨了鲍威尔对现代性的批判思想中令人不安的方面，如他的反犹太主义。

　　由于有关布鲁诺·鲍威尔的相关研究资料很少，甚至在德语世界里也是如此，因而这本书将会为思想史带来非常有价值的贡献，并也是政治哲学、政治学和思想史专业的人士所迫切需要的。

　　道格拉斯·莫格奇（Douglas Moggach）是渥太华大学政治学和哲学教授，也是剑桥大学克莱尔学院（Clare Hall）的成员。

# 前　言

　　这本书已经酝酿很久了。我在 1989 年发表了第一篇关于鲍威尔的文章，将他描述为一个激进的主观主义者。1992 年，我在柏林洪堡大学的档案馆里找到了鲍威尔关于康德的珍贵手稿，于是决心重新回到这个主题。这篇手稿让我彻底改变了自己对鲍威尔的看法。1995 年，我在比萨高等师范学院休假期间开始撰写本书的草稿，在此期间，与克劳迪奥·塞萨（Claudio Cesa）的讨论使我受益匪浅。渥太华大学在庆祝自己成立 150 周年的时候，主办了 1848 年革命 150 周年讨论会。这次讨论会反思了左派黑格尔主义者的思想遗产，并澄清了共和主义者和社会主义者之间的分歧。我在剑桥大学克莱尔学院（Clare Hall）的访问席位也给我提供了一个很好的、能够激发创作欲的环境，我最终在这里完成了这项工作。

　　感谢卡莱尔学院的主席和研究员，感谢克劳迪奥·塞萨、哈里斯（H. S. Harris）、加雷斯·斯帝德曼·琼斯（Gareth Stedman Jones）、劳伦斯·斯蒂佩列维奇（Lawrence Stepelevich），他们都给我了很好的建议和鼓励，感谢安德鲁·奇蒂（Andrew Chitty）和约瑟夫·麦卡尼（Joseph McCarney）见解深刻的批评，我对他们表示衷心的感谢。昆廷·斯金纳（Quentin Skinner）的著作使我确信，鲍威尔对复辟国家和宗教、自由主义、社会主义的批判能够最大程度地整合到一个共和主义的框架中；我非常感谢他在剑桥就共和主义和美学与我进行对话。罗伯特·皮平（Robert Pippin）和剑桥大学出版社的两位匿名评审专家对我的手稿提出了非常宝贵的意见。彼得·科尼（Peter Foley）尽心地帮助我翻译了鲍威尔的拉丁文手稿，帮助我避免了一些严重的错误。本书成稿中可能存在的错误责任完全都在我自己。

　　我还要感谢阿姆斯特丹国际社会史研究所的协助，我在那里进行了大部分的研究，尤其还有洪堡大学的档案馆。阿姆斯特丹国际社会史研究所还特别授权本书可以使用原版的封面插图，该插图包含在巴尼科尔（Barnikol）的档案中，最初发表在巴尼科尔的《布鲁诺·鲍威尔：研究与资料》（*Bruno Bauer，Studien und Materialien，aus dem Nachlass ausgewählt und zusammengestellt von P. Reimer und H.-M. Sass*［Assen van Gorcum，1972］）一书中。加拿大社会科学与人文研究委员会慷慨资助了这个项目，并把它作为他们正在进行的黑格尔研究项目的一部分，而渥太华大学的研究中心和社会科学院也提供了额外的支持和休假时间。《英国黑格尔学会公报》（*The Bulletin of the Hegel Society of Great Britain*）、《密涅瓦的猫头鹰》（*The Owl of Minerva*）和《对话：加拿大哲学评论》（*Dialogue：The Canadian Philosophical Review*）准许出版已编入本书第1、2、4、5章的文章的修订版。关于法国大革命和社会主义的一些段落，以及我对鲍威尔的一些翻译，以前曾出现在《欧洲思想史》（*History of European Ideas*）和渥太华大学出版社出版的由我编辑的文集中。我也很感谢 Akademie Verlag 允许我将鲍威尔的《论美的原则》（*Prinzipien des Schönen*）英文版作为附录公开出版。

　　我要特别感谢我的妻子和孩子，感谢他们的爱和宽容。艾莉森（Alison）、伊恩（Iain）、卡特里奥娜（Catriona）耐心地忍受了长时间的不被关注和缺少关爱。我的家人一直都是勇气、慷慨和奉献的模范，他们体现了最令人钦佩的自我超越的美德。我谨以此书，纪念我的父母亲。

# 目　录

# 导　言

## "自由之友"

> 要了解鲍威尔，就必须了解我们的时代。
>
> 这是一个什么样的时代？这是一个革命性的时代。①
>
> ——埃德加·鲍威尔，1842 年 10 月

　　自 19 世纪 30 年代以来，布鲁诺·鲍威尔就引发了激烈的争论，**【1】** 然而他的作品仍然内容晦涩，其意义也难以捉摸。② 他最为人们所熟悉的，是作为马克思在《神圣家族》和《德意志意识形态》中尖锐辩论和抨击的对象，尽管艾伯特·史怀哲（Albert Schweitzer）在他广为人知的《历史耶稣的探索》③中对他做了一个易于让人接受的、微妙

---

　　① 埃德加·鲍威尔（Edgar Bauer）：《布鲁诺·鲍威尔和他的对手》（*Bruno Bauer und seine Gegner*，Berlin：Jonas Verlagsbuchhandlung，1842），4—5 页。[除非另有说明，否则引用的所有段落的译文都是由我所译——作者注]

　　② 布鲁诺·鲍威尔于 1809 年 9 月 6 日出生在图林根州的艾森伯格（Eisenberg），1882 年 4 月 13 日于柏林-里克斯多夫去世。他的父亲是一位瓷器画家，1815 年随家人搬到柏林，担任一家工厂的厂长。在他的三个兄弟中，埃德加和埃格伯特是他在 1848 年德国"三月革命前时期"的亲密合作者，前者是作家，后者是他的许多著作的出版商，尤其是关于法国大革命和社会问题的著作。有文献研究描述他的第三个兄弟埃吉诺（Egino）是一个木匠学徒，但是没有更多关于他的发现。鲍威尔的家庭和早期教育，参见恩斯特·巴尼科尔（Ernst Barnikol）：《布鲁诺·鲍威尔，研究和材料》（*Bruno Bauer，Studien und Materialien*，ed. P. Reimer and H. -M. Sass，Assen：van Gorcum，1972），6—20 页。

　　③ 马克思、恩格斯：《神圣家族，或对批判的批判所做的批判。驳布鲁诺·鲍威尔及其伙伴》（*Collected Works*，vol. 4，New York：International Publishers，[转下页注]

的介绍。① 事实上，他本人远比马克思对他的公开谴责和讽刺要丰
富得多。在德国"三月革命前时期"②决定性的政治环境下，鲍威尔
的声音是一种原始共和主义的声音，是受黑格尔启发而产生的。他
是研究革命以及革命的起因和革命的失败的理论家。他在分析现代
社会新趋势的同时，批判了旧秩序和新的意识形态思潮，以期实
现一场深刻的共和解放。

关于黑格尔左派的文献以不同方式描述了鲍威尔理论化了的革
命：抽象乌托邦式的故作姿态③、宗教化危机④，或文化的退化或

---

[接上页注]1975)，北京，人民出版社，1958；马克思、恩格斯：《德意志意识形态》("The German Ideology," *in Collected Works*，vol. 5，1976)，见《马克思恩格斯全集》第 42 卷，北京，人民出版社，1979。

① Albert Schweitzer，*The Quest of the Historical Jesus. A Critical Study of Its Progress from Reimarus to Wrede*，Baltimore：Johns Hopkins University Press，1998，pp. 137-160.

② 译者注：德语中的 Vormärz 一词，指的是 1848 年德国三月革命之前的一段时期，即 1825 至 1848 年，德国文学史也有观点以为这个词指 1815—1848 年这一段时期，按照本文主要讨论的德国革命的历史，这个词的含义在本书中更倾向于前一种。

③ 在表达 1848 年失败后对自由主义的失望时，鲁道夫·海姆(Rudolf Haym)在《黑格尔及其时代》(*Hegel und seine Zeit*，Berlin：Gaertner，1857)一书中认为黑格尔是旧秩序的辩护者，但也认为他的哲学导致了黑格尔左派的乌托邦式抽象，据称，这使温和的自由主义声名狼藉，并在普鲁士人反动之前导致了自由主义的崩溃。Hans Rosenberg，*Politische Denkströmungen im deutschen Vormärz*，Gottingen：Vandenhoeck und Ruprecht，1972，86-96，赞许地引用了这一解释。

④ Robert Tucker，*Philosophy and Myth in Karl Marx*，Cambridge：Cambridge University Press，1961，pp. 73-77. 塔克的叙述基于自我神化的前提，这一前提早在 1834 年就被正统派和虔诚派的反对者提出以反对黑格尔的观点。Ernst Barnikol，*Bruno Bauer，Darstellung und Quellen*，ca. 1965，unpublished ms. (International Institute for Social History，Amsterdam)，Bd. III，No. 25，p. 1. 据记载，1834 年，保守的尼安德主教(bishop Neander)在给冯·科特维茨男爵(Baron von Kottwitz)的一封信中提到了黑格尔主义在普鲁士的大学中存在："这种自我神化的幻想应该得到更多的推广吗？"这种指责肯定是经常出现的。布鲁诺·鲍威尔在《基督教真相》(*Das entdeckte Christenthum*，Zürich und Winterthur：Verlag des literarischen Comptoirs，1843)中直接回应了这一观点：

现代批判主义终于使人醒悟，使人认识自己，使人从幻想中解脱出来，并教他认
识到自我意识是宇宙中唯一的创造性力量——宇宙本身。
现在它会不会想把人神化，也就是说，使人迷失自我，引导人去崇拜他那空想
的、裸露的、扭曲的形象呢？事实证明，正是在宗教中，人神化了自己，也就是说，
失去了自己，崇拜自己的迷失。

突变。① 最近的评论家强调了危机的政治层面，以及左派黑格尔主义者(鲍威尔是其中最重要的一位)对发展人民主权和公民权理论的兴趣。② 主要的研究将他们与当时的文学和政治潮流联系起来③，并追溯了他们与早期法国社会主义关系的范式转化。④ 另一些人则论证了他们的思想与希腊"自我意识"哲学的密切关系⑤，同时也为研究罗马或新罗马的现代共和主义开辟了一个比较研究的视角。⑥ 这些解读夸大了左派黑格尔主义对宗教隔阂的攻击，包括旧政权的制度和意识形态表达。

　　鲍威尔本人认为，他关于革命的理论学说具有划时代意义。这【2】是一场根本性的政治、社会和文化变革，完成了法国大革命未完成的任务，同时也探寻了现代市民社会的出现所带来的前所未有的挑战，其目的是建立一个平等权利的共和联盟，消除不合理的特权，重塑社会关系，消除宗教和政治上的疏离。作为现代性解放斗争的

　　① 这篇论文一个有影响力的版本是 Karl Löwith, *From Hegel to Nietzsche* (Garden City: Doubleday, 1967). 洛维特将鲍威尔在"三月革命前时期"的立场描述为一种彻底的虚无主义，与历史进程中的信仰不协调地结合在一起。他没有认识到鲍威尔的乐观主义是建立在这样一种观点上的：人类可以创造自己的历史，把自己从作为批判对象的历史传统的重压中解放出来。这就是鲍威尔无限自我意识概念的意义。另一种处理文化危机的方法强调青年黑格尔运动的哲学独立性，并反对从黑格尔到马克思的血统没有间断的观点，比如 Horst Stuke, *Philosophie der Tat. Studien zur 'Verwirklichung der Philosophie' bei den Junghegelianern und den Wahren Sozialisten*(《论准黑格尔派与真正社会主义者的"哲学实现"》), Stuttgart: Klett, 1963, 38-39.

　　② Heinz und Ingrid Pepperle, *Die Hegelsche Linke. Dokumente zu Philosophie und Politik im deutschen Vormärz*, Frankfurt a. M.: Röderberg, 1986, 5-44.

　　③ M. C. Massey, *Christ Unmasked: The Meaning of the Life of Jesus in German Politics*, Chapel Hill: University of North Carolina Press, 1983.

　　④ Charles Rihs, *L'école des jeunes-Hégéliens et les penseurs socialistes français*, Paris: Anthropos, 1978.

　　⑤ E. Lange et al., *Die Promotion von Karl Marx. Jena 1841. Eine Quellenedition*, Berlin: Dietz, 1983.

　　⑥ 参见 Quentin Skinner, *Liberty Before Liberalism* (Cambridge: Cambridge University Press, 1998); 和《公民的两个概念》, *Tijdschrift voor Filosofie* 55/3 (1993), 403-419. 当鲍威尔为积极自由的概念辩护时，他认为这是一种不受私人利益扭曲的普遍观点，而斯金纳则将共和主义与消极自由联系起来，后者被理解为不受支配的自由。

高潮，它实现了由康德倡导、由黑格尔完善的先验研究的承诺。正是这种后康德哲学语境塑造了鲍威尔对政治斗争的理解。

在复辟和政治反应的条件下，鲍威尔以新的自由观为基础，论证了政治和社会革命的必要性。他的共和主义是一种积极的自由或自我超越理论，结合了从黑格尔特别是康德批判哲学中派生出来的伦理和美学主题。尽管这种转变植根于政治行动，但其影响将远远超出政治领域。鲍威尔的工作是在三个方面展开的①：首先，反对旧秩序，反对复辟国家，反对其社会和司法基础，以及其正统宗教的正当性；其次，反对自由主义，以此捍卫私人利益，并以此作为使国家服从经济权力的保证；最后，反对作为特殊性和他律性的另一种变体的社会主义。鲍威尔的共和主义在"三月革命前时期"的原创性在于他为了反对复辟保守主义和自由主义而运用了黑格尔主义的论证。长期以来，共和主义与这些对手的对立，为鲍威尔的工作提供了创新的理论基础。在共和主义阵营和社会主义阵营的分裂中，也出现了一个新的反对派，这两个阵营的理论分歧现在得到了尖锐的表达。

在研究这些批判形式之前，我们需要注意一些关于来源和解释的初步问题。在目前的情况下，这些问题尤其严重。鲍威尔是一位非常多产的作家。仅在 1838 年后的十年里，就大约有 80 篇已发表的数千页文本被认为是出自他的笔下。其中，有十几部是篇幅长而有意义的著作，内容涵盖了对黑格尔、"旧约"、"福音书"、现代神学思潮、启蒙运动、法国大革命以及当代德国和欧洲局势的解释和批判。与费尔巴哈文集不同的是，目前还没有针对这些文献的批判

---

①　鲍威尔本人在他的著作中使用了军事隐喻，在他的《北德意志杂志》(*Norddeutsche Blätter*)第二版中，以《对批判界的贡献》(*Beiträge zum Feldzuge der Kritik*)为题发表。*Norddeutsche Blätter für 1844 und 1845*. Mit Beiträgen von Bruno und Edgar Bauer，A. Fränkel，L. Köppen，Szeliga u. s.（Berlin，1846）.

性著作存在。① 马克思认为，鲍威尔可以从一个思想最细密的纺锤中纺出一部有分量的巨著，但他的著作始终是有挑衅性且常常是深刻的，有时还有惊人的机智诙谐。一个令人难忘的意象描述了黑格尔对所有现存法规的狂怒②；这是鲍威尔假设并乐在其中的一副看似虔诚的姿态，以此在严苛的审查制度下更好地庆祝自己的革命学　【3】
说。这篇文章写得很有力，而且篇幅很长。

　　在对鲍威尔的作品进行解读时，除了范围和程度上的困难之外，还存在着文本分析上的问题。这一领域的主要贡献者恩斯特·巴尼科尔(Ernst Barnikol)描述了一系列令人生畏的不确定性。③ 这方面的案例有两个。匿名的《末日的宣告》④(*Trumpet of the Last Judge-ment*，1841)和《黑格尔的宗教与艺术学说》⑤(*Hegel's Doctrine of Religion and Art*，1842)都是鲍威尔最重要的文本，他采用了黑格尔保守派批评家的反讽姿态，以捍卫黑格尔体系的进步性，但在这样做的同时，他也将自己的革命观点归于黑格尔。其他资料显示，他并不认为黑格尔实际上持有这些立场，但他认为这些立场是黑格尔基本学说所产生的必然结果。在另外两本重要的著作，《约翰福音

---

① W. Bolin and F. Jodl ( eds.), *Feuerbachs Sämmtliche Werke*，Stuttgart：Fromann，1904；Werner Schuffenhauer，ed.，*Feuerbachs Kleinere Schriften*，Berlin：Akademie Verlag，1970.

② Bruno Bauer (anon.)，*Die Posaune des jüngsten Gerichts über Hegel den Athe-isten und Antichristen. Ein Ultimatum*，Leipzig：Otto Wigand，1841，163. (由鲍威尔匿名发表：《对黑格尔、无神论者和反基督教者的末日的宣告。最后通牒》)

③ E. Barnikol，*Bruno Bauer. Studien und Materialien*，1-5.

④ 作者文中提到的 *Posaune des jüngsten Gerichts* ( *Trumpet of the Last Judgement*，1841)，即 *Die Posaune des jüngsten Gerichts über Hegel den Atheisten und Antichristen. Ein Ultimatum*，《对黑格尔、无神论者和反基督教者的末日的宣告。最后通牒》，以下简称《末日的宣告》。——译者注

⑤ 作者文中提到的 *Hegels Lehre von der Religion und Kunst* ( *Hegel's Doctrine of Religion and Art*，1842)，即 *Hegels Lehre von der Religion und Kunst von dem Stand-puncte des Glaubens aus beurtheilt*，《从信仰的角度评价黑格尔的宗教与艺术学说》，以下简称《黑格尔的宗教与艺术学说》。——译者注

史批判》(*Critique of the Gospel of John*, 1840)和《普鲁士福音教和科学》(*The Evangelical State Church of Prussia and Science*, 1840)中, 鲍威尔表达的中心论点与他在同时期其他通信中的陈述又是不一致的。在这些情况下, 已发表的文章比其后来发表的信件, 或是他写给左派黑格尔主义者阿诺德・卢格(Arnold Ruge)的未出版的信件中记录的私人话语更为谨慎或保守。① 另一个复杂的问题是匿名出版物和使用化名的著作, 这在很大程度上也是在审查制度的压力下产生的。② 目前还不能确定鲍威尔的所有文本(至少是新闻文章)是否都被编入了"三月革命前时期"的目录, 有些文本的归属也存在争议。③ 由于鲍威尔在期刊上发表的重要文章都是匿名的, 所以对他关于社会和经济问题的某些观点的重建必然仍是试探性的。鲍威尔有时对关键主题的粗略或模棱两可的表述, 导致了在解读其含义时出现的其他棘手问题, 例如, 即使是在大众社会的核心范畴内, 也并不总是清楚哪些对手确切地属于这一类别。④

关于鲍威尔的批判文献增加了额外的困难。在许多情况下, 无法找到二手的资料来源。我们正在探索处女地。鲍威尔在1842—1843年的许多文章, 以及他在1843—1849年对法国大革命、社会问题和德国反对派运动的研究, 都是如此。⑤ 在其他问题上, 如关于鲍威尔在1840—1841年的政治评论, 许多文献对此所持的观

---

① 这些信件的副本参见 E. Barnikol, *Bruno Bauer*, *Darstellung und Quellen*, unpublished manuscript, *Quellenteil*.

② E. Barnikol, ibid., ♯95, pp. 19, 26. 这表明鲍威尔戴上匿名面具是为了掩盖《北德意志杂志》投稿人圈子的狭窄, 同时也是为了避免审查人员对鲍威尔本人署名的任何文章的过分关注。

③ 例如, 在第1章中, 我们讨论了马克思可能对于《黑格尔的宗教与艺术学说》一文亦有贡献。我们把鲍威尔19世纪三四十年代发表作品的最广泛目录归功于 Aldo Zanardo, "Bruno Bauer hegeliano e giovane hegeliano"(《布鲁诺・鲍威尔与青年黑格尔》), *Rivista Critica di Storia della Filosofia*, 1965, 1-57.

④ 参见第8章。

⑤ 唯一的例外是 E. Barnikol, *Bruno Bauer. Studien und Materialien*, 249-273, 他提供了这些材料的概述, 但没有直接解决社会问题。

点，在本书所呈现的证据看来，似乎是站不住脚的。最后，鲍威尔的职业生涯经常被分成不同的阶段，这些阶段又常常是互不相容的。① 人们对其在"三月革命前时期"立场的根本性变化的看法，导致人们对其目的和意义的解释大相径庭。

我们可以分辨出两种解读鲍威尔著作的流派。第一种认为，鲍 **【4】** 威尔的思想牺牲了黑格尔体系的关系极性、中介和辩证转换，而倾向于尖锐的对立。荷兰神学家 G. A. 范·登·伯格·范·艾辛加（G. A. van den Beigh van Eysinga）代表了这一观点。他认为："鲍威尔的错误并不像马克思认为的那样，是依赖黑格尔的——马克思也是如此！但是他用自我意识代替了理念。"② 范·登·伯格·范·艾辛加的这一论断意味着鲍威尔使黑格尔的客观精神和绝对精神的领域屈从于主观精神的支配，仿佛后者在没有更高的系统决定的情况下是可以自我立足的。从这个角度来看，抽象的知性以及其不可调和的对立，在鲍威尔的思想中取代了黑格尔的理性。他对鲍威尔的结论是："他的理性主义源于启蒙思想，而不是黑格尔学派。"③汉斯-马丁·塞斯（Hans-Martin Sass）也认为，鲍威尔放弃了辩证思维，而倾向于对立的断裂。但塞斯以为这种态度的根源在于基督教的启示传统，而不是启蒙运动。④ 丹尼尔·布吕德尼（Daniel Brudney）也强调了鲍威尔思想中的对立特征，他认为鲍威尔对历史的援引只是其思想的一个偶然特征。布吕德尼发现，鲍威尔的文本并没有提供一致的或令人满意的解释，说明对历史的理解如何有助于获得普

---

① David Koigen, *Zur Vorgeschichte des modernen philosophischen Sozialismus in Deutschland*, Bern: Stürzenegger, 1901; Wolfgang Eßbach, *Die Junghegelianer. Soziologie einer Intellektuellengruppe*, München: Wilhelm Fink Verlag, 1988.

② G. A. van den Bergh van Eysinga(1874-1957), *Bruno Bauer*, unpublished manuscript, International Institute for Social History, Amsterdam, 210.

③ Ibid. , 212.

④ Sass, H. -M. " Bruno Bauer's Critical Theory," *Philosophical Forum* 8 (1978), 93-103.

遍自我意识的立场；同样不清楚的是，这种理解对于批判性的观点来说是否必要。① 鲍威尔在 19 世纪 40 年代所采用的主要对偶模型，在布吕德尼的解读中，意味着过去只是被否定，而不是被辩证地同化：由于缺乏积极的内容，历史就无法确定意识或行动在当下的方向，而这代表着一个全新的开始。

　　作为第二种解读的一个例子，英格丽德·佩珀尔(Ingrid Pepperle)把鲍威尔文本中复杂的历史辩证法定义为自我生产，至少在 19 世纪 40 年代初期是这样。然而，她遵循了由麦克斯·施蒂纳(Max Stirner)和其他同时代人所开创的解释传统，该传统认为在鲍威尔 1843 年后的作品中出现了一个根本的连续性的断裂，同时一种空洞的社会批判在对宗教的高度赞扬和严格批判之后产生。② 佩珀尔在马克思批判思想的影响下采用了分期方法，认为鲍威尔 1843—1849 年文本的理论价值有所下降。③ 马里奥·罗西(Mario Rossi)也表达了类似的判断，他记录了黑格尔学派内部的争论和概念上的对立，以及各种对立的思潮，并对鲍威尔的具体文本进行了仔细的分析；但他也把注意力局限在 1843 年以前的作品上。与马克思在《神圣家族》一书中的观点相呼应，他认为鲍威尔的政治立场，即使在这个关键的时期，在很大程度上也是受神学制约的。④ 佩珀尔对鲍威尔早期作品中明显的政治动机的认识有所不同，但她也认

---

① Daniel Brudney, *Marx's Attempt to Leave Philosophy*, Cambridge: Harvard University Press, 1998, 129-130.

② Max Stirner(anon.), "Bruno Bauer," in *Wigands Conversations-Lexikon*, Bd. II, Leipzig: Otto Wigand, 1846, 78. 施蒂纳在这里忽略了两个阶段的联系，以及鲍威尔早期宗教批判的政治和社会特征。他在 1842 年的文章中明确地承认了后者，特别是 "Königsberger Skizzen," *Leipziger Allgemeine Zeitung*, July 9 and 20, 1842.

③ Ingrid Pepperle, *Junghegelianische Geschichtsphilosophie und Kunsttheorie*, Berlin: Akademie Verlag, 1978, 68-70; Hans und Ingrid Pepperle, *Die Hegelsche Linke*, 11-12, 19, 35-36.

④ Mario Rossi, *Da Hegel a Marx III: La Scuola hegeliana. Il giovane Marx*, 2nd edition, Milan: Feltrinelli, 1974, 71-97, 115-116, 120.

同断裂论。

　　这两种类型的解释都是有价值的。每种都将在目前的叙述中找到部分的证明。但是每一种解读，如果过于坚持，都不足以理解鲍　【5】威尔对于历史和自由的理解的复杂性，而且都将歪曲他真正的成就。鲍威尔思想中有明显的对立因素，这些因素在他对 1843 年后德国革命形势的描述中变得越来越明显。在这个程度上，批评者是正确的。然而，第一种方法忽视了鲍威尔 19 世纪 40 年代思想的一个重要核心维度，即一种特定的判断或内在批判的模式，这种模式在对待历史的方法上，不同于经常被拿来与鲍威尔比较的反传统的启蒙思想。它也不同于康德的美德，同样也不同于同时期年轻的马克思更具确定性的批判。第二种方法忽略了鲍威尔思想的连续性，尤其是他的共和主义承诺，在 1843 年之后的很长一段时间里，他仍然在重要的文本中捍卫这一点。可以肯定的是，当鲍威尔面对不同的对手时，他思考的焦点也会改变。但是，我们可以在黑格尔关于思维与存在统一的思想中，确定在整个 19 世纪 40 年代鲍威尔工作中的一个始终如一的核心。这一思想是他的共和主义的基础。

　　正如鲍威尔在他的第一篇著作（1829 年的获奖手稿）中所指出的那样，概念和客观性的统一是黑格尔唯心主义的核心思想。① 这种统一不是静止的，而是一种变化、发展和进步的过程，因为客观现实是通过理性的自由经验而重新塑造的。黑格尔通过他的"现实"[*Wirklichkeit*]概念，即"理性的现实性"来表达这种动态过程。② 这一概念来自亚里士多德关于能量[*energeia*]的概念，即形式的存在

---

① G. W. F. Hegel, *Lectures on the History of Philosophy*，volume II，trans. E. S. Haldane, London：Kegan Paul，1892，1. 黑格尔在《哲学史讲演录》第一章中分析了鲍威尔 1829 年的手稿。

② G. W. F. Hegel, *Logic*，*Encyclopedia of the Philosophical Sciences*，Part I，trans. William Wallace, Oxford：Clarendon Press，1975，§142，200-202.

或活动，以及物质的终结。① 在鲍威尔用来支撑对其意义的革命性解读的段落引文中，黑格尔将理性的推动力描述为一种能力，它可以将既定的客观性转化为精神的载体，并超越其以往成就的局限性。

> 精神同样具有溶解它所遇到的每一个确定的内容的性质。因为它是普遍的、无限的、最内在的和无限的形式本身，它克服了一切有限的东西。即使客观的内容没有表现出有限性和局限性，但它也至少在本质上表现为某种既定的、直接的和权威性的内容，这使它不能对思维加以限制，不能把自身当作思维主体和无限的内在反思的永久障碍。②

> 历史与现实是相联系的，在现实中，普遍性在任何情况下都必须具有确定的形式。在思想或观念面前，没有一种有限的形式能够永久地确立自己。如果有某些问题是该概念无法吸收或解决的，那其肯定代表了最高程度的分裂[Zerrissenheit]和痛苦[Unseligkeit]。但是，如果这种东西确实存在，那它可能只是思想本身在发挥自我理解的功能。因为思想本身是无限的，所有的现实都是由它所决定的。因此，这种分裂状态将不复存在，思想本身也将得到自我满足。这将是这个世界的终极目的……因此，发展并不是不确定的、无休止的前进，因为它有一个明确的目的，那就是返回它自身。③

【6】

在黑格尔看来，理性的实现过程并不是一场无尽止的运动，也

---

① 古希腊语和德语的术语在词源上是相关的，就像在亚里士多德的时代，能量一词[energeia]在它的元音根之前就失去了 digamma(古希腊字母的 F)。

② G. W. F. Hegel, *Lectures on the Philosophy of World History. Introduction：Reason in History*, translated by H. B. Nisbet, Cambridge：Cambridge University Press, 1975, 147.

③ Ibid., 149.

不是一种他所谓"虚假的无限"①，即不断重现概念与客观性之间的
裂痕的运动。在理解理性的过程中，精神的历史包含着一个休止点，
或回过来反思统一的点。黑格尔把理性的运动描述为一个三段论的
体系，以普遍性、特殊性和个体性的相互关系与变化的作用为基
础。② 普遍性以不同的方式代表着理性概念；特殊性是表征概念的
中介；个体性是概念实现自身的体现，尽管会被修改和重塑。在展
开这个推论的过程中，普遍性把特殊性扬弃为自身的一个方面，从
而获得客观性和具体性，而特殊性则把自己提升到普遍性，扬弃其
偶然本性从而成为一个更高原则的表现。三段论的结论包含了这两
个相互交叉的运动，也包含了一个进一步的运动，它将结果具体化
为一个新的确定性原则。③ 根据这一论证，鲍威尔认为历史的过程
是双重的，既是一种开放的客观的努力，也是一种主观的完成或回
归到理性自我的统一。他的无限自我意识的概念保持了这两个方面。
黑格尔本人把理性的动态性或现实性作为自由的标志。在这方面，
鲍威尔的思想也遵循他的思路。

> 精神之所以能忍受矛盾，是因为它知道自己并没有规定自
> 己，没有设定自身，因此它不能反过来摆脱矛盾。这种对存在

---

① G. W. F. Hegel, *Science of Logic*, translated by A. V. Miller, London: Allen and Unwin, 1969, 227-234.

② Dieter Henrich, "Logische Form und reale Totalität. Über die Begriffsform von Hegels eigentlichem Staatsbegriff," in D. Henrich and R. -P. Horstmann, eds., *Hegels Philosophie des Rechts*, Stuttgart: Klett-Cotta, 1982, 428-450.

③ 通过假定除它的条件因素外还有确定性的存在，因此，综合可以被描述为真实，而不是仅仅形式的或隐含的统一。这一方法论原则将在 19 世纪 40 年代后期区分共和国家和马克思主义的国家概念方面发挥重要作用，因为马克思要使市民社会充分吸收国家所假装的普遍性。关于正式权力和实际权力的区别，参见 Stephen Houlgate, "Substance, Causality, and the Question of Method in Hegel's Science of Logic," in Sally Sedgwick, ed., *The Reception of Kant's Critical Philosophy. Fichte, Schelling, and Hegel*, Cambridge: Cambridge University Press, 2000, p. 237.

于其中的每一个内容的权力构成了精神自由的基础……因此，真正的自由，就其直接性而言，并不属于精神，而必须由精神自身的活动来实现。因此，作为自由的创造者，我们必须在哲学中考虑精神。精神概念的整个发展过程，只是精神从一切与它的概念不一致的存在形式中解放出来；这种解放是由这些形式转变为完全符合精神概念的现实性所带来的。①

【7】理性的实现可以追溯到一系列的阶段，其中普遍性与特殊性的调解是以不同的形式实现的。在黑格尔看来，古代哲学描述了一种道德实质，其中的特定成员是化身、所有权或机遇，而并没有由于拥有自主的道德良知而完全个性化。古典希腊的美德学说旨在产生黑格尔所谓"美丽的个体"，这是预先确定的一套价值观的典范，即将个人融入到共同体实体中。② 在斯多亚主义和伊壁鸠鲁主义中，这种意识的消解代表着从城邦吞噬型的道德实体中撤退到主观的内在性或自我限制中。尽管伊壁鸠鲁主义的方案看起来很激进，但它主要的道德禁令并没有超过限度——试图将痛苦最小化，而不是将快乐最大化——这与古典思想的要求是一致的，并且与无限的现代自我主张相悖。

在黑格尔的叙述中——鲍威尔仍然忠实于这一叙述——现代对自由的强调推翻了古典限制的固定性，以及价值和关系的自然性或被给予性。在现代观念中，具有工具理性的自主主体面对并支配着客观世界，从外显的因果模式的运作中提取新的形式，但在形成自

---

① G. W. F. Hegel, *Enzyklopädie der philosophischen Wissenschaften im Grundrisse* (1830), hrsg. Friedhelm Nicolin und Otto Pöggeler (Hamburg: Meiner, 1969), § 382 Addition, in the translation cited by David Kolb, "The Particular Logic of Modernity," *Bulletin of the Hegel Society of Great Britain*, 41/42(2000), 42 n. 8.

② G. W. F. Hegel, *Elements of the Philosophy of Right*, edited by Allen W. Wood, translated by H. B. Nisbet, Cambridge: Cambridge University Press, 1991, § 356, pp. 378-379.

己的目的论计划时，也受到这些模式的支配。① 现代性典型的自由主义使共同体不再是个体的道德实体，而是追求个人目的的工具性语境。它的积极成就是将个人从过去的集体纽带中解放出来，但同时也掩盖了新的共同体形式的创建，而这种共同体不同于过去的实质性共同体。因此，自由主义是片面的，没有对现代团结的形式提供充分的说明。而古人则相反，忽略了个人独立的关键契机。黑格尔的客观精神理论主张既要克服这两个学派的缺陷，又要保留它们的积极成果。按照费希特的观点②，黑格尔认为，其他主体不应仅仅被视为实现个人目的的障碍或工具，而是可以成为扩大个人自由的条件。③ 社会制度的合法性可以根据这一标准来确定。尽管相互限制仍然是一个可被允许的概念，在一个更大的连续体（黑格尔将其命名为抽象权利）中占据了特定的位置，但这不是相互作用的唯一形式④，而是必须在政治关系中完成并超越的。共同体不再像古代那样依赖于既定的实质性目的或确定性，而是在自由之中产生和维持的。现代性允许特定的主体通过选择确定的计划，从一个抽象的可能性的普遍中显露出来。它们的特殊性不仅是被给予的，而且是在相互关系中演变的，是由共同的规范性方案所认可的，这些规范体系足够强大，足以容纳多样性和对立性，而不要求统一、顺从或轻

---

① C. B. Macpherson，*The Political Theory of Possessive Individualism*，Oxford：Oxford University Press，1962.

② J. G. Fichte，*Grundlage des Naturrechts*，*Gesamtausgabe*，Bd. I/3 and I/4 (Stuttgart：Fromann，1966 & 1970)；Hansjürgen Verweyen，*Recht und Sittlichkeit in J. G. Fichtes Gesellschaftslehre*，Freiburg/München：Alber，1975，90-92，123；Ludwig Siep，*Anerkennung als Prinzip der praktischen Philosophie*，Freiburg und München：Karl Alber，1979，22-36.

③ Charles Taylor，*Was ist Liberalismus? Hegelpreis* 1997，Frankfurt：Suhrkamp，1997，25-54.

④ 黑格尔关于复杂的、现代的社会的善的概念要求，正如布吕德纳所说，在一个承认特定目的自治的私人领域中，善的优先地位应被搁置。Alan Brudner，"Hegel and the Crisis in Private Law," in Drucilla Cornell et al. , eds. , *Hegel and Legal Theory*，London：Routledge，1991，p. 131.

率的默许。与古典的实体性不同的是，现代的特殊性要求承认它在可能的选择范围内所作的自由选择。这样，特殊得以具体化，在区别于所有其他事物的同时，又以各式各样的关系与它们联系在一起。在逻辑上，黑格尔在"一"与"多"①的辩证关系中分析了这一过程，并通过客观精神层面追溯了其阐述。为了为后面章节的论点做铺垫，鲍威尔对大众的批判可以从黑格尔对现代自由的描述中得到最好的理解。大众社会压制了现代性的解放前景，转而支持一种僵化的一致性，并依赖于特定的私人利益，这种利益不利于理性且自觉地坚持一个普遍的目标，即在社会生活的各个方面促进自由。鲍威尔提出共和主义，将其作为一种超越限制性私人利益的学说。

黑格尔的《法哲学原理》是自由无限的人格理论，是现代性的最高政治成就。② 现代的主体生活并融合在不同的角色和需求之中，他们产生了高度的社会分化，但他们依然能够形成并参与到一个普遍的利益中，并且在最强有力的意义上实践自主权。主体意志的实质是通过对伦理制度、家庭、市民社会和国家的参与，使主体意志在现代性中合理并具有主体间的有效性。在黑格尔看来，国家是一个伦理生活的机构，负责实现社会的基本价值，并使其对自由的理解具体化。政治自主性的原则补充和完善了作为选择能力的更基本的自由形式，也就是说，没有意志本身的服从，任何理由都无法决定意志。这是抽象权利所规定的基本形式，但它必须以超越这一领域的更自觉的自由形式加以补充。抽象的权利，即所有权或使自己在世界上客观存在的权利，是特殊性上升到普遍性的主体间过程的开始。在实施自身时，主体产生了一个新的、普遍的、复杂的社会，这个社会具有内在差异性，并通过相互承认得以维持。普遍性通过在其内部对特殊性即特殊原则加以控制和表达而变得具体；同样，

---

① G. W. F. Hegel, *Science of Logic*, pp. 170-178.

② G. W. F. Hegel, *Philosophy of Right*, p. 20.

特殊性被整合到一个新的、更加明确的普遍性中，这种普遍性不会像古典社会那样压制自由，也不会像自由主义者通常认为的那样，仅仅作为私人目的的工具性背景而存在。黑格尔遵循这种主体间性的过程，通过内在道德领域，接受了它对自身不足的承认：它需要从现有的社会关系网络中，而不是从抽象的内在性中来提取判断的标准。① 只有在现实的伦理生活或客观的伦理生活中，社会关系中的矛盾才能得到解决，观念与客观性的统一才能得到保证。普遍性与特殊性的统一，是通过市民社会的占有、生产和交换活动而初步 **【9】** 实现的具体现实。这需要相互的社会关系，而不是抽象权利中起初看上去孤立的意志行为。最后，在国家中，特殊与普遍的综合，就会有意识地表现为一种真正的统一，而不仅仅是形式的统一。

　　黑格尔死后，复辟时期日益保守的政治气氛对他的学派在理性自由方面取得进一步进展的希望是不利的。对于他的共和主义信徒来说，他最初计划的重要部分需要重新思考。鉴于政治和社会的发展，黑格尔对君主立宪制的辩护②是毫无根据的，而且他对解决社会问题的悲观主义是没有根据的。③ 要解决黑格尔的这些不足之处，就必须从黑格尔的理论中找出这些不足之处的概念来源。客观精神

---

　　① Michael Theunissen, "The Repressed Intersubjectivity in Hegel's Philosophy of Right," in Cornell et al., eds., *Hegel and Legal Theory*, pp. 3-63; 该文认为，在这里，主观性穷尽了它自己，黑格尔不得不从实体这一方面开始一种新的运动，这种运动与前面的运动只存在否定的关系。黑格尔因此再现了一个经典的实体性的版本，牺牲了它的主体性和现代性；但是，对应于我们自己的阅读，Giuseppe Bedeschi, "Il pensiero politico e giuridico," in Claudio Cesa, ed., *Guida a Hegel*, Rome: Laterza, 1997, 157-200 这篇文章则支持黑格尔论证的连续性。这个问题不在这里讨论。

　　② K. -H. Ilting, "Die'Rechtsphilosophie' von 1820 und Hegels Vorlesungen über Rechtsphilosophie," in G. W. F. Hegel, *Vorlesungen über Rechtsphilosophie* 1818-1831, ed. K. -H. Ilting, vol. I, Stuttgart: Fromann-Holzboog, 1973, 25-126. 许多左派黑格尔主义者都能直接接触到伊尔廷重新发现的黑格尔在柏林的演讲材料。

　　③ 这一观点是在 19 世纪 30 年代由爱德华·甘斯(Eduard Gans)提出的，他接手了黑格尔《法哲学原理》的教学工作。关于甘斯，参见 Michael H. Hoffheimer, *Eduard Gans and the Hegelian Philosophy of Law* (Dordrecht: Kluwer, 1995).

的体系需要被彻底重塑，但至少对鲍威尔来说，这可以与黑格尔自己的原则保持一致。[①] 在详细阐述了阿诺德·卢格发表的一个建议之后——尽管这个建议可能并非出自卢格本人——鲍威尔设想出了一种公共道德，来补充黑格尔在《法哲学原理》中所描述的私人道德。黑格尔的共和主义追随者们声称，正是由于缺少这样一个公共解释，才导致黑格尔将普遍性视作一个单独的领域，像是一个没有明确承认其基础在于人民主权的国家。因此，黑格尔未能成功地综合普遍性和特殊性。前者与它的主观活动基础相分离；后者的概念过于狭隘，无法实现真正的自我超越或自主。共和主义公民的形象还未得到充分发展。鲍威尔自己的共和主义就出现在这个领域，这是他在"三月革命前时期"进行政治反思的基础。

对鲍威尔来说，尽管黑格尔的制度描述是有局限的，但思想与存在的统一性，所有哲学的真正核心思想仍在他那里得到了最充分的表达。但是黑格尔的表述尚未完善，在概念与客观性综合方面，除了政治和制度的不足外，还有其他理论方面的不足，这也需要加以修正。根据这一评估，鲍威尔坚信黑格尔对现在的描述可以通过一种内在的参与和概念的发展来调整，这是一种修正，而不是对黑格尔体系的抛弃。在这一点上，他不同于 1839 年的费尔巴哈，也不同于 1843 年的马克思。[②] 黑格尔认为，我们只能追溯性地把握历史的合理性，而不能预见历史的合理性。鲍威尔将这一主张转变为一种前瞻性的、伦理的唯心主义，尽管它是从对历史进程的反思中得出的。我们参照历史来确定我们的原则，分析其当前的形态及

———————

① 路德维希·费尔巴哈将自己的方法与《末日的宣告》一书匿名作者采用的方法进行了对比，他强调唯物主义和唯心主义的对立，并强调，需要的不是修正黑格尔而是拒绝黑格尔。参见 E. Barnikol, *Bruno Bauer*, Ms., *Quellenteil* 23, 2, 23 [a].

② Ludwig Feuerbach, "Zur Kritik der Hegelschen Philosophie" [1839] in W. Bolin and F. Jodl(eds.), *Sämmtliche Werke* II(Stuttgart: Fromann, 1904). K. Marx, "Contribution to the Critique of Hegel's Philosophy of Law," in Karl Marx, Frederick Engels, *Collected Works*, vol. 3 (New York: International Publishers, 1975), pp. 3-129.

其内在矛盾，从而知道如何按照历史的客观要求去行动。这是黑格 **【10】**
尔的历史理论，是自由的产物，它使人们有机会获得普遍性，从而
使主体能够判断普遍目的的要求，具体地着手从不理性制度和实践
中解放出来。援引历史为鲍威尔提供了一个解决方案，以解决他在
康德那里发现的抽象主观主义，以及他在启蒙主义批判中发现的与
历史决裂的纯粹的否定性。在黑格尔关于绝对精神的论述中，鲍威
尔还提出了另一个问题，即保留了那些明显超验的元素，却没有充
分提及它们的主观起源；这与黑格尔的基本原则相一致，而这些原
则现在必须被清除。

　　在解决这些问题的过程中，鲍威尔使用了他的中心概念——无
限自我意识（取自黑格尔的主观精神理论）——来重构黑格尔的绝对
主义。鲍威尔所带来的变化的影响之一是使艺术和哲学紧密相连，
并从此将宗教作为一种异化的理性形式排除在外，同时又承认它的
历史必然性。鲍威尔在绝对精神中对宗教和哲学的分离经常在文献
中得到探讨，尽管他的政治动机尚不清楚，其共和主义思想也不甚
明晰。鲍威尔的方案的主要特点是他对历史中普遍性的固有性的坚
持。历史是自由和自我意识的形成，是我们为解放而斗争的记录，
也是失败的尝试和异化的传奇，如果我们要发现我们的理性自主的
意义，这些都是必不可少的。鲍威尔的论述包含了对所有基于特殊
主义主张的自由主义的否定，无论是宗教的、经济的还是政治的。
同时，它也是对超越了个人力量的实体或虚假的普遍性的批判，其
中包括专制国家和宗教信仰意义上的拜物教对象。鲍威尔认为，所
有以特殊利益为基础的主张自由的企图都注定要失败，因为它们是
非理性的；所有在超越力量面前对人类力量的贬低都将被克服。这
些都是他的共和主义的目标。

　　客观地说，思维与存在的统一作为一个过程永远不会完成；
这一无限努力的过程使得关系、制度和对自由的理解之间总是难以

达成一致。然而，从主观上来说，这一运动通过自我超越和历史经验教训的内化，在个体的自我意识中得以完善。因此，这个过程包含两个维度，一个是向无限延伸的客观努力，另一个是从异化的主观完善或自觉回归到自我。这是崇高的争取自由和美的自我统一的斗争，这个自我不同于经典的美的个性，因为它是通过克服矛盾来实现的，而不是因为它的矛盾尚未发展起来。鲍威尔独特的现代主义在这里是显而易见的。历史的进程不是混乱的或无秩序的，而是由理性及其辩证展开所支配的。自由需要一个永久的转变过程。"一切坚固的东西都烟消云散了"①，但我们行动的结果并没有消失。理性的流动性留下了一个可以被理性理解的结果，这个结果继续指引着我们的活动。理论是对现实中需要解决的矛盾的识别；它伴随着一种伦理承诺，以采取行动克服这些矛盾。如果没有这些行动，历史的解决办法就会被推迟或歪曲。当代的革命性转变是由对过去的洞察所指导的，这是一部异化及其克服的历史。鲍威尔的伦理观念论与康德哲学的形式不同，它承认历史的决定性作用。新的自主性概念并不依赖于一种非时间的责任感，而是更接近康德所称的至善论，即行动通过对历史进步的贡献而得到验证。鲍威尔认为，这意味着要毫不妥协地致力于重塑政治、社会关系和制度。我们对自由的认识，并不像康德所说的那样，仅仅是一种道德假设。它的条件是理论性的，即把历史理解为一个理性的过程，把现在理解为必须克服的具体障碍，才能继续取得进展。在自由的自我决定中，主体超越了以往的自我认识，更新了自身与产物之间的对立，其有限性不足以充分体现主体不断发展的创造性。自由是在不断运动的普遍中，对特殊性的无限重塑。现存的关系没有永久的效力，而是构

【11】

---

① Karl Marx and Frederick Engels, "Manifesto of the Communist Party," in Karl Marx, Frederick Engels, *Collected Works*, vol. 6 (New York: International Publishers, 1976), 479.

成了有待改造的事物。它们不仅是给定的对象，而且是外在的、对我们无关紧要的对象，是前一种主观活动的产物。黑格尔将这种立场描述为实用的雅各宾主义。这正是鲍威尔作品所假定的政治意义。

　　鲍威尔的历史唯心主义和共和主义是相辅相成的。他的唯心主义有主客观两个维度，一个来自审美观念，另一个来自对历史的伦理解读。从客观上来说，历史至善论的伦理与崇高的审美意象结合在一起，鲍威尔邀请他的同时代人来分享他为自由而进行的无限斗争。只有理性的、自主的主体才能参与到这项劳动中来，将其作为一项自由自主的任务。在这里，从主观上来说，出于无私和普遍性的动机，自反性地整合了美丽的自我，从而维持了共和主义的态度。这一革命主体对旧秩序和解放的一切主张进行了伦理的、批判性的判断，以评估其合法性和权利。这种批判不同于康德的道德判断，也不同于启蒙形式，在黑格尔的逻辑中被澄清为绝对判断。[①]它的必然性在于它要求遵循历史的真实运动，但这种必然性是理性主体所自由接受的。革命行为没有预先确定的主体。所有人都必须 【*12*】把自己永久地记录为转型戏剧中的演员。如果我们要在自主的表达中定位自己，就必须有普遍性，但这些普遍性不应被视为超越性。相反，它们产生于作为一个解放过程的历史进程本身，以及特殊与普遍的自由的自我认同。基于批判性历史判断的、对自由的主观认识，必须转化为客观认识，而不能停留在自我封闭的内在必然性之中。它们必须提供实践活动的准则、政治和社会参与的指导。但是，在表达他们所认为的普遍利益时，政治行动者也必须正视自己有限的主观性。他们不能简单地将自己的特殊利益和身份置于一边，也不能避免代表这些利益和身份，更不能将政治上可以接受的话语作为公共理由重新表述出来。相反，他们必须从根本上改变它们。这就是鲍威尔所说的特殊性的自我超越。对他来说，这一要求来自历

---

　　① 　G. W. F. Hegel, *Science of Logic*, pp. 661-663.

史过程的二元性，概念和客观性的统一是通过长期斗争和有意识地
回归自我而获得的。主体作为无限自我意识的载体，其反思性重构
是其伦理和审美唯心主义的核心主张。为了使自由真实，为了使理
性有效，他律的冲动和特征或许不能简单地隐藏在公众的视线之外，
而是要彻底消除。鲍威尔的共和主义的严谨性将权利主张与道德主
张融合在一起。他不能承认，合法的外部行动的标准可能不如控制
内在伦理动机的标准那么严格，也不能承认，司法领域在其职权范
围内只能拥有前者。他的激进的自主性学说和共和主义，要求主观
行为的内在和外在协调一致。

　　鲍威尔展开批评运动的第一条战线是反对旧制度及其复辟的替
代者。鲍威尔谴责封建主义是一种监护制度，是一种非理性的特权、
垄断和豁免制度。普遍性被分散在多个点上，在这些点上，掠夺性
的私人利益，包括个人和社团，相互聚集并相互对立，以确保获得
额外的优势。在这些具有严格排他性的特殊事物上产生的专制国家，
自以为具有普遍性，因而阻碍和否认其人民的自我活动，并用宗教
神圣的面纱来掩盖其权威的来源。国家利用宗教来巩固自己的权威，
并与新兴的自由原则作斗争，试图以历史倒退的形式阻止自己的发
展。私人利益和进步是完全对立的。

　　鲍威尔坚持认为，自由的主要敌人是国家而不是宗教，但他对
宗教本身的批判也具有深远意义。他将历史进程描述为异化和自我
克服，对宗教的批判也是其中的重要组成部分。他坚持认为，他的
立场与启蒙运动的批判有着根本的不同。启蒙运动的批判虽然与他
的立场在表面上有相似之处，但前者的基础是对宗教操纵的肤浅的
理性主义解释，以及对主体和自由的限制性观念。① 鲍威尔在"三月
革命前时期"的批判源于信仰与理智的理论对立，源于实践理性的考
量，源于正统宗教伦理与共和主义伦理的不相容。宗教假定了一个

【*13*】

---

① 　参见本书第 2、第 3 章。

虚假的或超越的普遍，从而导致并维持了一种狭隘而实用的特殊主义。他痛斥宗教态度中的个人主义和利己主义，以及为自己或团体谋取特权的邪教宗派主义。然而，即使在作为异化精神的宗教意识中，鲍威尔也发现，在对情感材料的原始塑造和对新形式和教义的终结表现中，创造力发挥了作用，而在这种审美活动下，隐藏着大量不确定的感觉或无意识的默许。宗教教义的起源问题涉及鲍威尔在 1829 年的第一篇文章中提到的艺术创造力的问题。鲍威尔反对这种精神异化的秩序，坚持认为决定性的政治问题是国家权威的来源，无论是在传统和宗教制裁方面，还是民意方面。这个问题，也就是 1848 年的真正意义，是在不经过调解或妥协的情况下，以最明确的方式提出和解决的。这是一种真正的、不可避免的历史矛盾，只有共和主义才能解决。尽管自由主义似乎是共和革命的盟友，但它无法与旧秩序进行如此持久的斗争。

因此，鲍威尔在第二条战线上展开了他的活动，即对自由主义的占有性个人主义和宪政国家的批判。以往的革命，尤其是英国革命和法国革命，也必须得到批判性的评价，其失败无论是在理论基础还是在战术意义上都具有指导意义。自由主义和共和主义之间的分歧并不是 1848 年的原始特征，但鲍威尔为辩论提供了一个新的视角，他批判了市民社会、经济利益的支配地位和现代社会的大众化倾向，这是法国大革命所加速的过程，并无意识地反映在 1848 年的自由主义（以及社会主义）中。他复兴了反对商业和美德的古典共和主义主题，但赋予了它们与黑格尔主义一致的新形态。他发展了对立宪主义的批评，将其视为私人利益的政治性转化，是对封建政权的一种犹疑不决且有失体面的反对。即使是在黑格尔认可的最先进的形式下，宪政也仅仅是将两种截然相反的主权原则——平民原则和君主原则——并列在一起，而无法解决它们之间的根本争议。

在第三条战线上，鲍威尔发起了一场对抗新对手，即新兴的社

【*14*】　会主义学派的运动。1848 年革命打破了雅各宾派的传统，因为大众联盟中的每一个集团都更清楚地认识到自己的特殊性，并在一定程度上把自己定义为反对前盟友的人。鲍威尔的工作为这一过程做出了贡献，并反映了新形式的贫困和社会组织的出现。他断言他的新共和主义目标不仅是政治上的，而且是社会的解放。社会问题可以得到解决，解放无产阶级靠的不是直接诉诸某个阶级的特殊利益，而是反对一切形式的特权的共同斗争，这是由共和主义信念鼓舞推动的斗争。这场坚持不懈地进行的斗争，结果将是实现平等及其在社会生活的各个领域不可阻挡地普遍化。

随着革命爆发的临近和冲突的加剧，鲍威尔的思想显示出紧张的迹象。这并不是说他的美学和伦理学模型会像 1848 年以后那样彼此分离和对立，而是每个模型中的主观和客观维度都揭示了它们潜在的不相容性。无论是动机还是内在实现，主观的重要性都得到了强调，从而损害了客观过程。从这个角度可以理解鲍威尔关于革命承诺纯洁性问题的看法中的狭隘性和宗派主义；因此，我们可以为鲍威尔针对自由主义者和社会主义者的论战提供另一种解释，这种解释有别于对叛变或理论上的不连续的指控。他关于解放的论述将权利和道德混为一谈，而这正是康德、费希特和黑格尔已经成功区分的领域。其后果，举例来说，在鲍威尔关于犹太人问题的文章中，是显而易见的。对鲍威尔来说，公民之间完全相互承认的可能性取决于主观上对共和主义的接受态度。因此，这种承认，以及由此而进入权利的领域，在道德的领域中具有某种意义。鲍威尔不准备承认任何消除司法不平等的要求是合法的，因为这种平等法案的潜在受益者来自特定的宗教利益，或者不充分的共和主义情绪。只有在遇到困难的情况下，他才会承认有共同的战线，以此来对抗共同的对手，而他的强硬态度倾向于扼杀进步的可能性。这是一个很大的弱点，导致了他对当前形势的错误判断，以及 1844 年后他在反对派运动中公众地位的下降。这些问题一直围绕在他对进步力量普遍不足所提出的众多批评周围。他的理论要求革命主体自由行动，不受特定利益的限制，但在 1848 年，很少有主体能够满足鲍威尔的批判性判断所强加的严格要求。为了避免或减轻虚假的普遍性乃至通往无限的道路，必须有一个休止点或从外在回归自我，鲍威尔希望从中区分他的完美主义伦理学和崇高美学。但这一休止点，即伦【15】理和美学方案的主观方面，有时似乎是对客观过程的一种替代而不是补充，是一种退却，是抵御历史衰败的力量，而不是一个可以取得新进展的桥头堡。在 1839—1844 年，主观和客观的维度仍然保持和谐，但它们的关系日益紧张。鲍威尔批评黑格尔没有完成对观念和客观性的综合，但他自己也没有解决这个问题。

　　本书分为四个部分。第一部分奠定了鲍威尔政治思想的基础，追溯了他的美学和伦理批判模式的产生，并讨论了他对黑格尔和康德的解读，他在其中提出了一种根源于黑格尔历史观的唯心主义。第二部分考察了宗教批判与复辟国家。第三部分更全面地探讨了鲍威尔 1841—1842 年文本中的共和主义纲领及其对历史的理解。第四部分论述了革命形势的演变和社会问题的出现、对自由主义政治运动的批判、对社会主义替代方案的否定，以及鲍威尔共和主义的局限性。简要的结语概括了他的后革命思想。1829 年关于康德美学的拉丁文论文手稿首次以英文翻译出版，作为该书的附录。

　　在解读鲍威尔的过程中，我尽可能地尝试用他自己的纲领性声明来指导对他的文本的初步处理。他对像埃德尔曼①这样被遗忘的启蒙运动人物的思想的同情为这种解读提供了一个模型。他对思维与存在的统一的坚持和对社会斗争的呼唤，就是这些指导思想的例

---

　　①　Bruno Bauer, "Johann Christian Edelmann oder Spinoza unter den Theologen," *Deutsche Jahrbücher*, November 24-25, 1842, nos. 302-303, pp. 205-212.（《神学家中的约翰·克里斯蒂安·埃德尔曼或斯宾诺莎》）

证。第一部分为本研究提供了一般性的解释框架；第二部分揭示了鲍威尔具体批判德国"三月革命前时期"的旧秩序以及自由主义和社会主义产生的对立思潮的指导意图。我希望，对鲍威尔的伦理和审美唯心主义、共和主义以及对社会问题的认识的阐述，能够成为本书的主要贡献。

【*16*】　在探讨这些问题时，鲍威尔在革命前时期的作品的异质性和数量决定了独特的分析方法。有些文本是基本的理论陈述。其中包括他 1829 年写的关于康德的手稿，还有《末日的宣告》，尽管它的形式有些奇特。① 本书详细讨论了这些文本的理论内容。在另外一些情况下，有的文本虽然哲学意义相对较小，但提出了一些重要的政治观点。这些文本通常按主题分组，除非有必要区分它们之中的重点转移。在第一部分确立了鲍威尔思想的大致轮廓之后，本书是按时间顺序和主题展开的，追溯了他的发展和他与不同对手的接触，尽管他与不同对手的遭遇经常会融合在一起，要完全解开他批判的三条线索是有很大困难的。

还必须注意一些范围上的限制。本书并不是全面的鲍威尔学术传记，而是对他 1848 年之前的作品中共和主义主题的一种审视。这种限制是由他的作品本身的广泛性造成的。因此，我保留了我认为对这一主题绝对必要的东西，即鲍威尔的共和主义政治学与他的美学和伦理唯心主义之间的关系，这种关系源于对黑格尔的具体解读。虽然我没有对鲍威尔在 19 世纪 30 年代中期的宗教理论进行广泛的重建，但我认为，这些文本的关键是思维与存在统一的基本理念，它们可以被理解为鲍威尔为了展示这种一致性而进行的实验。在鲍威尔 1839 年之后的宗教批判中，我论述了与他的共和主义有关的主

---

① 相反的评价参见 Ruedi Waser, *Autonomie des Selbstbewußtseins. Eine Untersuchung zum Verhältnis von Bruno Bauer und Karl Marx* (1835-1843), Tübingen: Francke Verlag, 1994.

题，特别是宗教、占有性个人主义和专制国家之间的联系。此外，我强调了鲍威尔对宗教的批判与对启蒙运动的批判之间的核心区别，以支持我的观点，即在鲍威尔的著作中有一种独特的（黑格尔式的）判断在起作用。接下来对鲍威尔的宗教理论及其演变的详细探讨很可能是极受欢迎的，但我在这里不敢冒险。

　　除了结语外，本书仅限于探讨鲍威尔 1850 年以前的作品。在鲍威尔数量庞大的著作中，这些文本形成了一个相对紧密的整体，致力于共和主义、自我决定的伦理和美学，以及具体的政治斗争形式。它们的灵感来自对黑格尔的一种独特的、相对一致的解读，并直接与 1848—1849 年的革命经验有关。他后来的作品仍然受到革命运动矛盾的制约，鲍威尔现在认为革命运动是失败的，但政治格局已经发生了决定性的变化。直到 1848 年以后，鲍威尔思想中的伦理和美学模式才发生了决定性的分歧，他以牺牲崇高为代价对美学进行了重置。他抛弃了历史的至善论和解放斗争的崇高性。鲍威尔认为，正确的现实立场是，当新的社会力量在纪律的胁迫下（如果不是通过富有洞察力的个人努力的话）准备自己的时候，一种公正的审美将从积极的伦理约定中退出。① 1848 年以后，鲍威尔特别把俄罗斯看作疲惫无力的欧洲的复兴力量。俄罗斯是一个有凝聚力的社会，它还没有沦为现代利己主义个人主义的牺牲品，但它的特征是教会和国

---

　　① 鲍威尔后来关于纪律侵蚀特殊性的看法，在他"三月革命前时期"的作品中并非没有预先征兆。例如，参见鲍威尔匿名出版的《普鲁士福音教和科学》(Bruno Bauer[anon.]，*Die evangelische Landeskirche Preußens und die Wissenschaft*，Leipzig：Otto Wigand，1840，19-33)，特别是关于腓特烈·威廉一世的政策。还有，可以参见鲍威尔：《德国天主教运动开始以来的资产阶级革命》(Bauer's *Die bürgerliche Revolution in Deutschland seit dem Anfange der deutsch-katholischen Bewegung*，Berlin：Hempel，1849，295，also cited in E. Barnikol，*Bruno Bauer：Studien und Materialien*，308)；以及鲍威尔写给卢格的信(Bauer's letter to Arnold Ruge，August 17，1842，in the Barnikol manuscript，*Quellenteil*，＃14，25. In *Bruno Bauer. Studien und Materialien*，352-353)，巴尼科尔描述了鲍威尔与赫尔曼·瓦格纳(Hermann Wagener)和《国家辞典：为各个阶层提供的国家科学百科全书》(*Staatslexikon*)之间的晚期联系，他将瓦格纳描述为保守主义者而非传统主义者。

家的全面统一。思维与存在的统一现在被认为是一种前现代社会形态的属性。他后来的立场中的一些根源可以在他"三月革命前时期"的著作中找到，但鲍威尔后来的思想超出了我们所研究的黑格尔的、伦理和审美共和主义的范围。

**【17】**　　然而，对鲍威尔在"三月革命前时期"作品的任何重新阐释都必须在充分意识和承认他后来作品的有害影响的情况下进行。1848 年革命失败后，他频繁出现在反自由主义的圈子里，并在那里宣扬一种恶毒的反犹太主义。① 对鲍威尔晚期独特的保守主义的承认，不应掩盖他在革命事件之前和期间所持并巧妙地公开辩护过的截然相反的立场。尽管鲍威尔的许多对手和批评者承认，他在 1843 年之前就持有这种进步主义倾向，但在这里，我们可以看到，直到 1848 至 1949 年的革命失败之前，他的作品中都渗透着同样的共和主义精神。因此，鲍威尔关于法国大革命和社会问题的著作（大多写于 1842 年之后）重新引起了人们的兴趣，而他对现代性的多方面批判则以一种不同的、我觉得更忠实于其初衷的角度出现。②

　　我在这里必须肯定恩斯特·巴尼科尔的贡献。1968 年去世后，巴尼科尔留下了一份未完成的关于鲍威尔的大部头手稿，这代表了他 40 多年的研究成果。保存在阿姆斯特丹国际社会史研究所的这份手稿只有一小部分已经出版③，但即使是这一小部分，在它近 600 页的篇幅中，仍然为黑格尔学派的研究树立了细致的学识、严谨的分析和恰当的批判的标准。巴尼科尔的兴趣主要在于神学，尽管他清楚地认识到鲍威尔的宗教批判是出于政治动机。这一政治灵感是本

---

　　①　然而，在他撰写的讣告《布鲁诺·鲍威尔与基督的关系》(*Sozialdemokrat*，1882 年 5 月 4 日和 11 日)中，弗里德里希·恩格斯强调了鲍威尔晚期作品对于社会主义者理解和批判宗教的价值。

　　②　尽管后现代主义对这一过程多有批评(在此不作评论)，但鲍威尔关于自由的理性进程的"宏大的历史叙事"将作为黑格尔派的基本元素保留在他的作品中。

　　③　E. Barnikol, *Bruno Bauer*, *Studien und Materialien*; and *Bruno Bauer*, *Darstellung und Quellen*, unpublished manuscript, IISH.

书的核心。巴尼科尔和范·登·伯格·范·艾辛加各自独立地汇编
了这里所使用的大部分原始材料，在没有鲍威尔作品评论的情况下，
他们是最好的资料来源。他们收集的书籍、文章和信件存放在该所
详尽的档案馆藏和丰富的书目资源中。然而，我所提供的将鲍威尔
的黑格尔主义和他的共和主义联系起来的解释性语境，却无法在这
些资料中找到。对于范·登·伯格·范·艾辛加来说，鲍威尔回到
了黑格尔之前的启蒙理性主义。先于洛维特(Karl Löwith)，巴尼科
尔将鲍威尔视为尼采出现的前兆。在这里，我强调鲍威尔忠实于黑
格尔的中心思想，即思维与存在的统一，并根据美学和伦理标准对
其加以解释。对于黑格尔的这种运用产生了一种共和主义的具体叙
述，但与启蒙运动或法国雅各宾主义不同，而是按照黑格尔从无限
发展到绝对判断的逻辑模式，对它们进行了批判性的发展。鲍威尔
设计了一个独创的批判理论模型，评估了德国"三月革命前时期"和
欧洲复兴运动的无数参与者提出的关于解放和合法性的主张。1844
年，他极力反对审查自己的作品，并将自己称为"自由之友"。① 我
们在这里探寻的主题是他如何理解这种自由。

---

① 　Bruno Bauer, ed., *Acktenstücke zu den Verhandlungen über die Beschlagnahme
der "Geschichte der Politik, Kultur und Aufklärung des achtzehnten Jahrhunderts" von
Bruno Bauer*. Teil I(Christiania: Verlag von C. C. Werner, 1844), 53.

# 第一篇
## 奠基：美学、伦理学和共和主义

# 第一章

# "理念就是生命"：鲍威尔的美学和政治思想

布鲁诺·鲍威尔 1829 年的第一次批判尝试，是从黑格尔逻辑学 的角度来评价康德美学。他将艺术描绘成一种精神的表现，并揭示了艺术与宗教之间已经存在的问题，这预示着他在 19 世纪 40 年代关于无限自我意识的思想的发展。早期手稿的中心思想，即黑格尔思维与存在统一的观念，是解读鲍威尔在"三月革命前时期"的批判理论复杂性的关键。① 这篇由黑格尔裁定并获得普鲁士王家哲学奖的文本保存在黑格尔的书信中，并存放在柏林洪堡大学的档案中。

---

① 在对鲍威尔的广泛研究过程中，恩斯特·巴尼科尔发现了鲍威尔 1829 年关于康德美学的拉丁文手稿，但没有发表。在他死后的档案中，巴尼科尔（Ernst Barnikol, *Bruno Bauer, Studien und Materialien*，ed. P. Reimer and H.-M. Sass, Assen: van Gorcum, 1972, 18 [see also p. 425, n. 1 and 3]）指出，Eduard Schläger 对鲍威尔著作的评述文章（in *Schmeitzner's* [*sic*] *Internationale Monatsschrift*，Bd. I [1882]，380），第一次使大家意识到鲍威尔获奖手稿的存在。巴尼科尔还呈现了黑格尔的相关评论（pp. 18-19, n. 42），但不是鲍威尔的手稿原稿。评委托尔肯（Tölken）和冯·拉默（von Raumer）对手稿的评论出现在 19—20 页以及 43 页。黑格尔的评论还出现在《黑格尔全集》（G. W. F. Hegel, *Sämtliche Werke*，Bd. XI，ed. J. Hoffmeister，Bd. XI，Hamburg: Meiner Verlag, 1956，670-672）中。在谈到他的发现时，巴尼科尔提出了一个有实质意义的论断，但在这里必须提出争议，即鲍威尔的早期文本对他后来的工作没有影响。巴尼科尔在 20 页声明，鲍威尔没有对 1829 年的文本进行批判性的跟进，也没有在他的任何出版物中提及。对巴尼科尔来说，这篇文章仅仅证明了鲍威尔的自信、他的唯智主义方法、他对黑格尔的忠诚以及他思想的局限性。

原以为已经遗失①的这一文本于 1996 年以拉丁文原文的形式首次出版②，并附有德语翻译和评论。③ 它为我们研究鲍威尔的思想提供了一个重要的新视角。

1828 年 8 月 3 日，柏林大学公布了一年一度的王家奖竞赛结果。④ 由黑格尔提出的问题是这样的：

> 康德是否在其作为判断力批判的那部分哲学中充分地阐述了美的原则，这些原则是否与作者的全部哲学所依赖的基础相一致。⑤

该奖项于 1829 年 8 月 3 日颁发，获奖者是布鲁诺·鲍威尔，他提交了一份长达 95 页的拉丁文手稿《论美的原则》(*Dissertatio de pulchri principiis* )。⑥ 鲍威尔当时是柏林大学神学专业的学

---

① Lawrence Stepelevich, "Translator's Introduction," in Bruno Bauer, *The Trumpet of the Last Judgement against Hegel the Atheist and Antichrist. An Ultimatum* , trans. L. Stepelevich, Lewiston, N. Y. : E. Mellen Press, 1989, p. 18.

② 这篇文章最初是用拉丁语写就的。以下所称 1829 年手稿、早期手稿，都是指这篇获奖手稿。——译者注

③ 鲍威尔《论美的原则》的手稿(Bruno Bauer, *Über die Prinzipien des Schönen. De pulchri principiis. Eine Preisschrift* , hrsg. Douglas Moggach und Winfried Schultze, Berlin: Akademie Verlag, 1996)是我(即作者莫格奇教授)自己独立做的版本。巴尼科尔自己做的未出版的抄本，存放在阿姆斯特丹国际社会历史研究所的档案中。它有一些不准确之处。其中许多是形态学的，但偶尔也会涉及文献的意义。比如说，在手稿的 70b(或者是他标注的第 11 页)，巴尼科尔把 *officiat* 理解为 *efficiat* ，将这段的意思从"effecting the unity"(实现统一)改为"obviating the unity"(消除统一)。在 95b(巴尼科尔标注的 61 页)，他把 *sine vita* ("without life")理解成"or life"。

④ 关于这个一年一度的比赛及其规则，参见 Winfried Schultze, "Bruno Bauer und die Aufgaben der Philosophischen Fakultät der Berliner Universität für den Königlichen Preis," in B. Bauer, *Über die Prinzipien des Schönen* , 105-109，这些规则全文转载于"Anlage 1"，113-116.

⑤ 黑格尔提出的这个问题保存在柏林洪堡大学的档案中。发表于 G. W. F. Hegel, *Sämtliche Werke* , Bd. XI, 670.

⑥ 根据比赛规则的要求，文章以匿名的形式提交。鲍威尔的作者身份通过他收到该奖的书面确认得到证实，该书面确认保存在洪堡大学的档案中。

生，1828 年春季入学，1832 年春季毕业。① 他在第一学期就参加过
霍托（Heinrich Gustav Hotho）关于黑格尔的《哲学科学百科全书》的
讲座，并从 1828 年 10 月到 1829 年 4 月参加了黑格尔的美学课程。
这些资料来源在获奖手稿中很容易辨认。推荐鲍威尔作品的评审委
员会包括黑格尔、古典主义者和艺术史学家恩斯特·海因里希·托
尔肯（Ernst Heinrich Tölken，1785—1869）。历史学家弗里德里希·
冯·劳默（Friedrich von Raumer，1781—1873）对这篇文章和其他参
赛作品的评论，作为 1829 年 7 月 11 日确定该奖得主的教职工大会
报告的一部分一直保存至今。黑格尔同意这篇文章的哲学内容，他 【22】
的批评意见只强调了这位匿名作者所表现出来的对于拉丁文的不熟
练。其他评价者的评论也一致认为，语言形式是这篇文章的主要缺
陷。一位读者评论说，现在也许应该不再将拉丁语作为学术交流的
语言了。②

这篇早期文本的意义在于，它阐述了鲍威尔后来在对无限自我
意识的反思中所体现出来的美学观念和指导思想。从最早的作品开
始，鲍威尔就追随黑格尔，强调观念与客观性的统一。鲍威尔认为，
艺术使我们能够凭直觉感知结果，并将过程观念化，从而使思想显
现自身或客观化。只有黑格尔的体系本身才能正确地认识到艺术在
理性实现中的作用。康德预料到了这一结果，但没能完成。鲍威尔
的手稿考察了《判断力批判》中关于直觉、观念和理念的论述，并将

---

① 1834 年 3 月 15 日，鲍威尔为 12 个神学论点辩护，以获得从业资格。1834 年 11
月，他在柏林接受了特许任教资格，但没有记录在案。参见 G. A. van den Bergh van
Eysinga, *Bruno Bauer*, manuscript, IISH Amsterdam, 13, 17. 巴尔尼科手稿转载了鲍
威尔的 12 条拉丁语命题，其中最引人入胜的是第一条，"人的概念解决了所有关于基督双
重性的争论"。尽管鲍威尔是如何为这个论点辩护的我们还不得而知，但可以推测，这里
可能有一种对自我意识中特殊和普遍环节二元性的潜在观点，这是他后来的思想的基础。
其他一些命题的意义尚不能确定，如第十一条，认为大流士是米堤亚人。这个关于大流士
的描述在《但以理书》中有记载，比如在 5.31 和 9.1。

② F. von Raumer, in E. Barnikol, *Bruno Bauer. Studien und Materialien*, 20, n. 43.

它们的用法与康德之前的著作以及黑格尔对这些术语的重新表述进行了比较。鲍威尔认为《纯粹理性批判》中所运用的认知范畴构成了《判断力批判》中美的学说的基础；但他也认为，作为第一批判特征的二律背反最终并没有在第三批判中被回避，即使康德自己试图规避它们或提供一个不那么尖锐的二元论解释。为捍卫这一立场，鲍威尔的早期手稿还提供了批判理论的主要范畴，尽管该理论在 1829 年尚未发展，但仍代表了他在"三月革命前时期"关于政治学和社会的著作的特征。他后来的作品明确了他对思维与存在的统一、对艺术的反思的结果，并重构了绝对精神，使艺术与哲学更加接近。审美判断的结构，在其具有普遍性且不受特殊利益影响的情况下，在鲍威尔于 19 世纪 40 年代对现存秩序和政治党派的主张所作的批判性判断中得到了复制。

获奖的手稿发展了思维与存在的统一性，或理性（理念）的自我实现的能力。黑格尔唯心主义的核心主张是"现实性"［*Wirklichkeit*］或理性的效力，即理性在塑造客观现实的同时历史地实现自身的能力。鲍威尔将这一永恒的哲学主题①以中世纪希腊人和康德所构想的形式呈现出来，根据手稿所述，康德综合了洛克的经验论和笛卡尔-莱布尼茨的唯心主义。康德的综合既不涉及存在的首要性，也不包含抽象思维的首要性，而是试图把它们结合起来考虑。最初的结果是对它们的统一性认识不足，认为它们仅仅是主观的，因而无法实现客体所要求的统一。鲍威尔提出应根据黑格尔的逻辑重新审视这一过程。

【23】　　根据鲍威尔的陈述，理性或理念在前两个历史时刻并没有得到充分的把握：对希腊人来说，是因为它的给予性和直接性，因此理念的丰富的内在表达尚未完成；在中世纪时期，因为信仰压制了怀疑或主观的探索和理性同意的契机。信仰坚持一种固定的结构，理

---

① Hegel，*Glauben und Wissen*（1802），*Gesammelte Werke*，Bd. 4（Hamburg：Meiner Verlag，1968），323ff.

性必须符合这个结构，因为它是一个外在的对象，这一对象是简单的给予，而不是由理性努力产生的。这两个时期都缺乏对作为自我决定的自由的理解。第三个伟大的历史时刻，即康德的哲学，也未能完全地描绘出理性的自我实现的力量。鲍威尔在他的获奖手稿中，批评康德其实暗示了这种统一性，但却没有仔细思考。鲍威尔详细阐述了黑格尔在他的"柏林美学讲座"中对康德的批评，并以 1827 年版《哲学科学百科全书》中对范畴的逻辑分析作为补充。① 在这种解释中，《判断力批判》②的特别创新之处在于，它试图在思维与存在、主体与客体、自由与自然的二元论之间架起一座桥梁，而康德的哲学正是在纯粹理性和实践理性的领域中产生这些二元论的。康德对美的分析为解决思维与客观性的分离提供了方案，但却无法系统地发展这种洞察力。批判哲学构成了一个统一体，但这个统一体是有缺陷的，这使人们无法同时认识主观性和客观性。鲍威尔的论点是，《判断力批判》并没有提供一个解决方案，而是对康德基本图式的困难的再现，正如先前两个批判所阐述的那样。③ 康德的哲学是以往哲学发展的顶峰，并为新哲学即近代哲学的发展开辟了道路。而新哲学为精神的定义提供了明确的解决方法。④

---

① G. W. F. Hegel, *Vorlesungen über die Ästhetik*, I, *Sämtliche Werke. Jubiläumsausgabe*, ed. H. Glockner, Band 12 (Stuttgart: Fromann-Holzboog, 1964); *Enzyklopädie der philosophischen Wissenschaften im Grundrisse* (1827), *Gesammelte Werke*, Bd. 19 (Hamburg: Meiner Verlag, 1989).

② Immanuel Kant, *Kritik der Urteilskraft*, *Kants gesammelte Schriften*, vol. 5, Königlich Preußische Akademie der Wissenschaften (Berlin: de Gruyter, 1908); *Critique of Judgment*, trans. and ed. Werner Pluhar (Indianapolis: Hackett, 1987).

③ 关于这种批判的黑格尔主义起源，参见 B. Tuschling, "Intuitiver Verstand, absolute Identität, Idee. Thesen zu Hegels früher Rezeption der *Kritik der Urteilskraft*," in H.-F. Fulda and R.-P. Horstmann, eds., *Hegel und die "Kritik der Urteilskraft"* (Stuttgart: Klett-Cotta, 1990), 180.

④ 精神(*Geist*)在其完整的黑格尔意义上，通常在手稿中是用 *ingenium* 一词来表述的。康德在《判断力批判》§46 中使用 *ingenium* 作为天赋的特征。笛卡尔用 *ingenium* 来表示心灵，从经验意义上来说，更像是指个人意识。鲍威尔更倾向于后一种意义上的用法，但也并非总是如此。

在将《纯粹理性批判》与《判断力批判》联系起来时，鲍威尔认为两者都有相似的缺陷。美的观念和康德对目的论理性的重新认识，在一定程度上恢复了关于理性的客观呈现的古典观念，但这种呈现不再是直接的，而是必须通过自由主体性所产生的对立来实现。鲍威尔承认这是古典理性观的一大进步，但他主张，康德并不理解他所引入的新的客观性态度，这种客观性态度保证了理性思想的进一步丰富性和具体性，也是为了实现概念和客观性的真正统一。在康德看来，美只是一种主观的反思原则。康德继续强调思维与存在的不相容性，从而放弃了自己的新原则，正如他在前两篇批判中所强调的那样。

这种缺陷的结果是双重的。第一重是康德的理念的主观特征，即它是规定性的，而不是构成性的。[①] 因此，理性无法进入客观王国。康德否认理性的现实性，否认理性的因果形成性，否认理性在世界中实现自身的力量。理性的无能为力被知性的无能为力所复制，知性通过现象和本体的区别而囿于它自身的主观性之中。康德认为知性的规定是外在的，与事物本身无关。鲍威尔反对这一概念，他援引了黑格尔的观点，黑格尔强调了理性理念的尊严，并将其发展为客观性。这种观点强调的是客观性和概念的统一。在这种理念的推论中，客观性被赋予了理性的形式，而概念则获得了一种明确的、明显的、具体的存在。美、生命和理念是构成理性现实性的过程中的环节。

> 概念和客观性并不是两个不同的东西，而是本质上的一个整体，即理念本身……美是一个具有内在客观存在性的概念，所以客观性只出现在概念中，整个概念都包含在客观性中。因此，理念通过它自身而成为生命；或者说，生命的真谛，生命

【24】

---

① B. Bauer, *Prinzipien*, 97b. （鲍威尔《论美的原则》）

的本质，正是美。①

美的和谐不仅是主观上的和谐，而且是理性客观表现的直接形
式。这一概念让人想起柏拉图《会饮篇》中的世界，在那里，美是理
性和对理性的爱的体现方式。但是理性的观念不再是一种刻板的柏
拉图式的形式。现在，按照现代性的要求，它是由主观活动来调节
的。鲍威尔的分析认为，康德认识到这一主观原则的重要性，但他
无法使其与客观性相协调。康德的理念论仍然是片面的。

　　在鲍威尔的解读中，这种局限性的逆命题同样也困扰着康德对
美的描述。而在第一批判里，认识仅仅是脱离客观性的主观性，但
它的主观性也不充分，因为它不能说明先验的主体和自我意识。这
些问题在《判断力批判》中反复出现。鲍威尔将康德承认哲学无法认
识或描绘超知觉的观点描述为他批判的顶峰②；在黑格尔的哲学体
系中，对主体性的真正认识是哲学所追求和达到的目标之一。黑格
尔证明了先验主体不是不可知的；但这种知识是一种特殊的知识。
它既不是对自我的认知，仿佛自我是一个特殊的对象，它也没有调
用康德的实践理性所提供的抽象的普遍自我。黑格尔同意康德的观
点，即自我意识不同于认知的主体-客体关系③；客观知识的范畴只
能部分地适用于主体。主体知识是不能通过反思的模式来获得的，
主体在反思中对自己的精神内容进行内省。客观化的态度只会揭示
主体性在其惰性方面的特殊性，而不能揭示出主体性作为潜在性或
能动性的本质决定，也不能揭示改造或否定给定事物的能力。然而，【25】

①　B. Bauer，*Prinzipien*，94b-95b.

②　Ibid.，102b-103a.

③　D. S. Stern，"A Hegelian Critique of Reflection，" in William Desmond，ed.，*Hegel and his Critics．Philosophy in the Aftermath of Hegel* (Albany：State University of New York Press，1989)，pp. 178-190；H. S. Harris，*Hegel's Ladder*，vol. 1，*The Pilgrimage of Reason* (Indianapolis：Hackett，1997)，pp. 474-615.

黑格尔从这一观念中得出了与康德截然不同的结论：黑格尔主张，必须发展新的认知范畴来揭示能动主体性的具体特征，而不是否认我们将主体理论化的能力。[①] 康德未能发展这些范畴，从而使主体变得不可知。康德认为主体性只能被实践理性所接受，而不能被知识所理解，这一观点在黑格尔看来是放弃了理性的主张。自我意识是指一个相互作用的三段论过程，是个体性的创造作为一种特殊与普遍的辩证统一。[②] 自我是可知的，是通过它的活动，通过它对客体和其他主体的假定关系而被认识的。

鲍威尔的文章只是对这一过程的一个非常正式但又相对零碎的描述。手稿非常隐晦地暗示了自我意识学说作为主体和客体的综合所包含的积极内容。在这个问题上，鲍威尔还没有形成自己的立场，他只是提出了一些论据，来表示对于黑格尔认为康德观点中存在主体性缺陷的认同。然而，手稿确实引入了一个区别，这将对鲍威尔后来的思考产生重大影响。他区分了真正的、创造性的主体性和纯粹的主体性，前者是理性在世界上建立支配地位的中介，而后者是不能参与并改造它的对象的。鲍威尔将康德的实践理性作为后者的变体。与他的思维与存在的统一这一主题相一致，他强调康德关于理性与现实应当一致却不能一致的主张是不可接受的。拒绝这种康德式的"应该"，并试图将其重新表述为对现有制度和自由思想的内在批判，这在整个 19 世纪 40 年代都是鲍威尔的共和主义的特征。

尽管鲍威尔的结论未能全面、深入地再现黑格尔的观点，但他关于康德美学既过于主观又不够主观的结论，反映了黑格尔对康德唯心主义的一再批判。[③] 例如，黑格尔在他的《哲学史讲义》中指出，康德

---

① G. W. F. Hegel，*Vorlesungen über die Geschichte der Philosophie*，III，355.

② 关于普遍自我意识的概念，参见 G. W. F. Hegel，*Enzyklopädie der philosophischen Wissenschaften im Grundrisse*（1830），hrsg. Friedhelm Nicolin und Otto Pöggeler(Hamburg：Meiner，1969)，§ 436-437.

③ Cf. G. W. F. Hegel，*Glauben und Wissen*，316.

哲学在认知层面上纯粹将自身理解为对象的意识，而不是自身的主体性，主体性仍然是一种不可能的逾越。然而，即使作为客观知识，它也存在内在的局限性，因为康德对本体和现象的区分，使他无法证明意识在适应外部世界时，是如何重构对象的理性本质的。① 黑格尔对实践理性的考察增加了一个重要的维度，尽管鲍威尔的文本中没有出现这个维度，但其至少在一定程度上，在他后来的伦理唯心主义中重新出现了。康德只是把这种主观思维概括为一种形式的、抽象的普遍规律，而不是具体的主体间性。每一个主体性都是同一理性结构的复制，但康德并没有将主体之间的关系理论化。正如康德的认知并没有 **【26】** 渗透到对象中一样，康德的道德也没有上升到客观精神的层面，而是停留于内在性。尽管鲍威尔未能在手稿中处理黑格尔批评的这一方面，但他将在以后对历史过程中所隐含的普遍性的描述中提到这一点。

　　因此，在其基本的论证结构上，鲍威尔的手稿并没有背离对于康德的经典黑格尔式批判，而且在自我意识的解释上，也常常没有达到他们的高度。然而，它确实增强了关于康德对美的描述的简短评论，这些评论是在黑格尔《美学》的讲座导论中发表的。鲍威尔将1827年版《百科全书》的逻辑结构应用于康德关于美学判断的四个契机的论述，但在某些方面与黑格尔在该文本中对康德的明确论述有所不同。在第二版《百科全书》中，黑格尔将康德哲学视为经验主义的一种变体，从而将其与他所称的对客观性的第二种态度联系起来。② 虽然没有吸收这两种立场，但他认为它们之间有深厚的亲和力。在《哲学史讲演录》中，黑格尔强调了康德与经验主义者的接近，以及与18世纪理性主义形而上学的对比。后一种传统的支持者，如沃尔夫，认为思维是积极的自我同一性，或为自我而存在，而启蒙则为了关系，或

---

① Hegel，*Vorlesungen über die Geschichte der Philosophie*，III，332，350-351,381-382.

② G. W. F. Hegel，*Enzyklopädie der philosophischen Wissenschaften im Grundrisse*（1827），*Gesammelte Werke*，Bd. 19（Hamburg：Meiner Verlag，1989），§ 37-60. 另参见 Hegel，*Glauben und Wissen*，321.

为了他人而取代了内在的存在。启蒙运动发现一切事物都是为主体而存在的，但主体可以被不同的方式解释。存在与意识的关系可以是经验主义者所认为的效用形式，也可以是康德所认为的自我意识形式。① 与此相反，鲍威尔的文本描述了康德与经验主义者所从事的不同哲学事业。与希腊哲学中思维与存在的直接同一性不同，现代性是在实现了的理念的支持下，追求客观性与主观性、直觉与概念的中介统一。鲍威尔的文本将理性主义（《哲学百科全书》对客观性的第一种态度）②与经验主义作为现代性的两个方面进行了区分。前者试图从抽象思维中片面地获得这种统一性；后者将思维看作是从属于客体的。鲍威尔接着更直接地把康德描述为这两种现代趋势的综合，而忽略了黑格尔更为复杂的类型学。康德的综合论是不完善的，因为他认为观念或知性只是主观的，而客体本身是以不可知的自在之物的形式超越认知能力的。自我意识，这里指【27】 统觉的先验统一性，同样不为认知的范畴所渗透。康德试图把存在和思维统一起来，从而为新哲学开辟道路，但这种尝试在他手中仍然是徒劳的。

在 1829 年的手稿中，鲍威尔对康德美学的批判从康德的概念与直觉的关系开始，进而论述了观念与理念的关系，或知性与理性的关系；接着，从客观性、观念和理念的关系出发，考察康德对目的论的表述；最后，提出将审美判断和目的论判断联系起来的必然性问题。在这里，我们的目的不是要检验这些针对康德哲学的批判是否正确③，而是要阐明鲍威尔在 1829 年如何理解思维与存在的统一。这种理解为他后来的工作创造了条件。

在对关于"质"的第一个契机的重构中，鲍威尔将审美判断的无

---

① G. W. F. Hegel, *Vorlesungen über die Geschichte der Philosophie*，III，332-333.

② Hegel, *Enzyklopädie* (1827)，§ 21-31.

③ 对于最近的讨论，参见 Beate Bradl, *Die Rationalität des Schönen bei Kant und Hegel* (München：Fink，1998).

利害性定义为意味着其与欲望能力的分离, 正如黑格尔在《美学》的出版版本中所说的那样。① 鲍威尔现在认为康德是根据他惯常的二元论来解释这种分离的, 这种二元论渗透在纯粹理性和实践理性的批判中。② 根据第三个批判, 审美体验的品质是由感觉的自由构成的。在对美的观照中, 审美判断从一切外在的决定中解放出来。这里的自由意味着审美感受不是由经验欲望或道德意志所决定的, 尽管如此, 正如模态的第四个契机所表明的那样, 由美所唤起的情感在主观上是必要的。在鲍威尔看来, 康德的错误在于, 他将这种自由理解为主体与客体的分离。因此, 康德将审美经验的描述局限于一种主观状态的表达, 这种主观状态是在主体认为美的客体存在时被唤起的。正如鲍威尔所指出的, 在美学上, 康德的主体既不涉及客体, 也不通过思维来渗透客体, 而是保持着自身的主体性。鲍威尔认为, 美的本质是存在与主体性的和谐, 是对异化的克服, 因为思维在他性因素中, 在具有目的性特征的审美对象中重新发现了自己。③ 美感超越自身, 指向无限的思想自由, 它重建了客体的形式或其普遍的、理性的本质。在这种重建之后, 剩下的不是无法言说的物自体本身, 而是"空虚、软弱、短暂的表象"④, 缺乏理论意义。因此, 我们"在自己身上找到了客体"⑤。认知行为本身通过对形式的理性决定, 将思维与存在统一在一个离散的经验中。审美经验没有一个明确的概念, 因此不同于认识, 但它提供了主体与客体统一的直观。它运动的要素, 即不受需要、兴趣或意志制约的感觉, 是思想自由的一种有形表达或预示——不是像康德所认为的那样脱

① G. W. F. Hegel, *Vorlesungen über die Ästhetik*, I, 92.

② B. Bauer, *Prinzipien*, 79b-81a, 89b-92b.

③ B. Lypp, "Idealismus und Philosophie der Kunst," in Fulda and Horstmann, eds., *Hegel und die "Kritik der Urteilskraft,"* 110, 118.

④ B. Bauer, *Prinzipien*, 97b.

⑤ Ibid., 91b.

【**28**】　离了客观性，而是在任何给定物质的嬗变中。康德的二元论使他无
法达到这一高度。

　　关于审美判断（量的规定）的第二个契机，康德认为它们所包含
的普遍性只是主观的，而不像逻辑判断那样是由概念所决定的。审
美判断的普遍性在于认识能力的自由发挥，这种认识能力是对美的
事物的沉思而引起的。在黑格尔的逻辑中，这一立场对应于一种普
遍的判断①，关系到主体的整体，所有主体都被认为对美具有相同
的反应，因为它们具有相同的理性。鲍威尔在他的批判中得出结论
说，康德将普遍性限制在其主观方面，意味着对美的可理解性维度
的否定。康德提出了理念与概念、知性与理性的具体同一性的可能
性，但同时又把理性限制为一种不确定的理念，即超感官的东西是
不能被认识的。② 正如第一个契机在概念与直觉之间树立起了不可
逾越的障碍一样，现在概念与理念也同样分裂对立起来。

　　鲍威尔对第三契机的批判，与黑格尔一样，吸收了康德关于目
的论和纯粹审美判断的范畴。③ 康德在《判断力批判》中提出的内在终
结性观点，被认为近似于黑格尔的观点，是自然与自由、直觉与概念
的综合。但康德将理性的无限性与有限性对立起来，以此来定义理性
的无限性。合乎理性的理念是不可具象的，因为没有客体能与之相对
应。因此，康德认为理性超越了认识，或将知识排除在自身之外；它
不受观念或知性的影响，知性的领域是现象界中的客体。理性也同样
不能达到客观性，因为康德已经把这两个领域明确规定为对立的；它
们只是**应该**[*ought*]相对应。鲍威尔这样总结了黑格尔的批判：

--------

① 　G. W. F. Hegel, *Science of Logic*, translated by A. V. Miller (London: Allen and Unwin, 1969), pp. 647-650.

② 　B. Bauer, *Prinzipien*, 81a-83a, 92b-94a.

③ 　Ibid., 83a-85b, 94a-101a.

因此，无限或绝对本身就成为相对的了，因为它不与通过它自己设定起来的客观性相联系。取而代之的是，[客观性]停留在其外部，并且漠不关心地站在它的对立面。然而这个想法……是绝对的，因为它并不是指与它相对立的、外在的事物，而是指它自身，它本身就具有客观性，并在这个[要素]中坚守自己。作为客观性和概念的整体，它才是真正的理性。①

关于第四契机即模态②，鲍威尔反对康德式的"应该"或应然的主观必然性，后者建立在存在与概念的对立上。康德通过常识的"应该"来证明审美判断的普遍性，鲍威尔认为，这是黑格尔在《逻辑百科全书》中对必然性的描述的一个嘲讽的替代。就像第三契机的含蓄结尾一样，必然性被定义为存在和自我反思的内在统一。黑格尔将【29】其理解为内部组织的原则，或者说是一个铰接的整体中各部分的协调。生命有机体就是如此。在保持其形式统一性的范围内，各部分之间的和谐是必然的。但这也是表达其生活或活动的条件。从这个意义上说，这种内在的一致同样是对自由的期待，这是一种只有在人类中才能完全实现的自由，康德正确地将这种自由视为美的理想。美丽的物体也参与了对其组成部分的这种必要的排序；在表达它们的意义时，没有什么是多余的。但是，它们通过表达理性或理念推动自身成为客观性的力量来表达自由，并在思考中适应并再现存在的理性核心。

除了对康德审美判断的批判进行了扩展，1829年手稿的另一个贡献是阐述了黑格尔后期体系中的紧张关系，这对黑格尔学派的发展，尤其是对鲍威尔自己思想的发展具有重要意义。黑格尔《美学》的出版版本与鲍威尔文本所假定的历史视角不同。前者将康德置于

① B. Bauer, *Prinzipien*, 96b-97a.
② Ibid., 85b-87, 101a-102b.

现代反思精神之中，这是一种从抽象的知性中产生出来的对立文化。康德的思想是这种文化的表征，因为他的哲学重新创造了具有现代性特征的思维与存在、知性与理性的分离；但与此同时，他也感到一种更高的统一性，并努力克服这些对立。① 鲍威尔的解释部分地遵循了这一说法，因为理性主义和经验主义的对立在一定程度上构成了这种差异文化。然而，鲍威尔论述的独特之处在于，他以为这种矛盾的发展根源于中世纪信仰与理性的对立，也根源于现代性的具体特征。这种对立与现代形式有本质上的不同。它以一个尚未获得解放的理解为前提，以自身的方式去迷失或重建。然而，这并不局限于中世纪；它的一些元素一直延续到现代。这一转变，并未受到黑格尔对手稿的评论的挑战，使得鲍威尔能够在他后来的文本中重新调整艺术和哲学作为绝对精神的契机。因此，就康德与理性主义者和经验主义者的关系而言，这比前面所提到的差异具有更大的理论意义。

虽然很明显，黑格尔在绝对精神结构或艺术、宗教和哲学的相互关系上仍然具有体系上的优势，而鲍威尔手稿可能得出的一个结论是，黑格尔1828年的美学讲座涉及一场反对当代艺术屈从于宗教的论战。最近对黑格尔关于艺术终结论这一有争议的论题的解释

**【30】** 进一步说明了这一点，这一论题并没有出现在鲍威尔的手稿中，而是从其他来源得到了证实。② 已出版的《美学》从基督教复杂的结构

---

① Hegel, *Vorlesungen über die Ästhetik*, I, 88, 90-91.

② 对于讨论艺术论文的结尾部分，参见 Anne-Marie Gethmann-Siefert, "Ästhetik oder Philosophie der Kunst," *Hegel-Studien*, Bd. 26 (1991), 103; Dieter Henrich, "Zur Aktualität von Hegels Ästhetik," *Hegel-Studien*, Beiheft 11 (1974), pp. 295-301; A. Hofstadter, "Die Kunst: Tod und Verklärung," *Hegel-Studien*, Beiheft 11 (1974), pp. 271-285; T. M. Knox, "The Puzzle of Hegel's Aesthetics," in W. E. Steinkraus and K. I. Schmitz, eds., *Art and Logic in Hegel's Philosophy* (Sussex: Harvester Press, 1980), pp. 1-10; H. Kuhn, "Die Gegenwärtigkeit der Kunst nach Hegels Vorlesungen über Ästhetik," in *Hegel-Studien*, Beiheft 11 (1974), pp. 251-269; and R. D. Winfield, "Rethinking the Particular Forms of Art: Prolegomena to a Rational Reconstruction of Hegel's Theory of the Artforms," in *Owl of Minerva*, 24/2 (1993), pp. 131-144.

中得出现代艺术无法从绝对的不可表征性中阐释真理的结论。① 鲍威尔的文本虽然没有预见艺术的终结，但却间接地支持了近年来对黑格尔论述的研究，即黑格尔的批判性和争议性。这篇论文的关键意义在于对黑格尔美学讲座其他未出版手稿的研究提出了两个主张。首先，艺术不能像古典时代那样，将个人意识提升为普遍性，因为在解放主体性的同时，现代时期产生了强烈对立的利益，而这些利益在古代却一直被希腊城邦的实体性所束缚。忽视这一关键的区别，就有可能使艺术成为特殊利益的载体，只是伪装成普遍性。这是一种独特的现代危险。其次，黑格尔的艺术终结论是对浪漫主义企图复兴中世纪并重建现代艺术这一尝试的拒绝，而这种尝试是基于这种特殊的宗教观念并为复辟国家服务的。② 最新的研究认为，黑格尔的一些学生，尤其是霍托，屈从于这一趋势，并将黑格尔本人已经否定的黑格尔主义元素融入其中。③ 鲍威尔的著作间接地支持了这一观点，告诫人们不要太急于将已故的黑格尔同化为宗教和政治事务中的正统和妥协主义立场。但在强调艺术与哲学之间持续的生

① Hegel，*Vorlesungen über die Ästhetik*，I，30-31.

② 这两种论断参见 Anne-Marie Gethmann-Siefert，*Die Funktion der Kunst in der Geschichte*，*Untersuchungen zu Hegels Ästhetik* (Bonn：Bouvier，1984)，325；"Die Rolle der Kunst im Staat," *Hegel-Studien*，Beiheft 27 (1986)，69-74；"Einleitung: Welt und Wirkung von Hegels Ästhetik," in A. Gethmann-Siefert and Otto Pöggeler, eds.，*Welt und Wirkung von Hegels Ästhetik* (Bonn，Bouvier，1986)，XI-XIII，XXVIII. 另参见同一作者，"Ästhetik oder Philosophie der Kunst," 92-110；"Die Idee des Schönen," in Otto Pöggeler et al.，eds.，*Hegel in Berlin*，*Preußische Kulturpolitik und idealistische Ästhetik* (Berlin：Staatsbibliothek Preußischer Kulturbesitz, 1981)，182-187；以及同样由她编辑的 *Phänomen versus System. Zum Verhältnis von philosophischer Systematik und Kunsturteil in Hegels Berliner Vorlesungen über Ästhetik oder Philosophie der Kunst* (Bonn：Bouvier，1992). 鲍威尔关于中世纪野蛮时期的讨论在 *Prinzipien* 的 67b-68b。

③ Anne-MarieGethmann-Siefert，"H. G. Hotho：Kunst als Bildungserlebnis und Kunsttheorie in systematischer Absicht-oder die entpolitisierte Version der ästhetischen Erziehung des Menschen," in Otto Pöggeler and A. Gethmann-Siefert, eds.，*Kunsterfahrung und Kulturpolitik im Berlin Hegels*，Bonn：Bouvier，1983，229-262. 作者认为 Hotho 版本的黑格尔《美学讲演录》歪曲了《美学讲演录》的体系结构，也歪曲了个人对艺术作品的判断。鲍威尔的手稿没有提供评估这些主张的依据。

产力的同时，鲍威尔在文本中也对黑格尔体系的封闭性提出了质疑，这一观点与最近许多关于《美学》的研究观点一致。艺术的价值不在于铭记过去，也不在于成为神学的侍女，而在于通过艺术来阐明哲学思想的无穷无尽的丰富性。思维与存在的统一意味着一个不断创造的过程。

鲍威尔非但没有把艺术看作一种枯竭，而是一再强调艺术与哲学的密切关系，强调艺术与哲学相互关系的有效性。他断言，艺术是哲学沉思的最高目标。① 艺术是思维和客观性的直接统一，象征着哲学经过艰苦的概念演变所取得的成就。它的根基直觉，正是哲学赖以发展的出发点。鲍威尔将在其 1841 年的《末日的宣告》以及关键时期的其他著作中发展了这一观点。他在 1829 年手稿中提升了艺术在黑格尔三位一体的思想体系中的地位，从而损害了宗教。后者在这里以信仰的形式出现，被认为不利于作为理性要素的自由探究。该手稿在批判思维与存在统一的宗教观念时，强调了信仰和理性的对立。鉴于黑格尔在 1827 年为反对正统的虔诚派教徒进行了激烈的【31】辩论，正如《百科全书》第二版序言及他的书信所证明的那样，② 我们可以与鲍威尔一起得出结论，这一矛盾不仅仅是中世纪的特征。现代派的支持者也不能免于鲍威尔所认为的信仰主义的缺陷。反对这种倾向的学术斗争仍然是黑格尔学派发展的一个重要因素。③ 这决定着鲍威尔自己的命运。

1829 年手稿为鲍威尔的思想发展提供了特别的阐明。直到 1838 年，他的立场，尤其是以黑格尔思辨的方式重新诠释的他对神学理

---

① B. Bauer, *Prinzipien*，110a，b.

② G. W. F. Hegel, "Vorrede zur zweiten Ausgabe," *in Enzyklopädie*（1827），pp. 5-18；Hegel to his wife, Oct. 12, 1827, *Briefe von und an Hegel*, Bd. 3, ed. J. Hoffmeister（Hamburg：Meiner Verlag, 1961），202.

③ 关于普鲁士虔诚派的政治学，参见 Erich Jordan, *Die Entstehung der konservativen Partei und die preußischen Agrarverhältnisse vor* 1848（München：Duncker und Humblot, 1914），144.

论的辩护，现在可以被看作植根于他的思维与存在统一的观念中，植根于他对康德哲学应当或"应该"的主观主义的批判：理念与现实的抽象对立，这一现实无法与理念相调和，也不能被其所超越。[①]这些是 1829 年手稿的主题。他随后在 1839 年采用了一种左派黑格尔的观点，这涉及对思维与存在的统一性在普遍自我意识学说中的重构，这一学说还包含了其他美学主题。在整个 19 世纪 30 年代，他尝试了不同的方法来把握这种统一性。在这个神学思辨的时期，鲍威尔将一种可以进行思辨性重释并因此与哲学兼容的宗教表现形式与一种对理性的教条形式区分开。[②] 1839 年以后，对宗教意识的批判揭示了宗教对前者的吸收或消解，从而使理性与宗教的对立变得尖锐。其结果是各种形式的宗教表现形式与解放了的哲学自我意识的对立。这是当代他律与自律对立的诸多方面之一，但仅仅只是其中一个方面。许多解释过分强调了宗教层面的内容，而牺牲了青年黑格尔主义的政治学观点。[③]

鲍威尔早期思辨时期的一个重要成果是 1838 年的《〈旧约〉的宗教》[④]一书。这不是直接的右派黑格尔主义或妥协主义的著作。它探讨了宗教框架在何种程度上提供了足够的资源来协调存在与思维要求。它强调宗教启示与自我意识的不相容，强调自我意识的自决权。虽然这种对立的范围还不像后来的文本所显示的那样广泛，矛盾也没有那么激烈，但鲍威尔在 19 世纪 40 年代的文本中结合起来的许

---

[①]　B. Bauer, *Prinzipien*, 102b.

[②]　这是布鲁诺·鲍威尔的主题, *Herr Dr. Hengstenberg. Ein Beitrag zur Kritik des religiösen Bewußtseins. Kritische Briefe über den Gegensatz des Gesetzes und des Evangeliums*, Berlin：Dümmler, 1839（《亨斯滕贝格博士. 对宗教意识批判的贡献. 论法与福音的矛盾》），这个文本标志着鲍威尔向左派黑格尔立场的转变，并导致他从柏林转到波恩。参见第 3 章。

[③]　E. Barnikol, *Bruno Bauer*, 33. 正确地强调了当时神学争论的政治性质，包括鲍威尔自己的无神论。

[④]　*Die Religion des Alten Testaments*（*Religion of the Old Testament*）即鲍威尔 1838 年的《从〈旧约〉的原则的历史来看〈旧约〉的宗教》，以下简称《〈旧约〉的宗教》。

多元素已经存在了。1838 年的著作以思维与存在的统一为名义，对抽象的普遍性和未经中介的特殊性展开了黑格尔式的批判，尽管这些形式还没有被完全地描绘出来。鲍威尔将宗教经验描述为自我意识的产物，他提出了一个先验的解释（使某种宗教经验成为可能的主观条件）和历史的现象学解释，追溯了这种意识的客观发展阶段。在

【*32*】 这部著作中鲍威尔明确地引用了黑格尔《法哲学原理》中关于国家和共同体的理论，这为鲍威尔早期的研究兴趣提供了证据，他关于历史进程和国家的必然转变的思想在《普鲁士福音教和科学》(*Landeskirche*)和《基督教国家》("Derchristliche Staat")中达到了顶峰。①宗教意识与伦理生活形式之间的对立在 1838 年并没有完全得到理解，但在鲍威尔的思想中，这种对立的延伸与其说是一种激进的突破，不如说是一个持续发展的过程。保持不变的是试图将思维与存在等同起来，并探索实现这种统一的不同途径。

　　思维与存在的统一是 1829 年手稿的中心主题，是鲍威尔在"三月革命前时期"进行政治批判的一个决定性特征。1839—1840 年，他在确立了自己独特的左派黑格尔立场后，在无限自我意识的能动性和开放性中保留了思维与存在的统一。后者不是一个静态的结构，而是一个演变的过程，是自由的历史实现。鲍威尔的自我意识理论不是退回到抽象的知性的反证法②，也不是单纯的主观主义，其基础是自我意识与历史的同一性。在鲍威尔的著作中，相对立的对偶

---

① Bruno Bauer(anon., 1sted.), *Die evangelische Landeskirche Preußens und die Wissenschaft*, Leipzig: Otto Wigand, 1840 (《普鲁士福音教和科学》); "Der christliche Staat und unsere Zeit"(《福音教国家和我们的时代，1841》), in *Feldzüge der reinen Kritik*, ed. H.-M. Sass, Frankfurt/M.: Suhrkamp, 1968, 9-41. 前一文本往往被认为是对现有国家反对宗教傲慢的辩护；对于其争论意图的解释，参见第 4 章。

② Cf. Daniel Brudney, *Marx's Attempt to Leave Philosophy*, Cambridge, Mass.: Harvard University Press, 1998, pp.129-130.

词经常出现。在《末日的宣告》中，他甚至呼吁对过去进行革命。①
但是，这些新秩序与旧秩序、自律与他律之间的对立，是作为一个
更大的辩证模式的要素而整合在一起的。鲍威尔强调了现存国家和
社会的对立特征，但他认为，要有效地克服这些对立特征，就必须
认识到历史的辩证过程。对历史的反思，作为自我意识的产物，揭
示了一个内在的普遍过程，在这个过程中，个体可以确定自己的活
动方向，并将自己提升到高于自己特定利益的地位。鲍威尔的计划
和他坚定的现代主义的一致性，在于他对内在普遍性的捍卫，这就
是思想的普遍性，它不受任何特定利益的束缚，并审视其全部历史
成就。

　　鲍威尔批判了实体化的或虚假的普遍性，即超越个人力量或将
其强加于个体活动的因果力量。这是他在 19 世纪 40 年代拒绝宗教
和政治专制主义的基础。思想的变革能量必须与直接的、特殊的意
识相区别，因而特殊性不是自我决定的。它反映了现存秩序的价值
及其利己主义的物质利益，因此具有他律性。为了避免这种直接利
益的决定，必然存在普遍性，但这些普遍性必须保持在个人自我意
识的创造能力之中。有效的普遍性是作为我们自己行为的记录而存
在于历史中的。通过对历史进程的这种理解，我们将自己定位于当
下，并从中汲取行动的实践准则，尤其是变革性的政治行动。鲍威 **【33】**
尔否定了基于特定利益主张的自由思想，无论是宗教的、经济的还
是政治的；他把自由主义与这种特殊的自我主张等同起来。鲍威尔
声称，即使当它似乎是在抵制和反对现存的制度时，特定的意识仍
然是不确定的，它必须将自己提升为普遍性，然后才能进行有原则
的批判。无限的自我意识要求个体获得普遍性的规训，否定他们对

---

　　①　Bruno Bauer（anon.），*Die Posaune des jüngsten Gerichts über Hegel，den Athe-isten und Antichristen. Ein Ultimatum*，Leipzig：Otto Wigand，1841，167.

异化的、仅仅是被给予的生活形式的依恋，并明确其对立面的理性
基础。获得普遍性不是意识或心理数据的直接事实，而是根据普遍
目的或普遍意志塑造自我的智力劳动的结果，正如对历史的批判性
反思所揭示的那样。在这种条件下，有限意识成为理性理念的存在
形式。

　　1829 年的美学观念是思考这种特殊性和普遍性统一的重要方面
的形式。它们仍然是鲍威尔后期批判理论的基础。自我意识的无利
害性表现在它反对直接主体性，表现在它对作为他律根源的私人利
益的否定。它的最终目的是自我决定，是在精神生产领域和自然领
域服从于自由的规则，以及承认任何产品都不能包含作为其来源的
丰富的创造性主观性。它的普遍性和必然性表现在普遍性、特殊性
和个体性的辩证法中，通过这种辩证法，可以进行私人占有的自我
净化。① 在这里，审美模式与伦理理念论的要求相融合，这是鲍威
尔在"三月革命前时期"所阐述的思维与存在统一的另一个方面。真
正的单一性是自主的。它对解放的普遍利益进行了反思、内化和具
体化；它把自己从特定利益的固定和僵化中解放出来。对鲍威尔来
说，自主性不是按照纯粹的、永恒的责任来行动，而是康德完美主
义的一个历史化版本②，被视为对改变政治关系和制度的不妥协的
承诺。责任不是固定在一个暂时的绝对命令中，而是随着主体参与
的伦理生活的各种形式而演变。然而，这些责任源于仍然可称为纯
粹的，而不是经验的、实践的理性，因为它们的目标是自由而不是
幸福。自主的实现是个体主体的行为，是普遍性与特殊性辩证法的
动因，这种辩证法的斗争产生了一个与它的观念更接近但并非确

　　① 　Bruno Bauer (anon. ), *Die Posaune des jüngsten Gerichts über Hegel*, *den Athe-isten und Antichristen*. *Ein Ultimatum*, Leipzig: Otto Wigand, 1841, 140, 146-148.

　　② 　I. Kant, *Grundlegung zur Metaphysik der Sitten*, *Werke*, Bd. 4, ed. A. Buchenau and E. Cassirer, Hildesheim: Gerstenberg, 1973, 302.

切一致的新现实。主体通过他律的推动释放自己的决心，通过否定超验的普遍性，通过否认那些声称无法摆脱自我意识、无法被历史豁免的宗教和政治机构，使自己提高到真正的普遍性。主体的理性 【34】自由首先是对一切形式的他律的排斥，其实质是在历史契机的要求中找到的，并通过批判的判断加以解释。

在一个重要的方面，鲍威尔在 1829 年的美学批判中，并没有预见到他在"三月革命前时期"的自我意识理论，但这也部分地源于他与康德和审美判断的接触。鲍威尔后来的理论表明，他与康德对崇高尤其是动态崇高的分析非常接近，认为崇高是道德意识超越自然的至高无上。① 崇高的体验并没有使它的主体以沉思的方式固定下来，也没有使他们倾向于反思他们面对大自然压倒一切的威严时所作的微不足道的努力。这反而激励他们发挥自己的力量。正是伦理主体在为自由而斗争的勇气中表现出了崇高的精神。② 鲍威尔在《末日的宣告》等著作中对普遍自我意识的论述，颂扬了意识对其产品的无限创造力、对自由的无穷生产力，以及意识对任何封闭的、受限制的整体的厌恶。

在这一崇高的客观过程中，主体与客体、思维与存在的统一，是在整个历史过程中实现的；理性并不意味着一种静态的结构，而是一种转换的活动。是整个过程影响了概念和客观性的综合，而不是其在机构或关系中的瞬间体现。即使没有一个能够完全适合理性理念的特定对象，这种立场也不意味着客观性的普遍贬值，也不等于反对理性在世界中的实现。在鲍威尔"三月革命前时期"的文本中，思维与存在的统一必须从两个维度来看待：一个永远不能完成的客

---

① I. Kant, *Kritik der Urteilskraft*, 260-266; *Critique of Judgment*, 119-126.

② In *Die Septembertage 1792 und die ersten Kämpfe der Parteien der Republik in Frankreich*. 2e. Abteilung(Charlottenburg: Verlag von Egbert Bauer, 1844), 5. 鲍威尔笔下的法国大革命尚未获得自由，但却传达出了一种崇高的斗争感，试图清除所有妨碍自由的公共和私人生活的障碍。

观任务，以及个体主体理性自我意识中对过程的反思、升华和统一。
这是普遍自我意识的领域，是主体行为所引起的动态客观过程的自
我反映；它不同于认识论的自我反思的被动性和自省性，后者将内
在精神内容视为客体，而这正是黑格尔和康德所批判的。但这种自
我意识的活力引发了其他潜在的问题。鲍威尔希望避免虚假无限的
暗示，不断变换的任务很容易唤起这种暗示，而黑格尔对其永远持
批评态度。① 他是通过回到审美判断来实现这一点的。正如鲍威尔
在 1829 年手稿中所解释的那样，如果一个对象的概念与它的现实相
符，那么它就是美的②；这一定义更适用于主体。主体作为相对静
止的点，是反复出现的思维与存在的统一。与未完成的客观方面
相比，自主自我的美的统一与和谐是历史进程的主观顶点，尽管

【35】双方都有自己的动力。为自由而斗争的崇高性，无限的客观运动，
是建立在一个美好的基础上的，是思维的统一，是在主观意识本
身之内形成的。这种统一是通过主体自身的努力实现的；它不
是一个永久的、直接的基础，而是一个不断更新的结果。在这里，
美的统一和崇高的不和谐被一起综合考虑了。这种二元性是无限
自我意识的指导思想，正如鲍威尔在 19 世纪 40 年代发展的那样。

鲍威尔并不认为这种新的提法是对康德式的应然或抽象的回归，
他在 1829 年曾对此进行过辩论。他认为这更像是理性自我实现的力
量，通过其必要的异化教育过程而丰富起来，从不充分的实现形式
中抽离出来，在更高形式的伦理生活中重新外化出来。这一主题
在 1829 年手稿中以理性的形式进行了预言，描述了历史演变的三个
契机：希腊人狭隘的团结、中世纪信仰与理性的对立、现代性的分
离。同时，现代性也具有使主体与客体这两个极端在更广泛的综合
中实现统一的力量。与鲍威尔后来的伦理思想特别相关的是手稿中

---

①   Hegel，*Science of Logic*，227-234.
②   B. Bauer，*Prinzipien*，85a.

提出的两种主观性之间的区别。单纯的主观性（赤裸的或抽象的主观）①无力影响其客体，因而与客观性是对立且不调和的。它不能实现思维与存在的统一，而这又恰好是哲学的终极目的。与此相反，鲍威尔则将理性主观性描述为其自身的真正元素，即作为一种普遍的契机，向新的客观性形式发展。他在 19 世纪 40 年代提出的普遍的自我意识同样被认为是一种创造性的、变革性的力量，以理性思维的形象重塑了客观性。

　　这种美学和伦理思想的复杂性是鲍威尔的后期作品与他的共和主义的基础。他在 1841 年年末到 1842 年中期的著作分析了自我意识在政治和意识形态上的结合，在这种结合中，自我意识主张其权利。尽管具有挑衅的激进性，在《末日的宣告》（1841）中②，鲍威尔的立场是：他在绝对精神的体系中，把宗教的理论优先地位转向了艺术。这一立场在 1829 年手稿中是可以预见到的，我们在本书第 5 章将对此进行更全面的分析。现在，他对这种逆转的意义更加明确了。在宗教中，自我意识是异化的，它似乎是被动的，但实际上并非如此。相反，思维在自己的活动上欺骗了自己，将其归因于另一个在它不知不觉中产生的超然来源。这是一种辩证的假象，产生于实证性的缺陷，即历史赋予公民和政治生活的局限性。它不仅仅是在本体论上对固定范畴的投射，就像费尔巴哈对物种属性的描述那样。③ 艺术与宗教不同，它揭示并肯定了精神的活动，尽管它仍然 **【36】** 保留了物质的成分。因此，它更接近于哲学。这个结论与 1829 年手稿完全一致，现在得出的结论也隐含在其中。

　　鲍威尔在 1842 年又匿名写作了《从信仰的角度评价黑格尔的宗

---

① 　B. Bauer，*Prinzipien*，96b，111a.

② 　B. Bauer，*Posaune*，95-105.

③ 　L. Feuerbach，*Das Wesen des Christentums*（1841），hrsg. Werner Schuffenhauer and Wolfgang Harich（Berlin：Akademie Verlag，1973）.

教与艺术学说》（以下简称《黑格尔的宗教与艺术学说》）①，作为《末
日的宣告》的续篇，其中再次挑衅地断言，黑格尔对实证性的憎恨必
然导致国家的覆灭。② 对宗教的批判是发动政治革命的手段。③ 正如
他在《末日的宣告》中所做的那样，鲍威尔强调了黑格尔对法国大革
命的友善和对德国偏狭条件的蔑视。鲍威尔的论述也大量借鉴
了 1829 年对康德美学的批判。在阐述他对宗教异化的批判时，他认
为，宗教的范畴"颠倒了现实的、理性的世界的规律，异化了自我意

---

① B. Bauer（anon.），*Hegels Lehre von der Religion und Kunst von dem Stand-
puncte des Glaubens aus beurtheilt*，Leipzig：Otto Wigand，1842（这就是鲍威尔匿名所作
的《黑格尔的宗教与艺术学说》）. Zvi Rosen，*Bruno Bauer and Karl Marx*（The Hague：
Nijhoff，1978），p. 62，错误地将《黑格尔的宗教与艺术学说》放在了 1843 年。*Hegels Le-
hre* 新的编辑版本（Aalen：Scientia Verlag，1967）认为这篇文章大部分应归功于卡尔·马
克思，并将题目编辑为"Hegels Haß gegen die heilige Geschichte und die göttliche Kunst der
heiligen Geschichtsschreibung"（《黑格尔对神圣历史的憎恨与神圣历史写作的神圣艺术》），
在不说明原因的情况下，这几乎肯定是不正确的。鲍威尔在 1841 年 12 月 6 日和 24 日写
给卢格的信中，确实说到他和马克思合作了《末日的宣告》（*Posaune*）的续篇（这些信件再次
出现在巴尔尼科未出版的手稿 *Quellenteil* 中）。*Hegels Lehre*，2-3，表示这两位作者各自
撰写了手稿的一部分。很明显，马克思和鲍威尔在 1841 年年底讨论了这本书，但马克思
不太可能完成或提交了他撰写的部分。在 1842 年 2 月 10 日、3 月 5 日和 3 月 20 日给卢格
的信中，马克思对这个计划的可行性表示了怀疑，不断推迟完成他的手稿，并最终表达了
要向卢格的《德国科学与艺术年鉴》（*Deutsche Jahrbücher für Wissenschaft und Kunst*）提
交一篇关于基督教艺术的论文的意图（尽管显然从未提交过），而这并不是为 *Hegels Lehre*
的出版商 Wigand 准备的。参见 David Rjazanov and Viktor Adoratskij，eds.，*Marx Engels
Historisch-kritische Gesamtausgabe*，III/1（Frankfurt/M.：Marx-Engels-Verlag，1929），
pp. 21，22，24，26. 在这一年的稍晚些时候，鲍威尔自己在《对符类福音作者和约翰福音
的批判》（*Kritik der evangelischen Geschichte der Synoptiker und des Johannes*，Braun-
schweig：Fr. Otto 1842，316）中声称自己是《黑格尔的宗教与艺术学说》的作者。马克思
承诺提交的内容是难以确定的，但出版的文本只涉及艺术、诗歌、戏剧和福音书。看得见
的相关部分在 138—139 页只是略加介绍，这里可能有一个空白，是准备要插入马克思撰
写的一章的。正如 *MEGA* 的编辑建议的那样，对《黑格尔的宗教与艺术学说》双作者身份
的提及可能是因为鲍威尔在马克思的异议变得明显之前就写好了序言（并于 1842 年 2 月就
交付印刷了）。

② Cf. B. Bauer，*Posaune*，163n.

③ B. Bauer，*Hegels Lehre*，pp. 69-70. Claudio Cesa，*Studi sulla Sinistra
hegeliana*（Urbino：Argalia，1972），考察了 *Posaune*，*Hegels Lehre* 和 *Entdeckte Chris-
tenthum*，展示了鲍威尔与黑格尔关系的连贯性，以及前者在历史、理论与实践、唯心主
义和唯物主义等方面的立场。

识的普遍性，粗暴地把它撕碎，或者把它作为一种异己的、有限的、神圣的历史重新呈现出来"①。他强调，神学是由物质利益、教派和抵抗进步势力的邪教组织的生存所决定的。它与普遍的自我意识的审美无利害性相对立，这种自我意识既纯粹（不受实证性形式的玷污），又自由（对变化和自我更新开放）。② 自我意识虽然不承担实证性秩序的缺陷，但却是客观的，因为它可以应对时代的特定矛盾，找到内在的解决方案。他用自己在 1829 年用来描述审美判断的术语来描述自我意识的自由，即从任何特殊兴趣中获得质的解放。这种审美自我意识不仅仅是沉思的。如鲍威尔于 1829 年反对康德所说，发现这一点，就等于否认精神改变世界的力量。更确切地说，它是自我实现的活跃力量，以不断更新的形式出现，是对创造力的无限信心，它不需要让现在的时刻停留。客观地说，思维与存在的统一是在一个永恒的转化过程中实现的。

《黑格尔的宗教与艺术学说》把精神的历史生产力的主题发展为纯粹的内在行为，不需要任何超越个体的力量。

> 理性是一种真正的、创造性的力量，因为它产生了无限的自我意识，而它不断创造的是"世界历史的丰富产品"[黑格尔《历史哲学》，18]。因此，精神作为唯一存在的力量，只能由它自己来决定，或者说它的本质就是自由。这不能理解为自由仅仅是人类所拥有的财产之一。相反，"精神的一切属性都是通过自由而存在的，一切都是自由的手段，都是寻求和产生自由的"。"自由是精神的唯一真理[真实精神]。"自由是精神的无限力量，因此我[除了我自己]完全不依赖于任何东西，也就是说，我永远只是自相关[和我自己]，即使在所有的对立和矛盾中，　　【37】

---

① B. Bauer, *Hegels Lehre*, 61.

② Ibid., 48-49.

在所有的关系和决定中，因为所有这些都是我本人和我的自我决定所提出的。"精神是自我关系，是自我意识。"自由是精神的唯一目的，也是历史的唯一目的，而历史只不过是精神意识到它的自由，或成为真正的[真实的]、自由的、无限的自我意识。[同上，20-23]①

这种自由的普遍观念以个人的意志和活动作为其意志和活动的手段，而个人的行为不是无意识地承载着一种超越的目的，而是负责任的、有创造力的、自主的主体。② 这些单独的主体被指定为历史过程的目标，也被指定为历史过程的能量。自由的主体将自己提升为普遍的前景，从而证明自己是思维与存在的有效统一。理性的客观展开是一项不断更新的任务，而这种自由的自我意识的现实性才是主观上的理性。

《黑格尔的宗教与艺术学说》还完成了对绝对精神的重构，这在鲍威尔对康德美学的早期批判中就已经预示过了。他在书中写道，"信仰排除一切怀疑"③，因此它消除了质疑并不再寻求证据，而这两者都是与理性相适宜的。相比之下，艺术与哲学更紧密地结合在一起，因为两者都描绘了思维对存在的积极渗透。1829年，鲍威尔还没有完全意识到这一立场的含义。宗教对艺术和哲学的极端反对是《黑格尔的宗教与艺术学说》中的一个主题。艺术和哲学都反对宗教这种不确定的情感，它们具有同样的确定性和明确性，具有共同的伦理根源。

　　　　黑格尔认为艺术的内容是个体的自我意识。在其中，伦理

---

① B. Bauer，*Prinzipien*，162-163.
② Ibid.，166-167.
③ Ibid.，68a.

的力量不仅仅是偶然的、上帝赋予的补充或馈赠，也不是表面上对自然的掩盖。相反，自我意识是一种内在的、个人的驱动力[激情]，其特征是一种特定的、决定性的伦理力量。①

宗教总是被认为是异化的，而艺术是克服异化以及思维与存在统一的契机。即使艺术的立场因其表现形式的物质性而限制了它表现真理的能力，但与绝对的宗教精神相比，它仍然无限地接近哲学。正是艺术揭示了宗教的奥秘，揭示了它被异化的人类起源。在他的结论中，鲍威尔唤起了他在 1829 年手稿结尾处所使用的一个意象，但是他为其注入了乐观的内容。在早期文本中，康德的思想体系里，抽象的、冰冷的、没有生命的反思形式，已经战胜了理性的力量和实在的力量。现在的胜利是解放了的理性的胜利，是为屈从和异化的失败而欢欣鼓舞的胜利。

黑格尔认为，如果我们否定了艺术的客观性[也就是说，如 【38】果我们现在站在一个高于艺术所代表的理论立场上]，我们在人类精神的这种自由生产中，也就否定了我们在宗教中所尊崇的、作为异己的客观性所揭示出来的[真理]。但艺术揭示了这一[真理]是我们自己的创造，是我们自己的思想，或者，如果你愿意，它是我们的心灵。如果我们否定了艺术的客观性和外在表象，我们就不能承认其他的客体或其他的客观性，除了思想，除了自我意识，除了思想的思维，也就是思维与客体的最终统一。艺术告诉我们，宗教是我们自己的思想。如果现在我们超越了艺术的外在客观性，那么除了我们要抓住思维的形式去把握思想之外，还能意味着什么呢？在经过了艺术的劳动之后，我们是否还会把我们的思想当作一种外来的东西，当作上天赐

---

① B. Bauer, *Hegels Lehre*, 196.

予我们的礼物呢？艺术的客观性是宗教的人性化。现在，艺术站在囚禁我们的堡垒的废墟上，高喊着"胜利！"，我们是否应该回到监狱，回到野蛮，回到无人性？不！不！①

1842 年，《莱茵报》发表了一篇文章，回顾了贝多芬弦乐四重奏的演奏，文章中再现了这幅欢欣鼓舞的胜利景象。在这里，鲍威尔将政治上的变革性作用归功于艺术。他强调艺术和哲学的同一对象——唤醒精神的力量，使之能够不受束缚地、自由地运用。艺术，在这里指音乐，是对自由的直觉，它使哲学的内容具体化和易接近；但现在艺术所描绘的思维与存在的统一，比理论上的思辨更能直接地唤起实践活动。黑格尔在其未出版的《耶拿手稿》中，将音乐性/躁动性与塑形性/宁静性进行了对比。② 对鲍威尔来说，音乐也同样是崇高的。这是他自我意识理论的一个象征。

但是，这个四重奏唤起我们同情的斗争、苦难和矛盾是什么，它又为谁的决心而欢呼呢？这是人类所知道并必须经历的同一场斗争：每一种艺术都以自己的方式描绘出苦难和决心。这是人类同自身的斗争，只是形式不同而已。这是一种斗争，它在我们自己的心里表现为感情的冲突或思想的斗争与互相指责。这是人与人之间的斗争，他们根据理念而团结在一起，但是在这个充满欺骗的世界里，他们彼此之间是相互隔绝的。他们彼此寻找，彼此接近，又互相失去或被撕裂，进而更加热切地寻求彼此，因为被压抑在他们胸中的精神力量是合而为一的；最后，经过一千次的流浪，他们终于找到了彼此。最后，这是与永恒的力量的斗争，这种力量的起源只在人的胸中，但

---

①    B. Bauer，*Hegels Lehre*，225，citing Hegel，*Aesthetic* I，136.

②    B. Lypp，"Idealismus und Philosophie der Kunst，" 105.

在这个充满欺骗的世界里，它又以一种异己的、超脱尘世的、暴力的形式出现了，它想要压制或监禁单独产生这些力量的人。但在艺术中生活和奋斗的人是真正自由的人，是意识到【39】自己无所不能的人。他不会让自己被俘虏，他正在与显然是超世俗的压力作斗争。如果他一时屈服，那只是表面上的。他不停地努力，直到他召唤并最终迫使暴君那充满仇恨和威胁的声音——因为这毕竟只是他自己胸中的声音——与他最后一首颂歌和谐地共鸣。牢狱被打碎，堡垒被攻破，人们在废墟上高唱自由之歌。

批判和哲学必须经过长时间的理性思考，才能使人相信自己的人性。贝多芬把他从囚禁中拉出来，带着欣喜，在他的交响乐中，他用鼓声向后者大声宣告，他自由了。哲学家必须走很多路；贝多芬向堡垒冲去，在他最初的前进中，他让囚犯们知道，他们解放的时刻已经到来。①

在同一段落中，鲍威尔把交响乐团本身描述为被解放的社会的象征，因为每个个体的努力和完善是实现整体的必要条件。每个表演者追求卓越的努力丝毫无损于其他个体的发展，而恰恰是他们发展的条件。这样达到的艺术的和谐是所有社会成员充分发挥其特定才能的结果。在理性的社会形态中，个体之间并没有互相限制对方的完善，但是，正如马克思在《共产党宣言》中所说，② 每个人的自由发展是所有人自由发展的条件。思维与存在的统一需要的不是一个榜样，而是许多榜样。③

---

① B. Bauer, "Das Kölner Quartett," *Rheinische Zeitung*, No. 60, March 1, 1842.

② Karl Marx and Frederick Engels, "Manifesto of the Communist Party," in Karl Marx, Frederick Engels, *Collected Works*, vol. 6 (New York: International Publishers, 1976), pp. 477-519.

③ B. Bauer, *Posaune*, 61.

鲍威尔在 19 世纪 40 年代提出的批判理论试图确定这些被解放的主体，并揭露伪装成普遍性的特殊利益的伪装。这种探索的变迁和失败，是革命运动本身的变迁。实证性堡垒抵挡住了进攻，而反对势力对进攻毫无准备，正如鲍威尔在 1842 年之后越来越多地预测到的那样。鲍威尔的历史观、他对旧秩序的批判，以及他的革命伦理都植根于思维与存在的统一，尽管在解释和应用上存在着种种差异，但他明确地从黑格尔那里获得了核心见解，这在 1829 年手稿中就已经表达出来了。早期手稿的主题在鲍威尔后期的著作中以多种形式反复再现。最重要的是，手稿提醒我们注意他作品中有一个指导性的思想，一个对理性的客观实现的关注，以及随之而来的对主观主义的批判。我们应当注意，不要把他的批判理论看作一种主观主义。他的历史观和共和主义转型的伦理观必须在这一指导下加以审视。

## 第二章

# "自由即伦理"：理念论、历史和批判理论

　　鲍威尔的批判理论在 1839 年之后获得了成熟的形式，在最初的 黑格尔共和主义中，美学和伦理主题复杂地交织在一起。鲍威尔著作的广泛性要求我们首先对这一模型进行综合考察，从众多零碎的论述中重建它，并探索它的一般轮廓，因为它适用于历史的主观和客观维度。我们可以通过"三月革命前时期"的著作追溯鲍威尔对其的详细阐述。黑格尔关于思维与存在统一的观点，是通过无限自我意识的语言表达出来的，这是鲍威尔关于历史过程、历史过程所包含的必然性以及历史过程所引出的批判性判断的基础。在 19 世纪 40 年代，鲍威尔用无限自我意识的概念来描述这种统一性。这一概念复制了黑格尔客观精神的特征，发展了自我意识与其历史表现的关系。鲍威尔提出，应通过一种特定形式的伦理理念论来获得这种意识的合法性和确定的内容，而先前关于左派黑格尔主义者的文献对此没有给予足够的重视：一个不断演变的"伦理"（Sittlichkeit）概念注入了他的内在批判模型、他的自主权理论，以及他对于他律的否定。把历史过程作为一个整体来思考，允许从一个普遍的视角来对现有秩序做出判断，这些判断清楚地表达了鲍威尔在 19 世纪 40 年代的共和主义，尽管他的政治批判的局限性也会在普遍利益和特殊利益之间尖锐的二分法中显现出来，尤其是 1843 年之后。我们必须把注

意力集中在批判理论的形式方面。鲍威尔的历史观和共和主义的实质将在后文中讨论，因为这些思想在 1839 至 1849 年的著作中会更加具体地展现出来。

　　鲍威尔的核心概念、无限的自我意识，显然起源于黑格尔哲学。黑格尔将人格描述为赋予自己决定的能力，通过赋予给定的特殊性以反思性选择，将其转化为有意识的个性。在古典希腊美丽的个性中，个人，作为预先确定的价值观、美德或优点的典范，① 与他们社会的实体有一种偶然的关系，因为他们自主的道德良心尚未得到充分发展。在这种有限的统一中，黑格尔将现代性归功于自由而无限的人格的完善，这种人格能够在一个更高、更具差异性的整体中持存与调和矛盾。②《法哲学原理》对自主性做了一个复杂的解释，认为自主性是自愿的，并参与决定我们的现代制度，赋予我们特定的目标和行动内容以及主体间的承认。在黑格尔自己关于普遍自我意识的概念中，这种对其他主体的自我认识是纯粹形式的，是作为主体精神的一个方面，从一定的制度语境中抽象出来的；后者通过黑格尔称为客观精神的更高的规定而建立起来。③ 鲍威尔的无限自我意识是这些思想的一个变体，但对他来说，没有任何一套制度形式能够充分表达或永久性地定位自我的创造力。对鲍威尔来说，这种向主体的转变并不意味着他只能退回单纯的主观唯心主义或意识

　　① G. W. F. Hegel，*Elements of the Philosophy of Right*，edited by Allen W. Wood，translated by H. B. Nisbet（Cambridge：Cambridge University Press，1991），§356，pp. 378-379. 这一形象不同于《精神现象学》所描述的美的精神的现代形象，即不屑于在客观性中实现自己的意识的纯粹内在性。参见 G. W. F. Hegel，*Phenomenology of Mind*，translated by J. B. Baillie（New York：Harper & Row，1967），pp. 658-660，665-666.

　　② Hegel，*Philosophy of Right*，pp. 20-21.

　　③ G. W. F. Hegel，*Enzyklopädie der philosophischen Wissenschaften im Grundrisse*（1830），hrsg. Friedhelm Nicolin und Otto Pöggeler（Hamburg：Meiner，1969），§436-37，pp. 353-354；对此的分析，参见 Andrew Chitty，"Recognition and Social Relations of Production," in *Historical Materialism*，no. 2（Summer 1998），pp. 57-97.

的对立面，而是将我们引向了整个历史过程。

> 我们的时代的独特之处在于：历史精神从它以前的进化和延伸中回归自我，把它自己聚集在一起，把它发展的所有契机都记在记忆里，并将它们塑造成精神的统一……因此，在我们这个时代，绝对精神的自我意识将完成并终结对其历史启示的回忆过程。对于这段回忆来说，任何重要的历史时刻都不会丧失，更不会丧失历史面貌的全部真实性；另一方面，前一种观念的局限性和不足之处并没有消失，完成前一种观念的第一步在于反思这些局限性，正如它们超越了自己[它们如何超越自我]。这种惩戒、净化和变形的任务已经被现代批判主义接管了。①

在强调现存秩序对立特征的同时，鲍威尔坚持认为，要克服这些对立特征，就必须认识到历史的对立模式。对历史的反思，作为自我意识的产物，开启了一种内在的普遍的可能性，通过这种可能性，个体可以把自己提升到高于自己的特殊利益之上。这个过程有两个方面：主观的自我转化，以及对现存的实体与它们所包含的普遍概念之间的对应关系的客观判断。这些判断属于一种特殊的类型。鲍威尔的政治批评所依据的理论，在原则上与黑格尔《逻辑学》中所描述的绝对判断是一致的。② 它的内在必然性植根于历史过程的统一性，这一统一性现在已经被揭示为批判意识，并在其本质特征中被描绘出来，这主要是黑格尔体系的成就。黑格尔的最高功绩是他能够第一次全面地把握历史，从这个角度可以评估和改变现在。【*42*】

与黑格尔的观点一致，鲍威尔坚持认为自我意识不是一种可直接

---

① Bruno Bauer, *Kritik der evangelischen Geschichte des Johannes*, Bremen: Carl Schünemann, 1840, 182-183.

② G. W. F. Hegel, *Science of Logic*, translated by A. V. Miller (London: Allen and Unwin, 1969), pp. 661-663.

感受到的、特殊的意识，而是源于可推论的、演绎的过程，奇点的产
生是一种特殊与普遍的辩证统一。自我意识是统觉的先验统一的一个
历史化版本。自我是一种形式上的统一原则，它反对内容的多样性而
保持自身；它通过批判性的反思来占有这些内容，将给定的属性转化
为有意识的获得。在这种形式上的统一之外，自我还具有丰富的历史
内容。自我意识理论描述了主体在统一观念下进行的经验活动，遇到
了这些观念与对象和其他主体的关系所产生的矛盾，并在实践中使这
些观念具有现实性，或被改变的现实性。从鲍威尔最早的作品到他
对 1848 年革命失败的批判中，他经常区分两种类型的自我意识：一种
是单纯的主观意识，它不能将自己转变为现实，它仍然只是一个"应
然"或无能为力的"应该"；另一种是作为主观无限的意识，是实现理性
的工具，是逻辑的三段法中普遍与特殊相结合的一个环节。普遍性通
过吸收特殊的内容而具体化，而特殊性通过成为理性的自觉承载而升
华为普遍性。在这个奇点中，统一性与多样性的相互融合、普遍性与
特殊性的抽象对立被克服了。鲍威尔的中心理论概念反对固定对立面
中元素的对立形势，主张辩证的可推论性。正是通过这种综合的过程，
自我意识成为理性和精神的器官。自我意识的语言强调这一过程的形
式方面，其根源在于个人的主观行为。它避免了鲍威尔在黑格尔的某
些公式化表述中发现的超越性含义。

　　然而，尽管鲍威尔的计划强调个体意识的中介活动，但它并不
是一种激进的主观主义。① 例如，范·登·伯格·范·艾辛加正确

　　① Douglas Moggach，"Absolute Spirit and Universal Self-Consciousness：Bruno
Bauer's Revolutionary Subjectivism"（《绝对精神与普遍自我意识：布鲁诺·鲍威尔的革命
主观主义》），in *Dialogue*，*The Canadian Philosophical Review* 38，2（1989），
pp. 235-256. 此文献在这一点上是错误的，尽管其提供了支持本文解释的材料。鲍威
尔 1829 年获奖的手稿将思维与存在的统一作为主题。参见 Bruno Bauer，*Über die Prinz-
ipien des Schönen*（《论美的原则》）. *De pulchri principiis. Eine Preisschrift*，hrsg.
Douglas Moggach und Winfried Schultze，mit einem Vorwort von Volker Gerhardt（Berlin：
Akademie Verlag，1996）.

地指出，鲍威尔用自我意识取代了黑格尔的思想，但这种替代并不完全以牺牲理性的普遍性为代价。鲍威尔并没有放弃黑格尔精神的普遍属性；相反，他试图消除的是它们（有时）会成为一种独立于理性主体的力量的假象。这些方面现在必须被证明是自我意识本身的谓词。早在 19 世纪 30 年代中期，鲍威尔就将批判描述为自我意识 **【43】** 施加于客观性之上的力量，它使任何事物都不透明，但否定了事物严格的实证性，并在外部性因素中认识到自身的作用。① 批判自我意识的承担者是具体的经验主体，但具有普遍性，而非特殊性。

> 但我们使用自我意识的范畴时，我们并不是指经验的自我，就好像这是出于纯粹的偶然或任意组合而构成了它的概念[意见]一样……与直接的自我不同，……发展的自我意识……以一种完全不同的意识，一种批判意识，与现实相联系。②

鲍威尔将自我描述为协调普遍性和特殊性这两个极端的中介，两者相互寻求并排斥对方。他引用了黑格尔的讲演《宗教哲学》：

> 在思考中，我把自己提升为绝对，超越一切有限的事物，成为无限的意识，同时我也是有限的自我意识，事实上，根据我的整体经验，我就是这样……于我自身，我被确定为对自己的无限是有限的，而在我的有限意识中被确定为对我的思想的无限。我就是这种统一和这种相互斗争的感觉、感知、表象，我是把相互竞争的因素、这种维护的努力和为掌握这一矛盾而

---

① Bruno Bauer, "*Das Leben Jesu*, *kritisch bearbeitet* von David Friedrich Strauss. Erster Band. Fortsetzung," *Jahrbücher für wissenschaftliche Kritik*, No. 111, December 1835, p. 891.

② Bruno Bauer, *Kritik der evangelischen Geschichte der Synoptiker*, Erster Band (Leipzig：Otto Wigand, 1841), p. 81.

付出的精神劳动结合在一起的人。我不是卷入这场斗争的人
之一，但我既是对手也是斗争本身。①

尽管斗争是自我意识的内部活动，但斗争的内容或实质目的却
源于历史的普遍现象，为理性的主体所共有。鲍威尔从对黑格尔客
观精神的诠释中，得出了这样的结论：与现存制度相对立的特殊意
识是不确定的，它必须将自身提升为普遍性，然后才能对实证主义
进行有原则的批判。真正的自我意识要求个人通过异化的、仅仅是
被给予的生命形式释放自己的决心。所有具体和有限的体现形式背
后纯粹的、生产性的自我活动是自由的真正要素，也是历史的本质。
活动的产物永远不能充分体现主体的无限创造力；但否定的过程是
由主体对历史理性过程的洞察所控制的。这就提供了一个内在的普
遍性概念，主体可以从特殊性和现有秩序的束缚中解脱出来，并根
据其客观的矛盾和可能性来判断历史情境。它也为自我转化的形式
化过程提供了实质性的内容。主体致力于特定的任务，这由他们的
历史背景所决定，而历史背景本身就是展现自我意识自由潜能的
契机。

【44】       这些主题在马克思的《关于费尔巴哈的提纲》中得到了发展。②

---

①　Bruno Bauer (anon. ), *Die Posaune des jüngsten Gerichts über Hegel*, *den Athe-isten und Antichristen. Ein Ultimatum*, Leipzig: Otto Wigand, 1841, pp. 146-148, ci-ting Hegel's *Vorlesungen über die Philosophie der Religion*, Bd. 1, 2nd ed. (Berlin, 1840), pp. 63-65.

②　Bruno Bauer, *Das entdeckte Christenthum. Eine Erinnerung an das 18. Jahr-hundert und ein Beitrag zur Krisis des* 19. (Zürich und Winterthur: Verlag des literarischen Comptoirs, 1843); Karl Marx, "Theses on Feuerbach," 《关于费尔巴哈的提纲》) in Karl Marx, Frederick Engels, *Collected Works*, vol. 5, New York: International Publish-ers, 1976, pp. 3-5. 黑格尔 1802 年关于自然法的文章将现代哲学区分为经验主义和形式主义。鲍威尔和马克思以他们特有的方式对待这一划分。参见 G. W. F. Hegel, *Natural Law. The Scientific Ways of Treating Natural Law*, *Its Place in Moral Philosophy*, *and Its Relation to the Positive Sciences of Law*, trans. T. M. Knox, Philadelphia: Uni-versity of Pennsylvania Press, 1975.

鲍威尔在这里指出了以往的哲学传统，包括唯物主义和唯心主义的不足之处，并强调了从这些传统中产生的不同的自由概念。他谴责包括黑格尔在内的以往的唯心主义，认为其保留了看似超然的实体和力量；例如，在《历史哲学》一书中，黑格尔有时似乎低估了绝对精神，把它当作一个主体，区别于具体的个人，它异己地决定或制约历史的结果，尽管这种解读与黑格尔的逻辑学和现象学解释不一致。① 黑格尔显然未能清除早期宗教形而上学的残余，使个人处于无法掌握的权力控制之下，具有神秘和非理性的根源。同样，在鲍威尔对不满意的宗教意识的分析中，一个至高无上的普遍性的产生，在表现或演示方式上，都相当于利己主义形式的冰冷特性，无论其是狂热崇拜还是私利，或是伦理生活纽带的贬值和瓦解。鲍威尔还指出了他律的另一种形式，这种形式出现在 18 世纪的唯物主义中。这一立场认为感性而非理性的自我决定是人性最典型的特征。② 最终，由于对自由的理解是不充分的、消极的和特殊的，法国革命的共和主义未能从旧秩序的预设和制度中获得根本解放；鲍威尔在详尽的历史中也注意到了一些近因。他否认可直接感受的意识的特殊性，这是启蒙个人主义、19 世纪自由主义和他同时代的施蒂纳（Max Stirner）的利己主义无政府主义的共同基础。③ 各种形式的特殊性是由现存秩序的影响，以及与之相对应的狭隘和利己主义的物质利益所塑造的。所有这些形式都代表着沉没在实体中的精神，从而建立

---

① G. W. F. Hegel, *Lectures on the Philosophy of World History. Introduction*; *Reason in History*, Cambridge：Cambridge University Press，1975. 1845 年，鲍威尔对黑格尔的批判变得更加尖锐。参见第 5 章。

② B. Bauer, *Das entdeckte Christenthum*，p. 161.

③ Max Stirner, *Der Einziger und sein Eigentum*，Leipzig，1845. 鲍威尔在 "Charakteristik Ludwig Feuerbachs"，*Wigands Vierteljahrschrift* III 1845，pp. 123-124 中批判了施蒂纳以及费尔巴哈和马克思。施蒂纳的著作是对特殊主义的辩护，鲍威尔在理论上否定了这种特殊主义，尽管他与施蒂纳保持着友好的个人关系。在这方面，他与施蒂纳的关系不同于他与马克思以及他与阿诺德·卢格的关系。相反，施蒂纳也反对鲍威尔的伦理理性主义，因为他认为普遍性原则是一个"幽灵"，就像是宗教信仰的拜物教对象。

起一种超越自身的力量。

正如自我意识理论所记录的那样，历史中普遍存在的内在存在也必须与另一种内在形式区别开来，即斯宾诺莎的泛神论物质形而上学，这种形式在 D. F. 施特劳斯（D. F. Strauss）对黑格尔的解读中得以再现，在他对福音书的解释中，福音书是早期基督教社会的神话意识的产物；在费尔巴哈的唯物主义中，福音书也是如此。① 鲍威尔把这种方法也描述为神秘的，因为它调用了一种直接有效的普遍性，而不展示它是如何运作的，它是如何被个体的自我意识所吸收和内化的。由于缺乏自我意识本身所能提供的决定性的个体性和形式，它将个体分解为一个无定形的整体，一个未分化的，因而是前现代的普遍的整体。鲍威尔随后也将对社会主义给出类似的描述。②

【45】

> 斯宾诺莎的实体，虽然是宗教表象的消解，但仍然是绝对形式的。只有在自我意识中，分离的关系，一切对立和矛盾，才会统一起来，也就是说，它们知道自己是一个整体，因此彼此也都知道对方是自己。自我意识并不宣称自己是绝对的，而是无限运动通过其创造的一切形式和对立面，[它]只是其自身的发展。③

---

① D. F. Strauss, *Das Leben Jesu*, *kritisch bearbeitet*, 2 vol. (Tübingen, 1835; second edition 1836; third 1838; fourth 1840); B. Bauer, "Charakteristik Ludwig Feuerbachs," pp. 102-123.

② Douglas Moggach, "New Goals and New Ways: Republicanism and Socialism in 1848," in Douglas Moggach and Paul Leduc Browne (eds.), *The Social Question and the Democratic Revolution: Marx and the Legacy of 1848*, Ottawa: University of Ottawa Press, 2000, pp. 49-69.

③ Bruno Bauer, "Rezension: *Die christliche Glaubenslehre in ihrer geschichtlichen Entwicklung und im Kampf mit der modernen Wissenschaft*. von D. F. Strauss. 2 Bde. 1840-1841," *Deutsche Jahrbücher*, January 25-28, 1843, nos. 21-24, p. 82 (also cited in van den Bergh van Eysinga manuscript, 221Q).

　　鲍威尔对斯宾诺莎的反复攻击，以及对隐含着斯宾诺莎主义的施特劳斯和费尔巴哈的攻击，为他的批判过程提供了进一步的见解。正如鲍威尔在 1829 年手稿中所指出的，黑格尔将必然性定义为存在与反思的统一。这一概念重新阐述了斯宾诺莎关于延展与思维这两种属性之间的对应关系的问题，并将其理解为情态范畴中实体与主体之间的关系。鲍威尔遵循黑格尔的定义，将物质定义为一种延伸，不仅仅是空间上的扩展，而且是一种时间上的继承。鲍威尔伦理唯心主义的贡献是对斯宾诺莎的一种可能解释的强烈反对，根据这种解释，就思想而言，外延或实质是最主要的，或直接引起反思。任何思想上的一致性和由此得到的保证都是他律的。鲍威尔坚持认为，和谐必须通过主观能动性来实现，无论是在自我方面还是在物质方面。物质的形式特征必须被看作自我意识的产物。费尔巴哈和施特劳斯的斯宾诺莎主义体现在，他们没有理解自发形成的行为。

　　尽管鲍威尔承认黑格尔自己的哲学保留了斯宾诺莎主义的维度，但他坚持认为（在他 1848 年之前的著作中）这在原则上已经被黑格尔的费希特主义所抵消，费希特主义承认自我意识必须适应并塑造它的世界，而不是简单地沉浸于其中。在 1841 年和 1842 年的著作中，鲍威尔用亚里士多德的语言将物质定义为质料因，并将形式因果关系的力量归因于自我意识。实体并不是理性主体所追求的客观性的同义词，而是一个未分化的统一体、一个无定形的普遍体，具体的事物还没有从中产生。因此，这一术语可以用来描述早期的共同体形式，如城邦，其成员在现代主体性方面被不完全个体化。但是，正如《末日的宣告》所指出的，在现代主体性本身出现的过程中，实体也是一个必不可少的环节；然而，这是一个必须被吸收和克服的环节。①

　　要解决现代思想和经验的矛盾，就必须在一种新的判断形势中

---

① 参见本书第 5 章。

【*46*】 去寻找，这种判断形式可以避免错误的或超越普遍性的缺陷，避免僵化的特殊性的缺陷。普遍性应被保留，但应作为一种内在的自我意识的历史而被保留下来；特殊性通过反思和内化这一过程来扬弃自身的局限性。从这个意义上说，历史的客观过程和自我意识的哲学是一体的。鲍威尔认为，历史上概念与客观性的统一并不是对一个特定制度结构的承认，这一结论可以从《法哲学原理》中得出。没有对客观秩序的根本性改造，就不可能实现目标；但这种改造是由历史进程本身规定的，是作为一个整体来理解的。这一思想可能看起来类似于康德的规范性原则或"应然"，而不是黑格尔的思维与存在的统一。的确，鲍威尔似乎有同样的主张：

> 知识是自由的，是精神的解放，它的规定性把以前的内容转化为一种新的形式，从而也转化为一种新的内容，转化为自由和自我意识的规律。因此，哲学是对存在的批判：通过知识，精神假定了知识与存在之间的区别。什么是和什么应该被区别开来。然而，只有"应该"才是真正的、合法的，而且必须得到承认、掌握和权力。①

尽管有这种明确的肯定，鲍威尔仍不认为他对自我意识的阐述是对康德"应然"的回归，即一种与之不相协调、不可理解的理念和现实的抽象对立。康德的非时间性道德主观性是鲍威尔所说的纯粹直观性的表现，它不能影响其客体，不能与现实的倾向相联系，因而与客观性对立而不协调。它不能实现思维与存在的统一。相反，鲍威尔自己的"应然"被认为是一种构成力量，而不是一种主观规范性原则。"应该"可以说是客观的，因为它的内容来源于对自由的历史过程的分析，以及对它在当前的具体形态的分析。它揭示了一个

———————————

① B. Bauer, *Posaune*, p. 82.

现存的否定；因此，它的作用是一种决定性的否定，一种对当前意识和制度中至关重要的对立的认同，从而有可能过渡到一种更高、更自由的伦理生活形式。应该做的是当下需要的，解决基本矛盾，解决当下自身矛盾的结论。这种"应该"表现了理性的自我实现的力量，从其异化和不充分的实现形式返回自身，并在思维的表象中重新建立客观性。从个体或代理的角度来看，形式上的转变任务只能作为一种自由和理性的承诺、一种伦理的决定来接受。它不因其社会或政治功能而分配给任何特定的一组臣民。就像费希特的"召唤"（Aufforderung）或启发的概念，自我意识召唤我们认识到自由，并根据我们的认识采取行动①；但这种费希特的法权概念通过意识的历史现象学获得了客观的物质内容。它邀请但不参与实际的历史运动，通过发现和加剧内在矛盾从而将其解决来帮助推动历史运动向前发展。② 自我意识是其内在本质的主观性，作为内在普遍性的一个环节，既是理论批判又是实践行动。因此，鲍威尔继续坚持他的原则的客观性。与《德意志意识形态》中的马克思不同，鲍威尔认为他的理论概括了真正的历史运动，而不是将其与无关的主观理想并列。在其本质特征上，鲍威尔的方法代表了绝对判断的形式，正如黑格尔所定义的那样，

【47】

> 主语和谓语彼此对应并且具有相同的内容，而该内容本身就是假定的具体普遍性；它包含两个环节，即客观的普遍或类，以及个体化的普遍性。因此，在这里我们便有了普遍性，它本

---

① J. G. Fichte, *Grundlage des Naturrechts*, Gesamtausgabe der Bayerischen Akademie der Wissenschaften, ed. R. Lauth et al., Bd. I/3, § 3-4 (Stuttgart, 1966); Douglas Moggach, "Reciprocity, Elicitation, Recognition: The Thematics of Intersubjectivity in the Early Fichte," in *Dialogue*, *The Canadian Philosophical Review*, 38/2 (Spring 1999), pp. 271-296.

② Bruno Bauer, letter to Arnold Ruge, October 27, 1842, v. d. Bergh van Eysinga ms., § 14/26.

身就是自己，并通过其对立面继续自身，并且只有与这种对立面统一时才是普遍性。这种普遍性，如谓词"好""合适""正确"等，都是基于一个应该存在的，同时包含着存在与应该存在的对应关系；它本身不是这个应该是或属，而是这种对应性，即构成绝对判断的谓词的普遍性。①

在鲍威尔的无限自我意识理论中，历史是客观的普遍，而自主的、判断的主体是个体化的普遍。存在和思维是同一的，前者是内容，后者是内容进入自我认知的形式。必然判断的主词也包含两个环节，即存在于"应当"的对立，但这被认为是主体与自身的内在关系。鲍威尔对自我意识的特殊契机和普遍契机的区分在原则上满足了这一要求；我们将看到它如何获得其具体内容。

鲍威尔以自我意识来包容这两个契机。它既指现实的运动，也指现实在知识中的反映。它的出现是客观的，是由于个体的解放斗争所引起的历史运动，但当过程被个体的主体把握为统一体时，它就呈现出一种主观的形态。在自我意识维护其权利的过程中，第一契机——

是历史，因为精神直接存在于其中，并作为内在灵魂存在。在这一规定中，历史仍然是直接外在的、纯粹的外延，因此，由于这种纯粹的外在性，它也是纯粹的内在性和主观性……这种基本的外在性和内在性在这里是同一的。下一阶段是当整个范围内的历史成为一个考虑的对象，并成为一个连贯整体的文学表征时，对这种内在性和外在性进行真实的、有意识的、自愿的分离。这种进步源于客观性本身的力量，其从内在的稀缺性中聚集在一起，寻求凝聚。又或者它是内在精神在客体中的

---

① Hegel，*Science of Logic*，662 (trans. A. V. Miller).

行为，它使客体具有普遍的灵魂，并逐渐发展成为自我意识。①

无限自我意识的内容是外部历史现实的发展，而主体则将其视 **【48】**
为自己的成就。这就是它的客观普遍性和内在性。这些主题同样与
启蒙思想所偏爱的更具体的主题形成对比。1842 年，鲍威尔赞许地
引用了黑格尔过世后出版的第一版《历史哲学讲演录》，认为只有自
由，而不是任何给定的或特定的规定，才是精神的真理。历史不是
由异己力量所决定的。现在，在黑格尔哲学成就和现代性经验的基
础上，历史可以被看作我们自己的自我生产记录，精神努力地把握
自己的概念，并赋予这个概念以流动的形式。当主体获得这种洞察
力时，他们的意识就会把历史思想与其物质过程、概念和客观性
统一起来。②

与经典不同，自由至上意味着没有任何实质性物品可以被以为
是永久有效的；自然界没有既定的目标或目的。与启蒙运动不同的
是，自由的最终目的是自主，而不是满足于对幸福的经验性的实践
理性的诉求。如果说鲍威尔的"应然"与康德的版本不同，那么它也
不同于启蒙运动的批判性思维，后者影响着现存的秩序，黑格尔将
其定义为无限判断的过程。它的特征是对现实性持一种纯粹的否定
态度，而且是一个过于具体化的主题。无限被表现为不连贯的，分
成两个对立的方面，或者结合了相互矛盾的主张。③ 这里的术语"无
限"与鲍威尔的"无限自我意识"概念有着不同的含义。在启蒙运动的
无限判断中，普遍性被驱离，但在无限的自我意识中，普遍性从其

---

① B. Bauer, *Johannes*, p. 178.

② Bruno Bauer (anon.), *Hegels Lehre von der Religion und Kunst von dem Stand-
puncte des Glaubens aus beurtheilt*, Leipzig: Otto Wigand, 1842, pp. 162-163.

③ Hegel, *Science of Logic*, pp. 642-643. 无限判断也不同于普遍判断 (Ibid.,
pp. 647-650)，普遍判断是一种基于经验的细节的总和。关于启蒙运动的无限判断，参见
H. S. Harris, *Hegel's Ladder*, vol. 2: *The Odyssey of Spirit*, Indianapolis:
Hackett, 1997, pp. 364, 384, 494.

外延中返回自身，从而获得统一和明确的自我认识。黑格尔唯心主义的伟大原则是承认理性即现实，① 正是这一真理使无限的判断（其矛盾的方面）过渡到绝对的判断。如果我们将霍尔巴赫的《被揭穿的基督教》和鲍威尔的《基督教真相》进行比较，这种对比就会变得非常明显。② 鲍威尔在为其辩护，反对其虔信派教徒和浪漫主义批评家的同时，也认为启蒙运动是一种肤浅的理性主义的表现，它把欺骗和操纵作为宗教的根源，从而未能参与宗教所预设的深刻的异化问题和自我意识活动。在鲍威尔看来，宗教的基础与其说是双重的，不如说是理性的自我贬抑，或者说是表现能力的降低，又或者是人类属性在超验领域的异化。在宗教中，自我意识表面上是被动的，但实际上并非如此。相反，思想在自己的活动上欺骗了自己，把它们归于一个外来的源头。这是一个辩证的错觉，而不仅仅是一种投射，它将鲍威尔的解释与费尔巴哈的当代立场区分开来。

**【49】**

> 宗教精神是自我意识的分裂，在这种分裂中，自我意识的本质规定性作为一种独立的力量而对立地出现。在拥有这种力量之前，自我意识必定会迷失自我，因为它已经将自身的内容驱逐，并且只要它仍然能够把自己维持为自我，它就会感觉自己在这种力量面前什么都不是，就像它必须反过来把它看作自己的虚无一样。③

尽管如此，鲍威尔还是恢复了对宗教和自我意识的反传统描述，

---

① H. S. Harris，*Hegel's Ladder*，vol. 1，p. 452.

② Paul-Henry Thiry d'Holbach，*Le christianisme dévoilé*，*ou Examen des principes et des effets de la religion chrétienne*（London，1756），*œuvres philosophiques*，tome 1，Préface de Jean Claude Bourdin（Paris：Editions Alive，1998），pp. 1-120.

③ B. Bauer，*I. Synoptiker*，25；cf. pp. 240-241，307n. 鲍威尔在 1841 年 3 月发表的关于宗教把人类精神的普遍性具体化了的论点，与费尔巴哈在 1841 年 6 月《基督教的本质》（*Das Wesen des Christenthums*）中的类似主张无关。.

这掩盖了他自己的思想和启蒙运动之间的差异。他对这个问题的态度，部分证明了与黑格尔的扬弃意识相对立的对立思维对他的指责是正确的①；但即使这种矛盾最终也是辩证的。自我意识一旦得到了充分的发展，就会推翻宗教原则，将其作为发展的一个必要阶段保留在人们的记忆中。这是一个必要的异化过程，只有在这个过程中才能发现自由。基本内容不能丢失。正如鲍威尔在《〈旧约〉的宗教》一书中所论述的，启蒙运动只能把宗教理解为错误和欺骗，从而把宗教理解为纯粹的偶然性②；它尚不能把精神异化和救赎的历史记录为一个内在且必要的过程。鲍威尔认为自己的思想是对启蒙立场的完善和超越。启蒙运动本身的批判性判断有助于实现向更高形式的过渡。与无限自我意识所获得的只承认理性自由为其本质的视角不同，启蒙依附于自我特有的感性属性，把物质的外延和物质的满足误认为主体本质的、共同的决定。

> 法国人一般认为，自我意识的运动与物质的共同本质的运动是同时进行的，但他们还看不到宇宙的运动首先是真正地自为存在，并作为自我意识的运动而与自己统一起来的。③

这种局限性产生了重要的政治后果。18 世纪的共和主义主张物质高于精神，认为自由是对现存积极因素的重新安排，而不是自主的创造性活动。它的德性学说以过去为特定的事例，但并没有把历史进程作为一个整体来把握，作为历史的异化和理性的恢复来把握。 【50】

---

① For example, H.-M. Sass, "Bruno Bauer's Critical Theory," in *Philosophical Forum* 8 (1978), pp. 93-103.

② Bruno Bauer, *Die Religion des alten Testaments in der geschichtlichen Entwicklung ihrer Prinzipien dargestellt*, Bd. I (Berlin: Dümmler, 1838), pp. 160-161, 适用于犹太教和异教徒的神。

③ B. Bauer, *Das entdeckte Christenthum*, p. 161.

在鲍威尔的概念中，美德不是对过去的复制，而是通过对历史的理解和批判以及对新事物的期待，从而开启了当下的本质可能性。现在出现了一个伟大的结合点，在这个结合点上，主体性的理性权利可以明确地维护自己。自由的反对者是启蒙自由主义面临的敌人。专制主义和政治化、独裁的宗教仍然盛行，但是"三月革命前时期"的革命者们创造了新的武器来对付他们。自18世纪以来，自我意识已经有了新的发展：进步力量在斗争中得到丰富，在反对中得到加强，因而能够吸收以前革命的成果，并推动政治和社会运动向前发展。标准不再是直接的主观性和其效用的僵化形式，而是在历史流变中理解和超越自身的理性主体。

> 这种转变不在于别的，而在于原子的释放，到目前为止，原子本身是固定不变的，但从现在起，只有放弃他们对预先设定的权利所持的可直接感受的僵化态度，才能使他们有同样的理由，通过征服自己，使自己与他人统一。自我否定是第一法则，自由是必然的结果。①

无限判断对伦理生活的客观秩序有消极的影响，它的工作就是扬弃这一领域的特殊性，特别是宗教的观念和利益，并净化非理性内容的普遍性。启蒙运动的最高原则是一切事物都是为主体而存在的，但它还没有对主体有充分的认识，只是继续以直接性的形式，将其作为特殊性来表现。当无限的判断甚至连这个特殊事物都笼罩起来，使之受到彻底的批判性审视时，主体本身的刻板的直觉就被削弱了。无限判断通过其不可抗拒的运动和扩展，辩证地转化为一种更高、更明确的方式。启蒙运动取代了因特殊而产生的残缺的人

【51】

---

① Bruno Bauer，"Der christliche Staat und unsere Zeit," in H.-M. Sass, ed., *Feldzüge der reinen Kritik* (Frankfurt a. M.: Suhrkamp, 1968)，26.

类本质，这也是人类自身的出发点，它以一种普遍的抽象形式发现了人类的普遍概念。因此，它实现了向自我意识的转变，重新获得了自身的主观性，使其能够具体地把握自己的普遍性并将其置于世界上，从而开辟了一种可以用来评价历史过程的整体性的理论视角。这一观点是黑格尔的。启蒙运动和法国大革命中阐明的自由原则，现在需要在实践中加以详细阐述，以便扫除积极性和异化的残余，以及伦理生活的非理性形式。

鲍威尔的内在批判模式与马克思的历史决定论有进一步的区别。虽然《德意志意识形态》（在 19 世纪 40 年代对马克思在这个问题上的立场做了最全面的阐述）完成后在将近一个世纪的时间内没有出版，但两个阵营之间的争论已经使这个问题变得清晰。① 这两种理论都声称自己是无神论者，都回避把未来国家的任何描述作为乌托邦；但其根本的区别在于革命运动的主观基础。马克思在普遍阶级的产生中看到了一种主观必然性：革命主体本身是在必然性的作用下产生的。对马克思来说，集体劳动和共同利益的纽带是在资本主义积累过程的约束下形成的，无产阶级成为普遍的代理人。无产阶级的革命行动，就是要把这种社会的必然性转化为自由的普遍性；但是，把许多人联合起来，形成一个单一的阶级利益，是一个历史决定的过程。这一阶级的客观动机是捍卫其共同的物质利益，这就要求通过解放劳动，彻底改组生产机构、市民社会和国家。在鲍威尔看来，这样的说法仍然是他律性的。他否认无产阶级的特殊性可以转化为真正的普遍性。② 就像犹太人解放一样，他拒绝主张将特殊利益作为解放的基础。最后，他认为革命行动不是由社会地位所决定的，也不能归因于任何特定的群体。当无神论判决声称，客观必然性确定了需

---

① 这一争论的回顾可以参见 Moggach, "New Goals and New Ways," pp. 54-57，强调 1848 年共和党和社会主义意识形态的分裂。

② Bruno Bauer, "Die Gattung und die Masse," *ALZ* X, 1844，42-48.

要解决的具体矛盾时，鲍威尔坚持认为其主观方面是自由的。有一个明确的任务要执行，但没有预先确定的行动来执行它。这项决议的形式和执行这项决议的承诺需要各个主体采取创造性的自由行动。

虽然历史理论揭示了客观上必须克服的矛盾，但鲍威尔对完成这一任务的理性承诺是从明确的伦理自由感中产生的。鲍威尔共和主义的基本特征来自他的自主性理论，该理论否定基于特定利益主张的自由思想，无论其是宗教的、经济的还是政治的。同样，鲍威尔也反对实体主义或虚假的普遍性，因为它们强行施加于个体活动之上。他将自主性定义为一种自我关联的过程：

【52】
> 　　自由人格通过一种行为内在地建立自己，在这种行为中，自我无视一切可以由外部决定的事物，自我与自身相联系，并仅由自身在其内在无限性中决定自己，因此，正是通过这种行为，人作为本质与外部事物对立，从而在外在事物中剥夺了独立存在的权利，而使之成为他意志的显现和直接存在。①

正如鲍威尔所解释的那样，外在意志与理性意志的一致是伦理生活的本质。他的思想一贯反对康德所称的经验他律，反对理性他律的先验观点。康德将他律原则定义为意志必须遵循的外部对象的原则。他区分了两种形式——经验的他律原则指定了感性对象，而理性的他律原则指的是独立于道德意志并先于道德意志的可理解物品。② 后一种形式可以进一步区分为两种类型，这与康德的文本

---

① 　B. Bauer, *Religion des Alten Testaments* I, 183.

② 　正如罗尔斯所说："他律不仅在这些首要原则被人性的特殊心理结构所确定时获得，如休谟所述，而且在它们被普遍性的秩序所确定，或被理性直觉所把握的道德价值观确定时获得，如柏拉图的形式领域或莱布尼茨的完美等级。" John Rawls, "Themes in Kant's Moral Philosophy," in Eckart Förster, ed., *Kant's Transcendental Deductions* (Stanford: Stanford University Press, 1989), p. 97.

相一致：第一种，意志的确定与声称（或被认为是）具有先验地位的普遍性有关；第二种，完美主义或至善论①，即行为的完美主义。康德将莱布尼茨作为后一类的例子，柏拉图为前一类的例子。功利主义是一种以幸福或满足需求为目标的经验实践理性的应用，而完美主义则不同，它是一种以自由为目标的纯粹实践理性。康德的缺陷在于，把道德行为的基础误解为道德行为的效果，而不是道德行为的准则，或者将道德行为的预期效果非法地建立在准则中。

鲍威尔为自主性的历史化赋予了无限的自我意识，以主观的承诺来应对变革行动。鲍威尔拒绝康德的格言与效果的分离，把历史过程看作内在普遍性的运作，他理解的自主性不是指纯粹的、永恒的责任的行动，而是意味着完美主义，即对政治关系和制度变革的不妥协的承诺。对鲍威尔来说，主体通过经验性他律，从冲动的决定中解放出来，从先验理性他律原则的幻想中解放出来，从而获得理性自由。他们的斗争按照其概念更加紧密地创造了一个新现实，尽管从来没有确定；它们是历史的动力和能量。②"自由意味着：道德！"③但是，即使康德本人否认这种形式，鲍威尔的伦理也必须从完美主义的角度来理解。这是一种伦理立场，而不仅仅是道德立场，因为它植根于伦理生活（Sittlichkeit）形式的历史记录。因此，科伊根（Koigen）在他的哲学社会主义史中，声称鲍威尔没有任何伦理唯心主义的痕迹，这是不正确的。④ 鲍威尔的伦理规定，自我要被塑造成一个理性的、审美的整体，证明自己在世界上的自主性，从而 在与州中所用儿心出步的斗争中，这场斗争中的游击队员是"自我意识

---

① Immanuel Kant, *Critique of Practical Reason*, trans. L. W. Beck ( New York: Macmillan, 1956), pp. 33-42; *Groundwork of the Metaphysics of Morals*, trans. H. J. Paton (New York: Harper & Row, 1964), pp. 10-11.

② B. Bauer, *Hegels Lehre*, 166-167.

③ B. Bauer, *I. Synoptiker*, 311.

④ David Koigen, *Zur Vorgeschichte des modernen philosophischen Sozialismus in Deutschland* (Bern: Stürzenegger, 1901), 48.

共和国的公民"，① 他们的任务是在活动中证明普遍的人性。对历史辩证统一的理解，激发了人们对一种新的伦理生活形式的憧憬，这种生活形式是开放的、可以不断改变的。这一想法也取材于鲍威尔的早期作品中美学模型的主题。客观的维度是线性无限的、未完成的、崇高的、对抗所有自由限制的斗争。主观维度是反身的无限，是自我意识的个体所达到的美的完美，或是理性从其外在性中的回归，因其流逝而丰富。随着革命形势的发展，这两种形式之间和内部可能存在着尚未解决的紧张局势，这一点变得显而易见。

【53】

接下来我们要追踪的是鲍威尔的必然判断模型在"三月革命前时期"政治秩序中的应用。它的主要特点是我们目前所关心的。共和主义通常有两种典型的特点：一种是工具性的政治参与，目的是在私人领域捍卫自由；另一种是变革性的，通过政治参与使原本难以企及的自由成为可能。② 鲍威尔的共和主义是后一种。它包括对现存国家的批判，以及对解放的对立观念的批判，尤其是自由占有的个人主义和社会主义。在专制主义和自由宪政两种形式中，国家都自夸、冒称具有普遍性，否定自我通过自身努力上升为普遍性的主张。就像它所维持和滋养的宗教意识一样③，这个非共和的国家始终是一个"超越"的地方，一个虚假的无限上升，其超越了大量的细节，却没有实现时刻的真正整合。针对这种静态的结构，鲍威尔断言了自由自我意识的力量。"这一运动之所以蓬勃发展，正因为它符合公

---

① Bruno Bauer，"Leiden und Freuden des theologischen Bewußtseins," in Arnold Ruge(ed.)，*Anekdota zur neuesten deutschen Philosophie und Publizistik*，vol. II（Zürich und Winterthur：Verlag des literarischen Comptoirs，1843），111.

② Quentin Skinner，*The Foundations of Modern Political Thought*，vol. 1，*The Renaissance*（Cambridge：Cambridge University Press，1978），pp. 156-186.

③ 危机本质上的政治性质而非宗教性质，参见 Bruno Bauer，*Die gute Sache der Freiheit und meine eigene Angelegenheit*（Zürich und Winterthur：Verlag des literarischen Comptoirs，1842），218，219.

众利益。"①经验自我与普遍性的统一是一种具体的历史可能性；现在的任务就是实现这种可能性。②

　　鲍威尔强调，复辟国家无法承担这项必要的工作。他号召真正的革命力量，即那些试图推翻现存国家的人，因为它无法完成其历史上必要的解放使命。鲍威尔对共和革命的肯定，将自由的自我意识的胜利与先前被排斥的阶级的胜利联系在一起，这个阶级不是被理解为一个社会范畴，而是被理解为解放原则的拥护者。正如马克思和列宁在反思巴黎公社时所做的那样，鲍威尔不仅主张参与现有国家，而且主张创造一种新的国家形式，以适应普遍理性自由的原则。现有的监护国家不能简单地被接管并被用于进步的目的，但其工具和结构必须以自由和自主的名义彻底改革。③

　　鲍威尔的共和主义也质疑自由主义对当前经济利益的保护。自由主义以物质功利主义为基础，通过对客体的支配，将其作为满足或占有物质的特定目标，来限制精神的普遍性。鲍威尔认为，这种【54】自由与积累的等式是他律的一种形式，是由外部的财产力量来决定个人。对鲍威尔来说，自由不仅仅是享受的自由，还是积累财产的自由，或者验证一个人直接的或偶然的人格的自由。他设想的共和主义有别于过去的美德，而是根植于现代发展的具体特征。他对 18世纪共和党反对美德和商业的主体提出了新的观点。④ 他没有（尚未）预见取得实质性的胜利，回归农业的朴素状态——这将在 19 世纪50 年代出现——但他承认了新兴工业秩序的新特征，同时对其前所未

　　① B. Bauer, "Leiden und Freuden," 111.

　　② Bruno Bauer, "Rezension: *Einleitung in die Dogmengeschichte* von Theodor Kliefoth," in A. Ruge, *Anekdota* II, 135-159.

　　③ Bruno Bauer, "Theologische Schamlosigkeiten," in Sass（ed.）, *Feldzüge*, 54-56.

　　④ Istvan Hont and Michael Ignatieff（eds.）, *Wealth and Virtue. The Shaping of Political Economy in the Scottish Enlightenment*, Cambridge: Cambridge University Press, 1983.

有的危险持怀疑态度。自由主义的观点认为自由是对私权的主张，
这导致了社会的解体，成为一个由财产的关系决定的相互竞争的个
人的集合。鲍威尔认为，受传统束缚的革命前秩序和自由原子主义
个人主义相互映照为特定利益的表达，其中一种是宗教，另一种是
经济。两者都不利于主体的理性自我决定，不利于意识从特殊到普
遍利益的提升。

他律与自律的区别是鲍威尔描述现代社会大众化趋势的基础。
与进步的力量相反，群众代表着惰性和停滞。他们表述不清的意识
构成了维持现状的真正堡垒。把这里的群众完全等同于新兴的工业
工人阶级是不正确的。[①] 尽管鲍威尔对无产阶级自主行动的能力持
悲观态度，[②] 但他把摇摆不定的自由资产阶级描述为群众的一个主
要组成部分，他们对私人经济利益的依恋使他们不可能一致反对现
存国家。从历史上看，这种利己主义倾向导致了历次革命的失败；
雅各宾派的政治斗争也未能根除这种态度。[③] 鲍威尔批判了市民社
会的抽象个人主义和利己主义，呼吁建立一种新的、解放的个人主
义，这种个人主义倾向于一种自由选择的认同，即对历史进程中进
步和革命的推动力的认同。他认为，这种转变不仅使政治学，而且
使所有的社会关系都变得充满活力和正义。[④]

---

① Cf. Robert Nola, "The Young Hegelians, Feuerbach, and Marx," in
R. C. Solomon and K. M. Higgins(eds.), *The Age of German Idealism*. *Routledge History of Philosophy*, vol. VI (London: Routledge, 1993), 298-299; Bruno Bauer, "Was ist jetzt der Gegenstand der Kritik?", *Allgemeine Literatur-Zeitung* VIII (1844), 18-26.

② Bruno Bauer, "Organisation der Arbeit," *Norddeutsche Blätter* V (1844), 76-85.

③ Bruno Bauer, *Die Septembertage 1792 und die ersten Kämpfe der Parteien der Republik in Frankreich*, I. Abteilung, *Denkwürdigkeiten zur Geschichte der neueren Zeit seit der französischen Revolution* (Charlottenburg: Egbert Bauer, 1844), 5-6; *Geschichte der Politik, Kultur und Aufklärung des achtzehnten Jahrhunderts*, Bd. III: *Die Politik bis zum Frieden von Basel* (Charlottenburg: Egbert Bauer, 1845), 256.

④ Bruno Bauer, "Erste Wahlrede von 1848," in Ernst Barnikol, *Bruno Bauer, Studien und Materialien*, hrsg. P. Riemer und H. -M. Sass (Assen: van Gorcum, 1972), 526-529.

鲍威尔共和主义的精髓，是通过英勇的努力和与旧秩序以及现代市民社会的侵犯形式的不妥协的斗争而建立的平等权利联盟。1843 年，他满怀信心地肯定："未来属于人民。"①与此同时，特殊主义原则对自由和自决的威胁不断潜伏着，威胁着市民社会对新出现的共和社会的全面胜利。他在 1829 年最早的文本中援引格言的平静，在他后来的著作中已经被一种深刻的危机感所取代。② 【55】

1843 年以后，鲍威尔对革命运动本身做出的判断，是一种迫在眉睫的失败感。他对反对党自我意识缺失的批评是广泛的。③ 这些理论中，他提出的不是一种关于政治活动的司法理论，而是一种伦理理论，询问作为进步力量的真正成员，一个人必须具备什么样的理论内涵。鲍威尔对评判对象的自我决定性的认识意味着，不可以调用任何规定的革命代理人，但也提出了一种可能性，即没有具体主体可以被证明能够胜任这项任务。他对具有革命意识的候选人提出了极其严苛的条件，要求他们放弃某些特殊利益。政治解放的先决条件是放弃与过去的一切特殊联系。捍卫传统的特性或传统的制裁权利是有系统地把自己排除在进步斗争之外，其目的是克服而不是批准所有这些继承的地位。这是鲍威尔 1843—1844 年对犹太人解放的批判立场的根源，在他的许多同时代人看来，他因此失去了在共和运动中的领导地位。④ 在这里，特殊性和普遍性的关系显然是

① Bruno Bauer, "Rezension: *Die Geschichte des Lebens Jesu* von Dr. von Ammon. Erster Band," in A. Ruge, *Anekdota* II, 185.

② B. Bauer, *Prinzipien des Schönen*, 66a.

③ See, for example, Bruno Bauer, *Vollständige Geschichte der Parteikämpfe in Deutschland während der Jahre* 1842-1846 (Charlottenburg: Egbert Bauer, 1847); *Die bürgerliche Revolution in Deutschland seit dem Anfange der deutschkatholischen Bewegung* (Berlin: Hempel, 1849); *Untergang des Frankfurter Parlaments* (Charlottenburg: Egbert Bauer, 1849).

④ Bruno Bauer, "Die Judenfrage," *Deutsche Jahrbücher*, October 27-November 4, No. 274-82 (1842): 1093-126; "Die Fähigkeit der heutigen Juden und Christen, frei zu werden," in Georg Herwegh (ed.), *Einundzwanzig Bogen aus der Schweiz* (Zürich und Winterthur: Verlag des literarischen Comptoirs, 1843), 56-71. 另参见第 7 章。

对立的；在这里，范·艾辛加和其他人所指出的批评是最直接相关的。① 在鲍威尔关于大众社会的著作中，也可以看到一个类似的过程，即批判思想的自我活动和自我定义与大众被动的、感性的、他律的存在之间的对立，尽管他强调这一范畴不是非历史的。例如，法国人通过英勇的革命努力，成功地将自己暂时转变为一个民族②；但随着危机气氛的加深，鲍威尔对当前革命运动的批评也越来越尖锐。他所呼吁的人民构成了一个不断缩小的圈子。尽管鲍威尔极力宣扬激进主义，但他的共和主义却找不到合适的革命主体。它的核心主张，即统一思维和客观性，已经被大大削弱了。

鲍威尔否定君主立宪制，积极捍卫人民主权③，直到 1848 年革命失败后，仍保持着他的共和主义立场。甚至在 1852 年，在一篇其他方面存在很大问题的文章中，他仍然把自己的工作描述为完成康德提出的解放先验计划。④ 革命未能动摇现存的秩序，这导致他后来否定了理性的建构力量。⑤ 在 19 世纪 50 年代，出于政治和社会改革的要求，他选择"内在联系"（Zusammenhang），以保持连贯性，以

【56】　及不受主观干预影响的客观性。在他看来，这只是一种无力的主观

---

① Cf. Harris, *Hegel's Ladder*, vol. 2, 741, 752-753, 760 n. 44.

② Bruno Bauer, *Geschichte der Politik, Kultur und Aufklärung des achtzehnten Jahrhunderts. Erster Band. Deutschland während der ersten vierzig Jahre des achtzehnten Jahrhunderts* (Charlottenburg: Egbert Bauer, 1843), vii: 在雅各宾派的领导下，"仅仅一击，被剥夺了权利的大众就把自己变成了人民[Volk]，通过英勇的斗争，他们获得了力量、勇气和摧毁一切特权的能力"。

③ Eric Gamby, *Edgar Bauer, Junghegelianer, Publizist und Polizeiagent* (Trier: Karl-Marx-Haus), 1985, 23-29, 描述了 1848 年 8 月 20 日，在夏洛滕堡民主俱乐部的成立会议上，一群保皇派暴徒对布鲁诺·鲍威尔和他的兄弟埃德加的攻击。甘比还讲述了埃德加·鲍威尔在革命后为丹麦政府在伦敦流亡社区提供信息的经历。

④ Bruno Bauer, "The Present Position of the Jews," in *New York Daily Tribune*, June 7, 1852. 这篇文章强调犹太人和日耳曼人之间存在种族差异，这与鲍威尔早期对这个问题本质上的历史、文化和宗教的处理观点有很大不同。新的立场强调永久性的分界。

⑤ 关于鲍威尔晚期的著作，参见 Barnikol, *Bruno Bauer*, 310-424. van den Bergh van Eysinga, ms., 221, 巴尼科尔在这里区分了他对宗教历史持续的批判和他的保守派政论。

性。然后鲍威尔放弃了完美主义，为了一个不同的形象，一个美丽的统一或连贯：不是作为人工制品的自我的审美统一，也不是城邦的实体，而是前现代农业社会的稳固。当他放弃了创造性主体的观念时，鲍威尔的思想与存在的统一就呈现出与现存秩序的积极性相协调的形式。在将理性的生成过程牺牲为纯粹存在的过程中，它是一种和解——或投降——比黑格尔哲学所梦想的任何和解——或投降都更为彻底。然而，我们关心的不是调查鲍威尔的后续转型，而是描绘鲍威尔在"三月革命前时期"的共和主义立场。

# 第二篇
# 审判旧秩序

# 第三章
## "自我的他者"：宗教意识的批判

鲍威尔在 1829 年的手稿中断言，信仰排除了一切疑虑，因此，人们对宗教和哲学作为绝对精神环节的相容性提出了质疑。整个 19 世纪 30 年代，鲍威尔一直在思考理性信仰的可能性。他的智力实验最初试图通过对基督教教义（如道成肉身和圣灵感孕说）的思辨性叙述来建立思想与存在的统一性，而这种思辨的唯一理由就是举例说明逻辑范畴。在 1836 至 1838 年由他编辑的《思辨神学杂志》发表的文章中，以及在早些时候给《学术批评年鉴》的投稿中，他尝试了这些重建方法。① 这些条款的重要性在于，它们构成了基于宗教代表性来确定的思想和存在的失败尝试。鲍威尔对 19 世纪 30 年代问题的回应是彻底的否定。正如兹维·罗森(Zvi Rosen)所正确主张的那样，"只有对原始资料缺乏了解，才能解释为什么某些学者声称鲍威尔在对宗教持正统观点多年后突然成为无神论者"②。在 1838 年的《〈旧约〉的宗

① 例如，参见 Bruno Bauer, "Rezension: *Das Leben Jesu, kritisch bearbeitet* von David Friedrich Strauss. Erster Band," *Jahrbücher für wissenschaftliche Kritik*, December 1835, no. 109, 879-880; no. 111, 891; no. 113, 905-912; "Die Prinzipien der mosaischen Rechts-und Religions-Verfassung nach ihrem innern Zusammenhange", entwickelt von Lic. B. Bauer. *Zeitschrift für spekulative Theologie*, 1837, vol. II, no. 2, 297-353.

② Zvi Rosen, *Bruno Bauer and Karl Marx* (The Hague: Nijhoff, 1978), 41. Rosen, 39-41, 强调了鲍威尔思维的连续性，与 W. J. Brazill, *The Young Hegelians* (New Haven: Yale University Press, 1970), 179 中的观点相左。

教》中，鲍威尔强调了宗教经验的主观基础。与当代虔诚主义者和施莱尔马赫的神学不同，这种经验并不存在于对超验绝对的不可言说的依赖感觉中，而是代表了自我意识获得的阶段。宗教经验因其起源的主观条件而有所区别：黑格尔现象学中所定义的第一种关系，即上帝与人之间的外在性关系，其基础是对权威神的服从。①《旧约全书》中的弥赛亚意识预示着一种新的更高的形式，也许预示着黑格尔的第三种关系，即普遍在具体社会中的内在性。但是在这一发展阶段，意识只能指出法律的不足，还不能提出有效的克服方法。真正超越隔阂的客

**【60】** 观条件尚未具备，而隔阂是宗教法的根本基础。鲍威尔将在他 1839 年的作品《亨斯滕贝格博士》中再次提出这一观点。

　　鲍威尔对宗教意识各个阶段的历史叙述也将他的方法与早期费希特的方法区分开来，他强调，对超感官或主体性本身的认识是可能的。因此，他对 1829 年被他描述为康德哲学批判顶峰的论点进行了阐述。费希特的《试评一切天启》(*Versuch einer Kritik aller Offenbarung*)仍然与康德的问题缠结在一起，② 强调了超感官对于理论认知的不可接近性。费希特在他后期的作品中区分了自由的原因和自然的原因，强调了没有感性的认同，仅仅依靠实践理性来培养个人对道德法则的尊重是不够的。这就是宗教在理性上的合理作用。费希特对比了理性宗教、自然宗教和启示宗教，以为这取决于感性与实践理性的

---

　　① 关于现象学中这些问题的讨论，参见 H. S. Harris, *Hegel's Ladder*, vol. 1, *The Pilgrimage of Reason* (Indianapolis: Hackett, 1997), pp. 395-436.

　　② J. G. Fichte, *Versuch einer Kritik aller Offenbarung*, in *Fichtes Werke* V. (Berlin: de Gruyter, 1971), 9-174 [first edition 1792, second 1793(费希特:《试评一切天启》)]. Hansjürgen Verweyen, "Offenbarung und autonome Vernunft nach J. G. Fichte," in K. Hammacher and A. Mues, eds., *Erneuerung der Transzendentalphilosophie* (Stuttgart: Klett, 1979), 436-455. 另参见 Graziella Rotta, *Applicazione del punto di vista kantiano e sviluppi originali nel "Saggio di una critica di ogni rivelazione" di J. G. Fichte*, Tesi di Laurea, Università degli Studi di Pisa, 1987-1988; Graziella Rotta, *L'Idea Dio. Il pensiero religioso di Fichte fino allo Atheismusstreit*, Tesi di Dottorato, Università di Torino, 1992-1993, 74-121. 我非常感谢 Claudio Cesa 为我提供了这些参考资料。

关系。自然宗教暗示着感性已经服从于理性的激发；理性宗教的前提假设是感性已经被征服了（这只适用于完全理性的人，而不适用于将感性和理性结合在一起的人）。在感性尚未受到约束的情况下，启示宗教有它的权威，因此对于现在和过去的文化状态是必要且适当的。费希特预见到一个将极大地影响费尔巴哈和施特劳斯的问题，他还主张，上帝的某些属性必须仅仅作为实践理性的暗示：神的全知和全能是根据美德分配幸福所必需的。至少在这篇文章中，费希特的主体概念，基于理性和感性的矩阵，既不是社会的，也不是历史的。① 鲍威尔的说法在这些方面有所不同。他从黑格尔的《宗教哲学》中展开主题，② 将宗教经验的形式和伦理生活的形式联系起来，并将其描述为一种不断发展的理论的自我理解。

19 世纪 30 年代的文本更具体的成就是找到了逻辑结构，对鲍威尔而言，该逻辑结构定义了宗教意识：这是某一主体或某一群体与普遍性之间的直接认同，是在没有自我超越的情况下借助某些给定属性而实现的。这种同一性被宗教意识认定为一种垄断性的主张，将其他特殊性排除在同等地位之外。因此，在鲍威尔看来，宗教的本质是一种傲慢的特殊主义，这种特殊主义也赋予了普遍性一种超然的地位，它是一个独立的领域，脱离了具体的社会生活，无法进行真正的个人努力。它不是一种获得，而是一种礼物，是任意的而非理性的。普遍性与特殊性的直接同一性使理性的综合成为不可理解或不可能的。随着鲍威尔意识到私有化的宗教意识的结构性特征，以及重建秩序的政治基础，他的政治激进主义得到了巩固。在其特 【61】殊性和独断的自我主张中，宗教派系是共和社会的对立面。由此鲍威尔在 1840 年初开始向共和主义过渡。

① G. Rotta, *L'Idea Dio*, 97-98, 不过，这表明费希特的文本中存在一些历史因素。
② David Kolb, ed., *New Perspectives on Hegel's Philosophy of Religion* (Albany: State University of New York Press, 1992).

承认鲍威尔对宗教的批判与政治动机交织在一起，并不是要把宗教仅仅当作旧秩序意识形态支持的工具性角色。根据鲍威尔的观点，这是启蒙主义宗教批评家们所犯的错误，但其结果是削弱了他们理论的分析能力，并导致了对主体性和历史的错误评估。在鲍威尔的思想中，宗教是理解历史过程的基础，是其批判理论的必要对象。批判解释了异化产生的原因，既给出了对它的特征的一般性表述，即僵化的特殊性与虚假的普遍性相结合，又对其发展顺序进行了描述。特殊性与普遍性的直接统一首先以古代社会的形式出现，特别是以城邦的形式出现。当突然出现的主体性主张冲破了这些限制时，希腊人那受束缚的、自然形成的共同体便融入了希腊化的和罗马帝国权威的毫无生气的世界。在这个形式中，"一"，即"君主"，独揽了社会的权威声音，使他人丧失了理性的自我决定的能力。因此，政治领域表现出一种超越的普遍，"一"与"君主"直接融为一体。对古人来说，唯一可行的解决办法就是禁欲，退缩到私人的自我反思中。创造性思维的逃逸，使那些无法作为一个群体来执行这一苛刻的内在纪律的人，被他律的冲动所决定，但没有政治上的分量。基督教就是在这种情况下产生的，作为一种不幸的意识，它知道自己是自由的，但却不能具体地维护这种自由，因此把它转移到了一个天国的领域。它也不理解其自由作为理性自决的真正意义。相反，自由表现为任性和单纯的自我主张，而这种任性和自我主张被压抑为有罪的，却不断地重新出现。在这种卑贱的关系中，出现了各种各样的特殊主义、宗派主义运动，但这些运动并不代表真正的进步，或者只是进一步牺牲了真正的伦理生活的联系，以满足教义体系的专制要求。现代新教中宗教异化的极端表现预示着一种新的意识形态的辩证过渡。

这里所概述的观点在 1839 至 1844 年的各种文本中都有所体现。鲍威尔第一个明确的批判性文本还没有完全阐明这些观点。鲍威尔对宗教的批判与他早期共和主义的关系，是分三个阶段展开的：

《亨斯滕贝格博士》的出版、对约翰福音的批判和三卷本的《符类福音作者的福音史批判》①。我们将依次研究这些阶段。

鲍威尔对当时政治问题的首次直接批判是在《亨斯滕贝格博士》 **【62】** 这一文本中进行的。《宗教意识批判序言》②是写给他弟弟埃德加（Edgar）的一系列信件，作为后面的神学研究的辅助工具，撰写于 1838 年 11 月和 12 月，由费迪南德·杜姆勒（Ferdinand Dümmler）于 1839 年年初出版。③ 这部作品的背景是保守派和虔诚派势力在国内发起的对黑格尔体系的强烈反对。恩斯特·威廉·亨斯滕贝格（Ernst Wilhelm Hengstenberg）撰写的"黑格尔学派的衰落"（"Der Verfall Der Hegelschen Schule"）三部曲证明了这一点，该作品于 1838 年 8 月、9 月和 10 月发表在弗里德里希·图勒克的《安泽格文学集》（Literarische Anzeiger）中。同年问世的海因里希·莱奥（Heinrich Leo）的《黑格尔门徒》（Die Hegelingen）也证明了这一点。④ 这两部作品都

① 以下简称《符类福音作者批判》系列，也可译为《复类福音作者的福音史批判》《复类福音作者批判》《对观福音作者批判》，共由三卷组成，按照本书英文注释，本书作者将三卷本分别翻译为：《符类福音批判》第一卷（1840.08—1841.02）、第二卷（1841.05—1841.07），《对符类福音书和约翰福音的批判》第三卷（1842.01—1842.03）。本书作者是将这三卷本作为一个系列整体进行研究的，以区别于《约翰福音史批判》。——译者注

② Bruno Bauer, *Herr Dr. Hengstenberg. Ein Beitrag zur Kritik des religiösen Bewußtseins. Kritische Briefe über den Gegensatz des Gesetzes und des Evangeliums* (Berlin: Ferdinand Dümmler, 1839).

③ E. Barnikol, Bruno Bauer (Manuscript), International Institute for Social History, Amsterdam, Bd. III, ♯30, pp. 29, 30. Auguste Cornu, *Moses Hess et la Gauche hégélienne*, Paris, 1934, 把这本书归到了 1839 年 4 月，但正文最后的一封信明确指出，当时还没到新年。

④ Barnikol ms., Bd. III, ♯29, pp. 7-12. *Evangelische Kirchenzeitung* 的编辑亨斯滕贝格，被巴尼科尔认定为普鲁士最保守的教授（ibid., Bd. III, ♯27, p. 1）以及"恢复教会正统"（ibid., Bd. III, ♯27, p. 1），和"政治复辟——基督教"（ibid., Bd. II, ♯30, p. 58）的主要倡导者。Tholuck, *Literarische Anzeiger* 代表了相同的理论和政治潮流（ibid., Bd. III, ♯27, p. 4）。莱奥是历史法学流派的成员，反对自由宪政"干巴巴的理性主义"，主张"无意识的有机发展"，尽可能地保持封建特权的完整。另参见 Karl Marx, "The Philosophical Manifesto of the Historical School of Law," in Karl Marx, Frederick Engels, *Collected Works*, vol. 1 (New York: International Publishers, 1975), 203-210; E. Rambaldi, *Le origini della sinistra hegeliana* (Florence: Nuova Italia, 1966), 6-14.

强调了左派黑格尔主义者公开攻击宗教的社会后果。亨斯滕贝格的
立场可以追溯到黑格尔本人，而莱奥则将黑格尔对于宗教和哲学中心
问题上的不明确与他的追随者的粗鲁区分开来，这些追随者公开宣称
福音书的神话性质、基督教的虚假以及最终的无神论。亨斯滕贝格通
过与卡马里拉的关系，对日渐衰落的腓特烈·威廉三世产生了巨大影
响。卡马里拉是一个由宫廷顾问组成的圈子，被描述为虔诚神职人员
和土地所有者组成的极端保守联盟。他呼吁国家应禁止在学校教授黑
格尔主义，因为其破坏了社会安宁。①

　　1835 年 6 月初，图宾根的施特劳斯出版了《耶稣传》，这一点尤
其激怒了保守派的复辟支持者。② 紧接着，6 月 11 日，符腾堡州提
起诉讼，将提交人驱逐出图宾根省。施特劳斯的书迅速出版了四个
版本，在书中他将黑格尔的哲学和宗教、概念和表象之间的区别描
述为相互对立的矛盾。宗教的内容与哲学的内容并不完全相同，而
是反映了一种较低的、前理性的意识。宗教因此在绝对精神体系中

---

①　Erich Jordan, *Die Entstehung der konservativen Partei und die preussischen Agrarverhältnisse vor* 1848 (München: Duncker und Humblot, 1914), 144, 在书中，他将"新东正教党"定义为地主和牧师的联盟。另参见 Gustav Mayer, "Die Anfänge des politischen Radikalismus im vormärzlichen Preußen," *Zeitschrift für Politik* (1913), Heft 1, Sonderdruck, 51. Hengstenberg's and Leo's texts are summarised in Barnikol Ms., Bd. III, ♯27 and ♯28; 这里还提到了亨斯滕贝格与施特劳斯的论战，参见 *Literarische Anzeiger* of August 1838, in a review of E. C. J. Lützelberger, *Die Gründe der freiwilligen Niederlegung meines geistlichen Amtes* (1839). 值得注意的是，巴尼科尔对鲍威尔的兴趣最初是神学的，他在研究鲍威尔的过程中强调了当时神学争论的政治特征。例如，E.-Barnikol, *Bruno Bauer: Studien und Materialien*, 33. 巴尼科尔本人在鲍威尔的新版《基督教真相》序言中发表了一些关于鲍威尔的结论，参见 *Das entdeckte Christentum im Vormärz. Bruno Bauers Kampf gegen Religion und Christentum und Erstausgabe seiner Kampfschrift* (Jena: Eugen Diederichs, 1927), 以及 "Bruno Bauer, der radikalste Religionskritiker und konservativste Junghegelianer," *Das Altertum*, Band 7, Heft 1 (1961), 41-49. 巴尼科尔对鲍威尔的解读直接反映了洛维特的观点 (*From Hegel to Nietzsche*, Garden City: Doubleday, 1967), 只是前者更强调左派黑格尔运动的政治层面。关于巴尼科尔与洛维特之间的关系，参见 Lothar Koch, *Humanistischer Atheismus und gesellschaftliches Engagement. Bruno Bauers "Kritische Kritik"* (Stuttgart: Kohlhammer, 1971), 16-21. Koch 的书对鲍威尔的以下文本 (the critiques of John and the *Synoptics*, *Das entdeckte Christentum*, and *Christus und die Cäsaren*) 进行了调查，但没有深入探讨鲍威尔提出的理论问题。

②　D. F. Strauss, *Das Leben Jesu, kritisch bearbeitet*, 2 vol. (Tübingen: 1835).

得到了取代。施特劳斯将上帝描述为没有谓词的纯粹主体，或者其谓词仅由有限的人类表征来确定，他预见了费尔巴哈在 1841 年《基督教的本质》中表述的观点。① 他进一步认为，福音书是对基督教团体早期经历的神话性描述，而不是对于真理的揭示。在他最后的文章中，如《关于耶稣传辩护的争论》②，施特劳斯捍卫类似于黑格尔的君主立宪制立场，并批评复辟时期的蒙昧主义政治学，将虔诚主义神学与政治压迫联系起来。该书的第二卷抨击了谢林的同一性哲学及其所激发的保守的神学思潮。③ 施特劳斯强调黑格尔的政治自由主义，他始终将理性的真实与实证的或现存的区分开来，④ 这与黑格尔 1827 年在《法哲学原理》中所作的辩护一致。⑤ 尽管施特劳斯从未采取共和主义的政治立场，但他在界定德国复辟时期的政治对立方面发挥了核心作用。他坚持认为，一般利益和特殊利益之间的矛盾不能在一个单独的宗教领域中解决，而只能在具体的社会中解决，而具体的社会是有意识的自由的载体。施特劳斯的分析调整了正统的主张，即神的无限性和人的有限性仅在基督这个人身上是可以和解的。更确切地说，是人类物种在其历史的演变中，或其共性的存在中，实现了这种综合。宗教对普遍性的鼓吹导致了对具体社会的一种狭隘而令人窒息的利己主义的排斥。宗教和政

**【63】**

---

① 关于施特劳斯，参见 M. C. Massey, *Christ Unmasked：The Meaning of the Life of Jesus in German Politics*(Chapel Hill：University of North Carolina Press，1983)；E. Rambaldi, *Origini*，229-257. Rambaldi, 120，这样总结了施特劳斯的作品，"在实践中，施特劳斯所做的是从基督教的理念表象那里撤回对宗教层面上的神秘思辨逻辑进行反思的权利。因此，他否认基督教的绝对性，并将基督教降低为一种历史上和现象上的短暂宗教形式"。

② D. F. Strauss, *Streitschriften zur Vertheidigung meiner Schrift über das Leben Jesu und zur Charakteristik der gegenwärtigen Theologie*. Erstes Heft (Tübingen：1837)，9-19.

③ Ibid.，39ff.

④ Ibid.，Zweites Heft，205-214.

⑤ G. W. F. Hegel, *Enzyklopädie der philosophischen Wissenschaften im Grundrisse*(1827)，*Gesammelte Werke*，Bd. 19(Hamburg：Meiner Verlag，1989)，§ 6.

治批评的共同点在这里很明显：必须把普遍性重新纳入社会生活的关系中。恢复秩序的危险是显而易见的。保守势力对此迅速做出了反应。

在这种反应日益激烈的情况下，鲍威尔站出来捍卫黑格尔体系的进步性。他把亨斯滕贝格称为值得尊敬的对手。当许多代表宗教利益的发言人只是对大众社会中不成形的和不确定的概念发表意见，因而没有提出攻击性的观点时，亨斯滕贝格却提出了一个明确的、即便是错误的立场，因而批评可以针对这一立场展开。[1] 鲍威尔意识到发动攻击的危险。他回忆起中世纪和早期现代宗教迫害的恐怖，把亨斯滕贝格描绘成是在召唤地面权威来铲除异端邪说（或任何偏离他自己对宗教教义的解释）。与鲍威尔对亨斯滕贝格的攻击相比，施特劳斯的《耶稣传》（1839）第四版中尖锐的辩论口吻也不相上下。[2] 有人认为，鲍威尔对亨斯滕贝格的攻击可能是由教育和宗教事务部的进步人士所推动的，其中包括约翰内斯·舒尔茨和黑格尔的密友卡尔·冯·阿尔滕斯坦部长，后者曾负责黑格尔 1817 年在柏林大学的教授席位的任命。[3] 两人都反对由于亨斯滕贝格在卡马里拉拥有中心地位而产生的日益增长的政治影响力。后来，舒尔茨和阿尔滕斯坦合作，为鲍威尔在波恩大学争取了一个神学的教职，并于 1839 年 10 月 23 日向他颁发了资格证书。[4] 鲍威尔对黑格尔宗教观的支持遭到了波恩大学同事的冷遇，这些人获得了普鲁士的施莱尔马赫教职，而他的资格证书至今尚不明确。在 1842 年《自由的正义事业和

---

[1]  B. Bauer, *Herr Dr. Hengstenberg*, 4.

[2]  D. F. Strauss, *Das Leben Jesu, kritisch bearbeitet*, 2 vol., 4th edition (Tübingen, 1840).

[3]  Barnikol ms., Bd. III, #27, p. 2. On Altenstein, 参见 Terry Pinkard, *Hegel. A Biography* (Cambridge: Cambridge University Press, 2000), 412ff.

[4]  Barnikol ms., Bd. III, #27, p. 2.

我自己的事业》(*Die gute Sache der Freiheit*)①中，鲍威尔将他的波恩演说定性为两个基本信念：在更高的思想决定中解散宗教意识的需要，并且声称这种解散符合基督教的最终真理（这里的意思大概是 **【64】** 上帝和人的统一，或基督教所宣称的无限和有限的人）。鲍威尔说，他在 1839—1840 年冬天研究出了这两种说法的含义。共和社会是基督教所表达的愿望的真正解决方案。

在《亨斯滕贝格博士》中，鲍威尔并没有像莱奥所以为的那样，认为自己是极端的黑格尔主义者。他只希望将护教学的实证性（一方面与旧约的精神等同，另一方面是对理解的确定性）与他所说的活生生的精神脉动区分开来，正确理解基督教的化身——正如黑格尔所理解的那样。鲍威尔由此衍生出律法和福音之间的对立，并否认犹太教与基督教之间直接的历史连续性，这是他在《〈旧约〉的宗教》(1838)一书中已经提出的主题。相反，亨斯滕贝格认为摩西律法与基督教启示的关系不是矛盾的。② 鲍威尔举例说明了关于爱的概念的差异。如果在《旧约全书》中，对上帝和邻居的爱只是别人的命令，而不是对它的普遍性的把握，③ 那么基督教就提供了一种真正的辩证的综合，把这种态度从它的特殊性和局限性中解放出来，并承认它是人类本质的表现。在这里，这种综合仍然被认为有一个超越的基础。人类所追求的普遍性是在一种经过适当构想的关系中获得的，这种关系不是与自身有关，而是与神性有关。然后，如果人类还没有在本质上与神合一，这样的愿望将是徒劳的。在随后的文章中，鲍威尔很快就会在纯粹的内在关系中确认自我意识的普遍性。

---

① Bruno Bauer, *Die gute Sache der Freiheit und meine eigene Angelegenheit* (Zürich und Winterthur: Verlag des literarischen Comptoirs, 1842), 23.

② B. Bauer, *Herr Dr. Hengstenberg*, 15.

③ Ibid., 96.

只有这是一个理性的基础，在此基础上，所发现的事物和所建立的事物都通过其本质内容的统一而相互渗透[联合]。因此，由于双方的性质，这一基础只能是内在的，如果上帝揭示了一种与人的本质相对应的确定性。这种统一将使双方从内部召集在一起，并建立宗教信仰。至少在基督教中是这样的，上帝在启示中证明了他的本质是爱，他的本质是接受与他自己相统一的人，而人是与他相区别和对立的。因此，很明显，人的本质是在统一中超越他对上帝的对立。这种在基督里的爱实际上是一种人可以自由地遵循的内在原则，因为当他遵循神性概念中必要的东西时，他就会有意识地遵循自己的真实观念。①

【*65*】在其恰当的神学内容中，鲍威尔的文章将基督教精神与其教条形式分离开来，从而破坏了复辟国家的宗教意识形态。② 它也有助于形成一种关于宗教异化的自我意识观。这里所指的是《旧约全书》描述的律法的外在性，即作为他者的命令。"在其历史存在中，宗教精神尚未真正确立其概念，并且仍然与之相矛盾，因而其意志表现为自身的他者，而并不是其自身的意志，但作为上帝的意志，是一种与自己的意志有本质区别的意志。"③我们很快就会看到，在这两年的时间里，鲍威尔将基督教原则本身描述为背负着这种外在性的负担。然后，他提出自己的立场对一个真正内在的、现在正处于历

_____

① B. Bauer, *Herr Dr. Hengstenberg*, 47-48.

② 这个基本问题参见 E. Rambaldi, *Origini*, 6-14; Jacques Droz, *Le romantisme allemand et l'État: Résistance et collaboration dans l'Allemagne napoléonienne* (Paris: Payot, 1966), 225ff, 299; J. Droz, *Europe Between Revolutions*, 1815-1848 (London: Fontana, 1967), 9-17; Eric Hobsbawm, *The Age of Revolution*, 1789-1848 (New York: Mentor, 1972), 255-276. 还在注意到 Bettina von Arnim 的信，她与鲍威尔在柏林的自由圈子有联系，她在给儿子 Ferdinand 的信中批评说: "对年轻人来说，没有什么比宗教崇拜更危险的了……教会事务现在是国家车轮的秘密驱动轴，通过这些，伟大的国家机器将再次启动。"(参见 Barnikol ms., Bd. VIII, no. II, ♯11, p.2)

③ B. Bauer, *Herr Dr. Hengstenberg*, 81.

史中的普遍性的影响。承认一个先验的基础仅仅是意识成熟的一个阶段，即认识到它自己的真理和范围。

与现代观念形成鲜明对比的是，鲍威尔在这里描述了古典和圣经古代的主观原则的局限性。它仍然被淹没在实在之中。

> 所有古代都缺乏人格无限的思想。在其解体之时，这个概念的特定时刻被挤压了，但是即使在希腊和罗马，它们仍然毫发无损，尽管它自由地在社会整体中移动，但仍然没有把自身从中割断，依然无限地自由地把握着自身。①

这一立场将作为 1841 年《末日的宣告》中自我意识辩证法的一个阶段来阐述。鲍威尔已经将大众的压迫性的不确定性与大众的道德确定性进行了对比，但他描绘的是人们在前现代伪装下的实在性。他在 1840 年提出的概念试图将现代人格概念中隐含的自由普遍性与新的公共、共和形式的可能性结合起来。

在《亨斯滕贝格博士》中与护教学公开决裂后，鲍威尔急速的政治和理论激进化可以通过分析他对福音书的批判来追溯，他对福音书的批判从 1840 年春天开始，跨越了两年。鲍威尔把这个系列看作一个单一的项目，与他 1838 年的《〈旧约〉的宗教》保持一致；它们共同构成了对天启教各个阶段的批判，但同时也构成了对历史中自我异化精神形式的批判。这些文本对鲍威尔个人来说也是至关重要的，因为《符类福音作者批判》第一卷的出版引发了学术调查，导致他在 1842 年 3 月被波恩大学开除。② 这个系列包括：《约翰福音史批

---

① B. Bauer, *Herr Dr. Hengstenberg*, 57-58.

② Barnikol, *Bruno Bauer. Studien und Materialien*, 136-92, 479-505. 1841 年 8 月 20 日，在保守的腓特烈·威廉四世政权下，教育部长 J. A. F. Eichhorn 在 Altenstein 于 1840 年去世之后接替了他，批准了这项调查。

判》，完成于 1840 年 5 月 8 日①，一同完成的还有同年 8 月 21 日给
埃德加·鲍威尔的献词；《符类福音批判》第一卷（写于 1840 年 8 月
至 1841 年 2 月）②和第二卷（开始于 1841 年 5 月，③ 结束于 1841 年 7
月）；《对符类福音书和约翰福音的批判》第三卷，1842 年 1 月底开
**【66】** 始，3 月底完成，同年 5 月出版。④《约翰福音史批判》的理论立场不
同于《符类福音作者批判》系列。由于其主题的统一性，可以方便地
将后者作为一个整体看待，并追溯鲍威尔在其中理论立场的演变，
尽管它们的构成与第 4 章和第 5 章所讨论的文本有重叠。值得注意
的是，鲍威尔在《约翰福音史批判》之后立即开始了《普鲁士福音教和
科学》的创作。《符类福音作者批判》的第一卷与《基督教国家》是同时
代的。《符类福音作者批判》的第二卷的创作紧跟在《末日的宣告》之
前，第三卷则紧随《黑格尔的宗教与艺术学说》之后。

《约翰福音史批判》是在鲍威尔明确否定宗教的背景下创作的。
他在 1839 年 12 月的书信中发展了哲学和神学之间的尖锐对
立。1840 年 1 月 5 日，他写道："但是，出于宗教利益，我理解宗教
的理论旨趣是建立在哲学科学运动的基础之上的，也就是说，这是
哲学的内在分裂和局限。"因此，批判的任务是使哲学摆脱其局限性，
发展两种形式的对立，从而消除宗教的利益。鲍威尔在 1840 年 4

①  关于 *Johannes*，参见鲍威尔写给出版商 Ferdinand Dümmler 的五封信件，从 1840
年 1 月 5 日至 1840 年 4 月 18 日，in Barnikol ms. ，Bd. III，♯39b，pp. 2-3. 鲍威尔的无
神论立场可以追溯到 1839 年年底，在这篇文章撰写之前。关于这个问题，参见 *Brief-
wechsel zwischen Bruno Bauer und Edgar Bauer während der Jahre* 1839-1842 *aus Bonn
und Berlin*（Charlottenburg：1844），letters 1-4（October 21，1839 to November 30，
1839），pp. 8-18；Barnikol ms. ，Bd. IV，♯ 38；and Barnikol，*Bruno Bauer：Studien
und Materialien*，30-46. 关于 *Johannes*，另参见 *Briefwechsel*，letters 7（ January
20，1840）and 19（May 8，1840）.

②  *Briefwechsel*，letters 28（August 7，1840），33（January 23，1841），and
35（March 10，1841）.

③  *Briefwechsel*，letters 40（ May 17，1841），43（July 11，1841），and 44
（August 16，1841）.

④  *Briefwechsel*，letter 55（mid-April，1842）.

月 5 日写给马克思的信中清楚地说明了这一发展过程中政治和理论
动机的相互作用：

> 在这里（波恩），我也清楚地认识到，我在柏林还不愿意承
> 认，或勉强承认的一点是，一切都必须倒塌。这场灾难将是可
> 怕的，必定是一场巨大的灾难，我甚至可以说，它将比基督教传
> 入世界导致的那场灾难更巨大。即将发生的事情对我们来说太确
> 定了，以致我们一刻也不能怀疑……如果反对派在法国取得胜利，
> 即使他们做出了如此巨大的反应，这一胜利也会更加确定，而且
> 将很快发生在一个地区，那里只有沉默的护教斗争……敌对势力
> 现在排得如此紧密，一拳就能决定胜负。那些想要把国家更多地
> 吸引到自己利益上来、为自己着想的人，就这样为他们自己的最
> 后颠覆做好了准备，为此他们应该得到感谢。①

在一场将会吞没现存的宗教和政治秩序的危机的背景下，鲍威
尔对"约翰福音"的批判详细地论证了自由的自我意识和宗教精神之
间的对立。从表面上看，他希望通过否定基督教的实证性和他所称
的基督教观念的僵化反思特征，将基督教原则恢复到真实状态，将
其作为创造性的自我意识的产物来把握。这些概念源于抽象的理解，
而不是思辨的理性，而思辨的理性把这些概念又引回了它们的主观
本源。因此，他进一步发展了他针对亨斯滕贝格的论点。虽然他还【67】
没有在文中公开地得出这一结论，但基督教原则的恢复，同时也就
是它的被推翻，它的主观根源的暴露。根据鲍威尔的报告，这是他
在波恩会议上已经辩护过的论点。他的批判是对基督教作为人类精
神发展阶段必要性的证明，但现在这个阶段已经被超越了。把基督
教的本质与教条的形式对立起来，鲍威尔就可以描绘出这种本质向

---

① *Briefwechsel*，letter 8（February 4，1840），34-36.

更高、更普遍的自由和自主的自我意识的运动方式。在这篇文章中，思维与存在的关系是最重要的，当鲍威尔在这里谈到绝对精神时，他的范畴转换的基本方向已经很明显了。

为了说明基督教教义的实证性，鲍威尔对福音派实用主义进行了批判。福音派实用主义是一种异化的形成或文学活动，它创造了一些本身毫无价值的戏剧性事件，这些事件只是一种教条式的宣言或行为的刺激。在阐述不快乐意识的后续阶段中，护教神学又进一步显示出它对自己的产物的束缚，于是，护教神学便抓住这些事件，以及这些事件所引起的直接的抽象的反思，并试图保持这种形式，不让它与真正的内容相冲突。最初的实用主义和随后的护教学并不能产生思维与存在的真正统一，

> 福音书的和谐，并不是一个统一体，不是统一并吸收和调和彼此相异的环节的缺陷形状的统一，而是机械、暴力地将要素融合在一起。这些环节就同它们被把握住的时候一样，保留了被发现时的形状，它们被认为是绝对的真理，因为其超越自身的运动被欺骗性的艺术和暴力所束缚。①

因此，这种意识的特点是它无法区分偶然和必然。它是对特殊性的肯定，是对作为一种普遍的必然表现的特殊的非理性的辩护，而这种普遍是不被理解的，仍然是与它疏远的。在这个意义上讲，福音传教士约翰已经算得上是第一位辩护神学家了。而鲍威尔在这篇文章中公开承认，符类福音保留了基督话语的真实性（尽管并不是没有一些后续反思的内容）②，他将约翰描述为教会思辨理论的原

---

① B. Bauer, *Kritik der evangelischen Geschichte des Johannes* (Bremen: Carl Schünemann, 1840), 182.

② Ibid., 406.

型，将符类福音材料转化为详尽的抽象概念。因此，基督的直接意识和宣告，与后来的宗教团体成员的意识互相混淆。从这个观点来看，实证性的基础是保持主体性对普遍性的限制：这是一个重要的观察，其结果作为特殊利益的超越，出现在《末日的宣告》对自由的论述中。在《约翰福音史批判》中，鲍威尔认为： 【68】

> 主体性越是有其特定的方面还没有被普遍文化 [教化] 所克服，历史的回忆和再现过程就越是有其特殊性，且还没有与客体的普遍性相协调，因而与客体的普遍性相矛盾。①

这本书在许多方面与《符类福音作者批判》系列不同。在对福音书材料来源的处理中，鲍威尔的概念和施特劳斯的概念之间的区别不像《符类福音作者批判》第一卷那样明显②；对于鲍威尔而言，这是令人惊讶的沉默，因为他已经发表了许多对于施特劳斯的批评。③《约翰福音史批判》在将基督的意识与早期教会的意识区分开来的同时，并没有清楚地将个别传教士的后期沉思精神与团体本身区分开，鲍威尔也没有如此明确地得出他的福音书文学理论。例如，他否认约翰福音直接依赖于斐洛的逻各斯理论，而是假设了一种广泛的文化影响。④ 因此他和施特劳斯一样，强调了福音书的作者与其同时

---

① B. Bauer，*Kritik der evangelischen Geschichte des Johannes* ( Bremen： Carl Schünemann，1840)，178.

② 《约翰福音史批判》相对赞许地提到了施特劳斯。

③ 鲍威尔之前发表了以下关于施特劳斯作品的评论 *Berliner Jahrbücher*： 1. Review of *Leben Jesu*，volume I： December 1835，no. 109，pp. 879-880； no. 113，pp. 905-912； 2. Review of *Leben Jesu*，volume II： May 1836，no. 86，pp. 681-688； no. 88，pp. 697-704； 3. Review of writings on Strauss： March 1837，no. 41，pp. 321-328； no. 43，pp. 337-343； 4. Review of Strauss's *Streitschriften*(1837)： November 1837，no. 101，p. 837； no. 103，p. 838. 关于鲍威尔对于这些评论的批判性自我描述，参见 *Landeskirche*，3.

④ B. Bauer，*Johannes*，5 ff.

代人所共有的信念。这与他后来的说法并不矛盾，但也没有将原材料和艺术品成品区分得那么清楚。此外，他明确抨击的并不是基督教的原则本身，而是它的实证性。然而，在对斐洛哲学的一个简短评价中，鲍威尔确实清楚地描述了将绝对作为实体这一假设的后果。在这里，他预示了自己后来对于主体性的立场，以及他后来对施特劳斯的批评。

> 在这神圣的统一体中，一切区别和内在规定性都消失了。简单的存在仍然是最高的、最根本的存在，我们只能说它是最高的存在。在这里，理论和观念代表着精神沉沦为纯粹的存在，也就是说，精神在纯粹的虚无中失去了作为它自己的规定性的一切丰富性。①

同样，他后来在《符类福音作者批判》第一卷中主张："物质的概念是至关重要的——参见斯宾诺莎——但即使如此，也再次回到了对积极事物的直接认识——参见斯宾诺莎。"②鲍威尔在《约翰福音史批判》中发展了他的主体性概念，他把这一历史过程描述为自我意识的渐进演化。一种生命形式的真正意义，对于它的作者和代理人来说，从来都不是完全透明的，他们直接生活在这种生命中。它的意义只能从一个后续且更成熟的角度来把握，在这个角度上，一种先**【69】**前的文化的各种表现形式可以作为一个整体来展示。③ 这种回顾性的判断概念似乎与鲍威尔在 19 世纪 40 年代的伦理理想主义形成了鲜明的对比，鲍威尔的伦理理想主义要求我们对自己的现在做出这样的评价；但鲍威尔在文章中继续指出，确保理论上的有利正是当

---

① B. Bauer, *Johannes*, 5.

② Bruno Bauer, *Kritik der evangelischen Geschichte der Synoptiker*. Erster Band (Leipzig: Otto Wigand, 1841), ix.

③ B. Bauer, *Johannes*, 178-179.

代的成就，当代主体可以据此评估其潜力。与他在《约翰福音史批判》中描述的过去的进化论观点相反，他认为当前宗教护教学形式(无论是路德派还是改革派或加尔文派)①都试图将理性从属于其发展的早期阶段，所有的不完全性和特殊性仍然是这一原则的基础。相反，批评可以揭示以往形式的意义和局限性。护教学的方法是理解的方法，这种理解不是理性的统一，而是只看到特定的外在联系。批判的方法，正如《〈旧约〉的宗教》中所描述的那样，是为了反思这种外在反映，不是像护教学那样，为了巩固它的实证性，而是为了引导它回到自我意识的统一。②

鲍威尔在阐述他的主体性概念时认为，福音书中的神性启示理论是一种不值得重视的精神概念。它使撰写《圣经》文本的人类主体降低到纯粹工具性的地位，同时它要么将绝对精神(鲍威尔尚未对其持否定态度)贬损为外部记忆的辅助，要么通过直接地强加于人而侵犯了主体的自由。他批判这一概念的那一段很有意义，因为鲍威尔在这里与黑格尔相呼应③，提供了目的论的抽象描述，以及目的、手段和执行的辩证融合，将其作为确证主体性权利的过程。自我意识的自由和目的论的劳动是等同的。

> 精神……永远不能成为介于目的和执行之间的手段，但作为精神，它总是超越它作为手段出现的位置，并将其他的极端、目的和执行，都包含在内。作为这种内在的运动，精神不仅是一种机械的手段，它介于历史、历史的直接体验及其在记忆中的再现之间；因此，尽管精神仍然占据了手段[Mittel]的位置，但它同时还是这两种极端的内在。它在历史的表象中已经

---

① B. Bauer，*I. Synoptiker*，vii-viii.
② Ibid.，vi.
③ G. W. F. Hegel，*Science of Logic*，pp. 735-754.

是活跃的,是它的灵魂,因此它对那些其生活中发生这种历史的人们来说是有效的。因为它现在已经隐含地作为灵魂存在于见证人和那些从见证人那里听到的人之间,所以它也作为他们自己的内在灵魂活跃在他们之中,因此,作为自我意识和对自身的记忆,它可以自我复制。

【*70*】

在这三个规定的运动中,第一个是历史,因为精神直接存在于历史中,并作为内在的灵魂存在于历史中。因为在这种规定里,历史仍然是直接的、外在的、纯粹的外延,所以,由于这种纯粹的外在性,历史也就是纯粹的内在性和主体性……这种基本的外在性和内在性在这里是同一的。下一个阶段是这种内在性和外在性的真正、自觉、自愿的分离,这时整个范围内的历史都成为考虑的对象,文学表现也成为一个连贯的整体。这种进展来自客观性自身的力量,它从内在的贫乏中把自己聚集起来,寻求凝聚,或者说,它是客体的内在精神的活动,它以普遍灵魂的形式活跃在客体之中,并逐渐发展成为自我意识。①

在这里,鲍威尔描述了直接意识通过物质的普遍性提升到自我意识的过程,物质的普遍性是《末日的宣告》中的核心理论。他认为,他自己的时代恰恰是精神凝聚的契机,是一个揭示过去本质、开辟未来境界的伟大历史转折点。黑格尔哲学所把握到的思维与存在的过程统一性是理解的关键。值得注意的是,鲍威尔在这里将批判确定为基督教精神的自我意识,即基督教被理解为精神的作品,因此具有优越性。在 1840 年,他仍然可以将这一过程描述为对基督教自我意识原则的重新诠释,剥夺了它的实证性。从这个意义上说,他

---

① B. Bauer, *Johannes*, 178.

的立场让人想起年轻的黑格尔本人。① 但是，在黑格尔寻求和解的同时，鲍威尔将很快明确放弃宗教信仰，以实现意识和社会的历史转型。《约翰福音史批判》尚未采取这一步。

> 如果批判的过程似乎是统一的，就像一个动作和同一行为的重复，那是由于它的理念的简单性，并不构成对它的反对。因为，若要抽象地表达，它是基督教自我意识的纯粹自我存在，它希望最终独立于自己，即使是在给定的、积极的和特定的福音资料中。如果作为这种自我意识的活动，批判仅仅是[一]的批判，这是千禧年奋斗之后所必需的，或者，如果它看来是一致的，这并不是批判的过失，而是由于对象的本性，它总是简单地让那些想直接地算作普遍的特殊事物遭受其命运。

> 只是在开始的时候，批判似乎是破坏性的、消解性的，或者是空洞的、没有内涵的。基督教精神纯粹的自我意识本身并不是空的，也不是被随意假定为偶然的东西，而是在它的简单性中承载着整个历史发展所产生的结果。当这种纯粹的含蓄在批判的过程中被填满和调解时，它就占据了与之相对应的福音书的全部内容，但因此它就占据了这一内容的一个精神基础，在这里，在这个具体的普遍性中，它以一种克服了先前概念的局限性的形式再现了内容。②

在《约翰福音史批判》中，鲍威尔仍然愿意将历史过程描述为绝 **【71】** 对精神的现象学展开，尽管他私下里已经得出了无神论的结论，因此他很快就需要重新阐述这一概念。然而，即使是现在，鲍威尔仍

---

① George Lukacs, *The Young Hegel* (London: Merlin Press, 1975); H. S. Harris, *Hegel's Development*, vol. I: *Towards the Sunlight* (Oxford: Clarendon Press, 1972).

② B. Bauer, *Johannes*, 182.

然坚持绝对的内在性。历史是普遍性和特殊性的融合，无限性植根于个体意识之中，个体被提升到无限。鲍威尔强调这一综合因素，这是他文本中反复出现的一个主体，也是他普遍自我意识概念的理论基础；但他还没有强调，随着有限的物质和有限的意识被等同于与历史动态相对立的实证性，分离的因素将变得越来越明显。

　　如果我们总是把整体当作绝对精神的自我意识的历史表象，那么，我们就可以反对说，我们现在已经把个别的[一般的]或有限的东西的限度，转移到神的精神中去了。但绝对精神并没有超越有限和它的极限，因为那样的话，它本身就会受到限制，它就会不屈不挠地将这些限制置于自身之外，无法穿透和扬弃它们。相反，它本身就是在有限中体验自身本性并穿越后者的运动。但因为它是一种过渡，因为它是运动和历史，所以它不是固定在这些界限之内，而是通过这些界限来获得自身完整的历史意识。①

　　随着 1841—1842 年政治对立的加剧、腓特烈·威廉四世的高压政策，以及进步派对宪政和民主要求的提高②，鲍威尔对浪漫主义立场的意识形态基础发起了公开的攻击。开篇是 1841 年 3 月完成的《符类福音作者批判》第一卷。与此同时，他还直接参与了 F. J. 斯塔尔在《基督国家报》（"Der christliche Staat"）中宣扬政治-宗教正统思想的活动。③ 在他对"符类福音书"的批判中，鲍威尔所要达到的目的是打破为捍卫绝对主义秩序而动员起来的教条主义基督教的自命不凡。他希望展示由宗教观念直接转变为现实而产生的矛盾。福音

---

① B. Bauer, *Johannes*, 181.
② Karl Obermann, *Deutschland von* 1815 *bis* 1849 (Berlin: DVW, 1967), 130ff.
③ 参见本书第 4 章。

书中描述的事件是宗教意识的产物，而不是客观事实的报道，因此
它们必然与自然和历史相矛盾。鲍威尔说，对约翰福音的批判使他
相信，福音叙事有可能是纯文学的起源，他现在提出的假设是，"符
类福音书"也可能不包含任何给定的、实证性的内容。因此，文学形
式本身也可能产生相应的材料。① 这一结论是对《约翰福音史批判》
中的研究成果的延伸，构成了《符类福音作者批判》三部曲的基本命
题。鲍威尔试图建立马可（Mark）的历史优先地位，然后确立路　【72】
加（Luke）和马太（Matthew）依次面临的详细阐述和调和的具体
任务。②

与此同时，鲍威尔认为他早期关于《约翰福音》的文本与他对"符
类福音书"的批判性处理之间存在着辩证的不连续性。尽管他已经坚
持在前三部福音书中有反思元素的存在，但他也指出，与约翰福音
相比，它们反思的主观元素的证据没有那么明显。③ 因此，他保留
了这样一种表象，即"符类福音书"包含了基督原创性的话语。他现
在建议，在论证的早期阶段，这个假设是必要的，以便发展《约翰福
音》文本在其纯粹性上的独特性，但现在这个表象可以受到批判了。
现在，"符类福音书"和《约翰福音》都被认为是反思同一原则的不同
阶段。前者是对基督教群体的原始经验和斗争的文学反思，包含了
它们的全部实证性，而《约翰福音》则对这种反思进行了反思，从而
产生了与简单含蓄相反的宗教原则的教条形式。④ 但这种反思与引起

---

　① B. Bauer，*I. Synoptiker*，xiv.
　② 鲍威尔将其视为 Christian Hermann Weiße 的一个来源，后者反驳了施特劳斯的
观点，指出救世主的期望在 1 世纪并不存在；因此福音书不能植根于早期基督教共同体
的一个预先存在的传统。Weiße 还展示了 Mark 对路加和马太福音的时间优先顺序，鲍威
尔（和他同时代的 Ferdinand Wilhelm Wilke；参见 B. Bauer，*I. Synoptiker*，xiii）也将展示
这一点。Weiße 的不足之处在于，他接受福音书口头报告的真实性，并将奇迹解释为寓
言。他仍然沉浸在积极性之中。B. Bauer，*I. Synoptiker*，v.
　③ Ibid.，388.
　④ B. Bauer，*I. Synoptiker*，388.

真正的自我意识的反思不同，因为前者必须让肯定的东西作为直接有效的东西。宗教反思不能批判它自己的前提，而只是简单地强迫它们进入一种外在的统一。在《符类福音作者批判》系列的前两卷中，鲍威尔采用了他先前描述过的辩证方法：他保留了基督历史存在的表象，然后在第三卷中对此提出了质疑。在这里，鲍威尔将自己定义为批判的反基督者，① 并表明弥赛亚的概念本身就是文学的产物。

鲍威尔的方法说明了自我意识和宗教意识之间对立的加剧。对于前者对后者的改造，仅仅剥夺它的积极性，从而恢复它的本来面目，是不够的。现在的转变需要克服一种限制，而这种限制正是这种形式的基础。鲍威尔早期对亨斯滕贝格的批判认为，这一限制存在于《旧约全书》中，而不存在于《新约全书》中。现在，正是宗教精神的所有表现形式束缚了意识的自由。

> 因此，宗教精神是一种自我意识的分裂，在这种分裂中，自我意识的本质规定性作为一种独立的力量出现在与它对立的地方。在这种力量面前，自我意识必然会迷失自我，因为它已经把自己的内容驱逐出去了，只要它还能够保持作为自我的自我，它就会感觉自己在这种力量面前什么都不是，就像它必须反过来认为它是对自己的否定一样。②

基督教形式的宗教异化现在与古代的民间宗教有明显的区别。"在【73】异教宗教中，作为特殊个体的神遇到了作为平等个体的人，而在基督教徒的意识中，作为纯粹普遍性的神与作为经验个体的人是分离

---

① B. Bauer, *Kritik der evangelischen Geschichte der Synoptiker und des Johannes.* Dritter und letzter Band(Braunschweig: Fr. Otto, 1842), 6, 8. 弥赛亚是一个纯粹的文学产物，他从来没有作为一个具体的个体存在过，参见 ibid., 14.

② B. Bauer, *I. Synoptiker*, 25. Cf. ibid., 240-241, 307n.

的。"①在这里，鲍威尔强调，当面对作为一个独立领域的纯粹的普遍性时，主体性会被压缩为特殊性。这种立场定义了基督教社会的不快乐意识。同时，他也证实了他早期的肯定评价，这一评价认为基督教的主体性是对古代实体性的一种片面的进步，因为这种主体性现在被认为是完全无效的、抽象的和卑贱的。基督教作为抽象宗教的特征在《末日的宣告》和《基督教真相》中得到了阐述。② 这里发展出来的特殊性的概念，也是鲍威尔在 1843—1849 年刻画大众特征的基础之一。

　　然而，鲍威尔对古典民间宗教相对偏爱的描写并没有导致他强调古代实体高于现代主体的观点。相反，他对实体论的争论明显尖锐了。在这方面，鲍威尔对施特劳斯的批判意义重大。施特劳斯曾把福音书描绘成早期基督教群体集体经验和斗争的直接的神话化表现，而没有表现出这种内容是通过个体自我意识而转化为形式的。③ 鲍威尔比在《约翰福音史批判》中更为积极地反对这种方法。他强调了文本的文学起源，并批评了施特劳斯对弥赛亚期望的先期存在的观点。④ 他把方法上的不同看作黑格尔哲学中不相容原则、斯宾诺莎主义决定论和他律论之间进行的斗争，或者是物质对意识的直接影响，而不是理性思维的自主性。鲍威尔认为，施特劳斯在这里坚持认为共同体是

--------

① B. Bauer, *I. Synoptiker*, 42; cf. 81.

② B. Bauer, *III. Synoptiker*, 310, 对异化作为自我意识发展阶段的必要性进行了辩证论证。

③ 鲍威尔将施特劳斯的《耶稣生平》(*Leben Jesu*) 第三版中积极性的增加和更强的调和语气归因于基本原则的实体性，即施特劳斯批判理论中保留的敌对力量 (B. Bauer, *I. Synoptiker*, ix; 66n)。Rambaldi 把这个版本的变化归因于意外因素，特别是 (令人失望的) 苏黎世主席的可能性。鲍威尔的说法不能很好地解释更激进的第四版施特劳斯文本。

④ 恩格斯在鲍威尔的讣告中承认鲍威尔更激进的观点的优越性，即对宗教的历史自负的无情批判：鲍威尔"揭露了施特劳斯模糊神话理论中科学精神的极度缺乏，根据这一理论，任何人都可以在福音书的叙述中随心所欲地对历史进行充分的理解"。F. Engels, "Bruno Bauer and Early Christianity,"(May 4 and 11, 1882) in *Marx and Engels on Religion*(Moscow: 1957), 195. 卢格也表达过类似的观点，参见 *Zwei Jahre in Paris. Studien und Erinnerungen. Zweiter Teil.* (1846), 50-56. Barnikol ms., Quellenteil Bd. VII, no. II, #53, pp. 1-4 中再次收录了卢格的这一文本。

实体的概念，这一概念在其纯粹的普遍性中被揭示出来；他还没有从内部摆脱自己的对象，而只是在不同的层次上再现了灵感假说。因此，施特劳斯的成就是消极的，但也是重要的，它向批判表明，它必须摆脱所有正统的先入之见。①

> 这种普遍性形式的传统，还没有达到普遍的真实性和理性的确定性，而这只有在自我意识的个体性［Einzelheit］和无限性中才能达到。它只不过是物质的，脱离了逻辑上的简单性，以一种确定的存在形式作为共同体的力量。这一观点是神秘的，因为在每一个瞬间，它都会解释并使人意识到福音历史的起源过程，它只能产生一个过程的表象，它必须暴露出实体关系的不确定性和缺陷……②

**【74】**
> 但始终是个人形成了这一内容，或者他们是形成了特定故事的个体，把它们艺术地结合成一个整体的也是个人。人们——社会本身——在其神秘的实体性中不能直接地创造出任何东西，而只有主体，即个体的自我意识，才能使它成为形式，成为内容，因此也才能使它成为内容的规定性。③

正如我们在《末日的宣告》中所看到的，鲍威尔将创造性的普遍自我意识与直接的特殊意识区分开来，并将艺术和建筑的力量仅仅归于前者，即使是在宗教关系的范围内。这种差异在他的实体批判中引入了重要的细微差别。鲍威尔区分自主意识和他律意识，并不是根据康德的标准来坚持以一个永恒的道德法则来区分，而是根据历史标准，以从占统治地位的先入之见中获得的自由程度，以及不

---

① B. Bauer, *I. Synoptiker*, vi.
② Ibid., vi.
③ Ibid., 69.

受约束的创造力的运用去区分。鲍威尔捍卫黑格尔的"伦理"（Sittli-chkeit）、思维和存在的不断发展的统一，反对康德的"道德"（Moralität）。但创造力回应了那些无法自己制订解决方案的人的需求；它并没有脱离其产生的条件。福音书作者在宗教意识范围内所表现出来的有限的创造力，表达了早期基督教团体理解自身来源的需要。施特劳斯的作品则不是这样，社会本身创造了一个早期的叙述，并把它神圣化为传统，福音书的作者们后来就将此作为基础。更确切地说，这种不确定的和普遍的需要只是规定了创造力发挥作用的前提和限度（包括异化的创造力，它仍然肩负着捍卫积极的和非理性的教条的重任）。因此，举例来说，早期基督教意识的觉醒是由马可对基督成年生活的描述来得到满足的。① 后来的共同体渴望一个更完整的故事，而基督的祖先、受孕、出生和童年的历史满足了这一要求。这是《路加福音》和《马太福音》的框架，同时也尽可能保留了马可的文学创作。② 即使在宗教关系的范围内，艺术作品也能促进从低级意识形态到高级意识形态的转变。

　　同时，鲍威尔将施特劳斯式的批判等同于宗教原则本身，因为两者都试图将普遍性直接强加于特定的事物上。对施特劳斯来说，这种普遍就是共同体，就宗教精神来说，就是上帝，但对两者来说，这种抽象的普遍就是实体的力量，它企图吞没个人，而个人实际上只能通过自己的劳动来把普遍和自己联系起来。在这里，鲍威尔对客观精神和绝对精神的批判也在不断发展，这在《约翰福音史批判》中也得到了认可。鲍威尔对这两个概念的重新表述随后很快在《末日

---

　　① 鲍威尔将福音书与更早的书信区分开来，后者描述了基督教信息的本质特征，与旧约意识相比具有革命性，即在基督的死亡和复活中体现了人与神的统一。B. Bauer, II. Synoptiker, 45. B. Bauer, "Das alte neue Testament," in A. Ruge, ed., Anekdota, Bd. II, 192.

　　② B. Bauer, I. Synoptiker, 127. Compare B. Bauer, II. Synoptiker, 45-46. 关于这一文学创作的审美局限，参见 B. Bauer, III. Synoptiker, 36. Hegels Lehre 中的大部分篇章也讽刺地致力于这个主题。

的宣告》中完成。

【*75*】 　　鲍威尔还对自己的立场进行了重新定义，这与他在《约翰福音史批判》中的自我描述有明显的不同。"批判一方面是确定性哲学的最后一个行动，因此必须使自己摆脱仍然限制其真正普遍性的实证的限定，另一方面是它不能提高到自我意识的最终普遍性的前提。"① 因此，批判不再像在《约翰福音史批判》中那样仅仅在宗教意识方面占据超越的地位，而是从黑格尔哲学中消除了实证性，而鲍威尔将很快重新定义黑格尔哲学的范畴。这种净化是一种新的更高形式的精神显现的前提。"真正的肯定只有在否定是严肃和普遍的情况下才能产生。"②

　　鲍威尔进一步描述了他自己的理论发展，并解释了为什么批判还必须针对自己的前提。它必须清除被它的起源条件破坏的那种实证性。新原则在最初出现时，仍然是含蓄的，仍然背负着旧原则的某些实证性，而旧原则本身已变得不确定了。这种缺乏定义的情况，在新原则中也必然存在，因为新原则要求自我意识的努力和客观对立的加强，以达到完全确定的目的。在这里，鲍威尔阐明了一个立场，而这将成为他的革命性转变概念的核心。

> 　　当两个对立的人用尽全力互相衡量的时候，否定仍然在对方的基础上规定自己的语言、原则和执行原则。它还没有内部自由。这是它的对立面的完整形象，两个世界本身是同一个世界，即使其中一个与另一个相反或对立……因此，批判必须指向自身，消解迄今为止它和它的对象所包含的神秘的实体性。实体自身的发展驱使它走向观念的普遍性和确定性，走向观念

---

①　B. Bauer，*I. Synoptiker*，xxi.

②　Ibid.，xxiii n.

的真实存在，走向无限的自我意识。①

这种与实证性的纠缠是哲学自由改造世界之前必须消除的界限，而这一界限仍然支配着黑格尔体系的某些部分、施特劳斯式的批判形式以及鲍威尔自己先前的发展。新的原则已经被牵连和诱捕到旧的原则中，现在必须以其纯粹性出现，作为对现存秩序的完全否定。批判的任务是提供斗争的理论武器并领导斗争本身，绝不允许妥协。鲍威尔坚定不移的激进主义已经公开了。

《符类福音作者批判》系列的第二卷于 1841 年 8 月 16 日出版，其特点是辩论语气进一步加强。鲍威尔以《基督国家报》的结果以及他之前对《圣经》的批判为基础，认为批判越能清晰地还原自我意识 **【76】** 的原始世界，护教学就越能狂热地辩护宗教原则的实证性。在对基督奇迹的讨论中②，他坚持认为他并不像浅层理性主义者那样反对先验地拒绝福音传道的可能性，而是通过自己的决心消解了文字的含义，因此我们不再有任何神奇的故事。③ 故事仍然存在，但不是实证的，而是一段历史，一段必要的历史，一段关于自我意识的历史。基督教认为上帝和人类具有相同的本质，即"精神在其个性方面并不是那么弱小且一文不值，以至于无法将普遍性吸收到自身之中或提升为普遍性"④，在宗教意识中似乎意味着：单一的经验者在自己身上具有精神的普遍力量。⑤ 这种思想又产生了神迹，这种神迹

---

① B. Bauer, *I. Synoptiker*, vii-viii. 这一表述与马克思在其博士论文（1839—1841）注释中对哲学与世界关系的描述非常相似。参见 Karl Marx, "Difference Between the Democritean and Epicurean Philosophy of Nature," in Karl Marx, Frederick Engels, *Collected Works*, vol. 1（New York：International Publishers，1975），pp. 84-86.

② B. Bauer, *Kritik der evangelischen Geschichte der Synoptiker.* Zweiter Band（Leipzig：Otto Wigand，1841），1-172.

③ Ibid.，155.

④ Ibid.，157.

⑤ 关于作为人的基督如何成为宗教代表的产物（*Vorstellung*），参见 B. Bauer, *III. Synoptiker*，12，14，247.

是普遍性的直接效果，它揭示了普遍性以其消除所有自然和社会关系的力量存在于特定个体中。① 相反，鲍威尔通过目的论和劳动的概念再次定义了自我意识的自由和普遍性。

> 另一方面，自我意识是真正的普遍性，它真正地包含了个体事物自身的本质，以中介的方式扬弃了本性，因为它使本性在精神的存在和苦难中得到崇高，使它成为道德决定的承载者；或者它设定了运动的法则，使本性从它的直接表象的粗糙性中抽离出来；最后，在艺术中，它通过形式将本性的确定性提升为精神及其无限的表达。同这种与自然属性、工业和艺术的斗争相比，神迹意味着什么呢？有什么可比较的呢？急躁不耐烦的表现，急于马上看到只有劳动和努力才能获得的东西……
>
> 自我意识是自然的死亡，但从这个意义上说，这种死亡本身首先带来的是对自然及其规律的内在认识。精神使人高尚、受人尊敬，甚至承认它所否定的东西。如果它想从外部强烈地否定一种理想的力量，它就会毁灭它自己，因为它会毁灭它自己的一个关键环节。精神不会咆哮、愤怒、怒吼着反对自然，就像它在神迹中所做的那样，否认它内在的法则；但它通过法律起作用，并将其带入意识。通过这种艰苦的劳动，它获得了一种新的表象，一种在它的自然的直接性里所没有的形式。简言之，自然在自我意识中的死亡是其变形的复活，而不是它必须在神迹中经历的对自然的虐待、嘲笑和诽谤。②

鲍威尔现在强调，宗教关系是普遍性对特殊性的直接且不确定的强加，因此，这两个术语不可能真正地辩证融合，但每个术语都

① B. Bauer, *II. Synoptiker*, 158.
② Ibid., 159-160.

是固定的和超越的。这样就构成了一个整体，但这是一个被改变了
的整体。1842 年年初的《黑格尔的宗教与艺术学说》描述了他在《符类 【**77**】
福音作者批判》第二卷中得出的结论：

> 最后，福音书的报道［对鲍威尔来说］不过是自由的文学作
> 品，它的灵魂就是简单的宗教范畴。然而，这些范畴的特殊之
> 处在于，它们颠倒了现实的、理性的世界的法则。它们把自我
> 意识的普遍性从世界中疏远，粗暴地把它撕碎，并以一种外来
> 的、神圣的或异化的、有限的、宗教的历史的形式再现出来。①

当普遍性同样处于国家的阴影之下时，他也得出了特殊命运的
政治后果。这一批判公然反对罗马帝国，但同样可以被理解为对复
辟专制国家的概括描述。因此，鲍威尔不仅可以建立起专制主义对
宗教的意识形态依赖，而且可以建立起其形式结构的认同。

> 在罗马世界里，个性和个性的现代原则已经被宣布，并且
> 已经以当时可能的方式成为主流。世界上的君主登上了罗马的
> 宝座，以他个人的名义集中代表了所有的利益、所有的权利和
> 所有的人，而现在，道德生活和最初使个人成为一个整体的物
> 质纽带都消失了。代替道德统一的是一个人的力量，他要代
> 表一切，代替一切。因此，原子论的观点就会相互反应，如果
> 其不想完全屈服，就不得不重新赢得他们的支持和个性的
> 稳固。②

鲍威尔重申了宗教意识、社会关系的原子化分解和大众之间的
关系："当一是一切，只有一个代表着自我意识的纯粹普遍性时，对

---

① B. Bauer, *Hegels Lehre*, 61.
② B. Bauer, *II. Synoptiker*, 46; cf. 108-109.

其他人来说，就只剩下愚蠢，最终，是邪恶。"①正如鲍威尔在《基督教国家》中所说的那样，宗教与受监护的国家共享这种普遍和特殊的关系。自我的力量对绝对的但受限制的普遍性的辩证胜利，是现代世界尚未完成的任务。基督教和专制主义联合起来反对主观性，反对自由和平等的原则。

在 1842 年年初的《符类福音作者批判》第三卷中，鲍威尔对宗教的批判所带来的政治启示变得更加明显。基督教和封建主义的最高价值是自我意识的自由与平等。鲍威尔选择借马修的葡萄园寓言发出他最尖锐的批判。

**【78】** 　　　　这个寓言不是要教导天堂里的平等，也不是不允许等级的差别，而是天堂之主绝对任意地建立的绝对对立。这个寓言是对绝对任意性概念的纯粹实现，这一概念在完成时符合宗教原则，即完全脱离自然关系和人民、国家和家庭生活的伦理完整性。这是宗教原则从人类精神的一切生活、道德和确定的内容中解脱出来时必须发生的革命的一种引人注目的表现。然后是规则的不确定性、纯粹的任意性。

"难道不允许我对自己做我想做的事吗？"(Mat 20，15)……不要说基督教的一些平等主义原则给世界带来了自由！在宗教的手中，即使是隐含的最真实的原则——这里是普遍平等的原则——也总是被颠倒过来，变成了它们的对立面：平等的思想变成了专横的恩惠，精神平等的思想变成了自然决定的特权，精神平等的思想变成了偶然的、如此不自然的天性。真正的原则在他们的宗教描述中是绝对错误的，因为他们诽谤调解，排斥调解。只要基督教还在统治，就只有封建主义占统治地位。

---

① 　B. Bauer，*II. Synoptiker*，310. See also 312.

当各国开始进行道德教育时，在中世纪末期，基督教遭到了第一次危险的打击，而自由的人民、真正的自由与平等以及封建特权的破坏在法国大革命中，当宗教原则得到正确的评估时，第一次成为可能。[①]

鲍威尔再次强调了他的宗教批判的解放性质，他声称，对他的工作的唯一反驳将是证明人类没有权利摆脱枷锁。与费希特一样，他也将自己的理论设想成一种自由体系。它使主体性从一切束缚中解放出来，包括其自身的直接性，从而使主体性回归到与自身历史存在的统一性中。自我要被塑造成一个理性的、审美的整体，证明自己在世界上的自主性，从而领导进步的斗争。理想是文艺复兴时期的人通过自己的行为给世界以形式，但现在却被历史进程的辩证统一所启发。当前是主体性理性权力得以确立的伟大契机。自由的反对者是启蒙自由主义、政治专制主义和宗教面临的同样的敌人，但复辟时代的革命者们制造了新的武器来对付他们。标准不再是直接的主体性及其效用的僵化的现象形式，而是在变化中理解和超越自己的理性的主体。

客观性也被重塑为自我意识的历史记录。随着自由的发展，黑格尔的历史目标被保留了下来，但是，它现在的完成和结束被否定了，取而代之的是一个开放的革命的未来。鲍威尔将宗教和自我意识描述为二律背反，因为真正的解放需要根除宗教原则。与启蒙运动相比，反对宗教异化的斗争呈现出一种新的更高级的形式[②]，启 【*79*】蒙运动的批评是对无限判断的批判，而不是对作为一种普遍力量的自我意识的批判。

---

① B. Bauer, *III Synoptiker*，98-99，参见《马太福音》19.30-20.16. 另参见 ibid., 125 "rendering to Caesar."

② B. Bauer, *Religion des alten Testaments*，160-161.

因此，宗教和绝对国家具有异化和压迫的本质特征，它们的历史问题与早期现代革命者的功利演算有着根本的不同。虽然基督教特别敌视自由的主体性，但它已经成为自由主体性展开的关键契机，即使它的理论和制度形式现在对自我意识具有纯粹的否定意义。它代表了纯粹抽象的宗教意识的完成、所有真正的伦理纽带的瓦解，以及思想的所有确定性的消失。[①] 鲍威尔认为，犹太教的前提是自然对宗教利益的服从，但这种宗教仍然保持着亲属和种族之间自然联系的重要性。基督教消除了这种局限性，转而支持纯粹的抽象自我。[②] 因此，基督教将异化推向了必须克服的地步。这一思想在《符类福音作者批判》第三卷中表达出来，成为 1843 年《基督教真相》的主题。

> 在自我异化精神的范围内，如果解放是根本性的，并且是为了全人类而发生的，那么就必须消除集体生活以前的局限，使异化成为完全的，并使它吞没人类的一切。[③]

鲍威尔在一系列的文本中，对宗教与国家的关系，以及他们对自由自觉的共同反对，进行了更为全面的论述，这些文本的构成与《符类福音作者批判》第一卷大致相同。在这里，他更明确地指出了他的共和主义的特点，即反对复辟时期的国家及其社会支持。他对宗教的批判预见并补充了这些发展。这与这些发展所持的观点完全一致，并源于同样的政治动机。

---

① B. Bauer, *III. Synoptiker*, 236.

② Ibid. , 307-322.

③ Ibid. , 310.

## 第四章

# "革命与共和": 国家与
# 自我意识

鲍威尔的政治干预与他对《圣经》的批判同时发生在普鲁士国家的
保守主义日益增长的背景下。在腓特烈大帝时代,普鲁士是启蒙专制
主义改革的典范。在斯坦因和哈登伯格的努力下,这些改革趋势在法
国大革命之后继续发展。[①] 然而,腓特烈·威廉三世国王撤回或限制
了拿破仑占领时期在胁迫下实施的改革,并拒绝履行其宪法承诺。普
鲁士在官方上认为自己是一个受基本法(1794 年的《阿勒格梅内斯土地
法》)管辖的国家或宪政国家,但该文件未能界定官方权力,也未能提
供从被统治者的同意中获得权力的依据。[②] 由于与贵族特权和农奴制
相兼容,它并没有在各主体之间建立法律上的平等。它无法满足自由

---

[①] 对于这些改革的评估相互矛盾,参见 J. Droz, *Le romantisme allemand et l'État* (Paris: Payot, 1966), 229; and E. Schremmer, "Die Auswirkung der Bauernbefreiung hinsichtlich der bäuerlichen Verschuldung, der Gantfälle und des Besitzwechsels von Grund und Boden," in K. W. Born, ed., *Moderne deutsche Wirtschaftsgeschichte* (Berlin: Neue wissenschaftliche Bibliothek, 1966), 83. Schremmer 认为, 正是 19 世纪早期(1809 至 1827 年)的农业危机,使得农民无法偿还债务,导致改革无法实现自由农民的目标。然而,Droz 认为,改革的目的不是为了创造一个独立的小农民群体,而是为了大规模财产的利益而清理土地。1809—1817 年颁布的法律规定了前封建地主要求的高得令人难以置信的补偿,以及由此产生的农民财产的不可承受的规模,都证明这些措施旨在通过对农民征收来创造一个没有土地的农业劳动者阶级。

[②] Carla de Pascale, "Archäologie des Rechtsstaates," in Manfred Buhr(ed.), *Das geistige Erbe Europas* (Naples: Vivarium, 1994), 489-505.

派或共和党的愿望。随着 1819 年 8 月至 9 月"卡尔斯巴德法令"的颁布，最初的抗议和反对浪潮受到了镇压，这种抗议和反对的形式呈现出了"兄弟会"运动模棱两可的形式。1830 年以后，骚动又恢复了。①斗争的焦点是普鲁士各省议会的代表性，以及越来越高涨的为普鲁士制定一部宪法和一个统一议会的呼声。②

　　1840 年 6 月 7 日，腓特烈·威廉四世（Friedrich Wilhelm Ⅳ）继位，燃起了重新改革的巨大希望。埃德加·鲍威尔在 1840 年 6 月 13 日告诉他的兄弟布鲁诺："大多数人对新政府抱有最高的期望，国王将把自己置于政党之上。"③然而正如布鲁诺·鲍威尔在 1840 年 1 月和 2 月的信件中所表明的那样，他对上层改革的前景远没有那么乐观。④

　　人们的幻想很快就破灭了。新国王以父权君主制的名义，明确
【*81*】拒绝改革，反对让步，甚至反对温和的宪政。他制定了一项政治和

---

①　在普鲁士八省土地所有权中，非贵族出身的人只有拥有十年的应纳税土地财产才能获得选举权。参见 Erich Jordan, *Die Entstehung der konservativen Partei und die preußischen Agrarverhältnisse vor* 1848（München：Duncker und Humblot, 1914），29，144. 鲍威尔的《亨斯滕贝格博士》发起了对于特殊主义和利己主义的批判，这是他 1841 年对自我意识的描述的基础。

②　对当前制度形式的批评也来自右翼，来自那些希望废除与现代性革命倾向之间的一切妥协的传统社会秩序分子。他们提倡回归真实或想象的过去形式，如父权君主制（e. g. Karl von Haller, *Restauration der Staatswissenschaft*，1816-1820，黑格尔在《法哲学原理》§258 中本能争论的对象）。在 *Rheinische Merkur* 中，Joseph von Görres 提出了 von Haller 所拥护的财产的浪漫主义理论的修正形式。他区分了 Lehr-，Wehr-，和 Nährstand，Lehr-由牧师和教育工作者组成，Wehr-由世袭贵族组成，他们会离开宫廷，回到对于土地的直接开发中，Nährstand 是农民、工匠和商人。他坚持将自己的体系与 Adam Müller 和 Schlegels 的体系区别开来，这反映了普鲁士莱茵省由天主教占主导地位（J. Droz, *Romantisme*，200）。穆勒（Müller）主张一个分散式封建统治的家长制社会，认为自由竞争直接导致了商品共同体（ibid.，235）。Hans Mommsen, *Grosse und Versagen des deutschen Bürgertums. Ein Beitrag zur politischen Bewegung des neunzehnten Jahrhunderts*（Stuttgart：Deutsche Verlagsanstalt, 1949）；E. Jordan, *Enstehung der konservativen Partei*，140.

③　Edgar Bauer, letter 22, in B. Bauer, ed.，*Briefwechsel zwischen Bruno Bauer und Edgar Bauer während den Jahren 1839-1842 aus Bonn und Berlin*（Charlottenburg：Verlag von Egbert Bauer, 1844）.

④　B. Bauer, *Briefwechsel*，letter 8（February 4，1840），36-37.

文化政策，将谢林、斯塔尔和其他浪漫主义和虔诚主义的倡导者召集到柏林。① 人们认为国王鼓励保守派提出的恢复宗教的要求，打破了教会在普鲁士受路德教会联盟和改革教会联合影响而服从国家的局面。宗教正统派组织起来保卫政权，导致了反对派运动的进一步激进化。② 因此，随着腓特烈·威廉四世的加入，普鲁士国家果断地切断了与它过去遗留的任何进步和改革倾向的联系。③

对政权的敌意在左派黑格尔主义者的思想中逐渐呈现出来，反过来也有助于这场运动的集中。鲍威尔在 1841 年 9 月 28 日于柏林举行的纪念卡尔·西奥多·韦克尔的宴会上发言，④ 以表彰德国南部自由主义的成就，这表明了他对普鲁士政权的反对。这也说明了他对自由主义者宪政改革立场的批判是犹豫和空洞的，与此同时，他也正在开发一个革命性的替代方案。这场宴会由布鲁诺·鲍威尔的姐夫阿道夫·鲁滕贝格组织，目的是抗议保守主义在普鲁士日益占有主导地位。在一封给他弟弟埃德加的信中，布鲁诺·鲍威尔解释了他参与此事的原因，并表示他愿意接受大学对此事的调查：

> 我在这一场合所作的发言和祝酒词，除了普遍性的赞同之外，仅限于向黑格尔，特别是他对国家的看法祝酒，在德国南部，关

① 柏林和慕尼黑的保守派圈子之间的联系遭到了嘲讽，in Heinrich Heine's poem "Lobgesange auf König Ludwig," *Deutsch-französiche Jahrbücher* (Paris：1844)，129. 关于经济和社会政策，参见 J. Gillis，"Aristocracy and Bureaucracy in Nineteenth Century Prussia," *Past and Present* 41(1968)，105-129.

② Gustav Meyer，"Die Anfänge des politischen Radikalismus im vormärzlichen Preußen," *Zeitschrift für Politik*，1913，1-113，especially 3-16.

③ 对普鲁士进步与保守倾向斗争的当代评价，参见 Arnold Ruge，*Preußen und die Reaktion*，1838；"Karl Streckfuß und das Preußentum," *Hallische Jahrbücher*，November 1839；"Freiherr von Florencourt und die Kategorien der politischen Praxis," *Hallische Jahrbücher*，November 1840. 对于这些文本的讨论，参见 Enrico Rambaldi，*Le origini della sinistra hegeliana* (Florence：Nuova Italia，1966)，33-34.

④ 大学向教育部提交的正式报告转载在 Barnikol，*Bruno Bauer：Studien und Materialien*，505-506.

于国家的许多错误观念是普遍存在的。因此，我想解释黑格尔的
观点在才华、自由和果断方面是如何超越了南方主流观点的。①

他参与了韦克尔事件，这引发了腓特烈·威廉四世的个人干
预。② 根据国王的指示，韦克尔事件的参与者被拒绝进入柏林，并
被排除在所有官方职位之外。③ 1841 年 8 月 20 日，教育和宗教事务
部部长 J. A. F. 埃希霍恩已经对鲍威尔的《符类福音作者批判》第一卷
进行了调查④；然而，国王充满敌意的关注决定了鲍威尔学术生涯
的命运。1842 年 3 月，在埃希霍恩的倡议下，《符类福音作者批判》
第一卷中的非正统思想成为鲍威尔被波恩大学开除的借口。⑤ 挨希霍
思的前任，自由党部长卡尔·冯·阿尔滕斯坦，黑格尔的朋友和助手、
鲍威尔的保护者，于 1840 年年初去世。在 19 世纪 30 年代，埃希霍
恩一直活跃于促进北德贸易的关税同盟佐尔维林(Zollverein)，但现在
他是新国王保守主义文化政策的主要设计师，这一政策就包括将黑格
尔主义者从大学中清除出去。⑥

---

① B. Bauer, *Briefwechsel*, letter 46(December 9，1841)，163.

② E. Barnikol, *Bruno Bauer：Studien und Materialien*，504-508. 鲍威尔的案件仍
在 1842 年 12 月国王和 von Arnim 部长的通信中审议(Barnikol, *Bruno Bauer：Studien
und Materialien*，507-508)，以回应鲍威尔在波恩被驱逐后再次在柏林居住的请求。

③ 1841 年 10 月 14 日给国务大臣 von Rochow 部长的指示，收录于 E. Barnikol,
*Bruno Bauer：Studien und Materialien*，504-505.

④ Barnikol ms.，Bd. VIII，♯101.

⑤ E. Barnikol, *Bruno Bauer：Studien und Materialien*，151，191. 关于各机构声
明的不确定结果，参见 ibid.，157-192. 文件本身转载于 pp. 482-496. 鲍威尔本人对于
*Gutachten* 的描述收录于 *Die gute Sache der Freiheit und meine eigene Angelegenheit*
(Zürich und Winterthur：Verlag des literarischen Comptoirs，1842)，225-235.

⑥ 他还与施莱尔马赫(Schleiermacher)关系密切。关于 Eichhorn，参见 Barnikol ms.
Bd. VIII，no. IV，♯13，♯31. 在他的致歉作品 *Zur Beurteilung des Ministeriums
Eichhorn von einem Mitglied desselben*(Berlin，1849)中，Gerd Eilers 试图否认一个中世纪
的反动政党对国王和 Eichhorn 的影响(p.140)。他承认 Eichhorn 认为"黑格尔关于上帝和
人类的哲学的普及及其在生活实践领域的应用"是危险的(p.135)；他肯定了左派黑格尔主
义者将艾希霍恩视为他们在该州的主要对手的做法。Eilers 的书出版于 1849 年 3 月 10 日，
当时普鲁士的保守势力正在巩固，反对人民革命。引自 Barnikol ms. Bd. VIII，no. II，♯60.

　　这些事件对于黑格尔左翼运动，特别是对于布鲁诺·鲍威尔，【82】都具有重要的理论意义。但这种重要性常常遭到误解。即使是承认左派黑格尔主义者著作的政治基调的文本，也只是到了1842年才把他们的激进主义和对现存德国政权的批评放在一起。① 例如，兹维·罗森声称，直到鲍威尔于1842年3月被开除出波恩大学后，他才开始认为国家反对解放自我意识的要求。罗森将鲍威尔1840年的政治著作描述为一种情绪化的呼吁，呼吁政府推行自由改革。他把鲍威尔在1841年9月对韦尔克的祝酒词描述为对普鲁士国家仍在推进改革的观点的认可，尽管鲍威尔在这里对黑格尔的肯定暗示了对现有秩序，以及对自由主义捍卫的将自由视为私人利益这一不充分看法的批评。鲍威尔此时已经完成了《末日的宣告》一书，该书对黑格尔进行了重新解读，强调了该学说中隐含的对现

――――――――――――

　　① Zvi Rosen, *Bruno Bauer and Karl Marx* (The Hague: Nijhoff, 1977)，109ff；另参见同一作者，"The Radicalism of a Young Hegelian," *Review of Politics* 33 (1971)，377-404，esp. 402n，403，404. 作为对照，亦可参见 L. Stepelevich，"Translator's Introduction," in Bruno Bauer, *The Trumpet of the Last Judgement against Hegel the Atheist and Antichrist. An Ultimatum*，trans. L. Stepelevich (Lewiston, N. Y.: E. Mellen Press, 1989)，26-27，该文正确地强调了1840年布鲁诺·鲍威尔的政治思考所面临的迫在眉睫的政治危机感，以及鲍威尔所寻求建立的宗教改革、启蒙运动和法国大革命之间的联系。在《年轻黑格尔主义者的激进主义》(377－404)中，罗森声称(a)只有在鲍威尔被波恩大学开除后，他才开始把国家看作解放自我意识的对立面(403)；(b)鲍威尔只看到专制的普鲁士国家的宗教层面(404)；(c)鲍威尔的祝酒词(对自由改革派宪政主义和专制国家的直接挑衅攻击，这是他被大学开除的直接理由)表达了他的观点，即普鲁士国家仍在改革的道路上前进(403)，尽管这是鲍威尔写作 *Posaune* 之后的事情。最后，作者对第402页进行了评论：

　　不仅仅是政治上的困难，更大程度上是普鲁士国家变得自由的希望，导致了年轻的黑格尔派，首先是他们的领袖鲍威尔，不仅没有攻击国家的机构和政策，与此相反的是，还在情感上呼吁国家努力实现与它的合作，最终引入良心自由，降低教会的影响力，废除审查制度等。

　　尽管这一特征可能适用于1838—1840年卢格和他的圈子，但鲍威尔在任何地方都没有过这样的地位。即使在 *Landeskirche* 一书中，尽管他对 Hohenzollern 提出了赞美，他也还是谨慎地提出了这样的观点：国家处于宗教反应的控制之中，科学必须开始与教会和国家进行斗争。

存制度的激进批判。他的反对立场与罗森所认为的他的立场是不相容的。同样，哈罗德·马赫（Harold Mah）强调普鲁士的左派黑格尔主义者中出现了一种意识形态理论，作为对理性与现实对立的回应，这种对立是由前现代社会秩序的持续变革所造成的；但是，因为他和罗森一样，忽略了他们争论的性质，马赫认为鲍威尔 1840—1841 年的政治著作证实了他的不诚实或迟钝，因为鲍威尔没有观察到国家的保守转变。据马赫说，这种与普鲁士国家的暧昧关系直到 1842 年才得到澄清。① 罗伯特·诺拉（Robert Nola）最近也提出了类似的观点。② 这是一个时间上的错误，它歪曲了德国政治思想和反对派运动的演变。把姗姗来迟的根源归咎于对国家的批判，还意味着一些根本的理论误解。

正如鲍威尔自己在"三月革命前时期"的职业生涯经常被分成互不相容的几个阶段一样，一般来说，有关左派黑格尔主义者的文献倾向于把这场运动分成不同的时期：一个持续到 1842 年的宗教批评阶段，然后是一个短暂的政治批评阶段，这导致了 1844 年该派的解体。对作为一种异化形式的宗教意识和绝对精神建构中的问题的主要关注，模糊了政治批评的中心地位，特别是黑格尔法哲学从一开始就为左派黑格尔理论起到了制定议程的作用。③ 此外，如果政治批评起步相对较晚，那么似乎有理由将其与黑格尔体系本身联系起

---

① H. Mah, *The End of Philosophy and the Origin of Ideology. Karl Marx and the Crisis of the Young Hegelians* (Berkeley: University of California Press, 1987), 65-71. 在该书的 70 页，Mah 错误地将鲍威尔批评 Welcker 和南德国自由主义的日期定在 1842 年 9 月，而不是 1841 年 9 月。

② R. Nola, "The Young Hegelians, Feuerbach, and Marx," in R. C. Solomon and K. M. Higgins, eds., *The Age of German Idealism. Routledge History of Philosophy*, Vol. VI(London: Routledge, 1993), 294-295.

③ H.-M. Sass 将 *Landeskirche* 描述为对现代国家原则的捍卫，即它凌驾于特殊利益之上，并支持自由和进步的普遍原则。他将鲍威尔的发展历程定义为，最初更多是基于他的神学思考，而不是政治和社会批判。H.-M. Sass, ed., *Feldzüge der reinen Kritik* (Frankfurt a. M.: Suhrkamp, 1968), "Nachwort," 227-228.

来，而不是与 1842 年后一些左派黑格尔主义者圈子中日益明显的对
黑格尔的否定联系起来；马克思就是一个很好的例子。对左派黑格
尔主义者的文本和书信的分析表明，1840 到 1842 年，对国家的批判
是决定性的，它来自与黑格尔在法哲学中的系统论证的内在联系。【83】
黑格尔左派针对黑格尔的国家理论和黑格尔法哲学中的具体问题，
发展出了一个共同的问题(有许多个体差异)。虽然其结果与黑格尔
自己的体系相去甚远，与他在法国大革命中所谴责的消极自由的效
果相似，但它们仍是由该体系的内在张力所驱动的。

根据左派黑格尔主义者的解读，《法哲学原理》在两个方面是有
缺陷的：一方面，黑格尔的行动理论缺乏充分的个人或集体政治自
主性原则；另一方面，黑格尔的国家是一个虚幻的共同体。尽管黑
格尔捍卫的立宪立场与普鲁士复辟君主政体的专制主义相去甚远，
但他还是否认了人民主权。黑格尔在市民社会中的行动方程和私人
占有导致普遍性被固定在一个单独的领域中。国家必须以其宪政但
非民主的特性，免受市民社会的侵蚀性影响，后者是不可消除的特
殊主义领域。在真正的辩证综合中，普遍性去掉了其抽象的规定性，
通过与特殊性的同化而成为能动的，特殊性的内容也同样摆脱了偶
然性和任意性，升华为普遍性。① 相反，在《法哲学原理》中，市民
社会和国家之间的裂痕产生了虚假的普遍性形式。② 黑格尔所描述
的国家是一个悬在它所包含的特殊事物之上的普遍的国家，但不具
有穿透性。它不会在他们行动的源泉之中改变他们。相反，它在私
人利益的范围之上，设定了一个抽象的、被动的身份：君主(如果受
到了宪法的限制)权力主体的身份。它无法确立他们作为共和国公民

---

① G. W. F. Hegel, *Science of Logic*, trans. A. V. Miller(London: Allen and Unwin, 1969), inter alia 618-619.

② G. W. F. Hegel, *Science of Logic*, 227ff.

的积极身份。①

　　自 1840 年以来，人们一直认为，黑格尔在《法哲学原理》中描述的政治制度并不是其前提的必然结果，而一个以主权人民的理性主体间性为基础，更广泛的、共和的国家解释是可能的。客观精神的主体间性潜能被黑格尔的制度结构所阻碍，而这一制度结构本身源于一种限制性的行动观。这种潜力可以通过共和党模式中的替代机构组织来弥补。② 共和主义与黑格尔宪政的不同之处在于它明确支持人民主权；它与自由宪政的不同之处在于，它否定或边缘化了占有个人主义作为自由的概念。它也可能（但不一定）与民主有所区别，民主在其最起码的意义上被理解为对普选的最低限度的承诺。

　　1840 至 1842 年，阿诺德·卢格认为黑格尔在《法哲学原理》中对
【84】美德的论述纯粹是私人的和个人的，必须辅以对公共美德的讨论，这可以为人民主权奠定基础。这一立场要求人民不仅在利己的契约关系中，而且在公民的广泛职能中积极承认自己的伙伴。③ 就像目前对路德维希·希普(Ludwig Siep)或迈克尔·泰森(Michael Theun-

---

　　① 这种对黑格尔的解读是否充分，在这里没有疑问。关于这方面的文献回顾，参见 Gerhard Göhler，"Neuere Arbeiten zu Hegels Rechtsphilosophie und zur Dialektik bei Hegel und Marx," in *Hegel-Studien* 17-18(1982-1983)，355-83；K. Westphal，"The Basic Context and Structure of Hegel's *Philosophy of Right*," in F. C. Beiser(ed.)，*The Cambridge Companion to Hegel* (Cambridge：Cambridge University Press，1993)，pp. 234-269.

　　② Karl-Heinz Ilting 指出，1820—1821 年《黑格尔法哲学原理》的早期草稿承认了人民主权的可能性，而这在已出版的文本中是不存在的。参见 G. W. F. Hegel，*Vorlesungen über Rechtsphilosophie* 1818-1831，ed. K.-H. Ilting，vols. I-IV (Stuttgart：Fromann-Holzboog，1973-1974).

　　③ Arnold Ruge，"Zur Kritik des gegenwärtigen Staats-und Völkerrechts"(1840)，and "Die Hegelsche Rechtsphilosophie und die Politik unsrer Zeit" (1842)，in G. W. F. Hegel，*Philosophie des Rechts*，ed. H. Reichelt (Frankfurt a. M.：Ullstein，1972)，598-623，624-649. Ruge's argument offers a parallel to that of Klaus Hartmann，"Towards a New Systematic Reading of Hegel's *Philosophy of Right*," in Z. A. Pelczynski，ed.，*The State and Civil Society* (Cambridge：Cambridge University Press，1984)，114-136.

issen)的批评一样①，卢格指出黑格尔对国家的描述是不对称的，在那里，综合的统一环节胜过个人独立、主动性、与政治结构和公民同胞进行自我决定的内在交往的分析环节。卢格的批判是德国左翼黑格尔共和派的典型表现。他认为黑格尔对现代社会形式的描述和他以政治秩序为保障的自主性理论未能实现其目标。这一失败不仅是因为《法哲学原理》推崇的制度形式阻碍了个人的参与，而且是因为黑格尔拒绝支持共和美德和自愿性的自我改造，因而他的政治自主性理论不够健全。② 与黑格尔的主张相一致，卢格和其他共和党人一致认为，国家应该是个人道德实体的代表，是集体利益的储存库。然而，只有公民自己自觉地工作，它的普遍性才能达到真正的共同体的地位。

在这些共同关切的基础上，出现了各种各样的解决办法。尽管施特劳斯从未转向共和主义政治学，但他赞同黑格尔的立宪主义，他认为只有种族或共同体才能解决一般利益和特殊利益之间的矛盾。普遍性和自由以集体的、普遍的存在形式才能得到真正的表达，而不是在孤立的、世界历史人物的工作中，这些人似乎不在共同体的范围内。共同体必须重新从它所供奉的单独的宗教领域中汲取其精华。③ 宗教和政治批评的共同主题在这里是显而易见的：普遍性必须在共同体内重新融合。同样，费尔巴哈在 19 世纪 40 年代的著作中提出了这样一种观念，即共同体通过承认集体存在而将自身提升为有意识的普遍性，相互承认和共同关切逐渐取代了作为一种社会纽带的利己

---

① Ludwig Siep, "Recht und Anerkennung," in Helmut Girndt, ed., *Selbstbehauptung und Anerkennung* (Sankt Augustin: Academia Verlag, 1990), 161-176; Michael Theunissen, "The Repressed Intersubjectivity in Hegel's *Philosophy of Right*," in Drucilla Cornell et al., eds., *Hegel and Legal Theory* (London: Routledge, 1991), 3-63.

② 这种批评触及了黑格尔与卢梭之间的关系这一复杂问题，而这一点在这里无法解决。参见 Frederick Neuhouser, *Foundations of Hegel's Social Theory. Actualizing Freedom* (Cambridge: Harvard University Press, 2000).

③ M. C. Massey, *Christ Unmasked. The Meaning of the Life of Jesus in German Politics*, Chapel Hill: University of North Carolina Press, 1983.

主义。费尔巴哈承认黑格尔对个人行为的解释本质上是利己主义的，但也因此他试图限制其范围。共同体应建立在与自然和谐相处的基础上，而不是基于对自然的征服和占有。[①] 然而，正如马克思在 1844 年指出的那样，费尔巴哈对政治学的关注太少，也没有提出对国家的重新构想。[②] 稍晚一点，在 1843—1844 年，马克思自己最初的理论努力也受到了《法哲学原理》中对行动和共同体的批评的影响。黑格尔将劳动局限于个人占有，这就排除了在生产过程中，而不仅仅是在流通过程中产生主体间关系的可能性。马克思开始将自己与严格的政治反对派运动区分开来，他认为，国家必然与社会生活相异化，即使改革，也不能代表真正的普遍性。他认为，只有通过市民社会自身的变革，通过将普遍性吸收到特殊性领域，扬弃各阶段，克服各阶段的差异，才能实现共同体。[③] 这一综合建议的本质，无论是产生真正的统一还是仅仅形式上的统一，都是 19 世纪 40 年代后期共和党人和社会主义者争论的核心，但这两种立场都源于对黑格尔国家的共同批评。

【85】

　　与卢格同时，布鲁诺·鲍威尔试图用一种公民的人道主义的形式，而不是用共同体生产的概念，来补充黑格尔对行为的所有权的利己主义解释。鲍威尔重新激活了实践和精神的区别，支持个人在超越其直接的（他律的）利益时自主行动的可能性，并将普遍性作为

---

① L. Feuerbach, *Das Wesen des Christentums* (Leipzig, 1841); *The Essence of Christianity*, trans. G. Eliot (New York: Harper & Row, 1957); W. Schuffenhauer, *Feuerbach und der junge Marx* (Berlin: Deutscher Verlag der Wissenschaften, 1972); Larry Johnston, *Between Transcendence and Nihilism. Species-Ontology in the Philosophy of Ludwig Feuerbach* (New York: Peter Lang, 1995). Warren Breckman, "Ludwig Feuerbach and the Political Theology of Restoration," in *History of Political Thought*, 13/3, 1992, 437-462, 讨论了 Stahl (438-442) 和费尔巴哈对宗教复兴的批判 (445-450)。Breckman 还强调了黑格尔的《法哲学原理》对于费尔巴哈 (454, 460) 的重要性。费尔巴哈提出了一个以满足需要为基础的政治经济，而不是资本积累，以及一个以团结而不是竞争为基础的新的共同体概念。费尔巴哈找到了一个"市民社会中的社会联合原则" (460)，而这一原则本身就可以免除 Breckman 所说的黑格尔的纪律状态。

② W. Schuffenhauer, *Feuerbach und der junge Marx*, 88-131.

③ Karl Marx, "On the Jewish Question," and "Economic and Philosophical Manuscripts of 1844," in Karl Marx, Frederick Engels, *Collected Works*, vol. 3 (New York: International Publishers, 1975), pp. 146-174, pp. 270-282.

他们进入政治领域的条件。① 鲍威尔的伦理完美主义意味着一场崇高、不懈的变革政治、社会关系和制度的斗争。鲍威尔把黑格尔的宪政国家描述为在绝对主义和人民至高无上之间的必然且不可持续的妥协。② 鲍威尔自己的立场可谓是共和主义的严谨主义。③ 公民身份的前景对所有个人都是开放的，但只有当他们能够表现出超越特殊性的适当伦理承诺时才有可能。例如，他们可能不会提出任何基于私人利益的解放主张，而没有同时失去自己作为真正共和党人的资格。那些因工作性质或贪欲取向而意识沉沦于物质中的人，并不是绝对没有这种自决能力，而是必须经历一个更加艰苦的自律过程，才能提升到自由的自我活动。这一主张是鲍威尔在犹太人问题上立场的核心，而这一立场将在第七章中加以审查。

自我意识自由问题的发展，在 1841 年 8 月至 10 月的《末日的宣告》中达到高潮④，并可以通过鲍威尔在 1840 年 5 月至 1841 年 4 月所写的两篇关于国家的文本来追溯。这些文本不仅代表了一种不断深化的政治激进主义，也是对于自我意识理论的丰富。针对黑格尔在《法哲学原理》中的叙述的不足之处，鲍威尔提出了一种新的意志辩证法。首先，在 1840 年，他把国家作为这种辩证法的中心，改变了黑格尔开始阐述法哲学的方式。鲍威尔把意志的普遍性——从任何给定的内容中抽象出来的能力，描述为一个不断变革和历史进步 【86】

① 共和主义和社会主义的分裂是马克思 1844—1845 年反对鲍威尔的政治基础，参见 Karl Marx and Frederick Engels，"The Holy Family，or Critique of Critical Criticism，" in *Collected Works*，vol. 4（New York：International Publishers，1975），78-154；以及本书第 8 章。

② Bruno Bauer，"'Einleitung in die Dogmengeschichte，' von Theodor Kliefoth，" in A. Ruge，ed.，*Anekdota zur neuesten deutschen Philosophie und Publizistik*，vol. II（Zürich und Winterthur：Verlag des literarischen Comptoirs，1843），150.

③ 关于鲍威尔的共和严格主义思想，参见本书第 7 章。

④ 《末日的宣告》创作于 1841 年 8 月，同年 10 月出版。H. -A. Baatsch，"Introduction，" in B. Bauer，*La trompette du dernier jugement contre Hegel，L'Athée et l'Antéchrist. Un ultimatum*（Paris：Aubier-Montaigne，1972），16，误将鲍威尔被波恩大学开除的事件（1842 年 3 月）放在该文写作期间。

的动态过程。国家最初就是这一进程的代理。其次，1840—1841 年的文本也重新定义了特殊性，这是意志三段论的第二个术语。鲍威尔认为宗教的特殊主义和占有个人主义是利己主义的表现形式；作为特殊性，它们必须以新的共和政治秩序的名义得到清除。最后，在 1840—1841 年，鲍威尔开始对自由主义和宪政国家以及复辟的君主政体进行批判：这两种形式都不足以代表意志和意识的普遍性。鲍威尔的普遍自我意识理论包含了以上这些主题。①

根据书信集②，鲍威尔计划在 1840 年 5 月底，也就是腓特烈・威廉三世去世之前，开始写作《普鲁士福音教和科学》。1840 年 7 月 3 日之后不久，这本书匿名出了第一版。③ 尽管它预示着 19 世纪 40 年代政治斗争的加剧，但这一文本，至少在其直接的启发下，不能被认为是在宣布新君主登基时的自由意图的文献中直接出现的。后一种类型的例子是弗里德里希・科佩恩关于腓特烈大帝的著作，这本书唤起了人们对改革时代的记忆。④ 再一次，从书信集中，我们了解到，促使鲍威尔阐述其政教关系观点的直接刺激因素是，在普鲁士新莱茵省占主导地位的天主教会在混合婚姻问题上的顽固立场。第二个迫在眉睫的问题，即普鲁士政府于 1817 年提议解散路德教会和加尔文教会联盟，这一问题在文本中得到了更直接的讨论。

--------

① 鲍威尔的圣经批判产生了趋同的结果，但这种批评的政治层面并没有得到足够的重视。参见 J. E. Toews, *Hegelianism. The Path toward Dialectical Humanism* (Cambridge: Cambridge University Press, 1980), 288-326; and by the same author, "Transformations of Hegelianism," in Beiser(ed.), *The Cambridge Companion to Hegel*, 391-403. Toews 论证了鲍威尔对奇点的辩证综合的强调（或者说 Toews 所指的个性）出现在他对 D. F. 施特劳斯传统假设的批判中；他阐述了鲍威尔从 1838 年开始对利己主义思想的发展。

② 参见 B. Bauer, *Briefwechsel*, letters 19 and 26 (May 8, 1840, and July 3, 1840), 74-75, 98-99. 1840 年，鲍威尔通过 Otto Wigand 在莱比锡匿名出版了 *Die Landeskirche*；第二版上有鲍威尔的名字。1841 年 12 月 15 日，该著作在普鲁士被禁止传播(Barnikol ms., Bd. III, No. 47, pp. 12-14)。

③ B. Bauer, *Briefwechsel*, letter 26(July 3, 1840), 97.

④ K. F. Köppen, *Friedrich der Grosse und seine Widersacher* (Leipzig: 1840). 另参见 Rambaldi, *Origini*, pp. 55-56.

然而，就其最终形式而言，这项工作的理论范围远远超出了这些问题的适度范围。

对该文本最明显、最常见的解释是，鲍威尔仍在捍卫作为历史进步和启蒙中介的普鲁士国家，反对教会的历史倒退的主张，根据他所说，这些主张已经失去了所有精神内容，并已沉沦到纯粹积极的地位。现代性的原则是不断变革的原则。国家是这种发展的载体，因为它已经摆脱了过去对特殊利益的依恋；这些依附于特殊利益的东西，由于它们的固定性，将阻碍其前进的动力。

对文本的这种解释与它的明确论证并不矛盾。然而，在评估鲍威尔的思想和政治演变时，如果把他与国家本身的关系理解为直到 1840 年夏天仍然还是基本上没有问题的，那将是一个严重的错误。在《普鲁士福音教和科学》一书中，他只是对国家与作为进步机构的哲学之间的关系表达了一些尝试性的保留意见①，但他在政治学上的私人言论已经远比在文本本身的审查压力下公开表达的观点激进得多。

这封 1840 年 2 月 4 日写给他的兄弟的信，对于追溯鲍威尔的研 **【87】** 究如何发展到一个激进的政治立场，具有特别重要的意义：

> 柏林人不会承认国家和罗马教会之间的冲突已经发展到如此地步，也不会承认大主教提出的要求是基于一个国家在接管这些（莱茵）省份时曾赞扬过的原则。这是不能承认的，因为政府仍然坚持宗教利益，它对大主教及其行为的一贯极端的主张感到恐惧……政府不敢让事情发展成公开的斗争，因为它想利用宗教利益达到自己的目的。因此，到目前为止，这场斗争完全是神学形式的……
>
> 为什么天主教徒的要求没有得到清楚的理解，为什么与他

---

① B. Bauer, *Landeskirche*, 104.

们进行真正的斗争是不可能和不允许的，真正的原因现在变得越来越明显。国家必须维护自身的宗教利益，限制哲学的进一步发展。哲学以前是对国家负有责任的，因此受到限制；它为自己设定了界限，因为它表面上是自由的，但实际上是享有特权的，也就是说，它分享政府的好处。但正是因为它受到了约束，它被驱使着超越了所有的界限和限制。戴着镣铐的普罗米修斯自由自在地教导人们去献祭。诚然，自由的普罗米修斯在他的献祭教义中是公认的诡辩家，但在被锁链束缚的痛苦中，他被提升到高于一切力量的地位。由于科学是被驱逐的，科学就留给了自己。不再需要它了，很好！所以，它是解放了的，我也是自由的，只要我为被放逐的人服务。我从未感到如此幸运，如此自由！①

由此可见，即使是在腓特烈·威廉四世政权建立之前，鲍威尔就已经看到普鲁士国家正处于反动之中，反对哲学发展所推动的进一步的历史演变。② 鲍威尔以一种抽象的形式提出了反对，但这

① B. Bauer, *Briefwechsel*, letter 8(February 4, 1840), 36-37(also cited in Barnikol, *Bruno Bauer*, *Studien und Materialien*, 39n). 这封信对 Stepelevich 对 *Landeskirche* 的解读提出了一些质疑。尽管他认同了这种进步的政治讯息，以及它对腓特烈·威廉四世政权的批判，但他认为，鲍威尔仍然认为教会与国家的联盟是建立在欺骗基础上的，而非根本的利益统一。这一提法可能暗示鲍威尔相信现有国家有能力自我改革。参见 L. Stepelevich, "Translator's Introduction," 26.

② Perry Anderson, *Lineages of the Absolutist State* (London: New Left Books, 1974), 236, 247-252; Geoffrey Barraclough, *The Origins of Modern Germany* (New York: Capricorn, 1963), 387-396, 406-414. 两者都强调了以权力和租金分散化为特征的中世纪封建君主政体的古典形式与 17 至 19 世纪的专制形式之间的区别，这种专制形式的基础是农民服从一个巩固的政治中心、减少城镇自治和税收形式集中的地租。同时，由于财政和军事原因，这些国家必须与新的资本主义生产性企业合作。关于伴随这一转变的官僚军事思想和实践，参见 Hans Rosenberg, *Bureaucracy*, *Aristocracy and Autocracy: The Prussian Experience* (Boston: Beacon, 1958), 27-45, 202-228. J. Gillis, "Aristocracy and Bureaucracy in Nineteenth-Century Prussia," *Past and Present* 41(1968), 105-129, 论及贵族的反应以及作为容克收入补充来源的国家。

种形式包含了一种进步的政治内容：从专制主义和宗教的教导中解放出来、自我意识的解放、以自由个性为基础的社会的到来。同样值得注意的是，鲍威尔已经在为黑格尔与现有机构的明显妥协提出辩护理由。[①] 这里的含义是哲学在国家中的特权地位所产生的一种外部妥协；随后，在意志辩证法范畴的重新界定中，他将提出一种内在的批判。然而，对鲍威尔而言，即使黑格尔被外在接受，他的哲学精神也会颠覆现存秩序。后来，鲍威尔在《软弱灵魂的忏悔》中将黑格尔的遗产概括为"无神论、革命和共和国"。[②] 他在 1840 年和 1841 年发表的两篇关于国家的文章，阐明了这种新批评的演变，并对其形成做出了贡献。

在《书信集》中，鲍威尔声称，国家的真正本质是自由发展。【88】它是历史进步的辩证能动性。虽然他在文本中表达了一种与可能妨碍国家进步功能的倾向相反的认识，但他认为，国家进步的本质要求教会现在从属于国家进步，具体来说，在普鲁士国家教会或州教会中，路德教会和归正教会的统一被保留了下来。面对那些想要恢复宗教独立的人，联合是一种超越宗教对立的政治行为，鲍威尔认为，宗教独立的决定性基础已被启蒙运动完全侵蚀了。争论从两个层面展开。一方面，鲍威尔试图描述自由的自我意识与宗教意识之间的关系。另一方面，他将教会、国家和科学的辩证法作为国家自身发展的环节，作为国家自身内部斗争的轨迹。因此，文本跨越了主观精神和客观精神两个层面，其目的是对政

---

① Cf. K. -H. Ilting, "Die 'Rechtsphilosophie' von 1820 und Hegels Vorlesungen über Rechtsphilosophie," in G. W. F. Hegel, *Vorlesungen über Rechtsphilosophie 1818-1831*, ed. K. -H. Ilting, vol. I, 25-126.

② "Bekenntnisse einer schwachen Seele" 是一篇匿名文献，发表于 *Deutsche Jahrbücher*, June 23-24, 1842；后又收录于 H. -M. Sass, ed., *Feldzüge der reinen Kritik*, 71-90, p. 86. 后者由编辑命名，收录了鲍威尔在 1841 年 6 月至 1844 年 4 月在 *Hallische* 和 *Deutsche Jahrbücher* 和 *Allgemeine Literatur-Zeitung* 上发表的文章。与卢格的通信确定了鲍威尔就是"Bekenntnisse"的作者。

治演变进行描述，并对目前的矛盾进行评估，在此基础上，可以得出正确的判断。对历史的反思所揭示的必要的政治任务，必须得到确认和捍卫。

鲍威尔认为，启蒙运动的历史进步性工作是破坏特定教会及其教条的确定表象（Vorstellung）和排他性，并将人的概念（尽管仍是抽象的）理解为普遍性，反对由宗教特殊性引起的变形。启蒙运动将宗教意识转化为自我意识。恢复教会的独立性将与历史演变的进程背道而驰；教会作为精神的产物不再有效地存在，而是纯粹的现存机构，在没有国家支持的情况下，甚至无法使其自身永存。

> 当现在确定的表象（bestimmte Vorstellung）的理念（Idee）仍然局限于这个特定的物体时，它就消失了——它已经在启蒙运动中衰落了——所以仍然存在着这样的理念，事实上它现在首先被提升到它的纯粹和普遍的形式，而特定的教条已经成为一种系统、一种世界观或一种精神氛围，渗透并决定着一切活动、思想和文学。从单一教条的废墟中崛起的哲学思想，或在其完成时，产生绝对的思想或艺术的体系，在其创造过程中带来对立的普遍和解……在这种理念里，直接的人性，在克服了自身之后，便作为新的人而重新出现。在这种苦难和征服人类的过程中——因为它是真正的普遍性，并已提升到完美的普遍性形式——分裂的教会最终可以统一起来。①

【89】　　因此，启蒙运动是主体意识开始上升为普遍性的契机，克服了将一种有限的实证性与另一种有限的实证性相对立的分裂性理解的影响。② 这是鲍威尔在 1842—1843 年的《基督教真相》中进一步阐述

---

① 　B. Bauer，*Landeskirche*，30，54-55.

② 　Ibid.，55.

的观点。① 鲍威尔由此追溯了黑格尔主体精神的运动。他也在客观精神的层面上再现了这一论点，向国家作了颂词。他基于与历史进程的自由关系，强调国家与反对宗教的科学的本质统一性。国家和科学都是动力，消除了所有实证性。

> 联合是基本矛盾的统一，但教会是否能自己构成这样的统一？从未！作为一个纯粹的积极力量，作为一个必须始终具有明显统一性的机构……教会不能承受其内部的根本矛盾。但国家可以，作为内在的、人的目的的现实，作为理性的自由发展，只有国家才能使属于这种发展的一切自由发挥。它不谩骂，不恶意，不限制〔Er eifert，grollt，erwürgt nicht〕，即使在最活跃的发展中，它也不会失去耐心，能够冷静地承受其演变中出现的矛盾。当国家将分离的教会结合成一个教会时，它甚至承认本质矛盾是其真正的因素。国家不想强迫历史。但是，可能对其施加武力的历史力量，即独立的福音派教会，基本上已经不复存在，它们也不再有可能屈服于武力。相反，联邦作为一种条件已经存在，而国家除了承认它，也就是说，承认以偶然形式存在的事物的合法性，承认历史的结果，将现有的事实提升为一种自由的行为之外，没有别的事情可做。②

在一篇引人注目的文章中，鲍威尔开始将国家定义为与所有的肯定力量相对立的、具有纯粹否定力量的决定力量。它的本质是其物质产品的不断生成和消亡，是无尽的否定的能量。鲍威尔把这种状态描述为客观精神的存在形式，这种客观精神不是自满的，而是

---

① B. Bauer，*Das entdeckte Christentum*，161.

② B. Bauer，*Landeskirche*，66. Bauer's language echoes St. Paul's First Letter to the Corinthians，ch. 13，v. 4-7.

不断地从自身的无限中创造出新的内容。这是一种道德限度[sittli-che Schranke]，它是与自我的特殊性作斗争时的确定性，而自我的特殊性作为不确定的意志，对一切肯定的法规都是有害的。[①] 在这个过程中，这两个术语都被扬弃了。鲍威尔在这里重新阐述了黑格尔对意志辩证法的解释，使国家成为普遍性的否定环节的承担者；这是他后来的自我意识理论的一个基本步骤。肯定性永远在被重新溶解和重新结晶，不是由直接的、不确定的、主观的自我所溶解，而是由作为动态客观精神轨迹的国家所溶解。国家是——

**【90】**　　　斗争的结果，通过这种斗争，道德的目的和它的现实被提高到更高的内容，最初的空虚的无限性使自己变成了道德的目的，并得到了法律的承认。国家又是对结果的反作用，因为在斗争的解决之后，它让它的纯粹无限性再次出现在对结果的特定形式的反作用中。它是不朽的，永恒的。[②]

　　然而，正如我们可以从他的信件中得到证实的那样，鲍威尔已经认识到，普鲁士国家坚定地站在宗教一边，反对哲学和历史进步。因此，赞美变成了一场论战：在书信集中，他描述的是理想国家，而不是现存的普鲁士国家。他通过对黑格尔体系的微妙转变实现了这一点，引入了三个重要的修正，其全部结果都在随后的文本中展开。首先，对于黑格尔来说，这个概念（或哲学）扬弃了表象（或宗教）的更高的整体性，而没有根除它，鲍威尔将这两个术语视为二律背反。调解产生了深刻的、根本的变革。在这里，那些声称鲍威尔拥有二律背反思想的批评家是完全正当的，尽管只有当我们辩证地理解历史过程时，才能理解二律背反的意义。宗教的政治化及其被

---

①　B. Bauer, *Landeskirche*, 107-108.

②　Ibid., 107-08.

专制主义国家当作合法机构的做法，引起了反对派力量的强烈反对，宗教不再被认为是整体性的一个要素，不再被承认为绝对精神的一种形式。鲍威尔因此否定了他在 19 世纪 30 年代通过宗教表现形式来思考思想和存在的统一的努力。与哲学相结合，国家现在占据了自由主体性的领地，但它是一个以彻底废除现状为内容的国家：革命国家。虽然鲍威尔还没有公开违背他对霍亨索伦的忠诚①，虽然他把王朝的活动置于启蒙运动改革的背景下，但他所描述的国家的性质与他所理解的普鲁士当前的政治计划大不相同。

另外，鲍威尔对黑格尔客观精神的概念本身进行了修正。它的客观性充满了不停歇的主体性之火。它被赋予了无穷无尽的能量，不允许它把定在包含在一个反映无限的整体中，而是直接否定给定的事物。客观精神被描述为主体性的转变，在这种意义上，与现存制度相对立的特殊意识是不确定的，它必须被提升为普遍性，才能对肯定的事物进行原则性的批判。在这里，仍然是国家影响了这种对个性的扬弃；但随着激进主义的增加、对现存普鲁士国家的进一步反对，鲍威尔不久将修改这一要求，并坚持公民个人的形成能力。黑格尔的政治和解方案将在《末日的宣告》中进行更为根本的重构。

这种对客观精神的动态论述，最终与意志辩证法的新概念联系在一起。鲍威尔论点的含义是黑格尔的意志辩证法受到了双重限制。【*91*】正如黑格尔在《法哲学原理》中对这一三段论的描述那样，意志必须在客观本性这一中介中外在化，但这种外在化采取的形式是无所谓的。黑格尔认为意志的普遍性是否定的、抽象的，是主体将意志从任何一个给定的对象中抽回并在另一个对象中重新确立的能力；但在对个人的应用中，黑格尔把它仅仅描述为交换关系的形式条件。

---

① B. Bauer, *Landeskirche*, 99.

它建立了抽象权利的范围，承认首先就是在这个范围内。① 主体通过占有将自己外在化，要求在其产物的客观性中，作为其意志的短暂化身而得到特殊的承认。它们还要求承认它们的普遍性，要求承认它们能够从任何特定的产品中抽象出自己的意愿。主体间性源于对行为相同者的认同。② 虽然黑格尔明确表示，更为复杂和充分的相互承认结构补充了这一基本形式，但鲍威尔和黑格尔所否定的却是特殊主义和占有—个人主义的行为解释。在《书信集》中，鲍威尔将意志的辩证法应用于国家，而不仅仅是应用于处于抽象权利层面的个人。国家的普遍性是它有能力将自己具体化为现实生活或伦理生活的形式，但绝不满足于实现它所保障的自由。它不断地废除它的产品，因为它仅仅是一种特殊性，不能充分体现它的创造力和自由意识的丰富性。它的任务是训练个体意识的不确定性，并将其提高到自由和自主的知识。随后，鲍威尔将这种普遍性定位于一个共和国公民个人的政治活动中，而不是国家本身，他所援引的个人并不是那些仅仅被一种专有的自由概念所束缚的人，而是那些能够满足共和主义伦理要求的人。

鲍威尔在同一天的书信中表现出的更为谨慎的态度是，他在文本中表达了对日益增长的政治和宗教反应的反对。他表达了对冲突倾向的认识，这些倾向可能会使国家偏离其基本职能。

诚然，以经验形式存在的国家，在其自然基础上，仍然具有一种外在限制它的确定性，并在其发展中引入一种偶然性，这种偶然性使它不可能毫无矛盾地表现出理念的纯粹性……科

---

① P. Landau, "Hegels Begründung des Vertragsrechts," in Manfred Riedel, ed., *Materialien zu Hegels Rechtsphilosophie*, Bd. II ( Frankfurt/M.： Suhrkamp Verlag, 1975), 179.

② G. W. F. Hegel, *Philosophie des Rechts*, §1-79.

学，纯粹的思想，超越了国家，思想与它的规律可以——实际
上，必须——与国家的有限规定性相矛盾；在纯粹的必然性中，
思想可以与理性必然性相冲突，理性必然性在国家中与物质关
系纠缠在一起，但自身仍然具有偶然的规定性……

　　如果国家放弃了我们，我们也不会放弃联邦的原则，我们　【92】
将坚持联邦的最高法律，最终会看到谁选择了更好的部分。我
们坚定地站着，并将坚持下去。①

　　对鲍威尔的进一步发展具有重要意义的是大众的概念，这里描
述的大众是接受新的实践原则的基础——仍然是必要的基础。意识
的新特性最初出现在相对较少的意识形态中，然后渗透到社会大众
的底层。

　　一个新的原理绝不能凭空出现，它必须有其大众，即使是
懒惰的和惰性的，但提供了必要的基础。据我们所知，这个基
础总是惰性的，它本身不能像它所承载的原理那样明确而果断
地表述出来。因此，一个新的原则总是在相对较少的头脑中形
成意识，保存并形成它自己，在下降的过程中最终遇到一个它
只会迟钝地搅动，而几乎无法从漠不关心中升起的群体，这
是一个我们可以哀叹但不能改变的普遍规律。在这个仍然由它
的直接引力和自然决定力所统治的阴间世界中，经过改造的宿
命教条(正确理解)有其永恒的真理，而自由的精神，作为把握
原则，被提升至高于直接决定力和漠不关心的地位，并从它与
群众的紧张和惰性中汲取深层次形成的动力。然而，漠不关心
不仅有那种令人讨厌的物质上的懒散和沉闷，而且也可以是一
种内心生活的形式，它确实使自己脱离了统治的法规，但在犹

---

① 　B. Bauer, *Landeskirche*，104-105，136.

豫不决中，它来回颤抖，并在原则来临时接受它的打击。最后，
在其最高的辩证意义上，冷漠是旧的历史的最终结论，也是新
的先驱；它是精神从旧的形式中回归自身的标志，或者相反，
它使自己内在有序，并为新的形式准备了一个纯净的场所。①

这一论据强调了新原则的理想性质，以及与之相对立的惯性的
重量；但大众最终仍然对创新感到迟钝。这一提法将社会分为两
类：一类是宣布新原则的人，另一类是被囚禁在现存性中的人。
到 1843 年，鲍威尔将把大众的概念概括为描述市民社会的一个整
体。② 鲍威尔后来还开始怀疑大众对改变的潜在接受能力。大众对
原则的惰性和漠不关心将通过原子主义私利、利己主义和特殊主义
的概念来解释，这些概念将主体冻结在实证主义中，并阻止对普遍
性的有效承认。于是鲍威尔把革命过程中的重要因素，即无产阶级
【93】 和动摇的资产阶级，都归纳进了群众这一范畴。在这里，大众似乎
是变革的必要基础，但它将成为其最大的敌人。

在 1840 年 12 月至 1841 年 4 月写第二篇关于国家的文章时，吸
引鲍威尔注意力的还不是革命运动内部的矛盾，而是自由自觉要求
与国家之间日益尖锐的对立，而国家现在已经与宗教党派结下了牢
固的联盟。1841 年 6 月 7 日至 12 日发表的《基督国家与我们的时
代》("Der christliche Staat und unsere Zeit")是对保守派历史学家斯
塔尔（F. J. Stahl）的著作《新教教义和法律中的教会宪法》（埃朗
根，1840）的雄辩而优雅的回应。③ 斯塔尔在那里主张恢复教会相对
于国家的独立性，这确实是教会优先考虑的问题。鲍威尔批评这是

① B. Bauer，*Landeskirche*，50.

② For example，Bruno Bauer，*Die Judenfrage*（Braunschweig：Fr. Otto，1843），8.

③ Stahl、Leo 和 Savigny 是历史法学派的主要支持者。Stahl 被腓特烈·威廉四世召
入柏林大学；他在 1840 年 11 月 26 日的就职演说引发了充满敌意的学生示威。参见
H. -M. Sass，"Nachwort，" 235.

试图回到宗教改革的超越立场，恢复历史已经废除的教会的特殊独立性。在以宗教形式凝聚精神方面，斯塔尔的立场进一步意味着对国家真正精神的根本性减损，人们认为国家"只是一支警察部队，最多是作为一个必须确保不受侵犯地维护正式权利的机构"[1]。在斯塔尔的构想中，国家将只是"特定权利和自由的外部统一，对于教会而言，它的权力（将）只是维护东正教秩序的一种手段"[2]。

鲍威尔在历史的基础上发展了各种形式的国家和不断展开的理性诉求之间的对立。他不仅谴责斯塔尔鼓吹的基督教国家和腓特烈·威廉四世试图实现的基督教国家，而且，还以一种与历史有所区别的观点，抨击专制主义和正式的法治国家（Rechtsstaat），或自由宪政。虽然鲍威尔在文本中不加区分地使用了"法治国家"一词，但一些当代用法应该加以区分。这一术语可能指 1794 年的普鲁士基本法，也可能指斯塔尔在 1830 年和 1837 年出版的《法哲学》中对这一概念的发展形式。[3] 斯塔尔主张，"法治国家"与君主原则和传统社会秩序相兼容，受差别权利、特权和豁免权支配。相比之下，像韦克尔和罗特克这样的德国自由主义者使用这个词是针对传统权力和历史根基的权利；在这种情况下，"法治国家"代表了一种司法平等的国家和大众代理（如果受财产和教育的约束），而这一点仍有待实现。[4] 对鲍威尔来说，这些立场的共同点在于，它们将自由定义为私人利益、宗教或经济利益。即使黑格尔自己的解释是不一致或不完整的，它们也不能上升到黑格尔的自由普遍性观点。这将是鲍威尔在 1841 年 9 月的韦克尔宴会上提出的挑衅性主张。

---

① 　B. Bauer，"Der christliche Staat und unsere Zeit," in *Feldzüge der reinen Kritik*，19. 另参见 H. -M. Sass，"Nachwort," 228-231.

② 　B. Bauer，"Der christliche Staat," 20.

③ 　关于前一种用法，参见 C. de Pascale，"Archäologie"；on the latter，"Staat und Souveranität," in O. Brunner，W. Conze，R. Koselleck，eds.，*Geschichtliche Grundbegriffe*（Stuttgart：Klett，1990），Bd. Ⅵ，76-77.

④ 　O. Brunner et al.，"Staat und Souveranität," 60.

【*94*】　　这一见解使鲍威尔得以识别宗教的特殊主义和市民社会中的个人利己主义，其政治表达是自由宪政主义者的"法治国家"。这个等式是普遍自我意识概念的基础，鲍威尔不久将在《末日的宣告》中对其做出解释。自由活动反对专制主义国家的监护，反对宗教意识；但自主性也反对占有个人主义或原子利己主义，反对与之相对应的自由秩序。后者试图将个人特权冻结为私人权利。旧秩序的拥护者包括那些无法超越眼前利益，因而无法掌握普遍自我意识原则的人。鲍威尔认为，在利益寻求保持自身不受批评和历史之害的情况下，宗教意识和个人占有主义主张的私人权利是相同的。① 这个问题将是鲍威尔在 1842 至 1849 年政治干预的核心，并在《末日的宣告》中被清晰地描述出来。② 在对斯塔尔的评论中，宗教意识与私人经济利益的平衡第一次得到了表述。

　　鲍威尔不倡导专制主义和法治国家，而是倡导他所说的充满理性的自由国家，其前提是通过公民个体的道德自觉来消除利己主义原子论。他以一种辩证法来追溯这一新国家的发展，这种辩证法重新规定了从直接的对立面的统一过渡到直接的对立，最后过渡到中介的统一的过程，随后在更高层次的具体性上加以重复。第一阶段是教会和国家的直接统一，前者是抽象的理念，后者是原始的约束，这是真正的基督教国家——拜占庭国家的原始形式。③ 第二阶段是

---

① Cf. B. Bauer, *Die gute Sache der Freiheit und meine eigene Angelegenheit* (Zürich und Winterthur: Verlag des literarischen Comptoirs, 1842), 199.

② B. Bauer, *Posaune*, 56-58, 117-127.

③ 在一封 1841 年 6 月 3 日写给马克思的信中，K. F. Köppen 暗示鲍威尔从马克思那里借用了拜占庭帝国是真正的基督教政治形式的观点（K. Marx, F. Engels, *Historisch-kritische Gesamtausgabe*, ed. D. Ryazanov [Berlin: Marx-Engels Verlag, 1929] I, 1, 2, pp. 255, 257）。The Barnikol ms., Bd. IV, No. 42, pp. 12-13, 书中提到，1840 年 12 月鲍威尔受阿诺德·卢格的邀请写了这篇评论，当时鲍威尔在柏林住了两个月（9—11 月），在那里他经常和马克思在一起。1841 年 4 月，鲍威尔在波恩写了这篇评论，但他与马克思之间的通信并没有对这个问题进行实质性的讨论。巴尔尼科认为，马克思自己与鲍威尔对话的报告可能是 Köppen 假设的根源。在 Bd. IV, No. 47, p. 16, 巴尔尼科观察道："总的来说，布鲁诺·鲍威尔的波恩信件证明了他完全不受卡尔·马克思的影响。"

在中世纪，出现的不是一个真正的基督教国家，而是直接对立的一个环节。教会和国家构成了两种截然不同的等级制度，它们之间存在着无法解决的矛盾。第三阶段，新教国家是现代性曙光中国家失败和重生的产物：这是基督教国家的第二种也是更高的一种形式，保留了前一阶段的二元性，但现在是国家自身发展的环节。[1] 在这里，鲍威尔试图从历史的角度来阐述《普鲁士福音教和科学》中的观点，将他之前描述的与国家自由发展相悖的倾向转变成一个完整的历史哲学问题。

与此同时，这一论点在理论上变得更加微妙。然而，在早期的文本中，新教原则仍然被视为自由原则，而鲍威尔现在强调它反对被解放的自我意识。在君主专制制度中，斯塔尔仍然捍卫的新教原则渗透到了政治秩序中。因此，国家在现实中具有新教理论赋予它的属性，即无灵和无神。它成为一种外在的强制力的领域，是对真 **【95】** 实的特定内容的虚假的无限排斥，在追求自身宗教和物质利益的过程中，这些内容没有受到任何影响。但是，在它与精神的完全异化中，国家变成了真实的，但还没有意识到的普遍性，将教会作为一个外部的和独立的屏障，化解了它自身真正的无限性。鲍威尔现在正是从这个角度来看待教会联盟的："这是君主专制制度的最高成就，也是它的最后一个……然后国家本身就会过渡到一种新的形式，这样的区别可以自由地通过运动来恢复统一。"[2]

然而，国家虽使教会服从于自己，其本身却还不是真正的普遍：它自己的形式仍然受到专制主义的非理性限制，世界本身，即市民社会，还没有充满理性。启蒙运动和法国大革命代表了普遍性和道

---

① B. Bauer, "Der christliche Staat," 9-14. 在此文献的 9—10 页（原始文献 538 页）鲍威尔描述了类似鸦片的神学影响。1842 年在 Die Gute Sache(212-213) 中，他将这种效应推广到所有的宗教经验。马克思在《黑格尔法哲学批判导言》（1843 年）中引用了这句话。K. Marx, F. Engels, *Collected Works*, vol. 3, 175.

② B. Bauer, "Der christliche Staat," 41.

德自觉的曙光：

> 大革命、启蒙运动和哲学……提升了国家，使之成为道德
> 自觉的综合表现……自我否定是第一法则，自由是必然的
> 结果。[1]

这里所暗示的特殊和普遍的辩证法，是在 1841 年晚些时候的
《末日的宣告》中发展起来的。在现在的文本中，启蒙运动被描述为
精神从与肯定性的纠缠中撤退到自身的环节。[2] 外在化的新形式还
没有在它的确定性中得到阐述；启蒙的内容是自我确定，但还不是
自我认识：

> 这是对自身的信仰，是对自由的人类形式的信仰，在这种
> 信仰中，它不再允许自我意识以其世俗现实的形式存在。相反，
> 正是信仰通过自身的自由发展，将自我意识引入自己的本质
> 世界。[3]

随着自我意识现在渗透到这个世界，法制国家在形式上的残
余，即已经变成纯粹肯定的东西，必须被消灭。在这里，代表进
步和启迪的科学与主张回归超越历史阶段的教会之间爆发了对立。
鲍威尔现在公开地陈述了他在 1840 年 2 月的私人信件中阐述的论
点。国家代表了早期的自我意识形式，并坚持其肯定的存在，现
在试图复兴和促进教会，不是将其作为一个独立的机构，而只是
将其作为与自身进一步发展作斗争的一个环节，尽管客观上这一

---

① B. Bauer, "Der christliche Staat," 26.

② Ibid., 23-24.

③ Ibid., 23.

立场早已被超越。国家还不是完全由自己的概念决定的。关键是它的非理性形式的解体和自由的自我意识的重建，以及它向共和国家的转变。①

鉴于鲍威尔在《文学总汇报》和《北德意志杂志》中对社会问题的立场，他在 1841 年年初对工人理论和实践状况的评估也具有极其重要的意义。社会问题的解决是国家自身发展的最终结果。国家解放工人，就是把自己从历史的局限和特殊利益的支配中解放出来。鲍威尔还区分了真正的政治解决方案与虚假的宗教解决方案。【96】

> 最后，但也必须承认的是，在这方面，国家仍然面临着最困难的任务。[其自身的解放]是解放那些农奴，他们必须每天与物质斗争、必须为普遍性征服感性，而不是在他们所服务的普遍的斗争中真正具有个人意识。摧毁农奴制的是国家，而不是教会；同样，教会也不能解放这些农奴，不能教育独眼巨人成为有道德的男子汉，只能不时地把他们提升到无限的境界，并且在逃离现世之后，让他们在与物质的斗争中陷得更深。②

虽然有关鲍威尔的文献经常将大众等同于产业工人，但这仍然是一个过于狭隘的定义。1842 年以后，他的大众范畴包括了物质利益狭隘的自由资产阶级。随着他对大众的批判性的加强，这一点越来越影响到他对国家和革命进程的看法。这个过程中的矛盾使它面临失败的危险。

鲍威尔总结了他的分析，仍然对科学战胜肯定力量的前景充满信心。到 1841 年夏天写作《末日的宣告》时，他已经批评了专制主义

---

① B. Bauer，"Der christliche Staat，" 26.

② Ibid.，33.

和黑格尔的立宪主义，他没有把普遍性的功能归于国家本身，而是归于公民个人，他们的共和制度允许他们不断重塑政治领域。因此，鲍威尔衡量了共和主义与占有个人主义，也衡量了公民义务与基督主义。普遍自我意识理论的要素在鲍威尔 1840—1841 年的政治批评中首次得到了明确的表述。

第三篇　解放方案

## 第五章

# "只有应当才是真理"：黑格尔、自我意识与革命

在鲍威尔 1841 年的众多著作中,《对黑格尔、无神论者和反基 【99】督教者的末日的宣告。最后通牒》①是历史完美主义的伦理及其与黑格尔体系的关系的最重要的表述。它运用这种伦理规范来捍卫当前的革命任务。无限自我意识学说将主体性与世界的关系定义为对人类反抗一切超验力量的自由的确认。它主张根据普遍目的有意识地重塑自我、国家和社会。由于历史和哲学的进步,这些目的在其普遍性和范围上现在是可以想象的了,从而获得了使现在可以接受绝对的判断和批判这一有利地位。法国大革命的经验和局限,以及黑格尔的系统性成就,为扩大的伦理和真正的个人自主性开辟了新的视野。鲍威尔的文章概述了一个政治计划,对教会、现存国家、和解的自由主义的批判,以利于共和主义变革的利益,并不断引用雅各宾的例子。在描述革命过程的伦理时,文本强调了对所有现存关系的原则性的且无情的批判;拒绝妥协;必须使得冲突升级,以便在对立原则之间产生一个明确和果断的决裂,最终以革命推翻旧秩序而告终。② 这一伦理纲领的对立性根源于自我意识的历史过程。

---

① Bruno Bauer (anon.), *Die Posaune des jüngsten Gerichts über Hegel*, *den Athe-isten und*, *Antichristen. Ein Ultimatum* (Leipzig: Otto Wigand, 1841).

② H. M. Sass, "Bruno Bauer's Critical Theory," 99, 106.

现在所要求的是反对一切形式的异化和他律。

　　这篇于 1841 年 10 月匿名发表的文章让人想起路德的辩论风格。① 在书中，鲍威尔假扮成黑格尔的保守派、虔诚派对手。以这种冒名顶替的方式，他抨击黑格尔体系是一种隐晦的无神论和雅各宾主义，从而证实了黑格尔保守派反对者的批评。② 他承认《黑格尔门徒。所谓指控永恒真理的文献和论据》的作者亨利希·莱奥（Heinrich Leo），③ 是他的虔诚派教徒式批判的先驱。鲍威尔说，莱奥的缺点在于，他只对黑格尔学派的成员进行批评，而不对大师本人进行攻击。鲍威尔讽刺地赞扬莱奥对哲学的不熟悉，认为这对于一个虔诚的基督徒来说是一种适当的立场，但声称这样的态度不足以构成彻底的指控。一个人必须准备好进入对手的领域，以便有效地与他展开竞争。鲍威尔认为，黑格尔的革命性结论源于一种精神观念，这种观念把人的主体性提升到了历史造物主的地位。

　　著作的形式受到审查制度的制约。革命原则的宣布只能以其谴责为借口；但这种手段是透明的，鲍威尔显然陶醉于他的戏剧伪装。他津津有味地着手他的工作，兴高采烈地展示他的圣经知识和他的黑格尔学问。他的讽刺之火主要是针对黑格尔的《宗教哲学》，这是他自己刚刚准备好的第二版。④ 这里的讽刺意味是显而易见的，鲍威尔在驾驭黑格尔的辩证范畴时运用了一种技巧，这种技巧表明了

【*100*】

---

① 　B. Bauer，*Posaune*，35-36.

② 　这些批评者中最著名的是恩斯特·亨斯滕贝格（Ernst Hengstenberg），鲍威尔早在 1839 年就攻击过他。鲍威尔现在讽刺地采用了亨斯滕贝格的立场，认为黑格尔的教义是无神论的，是破坏社会安宁的。

③ 　Heinrich Leo，*Die Hegelingen. Actenstücke und Belege zu der sogenannten Denunciation der ewigen Wahrheit*（Halle，1838；second edition，1839）.

④ 　G. W. F. Hegel，*Werke*，Bd. 11：*Vorlesungen über die Philosophie der Religion*，Bd.1（Berlin，1840）. 鲍威尔在他 1840 年 3 月 15 日的信件中提到，这本书"几乎不可能出现"（*Briefwechsel zwischen Bruno Bauer und Edgar Bauer während der Jahre 1839-1842 aus Bonn und Berlin*［Charlottenburg：Verlag von Egbert Bauer，1844］，letter 12，48-49）. 他指出，他在 1839 年 10 月重新开始研究黑格尔的文本，当时他正在准备 *Johanneskritik*（*Briefwechsel*，letter No. 1［October 21，1839］），并且［转下页注］

他经历过一段漫长而艰辛的学徒期。有证据表明，德国的保守势力最初对这项工作表示欢迎①，尽管鲍威尔的意图是让他们受到公开的处决；没有证据表明他们对此具有敏锐性，他们没有立即渗透到事实层面。在左派黑格尔主义者的圈子里，《德国年鉴》编辑阿诺德·卢格有意地参与了这场伪装，正如他与鲍威尔的通信所显示的那样。② 这

---

[接上页注]经历了无神论的转变。这些信件也被引用于 E. Barnikol，*Bruno Bauer*：*Studien und Materialien*，ed. P. Reimer and H. M. Sass（Assen：Van Gorcum，1972），193. 鲍威尔与 Philipp Marheineke 合作编辑了这本书，Philipp Marheineke 在 1832 年出版了第一版黑格尔的《宗教哲学》。巴尼科尔认为（Bruno Bauer，195），鲍威尔对黑格尔《宗教哲学》的引用与第二版文本之间的差异可能是由于于 Marheineke 对后者的编辑修改。Marheineke 被描述为 1840 年后大学抗议理论反应的领导者（Karl Obermann，*Deutschland von* 1815 *bis* 1849 [Berlin：DVW，1967]，131ff）. 在鲍威尔 1842 年被波恩大学开除期间，他曾为鲍威尔辩护。*Die gute Sache der Freiheit und meine eigene Angelegenheit*（Zürich und Winterthur：Verlag des literarischen Comptoirs，1842），92，然而，鲍威尔抨击了 Marheineke 优柔寡断和妥协的倾向。

① Zvi Rosen，*Bruno Bauer and Karl Marx*（The Hague：Nijhoff，1978），63，引用了其中一些文献。同一页上他的脚注 7 似乎有个错误。文中提到的是一篇出现在"亨斯滕贝格的教会杂志"（也就是福音教会杂志 *Evangelische Kirchenzeitung*）上的文章，而在有问题的注释中，罗森引用了一篇来自左派黑格尔主义杂志《德意志年鉴》（*Deutsche Jahrbücher*，136-138，1842，543），由阿诺德·卢格编辑的文章。鲍威尔在 1841 年 8 月 16 日写给他兄弟埃德加的一封信中第一次提到了这个文本（*Briefwechsel*，letter 44，155），他在信中写道，"直到我离开（8 月底），我都在准备对黑格尔进行强烈谴责；这就像是一阵喇叭声（*posaunenmässig*），应该只会给他带来好处。"Ruedi Waser，*Autonomie des Selbstbewußtseins. Eine Untersuchung zum Verhältnis von Bruno Bauer und Karl Marx*（1835-1843，Tübingen：Francke Verlag，1994）曾在两个地方引用过这段话。第一个引用（27 页）省略了重要的第二句。第二个引用在 29 页出现过两次，一次省略了第一句，并将"他"解读为 Wigand，而不是黑格尔，这从上下文可以明显看出；还有一次是完整引用的，但没有评论。Waser 断言，这本书对 Wigand 的好处（29—30 页）只在于能参考他的销售数字。Waser 不希望将 *Posaune* 作为鲍威尔解释黑格尔的证据，但他没有为这个立场提出令人信服的论据。

② Z. Rosen，*Bauer and Marx*，63，认为卢格也被文本虔诚的外表欺骗了。鲍威尔和卢格的书信中第一次提到 *Posaune*，是在 1841 年 12 月 6 日鲍威尔的书信中（Ernst Barnikol，*Bruno Bauer*，Manuscript，International Institute for Social History，Amsterdam，"Brief an Arnold Ruge，" ♯ 14，11；also reproduced in *Marx-Engels Gesamtausgabe* 1，1/2，263-64）。12 月 24 日，他又收到了一封信（Barnikol ms.，♯ 14，12；*MEGA* 1，1/2，265）；这两封信都是在文本出版后的两个月左右。然而，在 1841 年 8 月 17 日写给卢格（Barnikol ms.，♯14，9）的信中，鲍威尔告诉卢格，他计划在 9 月下旬去德累斯顿拜访他，他有限多话要在那里对卢格说。关于 *Posaune*[转下页注]

本书的出版商、著名的左派黑格尔主义事业支持者奥托·维冈（Otto Wigand）也为这本书发表了一篇颇具讽刺意味的道歉文章，声称这本书的出版是为了平衡他的编辑部，而编辑部此前一直对虔诚派作家怀有敌意。[①] 然而，这部作品作者的真实身份和真实意图很快就被发现了，其并没有逃脱审查人员的审查。1841 年 12 月，它在普鲁士遭到禁止和没收。鲍威尔于 1842 年 6 月至 8 月公开承认了自己就是《自由的正义事业和我自己的事业》（*Die gute Sache der Freiheit und meine eigene Angelegenheit*）一书的作者。[②]

该文本的持续反讽不仅在于作者对虔诚主义者身份的假设，而且体现在更深的哲学层面上。鲍威尔把自己从黑格尔体系中发展起

---

[接上页注]的计划在当时或至少在文本出版之前就已经被讨论过了，这是卢格与 Stahr、Prutz、Michelet、Werner 和 Ludwig Feuerbach 的热情通信中暗示过的（Barnikol ms.，*Quellenteil*，13. 2. 9［f］［g］［h］［i］［j］，November 1841），毫无疑问地表达了 *Posaune* 的政治倾向。1841 年 12 月 17 日，卢格在克利夫斯给 Fleischer 写信说：“你可以愉快地阅读 *Posaune*，轻松地猜测作者是谁，因为他就在你身边（鲍威尔当时就住在波恩）。因为完全不可能用这种形式迷惑任何人。一个真正的虔诚者一辈子都不能从黑格尔那里得到这么多。”(Barnikol ms.，*Quellenteil*，23，2，9［k］；also in P. Nerrlich，*Arnold Ruges Briefwechsel und Tagebuchblätter aus den Jahren* 1825-1880，Bd. 1［Berlin，1886］，154-155) Rosen cites 247 of Nerrlich's text(63，note ♯8)，但似乎忽略了这些重要的参考文献及其含义。卢格在 10 月的信件中并没有明确提到这篇文章，但 1841 年 10 月 16 日写给 Fleischer 的一封信解释了 *Posaune* 的核心教义，即宗教意识从自我意识衍生而来(Barnikol ms.，*Quellenteil*，13. 2. 9［d］)，这暗示了他非常熟悉鲍威尔的理论发展。值得注意的是，另一方面，路德维希·费尔巴哈在 1841 年 12 月写给 *Augsburger Allgemeine Zeitung* 的一封信中，似乎并没有意识到 *Posaune* 作者的身份，但对其政治和理论倾向有一定的认识，他坚持区分自己的方法和匿名作者的方法：后者不是针对黑格尔的（因此费尔巴哈不认为文本是虔诚的），而他自己的方法则是直接反对黑格尔的，因为它基于“自然的简单真理”反对一切形式的唯心主义，包括 *Posaune* 的唯心主义（Barnikol ms.，*Quellenteil* 23，2，23［a］；also reproduced in Karl Grün，*Ludwig Feuerbachs Philosophische Charakerentwicklung. Sein Briefwechsel und Nachlass* 1820-1850［Berlin，1874］，340）。最后，巴尼科尔关于邮政审查的评论(Bruno Bauer，48，63)帮助解释了为什么对于 *Posaune* 的作者身份的说明不够明确。

① 参见 *Deutsche Jahrbücher für Wissenschaft und Kunst*（No. 120，November 18，1841)中 *Posaune* 发表的公告。Wigand 刚刚出版了鲍威尔 *Critique of the Synoptics* 的前两卷。

② B. Bauer，*Die Gute Sache*，92. The *Posaune* was banned and confiscated in Prussia on December 15，1841(Barnikol ms.，Bd. 1，♯47).

来的理论和政治立场归功于黑格尔，但是，他的革命伦理和历史完
美主义，并不符合黑格尔自己对历史过程的观点。《末日的宣告》将
黑格尔问题解释为一种无限自我意识的理论，并呼吁革命。鲍威尔
试图证明黑格尔对现存秩序的两大支柱——教会和国家进行了评判
和谴责；而黑格尔的保守派反对者也有理由宣称，精神的概念并不
是静止的顺从，而是被鲍威尔所谓黑格尔对所有现存法规的狂怒所 **【101】**
激发的。① 鲍威尔并不是要试图与黑格尔自己明确的意图保持一致，
也不仅仅是为了不加改变地解放一个被认为隐藏在开放的外壳里的
神秘主义。② 黑格尔体系需要内部修正，但它也提供了使这种修正
得以进行的资源。差异也不是由于黑格尔文本的错误或误读而产生
的，这一点也有人提出过。③ 书信集证实，在1840—1841年，鲍威
尔并不认为黑格尔是一个无神论者，而且他"几乎仍然无法再通读这
本书(《宗教哲学》)"④，这本书的特点正是"最完整的批判性发展与
最正统的讲话方式粗暴地并置在一起"⑤。

　　然而，鲍威尔革命性的黑格尔并不是完全虚构的产物。⑥ 对鲍

---

　　① B. Bauer, *Posaune*, 163.

　　② W. Schuffenhauer, *Feuerbach und der junge Marx* ( Berlin: DVW, 1972 ),
53. F. Engels, "Ludwig Feuerbach and the End of Classical German Philosophy," in
K. Marx and F. Engels, *Selected Works* (New York: International, 1968), 602.

　　③ Rosen 在 *Bauer and Marx*, 74-75, 83, 170, 216 中认为，由于错误或疏忽而产
生了误解，虽然他也提到某些"实用主义的考虑"(76: 消除宗教，发展自由等)，而这些都
是鲍威尔的方法的条件。他认为鲍威尔在1845年偏离了对于黑格尔的无神论解释(101)。

　　④ *Briefwechsel*, letter 12 ( March15, 1840, 50), also cited in Barnikol, *Bruno
Bauer*, 195.

　　⑤ *Briefwechsel*, letter 12 ( March15, 1840, 50), also cited in Barnikol, *Brief-
wechsel*, 50. 鲍威尔在以下作品中清楚地描述了他的关键步骤，参见 *Kritik der evangelis-
chen Geschichte der Synoptiker*, vol. 1 ( Leipzig: O. Wigand, 1841), xxi; "Rezension:
Bremisches Magazin für evangelische Wahrheit gegenüber dem modernen Pietismus," in
A. Ruge, ed., *Anekdota zur neuesten deutschen Philosophie und Publizistik*, vol. 2(Zürich
und Winterthur: Verlag des literarischen Comptoirs, 1843), 131.

　　⑥ 关于如何从政治进步的角度对黑格尔对于自由主义和保守主义的拒绝做出更冷静
的评价，参见 Domenico Losurdo, *Hegel et les libéraux* (Paris: PUF, 1992).

威尔来说，一旦黑格尔的核心概念被批判性地挪用和转化，后者就会给自己提供这样一种解释。这不是简单地把深奥的东西从通俗的东西中解放出来的问题，因为隐藏的本质本身是矛盾的，必须清除其肯定性。鲍威尔在解放黑格尔体系的内在局限性时，阐述了黑格尔经典的左派解读。《末日的宣告》有意识地发展了这些关键因素，其结果无论在理论上还是实践上都与黑格尔体系不同。但该文本否认了这一区别，并使黑格尔自己成为雅各宾派。鲍威尔主要引用《宗教哲学》《哲学史》《历史哲学讲演录》以及《现象学》来为自己的观点辩护，不过，正如我们观察到的那样，黑格尔确实在其他地方提出了一些观点，这些观点为鲍威尔的解读提供了一定的依据。[①]

《末日的宣告》向所有的基督教政府发出了呼吁，

> 因此，如果他们不立即根除邪恶的根源，他们最终可能会认识到有一种致命的危险正在威胁着一切现有的东西，特别是宗教，这是国家的唯一基础。如果基督教国家继续容忍这种哲学的狡猾错误，那就没有什么是固定的、确定的和持久的了……所有神圣和人类的权威都被[黑格尔派]所否定。一旦他们摧毁了宗教和教会，他们当然也会想要摧毁王位。[②]

在虔诚的伪装下，作者声称匿名写作只是为了寻求一个天堂的奖赏。信仰和理性之间的绝对对立是他所谓的对黑格尔的指控的基础；他在1829年的手稿中已经指出了这种紧张关系。"基督徒很清楚，人类试图为上帝辩护，试图证明他的启示是真实的，这是肉体的骄傲。"[③]鲍威尔模仿虔诚的信仰主义，[④] 声称理性的主张，即使在

---

① 参见本书导言。

② B. Bauer, *Die Posaune*, 6.

③ Ibid., 74.

④ 关于信仰主义，参见 B. Bauer, "Theologische Schamlosigkeiten," *Deutsche Jahrbücher far Wissenschaft und Kunst*, 117-120(November 15-18, 1841), 465-479.

捍卫宗教时开始引起足够的无伤大雅的骚动，① 也会不可避免地导
致无神论和共和主义。信仰、教会和国家在拒绝理性、拒绝人类自     【*102*】
主性、谦卑地接受监护和统治的基础上形成了一种不可分割的纽带。
鲍威尔认为，黑格尔的体系将信仰和理性的矛盾推向了极端，而这
必然会导致二者的崩溃。鲍威尔把黑格尔描述为法国大革命"魔鬼"
作品的真正继承人。他把黑格尔争取自我意识的斗争描述为法国革
命斗争的直接延续，以及对其原则的更深层的内化，以致德国的教
会和国家现在在这样的攻击下摇摇欲坠。②

> 然后来了——不！然后被召唤、珍视、保护、尊敬并赋予
> 了敌人，一个比法国人民更强大的人，一个将那地狱般的公约
> 的法令再次提升为法律的力量的人，一个给予他们新的、更坚
> 实的基础的人，一个以奉承的头衔提供这些法令的人。外部被
> 打败了，尤其是对德国年轻人，对哲学的迷恋。黑格尔被召唤
> 而来，成为柏林大学的中心！这个人——如果他还可以用人类
> 的名字来称呼——这个腐败的人充满了对一切神圣和神圣事物
> 的仇恨，现在在哲学的庇护下开始了对一切应该被人类提升和
> 升华的事物的攻击。一群年轻人依附于他，在所有的历史中，
> 从来没有过像他的年轻追随者向他展示出的那种顺从、依赖、
> 盲目信任。他们跟着他，在他领导的地方，他们跟着他，在与
> 那唯一者的斗争中。③

鲍威尔的夸张中隐藏着一个严肃的哲学观点。鲍威尔把绝对自

---

① 关于神学的理性主义，参见 B. Bauer, "Rezension: *Einleitung in die Dogmenge-geschichte*, von Theodor Kliefoth," *Anekdota*, vol. 2, 140, 154.

② B. Bauer, *Die Posaune*, 44.

③ Ibid., 43.

由和普遍自我意识的理论归于黑格尔，在黑格尔的理论中，对实体和超验绝对的诉求仅仅是一种必要但又自我否定的幻觉。实体既被同化，又与主体性对立，在绝对精神中，只要理解得恰当，所有的宗教自负都会消散，而绝对本身则会消融于有意识的个体主体的批判活动中。鲍威尔认为黑格尔把特殊和普遍的辩证法完全置于个人的自我意识之中，没有留下任何超越性。

【*103*】

鲍威尔对黑格尔《宗教哲学》的论述始于施莱尔马赫和雅各宾的主观主义对直接意识的批判。面对不可言说的绝对原则，施莱尔马赫和虔诚的正统派呼吁主体的直接性和特殊性，这一原则不是通过理性，而是通过情感来把握的。在鲍威尔的真实声音中，虔诚主义的实际后果是放弃了作为解放工具的理性，冻结了历史运动，将精神禁锢在自己异化的作品中；他戴上虔诚主义的面具，赞扬这种态度。这些结果来自一个深刻的错误，即把自我意识所不能达到的普遍事物当作本质上的东西，把主体贬损为纯粹的特殊性。僵化的特殊性和超越的普遍性是相互支撑的。

相对于特殊性和感性，鲍威尔展示了黑格尔最初如何强调实体的客观性，将其作为一个超越直接的、特殊自我的领域。一个无法认识客观普遍性的理论仍然被困在特定的、未经批判的感觉和表象的圈子里，这些感觉和表象不可能具有真理价值，而只有主观的确定性，正如《现象学》所证明的那样。相反，黑格尔为特殊和普遍的综合赋予了存在的概念，并将个体从确定性的层面提升到真理的层面。直接的特殊性不能作为理论有效性或世俗秩序的标准；相反，个人首先必须"为实体牺牲自己"，将其内化为自己生活的实体。与施莱尔马赫不同的是，在这里，个体放弃了直接性，以重新获得的绝对内容作为一种新的内容，而成为普遍达到意识形式的器官。①

这种客观的普遍性首先表现为实体性的关系，即把众多的事物

①　B. Bauer, *Die Posaune*, 52-54，57.

同化为一,这种关系通过自身而存在,而且只有它才具有真正的实在性。与施莱尔马赫将宗教从属于神的特殊感觉不同,实体最初意味着一种泛神论,它只承认一个单一的、无所不包的存在,没有内在的区别。实体是一种普遍性的形式,在这种形式中,区别或个体性还没有发展起来;它不能容纳内在的否定形式的力量,这种否定力量根据目的或概念对给定的事物进行重新加工,从而赋予其结构和确定性,就像在已实现的美学作品中一样。鲍威尔认为,宗教意识虽然经历了各种变异,但却是实体的一种典型表达。它的历史作用是约束和吸收特殊性,超越自我的无遮蔽的直接性,指向一个普遍利益的领域;但它是普遍性的不充分表现,鲍威尔通过其多样的结构来追溯它的缺陷。宗教批判在判断历史进程中占有中心地位,因为它确定并追溯了实体关系。

在这辩证的运动里,普遍或实体作为"绝对内容"①而存在,一切特殊性,包括特殊的自我,都包含在这绝对的内容之中。这种最 **【104】** 初的斯宾诺莎主义的观点,反对纯粹特殊性的严格主张,在黑格尔那里造成了一种泛神论的现象。正是这种现象误导了一些批评家和解释者,比如 D. F. 施特劳斯,鲍威尔认为,施特劳斯从来没有超越过这一立场。② 然而,在鲍威尔的描述中,黑格尔开始将实体性本身作为一种独立于意识的力量来消解。这并不是要放弃一切客观性,而是要表明,一旦实体向特定的意识证明了超越自身的必要性,它也就不能声称其具有直接的有效性。鲍威尔认为,黑格尔在论证的早期阶段援引了实体的契机,以便将直接意识提升为普遍性,清除它的特殊性,并向它揭示自我认识和世界知识的同一性,即无神论判断的条件。只有超越实体辩证的幻象,才能首先看到概念与客观性的统一。主体必须表现为潜在的普遍性,而客体必须表现为合

---

① B. Bauer, *Die Posaune*, 42.
② Ibid., 47, 48.

目的性的秩序，以回应主体对理性自由的追求。

那么，下一步的发展就是将实体转化为意识精神行为的记录。实体必须被视为包含着自我意识与自身的内在关系。主体性在重新认识实体的过程中，吸收了普遍性原则，使实体成为自身存在着的一个环节。它把它的他者包含在它自己之内。也就是说，主体性现在包含了作为其自身规定性的普遍性，而不是将其作为与它自身相异的东西。但这种关系并不局限于一种内在体验；它没有摆脱外在性，因为理性必须在世界上实现自身。这种外在化产生了一个历史序列，包括异化生命的形式。这个序列中的各个阶段可以理解为思想和存在正在展开的统一中的各个环节。正如鲍威尔在《约翰福音史批判》一书中所说的那样，哲学在当下的完成，使这一过程第一次被全面地理解。自我意识被认为是一种内在的、主观的普遍性，是历史的原动力，当给定的事物被接受和转化时，它包含并生成所有的内容。当外延或实体被认为是由思想的活动所形成时，思维和外延的斯宾诺莎属性就被调和了。正如鲍威尔在 1829 年的第一部手稿中所宣称的那样，处于危险之中的不仅是概念的主观实现，还有思想的命运、思想与存在的统一；这就要求我们同样强调历史过程的客观性。《末日的宣告》认为黑格尔的这种历史批判唯心主义是革命性的：它肯定自由自我意识的权利，反对任何在理性思考之前无法证明其存在正当性的确定的制度，反对国家、宗教、等级制度和从属关系。①

【*105*】　　　在鲍威尔对黑格尔的解释中，主体性从抽象的普遍实体下的绝对包容发展到无限自我意识的自由，是一个复杂的过程。在绝对最初出现的时候，它代表未分化的、纯粹的普遍性，甚至包括自我。

---

　　① 　B. Bauer, *Die Posaune*, 45 and *passim*. 在这方面，鲍威尔的论点与黑格尔在第一部著作中的论点相似。参见 George Lukacs, *The Young Hegel*（London：Merlin, 1975），74-145.

这是斯宾诺莎的本质，但它的思想和外延的双重属性不能仅仅被看作是相互关联的。必须引导他们回到积极思考的共同源头。"普遍性不过是思想，不是思维之外的对象，而是思维活动，是未分化的、自为存在的行为和自我意识的本质。"①这种纯粹的统一"正是在这一点上的普遍性，即它是自身在一切事物中的同一性"②，包含了所有的区别。它首先以一种惰性的实体的形式出现，然后以一种活跃的自我的形式出现在分析中，并向自我表明它必须放弃自己的特殊性。

实体的普遍性，一旦被理解为活动，就会在个体意识中并通过个体意识得到表现，成为其基本属性。一个新的斗争在自我内在的普遍和特殊环节之间接踵而至。这里的普遍性以一种主观形式再现，如感觉。这不是施莱尔马赫直接意识的纯粹主观感受和意图，而是一种更高的矛盾的感觉，一种存在于自我内部，存在于普遍和特殊环节之间的矛盾，"在我自己纯粹的流动性与我的确定性之间"③。

鲍威尔把这种矛盾的感觉描述为异化，因为普遍的思想，就其自身而言，似乎否定了特殊经验的存在，把它化为虚无，其真理只存在于普遍之外。自我还不能合成它存在的两个契机，并生活在它们之间的张力中。这就是不快乐意识的来源。"在感受经验主义存在的那一刻，我感受到普遍的否定的那一面，作为一种不属于我自己的属性，或者如果我是这种属性，我就会感觉自己在经验主义存在中被异化了，否定了我自己，否定了我的经验主义存在。"④这种根本性的差异才是宗教异化的基础。宗教表达了这种张力，并将其推向了一个新的高度。

这种异化的经验被自身的一种新的活动所改变，但还没有被它

---

① B. Bauer, *Die Posaune*, 137.
② Ibid., 57-59, 63-64, 137-149.
③ Ibid., 139.
④ Ibid., 140.

消灭，这种活动把它的规定设定在它自身之外，因而也就把它自己
外在化了。这种外在性表现在艺术里，作为多样性统一的感性直观，
但艺术对象对于这种新意识的内容来说，是一种不适当的工具。意
识在艺术的物质对象中不能把握自身的本质；概念和客观性还没有
在审美对象的物质性中综合起来。这个客体必须重新整合到意识中
去：思维本身必须作为意识的客体出现。① 第二阶段是通过主体性
【*106*】 的形式来扬弃客体的外部性。这是作为表征的宗教意识的基础，或
者说，是在更高的主观意识中得到完善的情感世界，但是还没有达
到概念的明晰。在这里，意识的特殊契机和普遍契机之间的斗争的
产物，仍然与感官的直觉或知觉密不可分地纠缠在一起。因此，确
定性和真理的统一性，即特殊性和普遍性，呈现出具体但不充分的
形式：作为特定的历史情节或事件（因此是启示的形式，在鲍威尔的
《符类福音作者批判》中加以分析），或作为神圣存在的个别特性，即
许多性质的统一。

　　在这一点上，鲍威尔采用了经典黑格尔的绝对构型。然而，在
《末日的宣告》早期对艺术的讨论中②，他把宗教的优先地位从绝对
精神体系中转移到艺术上，表现出艺术与哲学的密切关系。在宗教
中，自我意识是异化的，表面上是被动的，而艺术表现的是精神的
活动，但这仍然是一种物质元素。后一种观点与鲍威尔在 1829 年采
取的立场一致，也与他 1842 年在《黑格尔的宗教与艺术学说》中提出
的主张一致。如果我们把现在的叙述看作对主体成长或自我形成过
程的描述，并且忠实于黑格尔的叙述，同时也是对绝对精神的重构，
把艺术与哲学紧密联系起来，那么这里看似矛盾的地方是可以解决
的，是鲍威尔自己设计的逻辑或系统操作。因此，他不接受这样的

---

　　① 　B. Bauer, *Die Posaune*, 142-143. 这个问题在鲍威尔关于 *Posaune* 的匿名续集中
得到了更详细的讨论，参见 *Hegels Lehre von der Religion und Kunst von dem Standpuncte
des Glaubens aus beurtheilt*（Leipzig：Otto Wigand，1842），138-157，222-227.

　　② 　B. Bauer，*Die Posaune*，95-105.

论断，即艺术作品的物质性作为对绝对的描绘而降低了其价值，而是将它视为观念形成力的象征。

　　鲍威尔在追溯了自我异化精神的一些形式之后，接下来证明了启蒙运动的历史作用。它代表着对宗教意识的批判、对代表性的超越或对概念的认同，以及从自我意识中净化所有实证性。① 鲍威尔认为黑格尔抓住并具体化了启蒙运动的真理，进而从根本上破坏了所有宗教的自命不凡。正是黑格尔使启蒙运动的无限判断转变为现在的绝对判断成为可能。实体在意识上的独立性最终被消解，但这一立场并不等同于激进的主观主义。思想必须理解和适应其存在的历史形态，主体必须根据客观矛盾而行动。鲍威尔所理解的黑格尔强调实践的给予形式活动是客观性的源泉，但只有在意识超越直接性之后，这一创造过程才能被充分理解。在作为普遍意识产生自己的过程中，它产生并判断历史世界，这一主题将在《基督教真相》中得到详细阐述。②

　　在鲍威尔对黑格尔的解读中，宗教意识总是被异化的，表现为各种形式的表象，包括作为直接的感觉，作为对绝对的直接把握，【107】还有作为对普遍与特殊统一的直接感性描述。鲍威尔在《亨斯滕贝格博士》和《约翰福音史批判》中阐述了激发他进行宗教批判的主题。虽然哲学出现在"宗教关系是自我意识的辩证和运动"这一现象学过程的顶峰，但哲学作为历史发展的自我认识，与宗教意识是绝对对立的，宗教意识把自己的行为当作他人的行为来把握。在鲍威尔的思想中出现了一个经常被提及的矛盾。批判意识产生于异化的深化和普遍化。辩证的断裂在概念上和客观上都处于最极端的异化状态。正如他在《基督教真相》和 1842—1843 年的其他

---

　　① B. Bauer，*Die Posaune*，146.
　　② Bruno Bauer，*Das entdeckte Christenthum*（Zürich und Winterthur：Verlag des literarischen Comptoirs，1843），37.

著作中所描述的，基督教是完美的宗教，是宗教意识及其局限性的最纯粹的表现。他声称，所有赋予其他宗教生命和内容的人类和艺术兴趣，所有存在于教义体系间隙的人类确定性，在这里都是完全缺失的。否定这种纯粹抽象的宗教，是哲学现在必须承担的现实任务。[①] 对基督教的攻击同时也是对复辟国家意识形态基础[②]和一切不合理的社会制度的直接攻击。[③] 自我意识哲学是新世界的诞生地，也是对现存一切事物的批判。新原则在理论和实践中同时出现，直接关系到作为行为的现实，是利益之间的一种现实对立。[④]实践关系是理论原则存在的真正形式："对立必须是严肃的、尖锐的、敏锐的、无情的，并推翻现存的主要目的。"[⑤]哲学是自由的意识和实践，它的主要敌人被鲍威尔定义为基督教和基督教国家，而这两者都必须被推翻。

鲍威尔的革命自我意识理论，在这里被认为是黑格尔自己提出的，不应该被看作康德或费希特对存在和概念的简单倒退，而是与黑格尔体系的原则的内在联系，目的是产生一种历史上的自我决定理论。它是在黑格尔哲学的基础上发展起来的，通过对黑格尔主要范畴的内在重构和批判，回应了历史进程的节奏及其革命危机。《末日的宣告》的中心论点是，黑格尔之所以能够调和实体性和自我意识，是因为他首先将实体性把握为一种必要的辩证错觉，通过这种错觉，特殊事物便把它自己包含在普遍之中；作为一种自我扬弃的假象，因为特殊性承认实体性的产生是它自己的工作，因而不存在具有超越地位的普遍性。同样，绝对也植根于主体的理性和自觉活

---

① Bruno Bauer, *Das entdeckte Christenthum* (Zürich und Winterthur: Verlag des literarischen Comptoirs, 1843)，68.

② Ibid.，45，81.

③ Ibid.，5-13，43-45，79-96，117-127.

④ Ibid.，80，81. Cf. Claudio Cesa, *Studi sulla Sinistra hegeliana* (Urbino: Argalia，1972)，303-05，319.

⑤ B. Bauer, *Die Posaune*，82.

动之中，它所表达的只是主体行为和反思的内在理性。一年后 【*108*】
的 1842 年 12 月，鲍威尔在与马克思和卢格就《莱茵报》和《德法年
鉴》的编辑方向进行争论时，向后者递交了一份澄清他批判黑格尔体
系的文本，摆脱了他在《末日的宣告》中所戴的讽刺面具。① 他在这
篇文章中断言，黑格尔把绝对描述为意识的外部对象，或者描述为
与自身相对立的另一个领域，即有限精神的运动，因此它本身是有
限的和限定的。鲍威尔不再像 1829 年那样，认为黑格尔的思想有效
地实现了客观性和概念的综合。他对黑格尔的批评与他对康德有限与
无限之间不调和的对立的批评是一样的。作为思维与存在统一体的理
念，必须超越黑格尔所留下的形式；黑格尔体系给出了正确的解决
方案，但并没有实现。黑格尔没有成功地消除绝对的先验表象②，
也没有合法地保留宗教的前提。③ 鲍威尔把无限的自我意识作为真
正的对立统一，并没有确保其超越。④ 他后来在 1845 年进一步阐述，
认为黑格尔对斯宾诺莎的物质和费希特的自我的综合是不连贯的。
黑格尔没有采取鲍威尔在《末日的宣告》中所说的第二步，即表现出
自我否定的实体性。相反，黑格尔认为实体和主体是截然不同的异
质原则。而鲍威尔早在 1841 年就相信这一点，但他认为，黑格尔范
畴的适当运用也表明了正确的发展。鲍威尔后来的批评如下：

> 黑格尔把斯宾诺莎的实体和费希特的自我结合起来。二者
> 的统一，这两个对立的球体的结合，双方之间的振荡，不允许
> 静止，但彼此之间的排斥却无法相互消除，前者对后者的爆发
> 和盛行，后者对前者的爆发和盛行，构成了黑格尔哲学的特殊

① B. Bauer, "Die christliche Glaubenslehre, von D. F. Strauss. Rezension," *Deut-sche Jahrbucher*, no. 21-24, January 25-28, 1843, 81-95.

② Ibid., 82-83.

③ Ibid., 85.

④ Ibid., 85.

利益、时代性和本质性，但也构成了黑格尔哲学的软弱、有限和无效。而对于斯宾诺莎来说，所有的现实都是实体，"那些在自身内或通过自身被理解或被思考的东西，也就是说，它的概念不需要另一个事物的概念，它可以首先从另一个事物的概念中被构造出来"；而费希特假定绝对的自我，它从自身发展出精神的一切活动和宇宙的杂多的活动；对黑格尔来说，重点是"不以实体的形式，而是以主体的形式来理解和表达真理"。一方面，他严肃地对待有限事物的扬弃……最重要的是，他要求有限的自我"在行为和现实中放弃自我"，"作为对抗普遍的特殊事物，作为这个实体的偶然事件，作为一个不属于自己的契机或特征，但它已经放弃了自我，并且知道自己是有限的"。另一方面，尽管如此，绝对精神不过是精神的概念，它在唯一的精神领域中掌握和发展自己，在历史上有一长串的精神。"宗教、政治

【109】 史、国家宪法、艺术、科学和哲学"只不过是"思想的作品"；以往的历史的作品除了"承认自我意识是世界和历史上唯一的力量"之外，没有别的目的，"精神的奋斗经历了近 2500 年来最艰苦的劳动"，除了[精神上的]目标外，没有别的目标，精神努力的结果，是它将自身客体化，认识自己："做出极大努力，使精神认识了自身。"(tantae molis erat，se ipsem cognoscere mentem.)

　　这一矛盾，绝对是人最好和最高的、整体的、真理的、尺度的、本质的、实体的、符合人的目的的，但是人又是实体的，是自我意识的，是他自己活动的结果，他的存在归功于他的行为，他的历史斗争，因此，必然要把绝对变成某种有限的东西[beschränkt]——这一矛盾，在黑格尔体系中来回移动，但无法逃脱，必须被解散和废除。只有在提出自我意识如何与绝对精神相关，绝对精神如何与自我意识相关的问题时，没有半途而废和幻想，而是使之变得永远不可能的情况下，才可能出现这

种情况。这可以通过两种方式来实现。要么自我意识必须在实体之火中再次被消耗，也就是说，只有纯粹的实体关系才能持续和存在；要么必须证明，人格是其属性和本质的创造者，它存在于一般的人格概念中，将自己定位为有限的，并再次扬弃这种局限性，这种局限性是通过这种普遍的本质而存在的，因为这种本质只是其内在自我分化的结果，是其活动的结果。"①

具有讽刺意味的是，当鲍威尔已经确定并试图通过无限自我意识的概念来弥补黑格尔的缺陷时，《末日的宣告》却声称黑格尔并没有遭受这种缺陷的折磨。后来，在 1848 年的革命之后，鲍威尔认为黑格尔已经完全屈服于他思想中的斯宾诺莎主义因素，以至于让实体吞没了主体。②

1841 年，鲍威尔仍然认为黑格尔的核心观点是思维与存在的统一。然而，这种统一并不意味着政治上的顺从。必须证明它与激进批判主义的实践是一致的，激进批判主义确定了是什么和应该是什么之间的深刻差异，而没有回到一种无力的康德主义。理论问题是解决批判判断与审美判断的矛盾③，即调和两个看似矛盾的肯定。这一矛盾的命题可以表述为：存在与概念不符。其对立面是：存在与概念在本质上是统一的。一般来说，启蒙运动只支持第一个肯定。这种对二律背反命题的片面肯定，构成了无限判断的结构，这是启蒙社会批判所依据的逻辑形式。相比之下，鲍威尔的批判理论在意图上，如果其执行过程不是完美的，仍然保持了正题和反题，将无限的判断转化为一种新的、明确的形式。解决这一矛盾的方法是把 **【110】** 存在分为两种不同的意义，一种是实证性，另一种是理性理念的实

---

① Bruno Bauer, "Charakteristik Ludwig Feuerbachs," *Wigands Vierteljahrschrift* III(1845)，86-88.

② 参见本书导言。

③ B. Bauer, *Prinzipien*，107b.

现。并不是所有的外在化都是实证性的，而只有那些与自由的高级发展相对立的东西。实证性是一个历史的、发展的过程的结果，在这个过程中，精神产生了实体形式，然后又从实体形式中撤退，使实体形式变得固定和僵化，缺乏理性的正当性。批判性判断所揭示的正是这些形式和挑战。另外，存在与概念相符合，因为客观性记录思想的历史，通过异化和斗争实现理性。批判性判断确定了规定性的否定，即在当前存在形态中需要转化的特定矛盾。然后，伦理主体采取行动以确保这种一致性。"应该"不仅是与"有"相对立的，而且是作为"有"的内在运动而铭刻在"有"之中的。

在《末日的宣告》一书中，历史作为自我生产的辩证法使一种批判性的判断成为可能，这种判断显示了自由的概念与其当前实现形式之间不可容忍的差异。在这种情况下，实际运用辩证法去调和或平衡矛盾，而不是消除矛盾，充其量只能是一种虚假的和解。鲍威尔认为，黑格尔尝试了这样一个无果的解决方案，例如，在他的宪法学说中，他把君主主义原则与一些经过改造和隐藏的人民主权要素结合起来；但是，根据黑格尔自己的制度做出的批判性判断表明，这两个原则是不相容的。在这里，鲍威尔的对立的方法再次显现出来。辩证法消解了所有的肯定性，质疑一切稳定的事物，但鲍威尔相信，（当没有隐藏在他的虔诚面具后面时）黑格尔的使用使它凝固在当前的形态中；它似乎证明了现存秩序的实证性，证明了明显错误的东西的合理性和必要性。对于鲍威尔来说，辩证法必须恢复其被复辟所阻碍的批判和革命的作用，成为完成和超越启蒙运动和法国大革命的理论工具。这需要对国家和宗教、旧秩序的基础、原子主义的利己主义和特殊主义以及现代市民社会的特征进行批判。因此，伪客观性和直接主观性都要在一种新的自由的普遍主观性或自觉的辩证法中加以改造。《末日的宣告》直接发展了对实证主义和利己主义的批判（这里指的是对直接的特

殊性的执着，如对宗教良知的执着），随后的一些文本将对此进行
阐述。它通过对绝对主义的批判来证明推翻客观关系的现有形式
是正当的，因为这似乎超越了理性主体的权力，并占据了一个在
本体论上截然不同的领域。

　　鲍威尔在《末日的宣告》中的自我意识概念是对黑格尔绝对精神　　【*111*】
概念、历史进程的动力、推动力和目标的重新建构。鲍威尔以黑格
尔的两个中心主义为指导思想——理性的效力，其塑造客观性的能
力，以及从外在性回归自我，这是将客观形式重新整合为主观意识
的精神生活原型。在鲍威尔看来，这种二元性表现了个体自我意识
的运动。他剥离了绝对的超越性，同时将个体意识提升到其直接性
之上，开启了自由自决的领域。精神不是一种本质，它独立于个体
的智力生产，是智力活动本身不断更新的产物。有限精神的历史领
域是唯一的精神领域。

　　然而，它不是任何未分化的、可以成为自我意识（Selbstbewußtsein）
轨迹的活动。自我意识是对给定事物的自由创造、假设和否定。它的
内容是启蒙运动和法国大革命斗争的高潮：自由，普遍参与现实建
设的可能性；平等，所有自我意识的终极身份，以及对所有非理性
特权的压制；博爱，创建一个新的、由自我决定的理性个体组成的
共和社会。① 无限的自我意识被注入了现代主体性的内容，旨在克
服启蒙唯物主义的悖论表述，即实体和主体的不可扬弃的差异，即
是与应该。② 为了证明政治革命是一项不断进行的任务，黑格尔关
于客观和绝对精神的实现的整体中，实体和主体对立的解决方案，
也必须加以修正。

　　尽管提出了具有讽刺意味的反驳，但鲍威尔认为黑格尔绝对精
神的概念描述了历史过程的本质完整性。理性已经实现了它的辩证

---

① B. Bauer, *Die Posaune*, 68, 70, 80-85, 120-122, 163-168.

② B. Bauer, *Das entdeckte Christenthum*, 108ff.

发展，现在它把它的产物包含在一个整体中，使每一环节都具有真正的无限性。在面对存在时，它面对它自己，并在这种反思中认识它自己。它把握了自身发展的各个阶段，将其作为一个必然的辩证过程，把握了现在的形式，将其作为它自己真正的化身。客观精神是由综合构成的，其中实体的被动普遍性成为决定性的，而主体的主动但否定的普遍性成为具体的。主体在理性主体间性共同体中实现了实体化，主体行为渗透了实体，实体成为主体活动的半透明产物。黑格尔将存在与被理解为实证性的超越历史阶段的存在进行了对比，后者是客观精神克服了自身矛盾的实现层面。在自由的目的地尚未将实体注入其绝对形式的地方，存在确实可以肯定而固定地与精神相对立，因而需要根本的转变。尽管它们总是理性的产物，但存在的形式可以阻止理性的进一步展开，可以代表一种新的精神运动中必须克服的束缚和限制。但黑格尔不能对存在与应然的对立置之不理。他自己解决思想和存在问题的方法并不是鲍威尔的绝对判断。黑格尔提出绝对精神学说，认为这是在一个已实现的、理性的整体中克服肯定性的学说。

【*112*】

　　鲍威尔认为黑格尔的解决方案在理论和实践上都是不可接受的。他对辩证范畴的新表述排除了主体性在其全部创造物中得到完全反映的可能性。只有自我才是真正的综合，但客观过程始终是开放的。在他的讽刺姿态背后，鲍威尔反对黑格尔的论点是实体性原则并没有完全被主体性原则所吸收。因此，黑格尔的绝对唯心主义将被转化为一种伦理唯心主义，其主体是个体意识，反思其产生的条件，但排除了一切超越的因素。在鲍威尔的观点中，对给定事物的不断假设和否定，就是自我意识的自由活动。然而，这不是一种任意的活动，而是一种受客观历史要求制约的活动。

　　鲍威尔融合了目的论和自由，并将它们置于理性主体中，与肯定的、非理性的制度领域相对立。同样，这并不意味着否定客观性，而是解放客观性的潜力。自由是意志的内在自由，是通过清除特殊性、达到普遍性而获得的；但它也是行动中的意志，改变了其客观表现形式。作为自我意识，决定性意志在对给定的生成形式的无限超越中突破而成为存在，并且在同一运动中，这种新的形式与其自身的创造力和无限性形成对立。它的辩证运动使它能够通过客观性进入自我并回到外在秩序，从而可以产生新的和更复杂的客观形式。历史过程就是这一运动的不断再现。自觉的主体服从于激进的批判，把自己从肯定的控制中解放出来，把自己从构成现存整体的社会关系中分离出来。① 鲍威尔试图在个体自我意识和客观历史的整体中实现这一概念。他保留了黑格尔对概念和存在同一性的坚持，但他认为存在是一个无止境的过程，而不是一个统一的结果。虽然主体能够认识到历史的合理性，但他们无法在当前的政治和社会结构中得到确认，这些结构被谴责为肯定的和具体化的机构，丧失了自身存在的权利。黑格尔对过去肯定的伦理生活形式的判断，与鲍威尔对现在的判断是一样的。与黑格尔一样，鲍威尔坚持存在是理性理念必要的、肯定的契机。概念不能在抽象的孤立中保持不变，而是必须遇到并修改客观的关系，必须达到现实的或因果的效力。但只有在自我及其产物的不断转化中，个体的自我意识才能与普遍性建立起同一性。黑格尔的体系也暗示了很多，但是，鲍威尔相信，黑格尔并没有将他理论的全部含义都表达出来。②

【113】

真理从不存在于现存的结构之中，而是客观地存在于为自由而

---

① B. Bauer, *Religion des Alten Testaments* ( Berlin, 1838 ), discussed by H. M. Sass, "Bruno Bauer's Critical Theory," 93.

② G. W. F. Hegel, *Lectures on the Philosophy of World History. Introduction: Reason in History*, translated by H. B. Nisbet ( Cambridge: Cambridge University Press, 1975), 147.

斗争的历史进程之中，主观地存在于开明的自我意识之中，存在于作为自身世界和自身关系的自主主体的个人之中。一切实证性，一切妨碍这种绝对自由的条件，一切企图使自己永久化而妨碍理性的进一步发展的条件，都是不合法的。意识从它以往活动的产物中退却，回到纯粹的主体性领域，但又作为一种新的原则而重新出现，并且通过与更高的辩证内容进行斗争而得以丰富。它以不屈不挠的决心反对给定的事物，并在这种对抗中摧毁它的对立面，创造一个新的整体作为它自己的表现。对鲍威尔来说，这个过程是无止境的。新创造的精神产品本身变得肯定，必须依次废止。未来的共和党国家必须在不断的变革中，在其结构和原则的永久性修改中得到发展。我们已经在《普鲁士福音教和科学》中看到了这个立场，它代表着鲍威尔在"三月革命前时期"的想法。这一提法所产生的政治后果、对基督教国家的批评以及要求法国继续革命的呼声，在 1842—1845 年的文献中得到了发展和概括。①

虽然自我意识与现实、假设与实证之间不断更新的矛盾，似乎再现了康德与费希特对"应该"和"是"的对比、"应该"与"存在"的对立，但思维与存在统一这一黑格尔的主题，仍然是鲍威尔论述的决定性因素。这种统一是在客观的历史过程中实现的，是主体自身造势的过程。在主观上，它是在个体的自我意识中获得的，在个体的自我意识中，普遍性战胜特殊性，在这里自主性是在与肯定性相对立的过程中获得的。美的自我及其崇高的斗争唤起了人们对美的判断，而完美主义的伦理学则提供了行动的动机。这种判断和理性的自我意识是一种力量，一种有力的实在的力量，而不是一种简单的存在和被扬弃的实在的力量，这在历史上应该和真实的存

---

① 　尤其是鲍威尔对 *Anekdota*，vol. 2 的贡献。参见第 6 章。

在是等同的。鲍威尔把自己的立场与费希特的区别开来，批评费希特对康德实践理性的激进主义是非历史的。① 因此，他通过黑格尔精神现象学的棱镜来理解外在化，这与历史哲学是一致的。在《普鲁士福音教和科学》中②，他干脆把宗教从一种未经改造的绝对精神中排除出去，承认国家是普遍的决定，是客观精神的最高形式。鲍威尔现在得出了更激进的结论，无论是关于绝对的还是关于政治和社会解放的条件的，这些结论在后来的文章中都有阐述。此外，他还阐述了他对直接主体性的批判，他也把直接主体性的形式、宗教和占有个人主义作为旧原则的表现而一概加以否定。它们只是被唤起了一个基本意识的实体——异化的、不纯洁的意识形式。③ 它们代表了意识对物质的他律从属关系。相对于直接性，鲍威尔强调无限自我意识的普遍性和自由决定。这是通过文章的主旨而得出的。

【114】

　　正如我们所看到的，自我意识的概念包含主观和客观两个维度。在后一个维度，它翻译了黑格尔关于实体由意识中介的概念，并因此为其注入了活力。在它的客观性中，无限自我意识是指从意识的外在结构和必要次序来看的意识活动的总体。第一个阶段是古代的确定但有限的普遍性，在这种普遍性中，个人服从于共同体，还没有把自己理解为自由的主体性。下一个阶段是宗教意识的阶段，宗教意识把握

① D. Koigen, *Zur Vorgeschichte des modernen philosophischen Sozialismus in Deutschland* (Bern, 1901), 48. Rosen, *Bauer and Marx*, 84 正确地认为费希特并不是鲍威尔解读黑格尔决定性因素。Cesa, *Sinistra hegeliana*, 306n. 同时否认了费希特的直接影响：鲍威尔发展的不是费希特的哲学，而是黑格尔的费希特元素。这一立场与鲍威尔自己在"Charackteristik Ludwig Feuerbachs"(86-88)中的论证是一致的。

② B. Bauer ( anon.), *Die evangelische Landeskirche Preussens und die Wissenschaft* (Leipzig: O. Wigand, 1840). 这一文本与 *Posaune* 同时被禁止。

③ 私人经济利益与宗教特殊性在历史辩证法中具有相同的理论、逻辑结构，但又有不同的系统地位，前者是特殊性的现代表现形式。罗森、鲍威尔和马克思提出了一种含义更为狭窄的解释，认为利己主义主要是一种宗教意识，从而将鲍威尔对占有个人主义的批判降至最低，而占有个人主义是鲍威尔关于革命和现代大众社会概念的核心。

与实体相对立的主体性的普遍性，然后把这种主体性设定在自身之外，设定在一个陌生的领域里，在此领域中，它自己行为的产物是与它疏离的，而表现为另一事物的行为。① 在其超越性中，这种主体迷失自我、崇拜自身迷失的自卑时刻，仍然代表着实体性或伪普遍性对主体性的支配，而主体性又被压缩成不快乐意识现在呈现出的形式。最后，启蒙运动和法国大革命恢复了自身的主体性，使它能够把握自身的普遍性，并将其置于世界之上。在这里，解放了的意识遇到了实体的另一方面：占有的个人主义、特殊性、坚持自身的有限性并将其作为本质内容的直接意识。在法国大革命中阐明的自由原则，现在需要从理论上和实践上加以详细阐述，以便扫除实证主义和异化、宗教、专制主义和利己主义的特殊主义的残余。②

在这个客观维度之外，无限的自我意识唤起了黑格尔精神的主体间性。这种批判意识的现象学过程是启蒙个人主体的工作，其活动形成了一种历时性的联系。如果说自由自觉的共同体是精神的终极目标，那么它也一直是其能量、历史进步的手段。这里的

**【115】** 质料因或动力，在其主观方面，是经验的个体意识，它既可以通过能量的渗透达到确定的形式和普遍性，也可以陷入他律的积极性和惯性。从这个意义上说，个人意识本身才是历史的决定性战场，尽管战胜特殊利益所获得的胜利必须客观化。鲍威尔是否充分地解释了主体之间为解放而进行的斗争之间的共时联系，是我们必须研究的问题。它将在关于大众和犹太人问题的讨论中再次出现。

鲍威尔对特定意识成为普遍自我意识的过程的解释，与他的伦理唯心主义相一致。需要描述有意识的自我决定的动力，这就提出

---

① B. Bauer, *Die Posaune*, 99, 100. 另参见 B. Bauer "Leiden und Freuden des theologischen Bewußtseins" in *Anekdota*, vol. 2, 89-112.

② 在这里鲍威尔和施蒂纳的区别是显而易见的。鲍威尔把施蒂纳视为其解决方案的现代危机的一个症状，即对特定利益的肆无忌惮的断言。

了在社会和历史上调和自由与必然性运作的问题。鲍威尔的问题是：如何在自由的历史演进中保留一个辩证的基础，而不承认个体自我意识形成力量之外的任何超越因素？在历史上，存在和概念是如何等同的？

如果在鲍威尔看来，自决的过程总是具有相同的形式，即从特殊性上升到普遍性，那么它的具体表达内容就产生于两个可能的来源，这两个来源都在鲍威尔作品中的不同地方得到了证实：从对主体性的内在资源判断，或对历史表征及其内在可能性的判断。至少在后一种情况下，很明显，客观的限制局限了精神的形态，设定了一个必须完成的精确任务，尽管它的完成方式和转化的动因都不能得到规定。这就是鲍威尔否认实体可以产生任何因果关系的意义，而这种因果关系本身并不是通过个体意识来调节的。鲍威尔的文本没有任何地方支持一个评论家的以下观点，即自我意识可以随意改变世界，完全不受现实条件的阻碍。① 鲍威尔承认主观活动的目的论是受历史上必然的内在矛盾所制约的。真正的自由活动必须是自发的或自生的；那些表现出无限自我意识的行为，必须不受有关其目的的外因的决定；尽管正如绝对判断学说所暗示的那样，可能目的的范围也受到历史给定的物质的限制。在客观执行的过程中，目的论要想实现所提出的目的，就必须遇到并通过外部因果关系来运作，但即使在这个维度上，鲍威尔也希望意识能够对因果机制进行反思。正是在这个意义上，他否认任何因果关系的神话概念，这种概念被认为是最适合的，而且没有首先被提高到意识。② 正如鲍威尔在对施特劳斯的批判中所指出的那样，作为普遍性的实体不能被

---

① L. Baronovitch, "Two Appendices to a Doctoral Dissertation: Some New Light on the Origin of Karl Marx's Dissociation from Bruno Bauer and the Young Hegelians," in *Philosophical Review* 8 (1978), 234.

② B. Bauer, *I. Synoptiker*, vi. 罗森也曾表达过类似的观点，参见 *Bauer and Marx*, 73-84，但是，没有强调鲍威尔发展普遍自我意识概念的复杂而微妙的辩证过程。

**【*116*】** 视为具有直接的影响，而必须通过个体的批判性反思加以调和。只有在充分的自由意识中，才能实现从他律和必然到自律的过渡。但是，主体如何确保能够从中获得进行这种批判性判断的有利位置呢？在鲍威尔看来，似乎有两种不同的模式，一种是主体反思历史及其在历史中的地位，另一种是主体只关注自身的主体性。例如，在提到古典时代和福音叙事的起源时，他认为，直接意识并不是通过对选定的实体或历史记录的反思而上升为自我意识的。这种判断从任何客观的普遍性中抽象出来，就不能说是绝对正确的。在这些案例中，鲍威尔将新秩序的形成过程描述为完全的内在性和自我反思，并将与现有秩序的联系实际分离。然而，在其他地方，鲍威尔通过向批判意识揭示的矛盾，描绘了历史上特定的、矛盾的整体，这些整体承载着自身内在否定的种子。① 如果要做出任何肯定的判断，这种立场必须是可能的。对费希特早期作品的分析指出了类似的二元性，即理性主义和历史原则的斗争。②

　　鲍威尔的《约翰福音史批判》提供了这个难题的答案。在过去，判断的功能就像是密涅瓦的猫头鹰，黑格尔在《法哲学原理》中援引了它。历史生活形式的真正意义和潜力为其成员所遮蔽，他们体验了他们的生活的直接规定性。它们的真正意义只有在后来才得到理解和把握，因为它是对许多个别的历史事件的统一判断。③ 鲍威尔在1829年的手稿中表达了一个类似的观点，当时他描述了外部性和观点不一致的情况，而这是因为这个观点还没有完全被理解。④ 在这种情况下，鲍威尔为自己的时代所倡导的一种自觉的前瞻性和绝对真理的判断是不可能的。《约翰福音史批判》的文本认为，现在

---

① Cf. B. Bauer, "Die Fähigkeit der heutigen Juden und Christen, frei zu werden," in G. Herwegh, ed., *Einundzwanzig Bogen aus der Schweiz* (Zürich und Winterthur: Verlag des literarischen Comptoirs, 1843), 56-71; B. Bauer, *I. Synoptiker*, vii-viii.

② Manfred Buhr, *Revolution und Philosophie* (Berlin: DVW, 1965), 51-53.

③ B. Bauer, *Johannes*, 178-179.

④ B. Bauer, *Prinzipien*, 111a.

是一个伟大的历史节点，允许过渡到一种新的历史意识，正如黑格尔的哲学所实现的成就。《末日的宣告》问世几个月前，鲍威尔在《符类福音作者批判》第一卷中解释说，以前的批判性判断缺乏对客观精神编年史的普遍视角。在这里，判断的标准是对自我的反思，而不是对实体的反思。

> 只有主体，即单一的自我意识，才能使实体形成，形成形式，从而形成内容的规定性。然而，自我意识作为一个纯粹孤立的自我，在这一创造性的努力中并不活跃，它也不创造和形成其直接的主观性，至少在它的工作被接受、被人民或社会认可并被视为其自身直觉形式的情况下是这样。在不知道自己与周围环境的联系有多远的情况下，自我意识与实体是对立的，【117】它是由这种矛盾而产生的，并被驱使去活动，或者说，工作越深入，它在获得普遍承认方面就越成功，更确切地说，我们可以假定，创始者并不是对普遍性的所有做出反思，而是在纯粹公正的情况下工作的，他的生命实质对他的工作的影响已经在他工作的深刻强度中显现出来。①

正如《约翰福音史批判》所表明的，现在的道德状况是根本不同的。对既定的、确定的伦理生活形式的反对，既可以像斯多亚学派那样建立在主观回避和自我反思的基础上，也可以通过对历史的反思来维持，因为历史是自我意识的普遍产物，即后启蒙时代的形式。现代性的绝对真理的判断比以往任何尝试都更充分、更自觉地确保了思维与存在的一致性。这就是黑格尔向我们介绍的世界的荣耀。

---

① Manfred Buhr, *Revolution und Philosophie*(Berlin：DVW, 1965), 69；cf. Hegel, *Die Phänomenologie des Geistes*, 330. Rosen, *Bauer and Marx*, 57, 引用 I. *Synoptiker* 中的这段话，以为其与鲍威尔关于自我意识普遍性的一般观点相矛盾。

个体现在可以在对现存的肯定性的反对和批判判断中把握自己的自由和普遍性。① 意识作为一种隐藏的本质和隐藏的否定性，作为一种理论原则和实践行为，在存在的背后突围，形成一种新的存在形态。这绝不是一个纯粹的理论问题：这项原则的实际意义正是它的荣誉。② 它需要真正的对立，即完全对立的利益之间的冲突。正如鲍威尔在《普鲁士福音教和科学》一书中所指出的那样，新的原则最初是为相对少数成功地向历史运动敞开心扉的人所理解的。在它的节点上，社会被分为普遍意识的承载者和肯定性的囚禁者。③ 自由活动反对征服、国家监护和自我中心主义。除了彻底的封建反动派之外，旧秩序的虔诚信徒还包括那些不能超越眼前利益，因而不能掌握无限自我意识原则的人。这包括自由立宪主义和初期社会主义。在 1842—1848 年的文本中，《末日的宣告》预见了对改革主义的尖锐批判。正是因为旧秩序不再充满精神，旧秩序的原则最初无法对新秩序进行有力的抵抗。它是懒惰的、懦弱的、"大众的"［massenhaft］。④ 它的发言人寻求妥协与和解，寻求将新旧之间的差异最小化。然而，新的原则要求彻底推翻旧的原则；它通过矛盾的激化而得到最快的发展。⑤ 强烈的反对为推翻旧世界的新意识形态注入了活力。激进的批判成为实践的手臂，实践成为新的理论原理的载体。

因此，《末日的宣告》影响了黑格尔辩证法的转变，以促进共和
【118】 主义的复兴：由于复辟时期的宗教、政治和社会机构的肯定性，它们丧失了存在的权利。它们受到了绝对判断的谴责，这种判断的范

---

① Cf. B. Bauer, *I. Synoptiker*, xxiii n.："真正的肯定只有在否定是严肃的、普遍的情况下才能产生"；以及 B. Bauer, *Herr Dr. Hengstenberg*, 6："一切肯定的事物，就其本身而言，都是对立的。"

② B. Bauer, *Die Posaune*, 82.

③ Ibid., 56-58, 117-27, 改革主义的问题已经很明显了。

④ 这种特征参见 *Die gute Sache* (1842), to *Vollständige Geschichte der Parteikämpfe in Deutschland* (1846).

⑤ 鲍威尔在 1842 年夏天的文章特别关注了这个问题。参见第 6 章。

围涵盖了历史的所有重要契机。现实需要根据新的、更高的自由意识来改造，无论是作为观念还是作为实践。宗教将失去控制，政治权力将由自由平等的公民组成的共同体来行使。鲍威尔提出的辩证法是：从以往的历史形式中解放个性的理论，是对于法国人发起的革命过程的最终完成。正如他夸张地断言的那样，"哲学需要革命，革命反对一切肯定的东西，甚至反对历史"[①]。在鲍威尔的描述中，黑格尔否定了过去，主张概念的自由，以及根据其理性洞察力改造世界的能力。[②] 黑格尔的体系是雅各宾派的恐怖主义政权[③]，它倡导"无神论、革命和共和国"[④]。对鲍威尔来说，革命和自我意识哲学是一体的。这种存在与概念统一的基本形式在《末日的宣告》中得到了阐述。

---

① B. Bauer，*Die Posaune*，167.

② Ibid.，166.

③ Ibid.，164，引述了"Verdachtssystem der Jakobiner"这一文本。

④ B. Bauer，"Bekenntnisse，" 86.

## 第六章

# "未来属于人民"：普遍权利与历史

　　在《末日的宣告》伪虔诚的歇斯底里之后，鲍威尔在1841年年底至1842年中期的文本中分析了具体的政治和意识形态的结合，还进一步探讨了自主意识与其历史起源形式之间的关系，特别是启蒙运动和法国大革命。鲍威尔把这场革命描述为解放自我意识的斗争，并探讨了它与德国进步运动的联系。他还澄清了自己与黑格尔的关系。摒弃了《末日的宣告》中的讽刺伪装，他现在明确地论证了他在早期通信中私下陈述的观点，即黑格尔的绝对精神学说保留了超越性的元素，与自主性的主张是对立的。然而，他继续为黑格尔体系及其进步取向辩护，既反对黑格尔自己执行原则的缺陷，也反对保守势力的批评及其盗用的企图。有了《末日的宣告》，鲍威尔的理论体系就基本完备了。思想与存在、伦理唯心主义等问题，仍然是后世反思的决定性语境。1841至1842年的文本提供了详细阐述和澄清，但没有根本上的新变化。然而，它们确实在鲍威尔的革命进程概念中制造了明显的紧张关系，这具有重大的理论后果。这些出版物可分为三类：两本书、十八篇报刊文章和六篇理论论文。

鲍威尔撰写于 1841 年 12 月至 1842 年 2 月①并于 1842 年 6 月 1
日匿名出版的《黑格尔的宗教与艺术学说》(Hegels Lehre von der Re-
ligion und Kunst)②是《末日的宣告》的续写，论证了黑格尔对宗教的
批判和对国家的批判之间的联系。③ 对宗教的攻击是政治革命的序
幕。④《黑格尔的宗教与艺术学说》提出的思想，在不同程度上发展
了《末日的宣告》已经阐述过的观点⑤，但鲍威尔的叙述融合了
他 1829 年对康德的批判，强调审美自由和艺术与哲学的近似性。它　　【120】
在说明鲍威尔思想连续性方面的重要性已经显现出来。

　　《黑格尔的宗教与艺术学说》重申了对于宗教异化的批判。宗教
的范畴"颠倒了真实、理性的世界的规律，异化了自我意识的普遍
性，将其粗暴地撕裂，或使其重新表现为一段陌生的、有限的、神
圣的历史"⑥。正如鲍威尔在 1840 年对神学实用主义的批判中所强调
的那样，神学是由物质利益决定的，与普遍自我意识的审美无私相
对立。⑦ 自我意识的自由是它的普遍性，是它从任何特殊利益中获
得的质的解放。正如他在《基督教真相》中所说，神学所捍卫的物质

---

① Bauer to Ruge, December 6 and December 24, 1841, Barnikol ms., Quellenteil,
♯14, 11; ♯14, 12.

② Bruno Bauer (anon.), *Hegels Lehre von der Religion und Kunst von dem Stand-
puncte des Glaubens aus beurtheilt* (Leipzig: Otto Wigand, 1842).

③ B. Bauer, *Posaune*, 163n.

④ B. Bauer, *Hegels Lehre*, 69-70.

⑤ Claudio Cesa, *Studi sulla Sinistra hegeliana* (Urbino: Argalia, 1972)，认为费
尔巴哈的 *Wesen des Christentums* 可能对 *Hegels Lehre* 产生了影响，他发现了唯物主义和
唯心主义原理之间的张力；与费尔巴哈相反，在 *Das entdeckte Christenthum* 中，鲍威尔试
图将自然和社会结合起来，作为自我意识的高度统一的时刻(311ff)。Cesa 认为，鲍威尔
在完成《末日的宣告》之前并不熟悉费尔巴哈的书(311 and note)，但这一观点由于后者不
够详尽的出版日期而不准确；Cesa 认为它出现在 1841 年 8 月，但其实它是在那一年 6 月
出版的。参见 W. Mönke, *Die Heilige Familie. Zur ersten Gemeinschaftsarbeit von
Karl Marx und Friedrich Engels* (Glashütten im Taunus: Akademie Verlag 1972)，58 and
note 175. 如果我们用鲍威尔来捍卫黑格尔关于思维和存在的统一，那么 Cesa 观察到的(主
观的)唯心主义和唯物主义之间的张力就消失了。

⑥ B. Bauer, *Hegels Lehre*, 61.

⑦ Ibid., 48-49.

利益与进步的力量是对立的，而无限的自我意识是不受肯定性约束的，是开放的，是不断变化和转变的。

对政治革命的肯定构成了 1842 年 6 月至 8 月另一个重要文本的核心。鲍威尔在 1842 年 3 月被波恩大学开除之时创作了《自由的正义事业和我自己的事业》。这是对他的对手以及复辟王朝的政治和宗教体系的强烈控诉。鲍威尔在书中评估了"三月革命前时期"危机的理论地位、根源和后果，以及人类解放的前景。他再次强调，革命作为社会解放的必要载体，是个性解放的任务。

根本的主题是异化的普遍性，以及克服异化的斗争。这关系到古希腊的重生，但却是一种现代的伪装。尽管希腊人由于缺乏自由和普遍的个性概念而无法在这项工程中取得成功，但他们努力将人类从自然的力量中解放出来：他们的神是人类的胜利。"另一方面，我们必须把人从天堂中拯救出来，也就是说，从精神上的怪物，从虚构的精神、鬼魂、不确定性、智力上的幻觉、谎言中拯救出来。"①在彻底失去自我之后，人类现在要在无限的自我意识中重新获得自由。

鲍威尔于是重复了他在 1838 年《〈旧约〉的宗教》中对希腊人的评价。他对现代性的评价，以及对基督教在现代性中的地位的评价，都经历了实质性的修正。1838 年，鲍威尔将基督教描述为一种解放，以摆脱法律-宗教意识的奴性的解放。这一点在目前的叙述中仍然存在，但它是一种辩证的进步，同时也是异化的顶点，是一种完全抽象的和卑贱的宗教。在《自由的正义事业和我自己的事业》中，鲍威尔描述了他的政治和宗教激进主义的发展。② 早在 1838 年的著作中，他就对宗教的教条性表述进行了批判，表明它们在多大程度上与理性不相容。鲍威尔认为，早期文本的不足之处在于，他仍然部分地

---

①   B. Bauer, *Gute Sache*, 185.

②   Ibid., 23.

认同这些宗教前提。他认为他与护教学的彻底决裂，即他的激进主 【*121*】
义的起源，出现在他 1839 年的作品中，即《亨斯滕贝格博士》。

　　鲍威尔还反思了他的理论发展与当代资源的关系。① 这一章原
本打算作为《德国年鉴》的另一篇文章，但遭到了审查人员的拒绝，
在这一文本中，他重申了他对施特劳斯的传统假设的反对：施特劳
斯的缺陷是他允许普遍性在共同体的集体意识中直接和立即行动。
对鲍威尔来说，这代表了没有主体性的实体，没有个体的形成和创
造的能量，个体在审美上占有了群体的无定形概念，并赋予它们一
个确定的形状。鲍威尔再次将实体性原则与抽象普遍性原则联系起
来。他明确地否认他只想保留主体性的契机而牺牲了客观性；相反，
他坚持他所提出的是一种辩证的综合。② 与早期的文本一样，鲍威
尔的目标是实现思维与存在的统一。对共同体模糊的先入之见构成
了抽象普遍性的契机。在单一意识中，这些表象产生了新的规定性
形式。当这些新形式成功地捕捉到时代的渴望时，它们标志着自我
意识的历史进程进入了一个新的阶段。③ 在描述这一创造时，鲍威

---

　　①　B. Bauer，*Gute Sache*，113-118.
　　②　Z. Rosen，*Bruno Bauer and Karl Marx*，72，认为鲍威尔想要切断黑格尔在主客
体之间建立的联系。类似的，*Zur Vorgeschichte des modernen philosophischen Sozialis-
mus in Deutschland*（Bern：Stürzenegger，1901），42：

　　　　鲍威尔的哲学只不过是黑格尔的概念，而黑格尔的概念在这里是独立存在的。基
　　本上，它代表了我们知性活动的一种理想形式，它从所有实体中分离出来，是我们知
　　识的先天组成部分。从我们的观点来看，这个概念因此变成了一个无定见的抽象
　　概念。
　　③　试图将鲍威尔和尼采联系在一起的学者，如洛维特，必须考虑到鲍威尔对天才在
历史上的作用的反驳。对鲍威尔来说，通过创造性的努力将自己提升到普遍性的特殊意
识，并不是由对权力或自我主张的驱动所激发的；这不是另一种形式的利己主义。他
声称：

　　　　对天才的崇拜是用宗教酊剂来玷污自由的人类关系的最后尝试。这是宗教的最
　　后一次努力，一旦它被驱逐出它的幻想世界，就要在现实世界中保持自己。它是人类
　　内在世界自由的逆转，它的逆转……变成了超凡和疏离（B. Bauer，*Die gute
　　Sache*，120）。

尔还使用了亚里士多德因果关系的一些语言。单一的意识是能量的来源，是形式的存在，而抽象的普遍性（共同体模糊的需求和愿望）则是要形成的事物。因此，它既是形式的被动接受者，也是形式实现的必要因素。实体，在这里代表质料因，不能简单地被压制，尽管我们已经在个体意识中看到了一个主观的质料因，它是超越自身所必需的。《自由的正义事业和我自己的事业》是鲍威尔自己对抽象主观主义指控的辩护。我们之前对鲍威尔伦理唯心主义的思考有助于我们理解这场争论的过程。思维与存在的统一需要两个环节：历史进程设定任务，但既不预先设定转变的形式，也不预先设定转变的动因。创造性的主体性必须规定自己的解决方式，而这些方式必须自由地发挥作用。

《自由的正义事业和我自己的事业》的这一重要章节还回顾了鲍威尔在 1829 年的文本中对艺术作品的描述，这构成了它的理论基础。审美创造是实体向主体转化的第一种方式，是思维对物质的渗透，但它在哲学或批判中产生了成果，这就解释了艺术创造的无意识运动及其局限性。这一论点也与《末日的宣告》和《黑格尔的宗教与艺术学说》中的论点相一致。论述中的第二个要素，即普遍和特殊的三段论，与鲍威尔在 1840—1841 年的政治批判中提出的公民权辩证法相似。《自由的正义事业和我自己的事业》描述了在被异化的宗教关系范围内的创造过程，而"基督教国家"则描述了在一个自由、共和的共同体中实现自决的可能性，而这个共同体的时代正在开始。

【*122*】

这样一个共同体的出现现在是一个具体的可能性。反对解放进程的是宗教和国家。新教现在对鲍威尔来说代表着人类异化的完成。[1] 天主教还不是宗教意识的顶点，因为它仍然承认传统的发展和变化的来源，尽管传统的内容被认为是从远古时代起就没有改变的。但是，新教甚至根除了这种无力的确定性来源，取而代之的是

---

① Cf. 对于新教的描绘参见 *Landeskirche*，Chapter 4.

严格的确定性和实证性①，其原则是精神的纯粹束缚和依附，从而完善了宗教意识。它坚持把《圣经》的文字作为真理的唯一来源和规范，打破了历史，否定了历史自由发展的可能性和权利。它禁锢了文字的精神。② 对鲍威尔来说，没有任何原则可以永远有效；这样做是限制真正的人类普遍性的发展。

这种宗教意识的完善，同时也是人类在政治、艺术、科学等领域具体活动的不完善的表现，这些领域被黑格尔称为客观和绝对的精神。自由的自我活动的不完全性是宗教存在的根本原因，其基础是人的具体生活领域的异化。作为这种异化的产物，宗教便把自己设定为一个排他性的领域，并统治着智力活动的其他领域。③

> 宗教只不过是对现存关系的不完整性和病态性的表达，孤立的表现和认可。它是一切人的关系和斗争的普遍本质，但它是一种颠倒的本质，一种与人的关系和斗争相分离的本质，是对它们的不本质性和异化的歪曲表现。④

尽管在这种情况下鲍威尔非常重视宗教，但将这场危机从根本上解读为宗教危机是错误的。鲍威尔在这一点上很明确。"不是教会给我们带来负担，也不是我们给它带来负担，而是国家在用基督教的要求压迫我们。"⑤如果神学的方法是从不受批判的教条主义的前提出发⑥，那就是国家的力量要求人们遵守这些信仰，并且设定了限制，一旦超过了这些限制，哲学就不能冒险。⑦ 鲍威尔因异端邪

---

① B. Bauer, *Gute Sache*, 13.
② B. Bauer, *Gute Sache*, 92, 鲍威尔承认自己是《末日的宣告》的作者。
③ Ibid., 203. Religion is characterised as "*Opium-rausch*," 213.
④ Ibid., 217. Cf. Z. Rosen, *Bruno Bauer and Karl Marx*, 85ff, 162ff.
⑤ B. Bauer, *Gute Sache*, 218-219.
⑥ Ibid., 13.
⑦ Ibid., 15, 27.

说而被大学开除是这种权力的证据，但同时这也证明了国家的软弱，

**【123】** 它屈从于一种特殊的、已经被历史性地超越的利益。鲍威尔认为批判是一种千年奋斗的意识，是一种为了将国家从私人利益的束缚中解放出来而进行的斗争。这是政治斗争的清晰声音。他以最清晰的方式表达了宗教批判的政治内容。

> 在这种冲突中，普遍[重要]的是，教会和宗教利益要以牺牲国家概念为代价而占上风，而国家必须最终摆脱教会和宗教的监护，并使自己成为一个真正的国家。批判是国家这一努力的前提。因为它解释了教会和宗教的力量，并完全消除了其自认为超自然的、超人的力量。[批判]由此引发了政治危机，教会和宗教权力作为纯粹的人类权力，在其他人类权力的圈子中占有适当的地位。因此，目前的冲突仅仅在于：政府是根据真正的自由国家的原则，还是根据教会支配的国家的原则来评判批判。①

宗教的解体不仅是哲学对其理论的替代，而且是人类在文化变革中获得自主和创造性潜能的一部分。与《普鲁士福音教和科学》一样，批判理论被认为是政治解放的真实声音，它确定了历史契机所构成的关键任务，并迫切要求解决这些问题。它代表了思想和存在的统一，代表了物种的重新人性化。②

> 人类、国家、艺术和科学的集体产物构成一个整体、一个体系，其中没有一个是绝对的和排他性的。谁也不应独霸一方，以免它反过来成为一种罪恶。宗教与这些产物进行了关系到生

---

① B. Bauer，*Gute Sache*，33.
② Ibid.，202，206.

死存亡的斗争，这样它们就可能被自己不完美的表现所控制。它们最终必须自由发展。人类不再需要排外的东西了。宗教再也不能作为一种普遍的统治力量得以接受，因为迄今为止宗教阻碍了人们发挥其全部潜力。[①]

鲍威尔表达了共和主义运动的一个核心要求，即政教分离，他明确划分了公共领域和私人领域。这种划分并不是具有同等价值的范围的简单共存，而是一种对立或等级秩序。鲍威尔优先考虑公共领域和公民身份。根除宗教首先意味着将其从公共舞台上消除，标志着将国家从教会权力和特定利益中解放出来。自由国家是普遍人权的表现形式，宗教是不可侵犯的。[②] 共和国的其他特点之一是将宗教降到一种仅仅属于私人的地位。然而，这只是共和主义转型的 【124】 初步结果。一旦宗教失去了公众的认可和权威，随着社会生活条件的日益人性化，宗教异化的根源受到攻击，它就会逐渐消亡。这是鲍威尔将在 1842 年年底和 1843 年年初的两篇关于解放犹太人的文章中所提出的论点，但做了一些修改。鲍威尔并没有像马克思所指责的那样，为狭隘的政治解放思想辩护，反对对人类自由进行更宽泛的解释，但他确实更重视对于宗教异化的克服。

[解放了的人类]因此排斥宗教，而不是以宗教必须排斥艺术和科学的方式，试图从根本上消灭它们。相反，[自由的人性]承认[宗教]，让它按其所是而存在，作为软弱的需要，作为对不确定性的惩罚，作为懦弱的后果——作为一种私事。因此，艺术、国家和科学仍需与它们发展的不完全性作斗争，但它们的不完善不会被提升为一种超越的本质，而是作为一种神

---

① B. Bauer, *Gute Sache*, 203-204.

② Ibid., 220.

圣的、宗教的力量，它将限制它们的进一步发展。它们的不完美将被认为是它们自己的，因此，在历史的进程中，它们将很容易被克服。①

鲍威尔发展了对基督教国家的批判，以及自 1840 年以来一直在不断推进的复辟。这种国家的基础是一项肯定的原则，它主张不受变化或历史批判的影响，并为非理性和不负责任地行使权力辩护。因为基督教国家把人性的本质转移到了外部，它强加给真正的人的关系一种原始约束的秩序，一种对权利以及人与人之间的理性、伦理纽带漠不关心的生活。② 因此，它将个体简化为一团无定形的纯粹特殊性，面对一种外在的非理性的普遍。因此，暂时排除了自我意识和共和社会中普遍性和特殊性的真正综合。

更根本的是，这种配置依赖于个人利益的利己主义。特殊主义是宗教意识的真实内容，也是私有权主张的个人主义占有形式。就像国家固守其宗教基础一样，在这里，其他的私人利益也试图在历史面前保持不动。③ 宗教和经济这两种形式的利己主义的内在联系，以及它们对自我意识的真正普遍性的共同反对，是鲍威尔 19 世纪 40 年代全部作品中的一个共同主旨。④

> 普遍的自我意识[是]对利己主义的征服，它想维护自己，反对世界，反对历史，反对历史的发展及其结果……迄今为止帮助我们[认识并重新分配我们的本质]的理论，仍然是使我们

---

① B. Bauer, *Gute Sache*, 204-205.

② Ibid., 220.

③ Ibid., 199.

④ 与此相反，Z. Rosen（*Bruno Bauer and Karl Marx*, 80）认为鲍威尔的利己主义首先是宗教性的。虽然鲍威尔认为宗教异化及其克服的后果是深远的，但他也表明这是一种私人利益，与其他类型的特殊主义有关。

和其他人获得自由的唯一帮助。历史是我们无法驾驭的，它的
决定性转折超出了目的性的计算，它将破坏理论赋予我们的外
观，并提高理论赋予我们的自由，使我们拥有一种赋予世界新
形态的力量。①   【125】

鲍威尔把国家与公民社会的现存关系描述为本质上的封建关系。
它包括维护垄断，并给予差别权利和特权。② 这种关系是以意识的
辩证法为基础的。国家对于权力的监护是由于其臣民的不成熟和怯
懦而成为可能的，他们把自己的本质外化于国家，从而扭曲和丧失
了这种本质。国家的历史是自我意识发展尚不完善的历史。这个专
制国家的臣民怀着恐惧和战战兢兢的心情寻求庇护，被权威人物以
怀疑和不信任的态度对待。

> 我们完全是不成熟的：这种把我们的本质变成它自己特权
> 的力量，替我们思考、说话、行动，或者更确切地说，替它自
> 己行动，而且只有我们作为私有财产属于它，它才能成功。我
> 们只是别人的私有财产和农奴，因为我们把自己的本质赋予了
> 他，作为他的特权。③

如果说先前的自我意识历史是农奴制的基础，那么它也为农奴

---

① B. Bauer, *Gute Sache*, 199, 224. 在这样的段落中，马克思在鲍威尔身上找到了
历史本质的证据。参见"The Holy Family," in Karl Marx, Frederick Engels, *Collected
Works*, vol. 4 (New York: International Publishers, 1975), 93. 我认为对历史的描述超
出了目的性的计算，这并不是对鲍威尔历史唯心主义的否定，而是对道德行为不可预见的
后果的一种证明。

② B. Bauer, *Gute Sache*, 20.

③ Ibid., 221-222. Cf. Kant, "An Answer to the Question: 'What Is Enlighten-
ment'" in H. Reiss (ed.), *Kant's Political Writings* (Cambridge: Cambridge University
Press, 1970), 54-60.

制的推翻创造了条件。教会和国家已经沦为纯粹的肯定性，没有了威严的力量或理智的存在。[①] 他们主宰着的生活的方方面面，只是一种表象，一种腐朽的外壳。当前的危机——进步力量和精神力量集中于反对反动和特权——证明人类终于实现了成熟，可以宣布对历史上所给予的形式进行决定性裁决。国家试图限制其臣民，而在保守党联盟内，教会仍试图以牺牲自由国家概念为代价维护宗教利益。[②] 鲍威尔进一步指出，当黑格尔宣布君主立宪制就是国家的概念时，他并没有抓住自由的本质。自由和不自由还没有完全具体化为对立的环节，但现在，在复辟时期，只有不自由的规则。国家能从宗教的监护中解放出来，转变成真正的人类解放的状态吗？

> 当一个原则的结果出现时，它不是已经被超越了吗？……封建国家不是由它的后果，即君主专制所克服吗？这不是由它的后果，即革命、复辟和君主立宪所克服吗？这不是由它的后果，即共和国所克服吗？[③]

鲍威尔预见到的最直接的解决办法，就是出现一个代表普遍和开明的自我意识利益的共和国。《自由的正义事业和我自己的事业》明确表达了德国共和主义的愿望。

**【126】**　　这种态度在 1842 年年初的第二类文章中得到了进一步的体现，这是一系列为《莱茵报》写的简短文章。恩斯特·巴尼科尔对这些文章作了以下评价：

---

① 　B. Bauer, *Gute Sache*, 223-224.
② 　Ibid., 33.
③ 　Ibid., 119.

　　这十八篇政治历史论文的重要性在于，鲍威尔在这里首先代表了1789年法国大革命的立场及其对未来的意义。这与他10年后对俄罗斯的定位完全相反。[1]

　　虽然鲍威尔在1848年后的转变只会在后记中提及，但巴尼科尔对这些文本的革命方向的判断是完全有根据的。它们很少引起批评者的注意。其中，一位评论家评论道，鲍威尔对宪政的批判基于他的共和主义信念，但这些仍然是模糊的和未加阐述的。[2] 但是，就像马克思后来所做的那样，方法论原则阻止了鲍威尔为未来的共和社会阐明一个精确的制度结构。这样做将会以一种肯定的、确定的形式冻结历史的运动，并且否定自我意识不断进化的权利。这些文本并非没有重要的理论内容。

　　《莱茵报》的文章开始评价法国大革命及其对德国的影响，直到1849年，鲍威尔一直专注于研究这个问题。这些文章中提出了三个主要问题。第一个主题是鲍威尔比较了英国革命和法国革命，以及后者的优势。在英国，克伦威尔革命是在宗教狂热和虚伪的伪装下完成的，而在法国，"政治问题纯粹是在理性、人性及其本质内容的阳光下提出的"[3]。法国对解放的贡献的历史意义远远超过英国，在英国，作为一场不完全革命的遗产，私人利益和不确定性继续占据统治地位，并被国家认可为真正的政治学内容。[4]

---

　　① Barnikol ms. ♯127，p. 2.

　　② Dieter Hertz-Eichenrode, *Der Junghegelianer Bruno Bauer im Vormärz*. Inauguraldissertation(Berlin：Freie Universität，1959)，86-87. 另参见 H. -M. Sass，"Bruno Bauers Idee der *Rheinischen Zeitung*," *Zeitschrift für Religions-und Geistesgeschichte* 19 (1967)，221-276.

　　③ B. Bauer, "Die deutschen Sympathien für Frankreich,"*Rheinische Zeitung*，Beiblatt，no. 37，February 6，1842(dated Paris，January 23).

　　④ B. Bauer, "Über die neuesten Erscheinungen in der englischen Kirche,"*Rheinische Zeitung*，Beiblatt，no. 20，Jan. 20，1842(dated London，January 8).

　　鲍威尔《莱茵报》系列文章的第二个主题是革命的过程及其后果。一方面，"法国大革命彻底摧毁了封建中世纪：从理论上讲，这样具有自由意识；从立法上讲，这样通过普遍意志组织起来是为了普遍利益"①。另一方面，它也导致了一些反常的现象，如拿破仑，他完全与革命精神格格不入，以及专制政府试图进行不连贯的改革，他们在不牺牲专制国家本身原则的前提下，试求对旧秩序进行适度的改变。② 这些事态发展仅在这里被指出。1842 年后，鲍威尔对于革命的详细研究就是以它们为主题的。

　　第三个主题是德国的政治学现状，这是由法国大革命的经验所塑造的。在这个主题下，鲍威尔依次处理了一些具体问题。首先，**【127】** 他声称复辟时期的宗教表象只是一种幻觉。在这种外在的伪装背后，隐藏着旧封建秩序与新兴现代社会之间的一系列新的政治矛盾。生存问题必须像在法国那样认真地加以解决。③ 这一立场与鲍威尔自 1840 年以来关于教会与国家关系的声明是一致的。正如他在《自由的正义事业和我自己的事业》中所说，压迫的根源不是教会，而是国家。其次，他将德国现有秩序描述为捍卫狭隘的私人利益。他强调，利己主义是在物质意义上得到理解的，包含了经济问题的占有个人主义。国家对私人物质利益的支配意味着蔑视国家的精神成就，否定法国大革命所倡导的普遍权利。④ 最后，鲍威尔开始评估反对运动。他认为，得益于哲学，德国人比法国人占据了更高的理论立

---

　　① B. Bauer, "Lebensbilder aus den Befreiungskriege,"*Rheinische Zeitung*，Beiblatt，no. 60，March 1，1842.

　　② B. Bauer, "Lebensbilder aus den Befreiungskriege,"*Rheinische Zeitung*，Beiblatt，no. 65，72，90，March 6，13，31，1842. See also B. Bauer, "Joseph II und die belgische Revolution," *Rheinische Zeitung*，Beiblatt，no. 72，March 13，1842.

　　③ B. Bauer, "Kirche und Staats-Gouvernement," *Rheinische Zeitung*，Beiblatt，no. 88，March 29，1842.

　　④ B. Bauer, "*Preussen，seine Verfassung，seine Verwaltung，sein Verhältnis zu Deutschland*. von Bülow-Cummerow. Berlin 1842," *Rheinische Zeitung*，Beiblatt，no. 97，April 7，1842.

场，因而能够更彻底地处理旧秩序的残余。① 他们的批判性判断更激进，更极端。与此同时，德国的自由宪政运动未能理解这一传统。它与现存的封建秩序有着相同的领域。它提出了一个解决方案，这种办法只会使私人利益的规则永久化，并在国家内部维持它自己不断从利己主义立场发出的反对意见。② 鲍威尔将德国比喻为欧洲的心脏。这种思想的内容，即政治和文化的解放，必须通过语言表达出来，然后付诸行动。③ 因此，他主张延续和完成法国大革命，丰富德国哲学的文化遗产。他强调这两个运动的根本统一。

《莱茵报》的文章阐述了私人利益和公共利益的对立，鲍威尔在各种形式的国家和社会中都发出了这种信号。私人利益的捍卫和共同利益或普遍权利的贬损，是封建国家和随之而来的对其的反对的财产，这是 17 世纪英国清教主义和当代德国自由主义所确立的。正如他在 1841 年 9 月的韦克尔宴会上所做的那样，鲍威尔认为黑格尔发展了一种超越这些特殊性的普遍性理论，并证明了它们在自我意识历史上的地位。鲍威尔用非常宽泛的笔触描绘了公共与私人之间的对立，因此私人利益的具体内容及其形式的重大变化并不总是会清晰地显现出来。在这些文本中，自我意识与其先前的历史发展的矛盾并没有在细致入微的现象学解释中得到发展。然而，这里有两点需要特别注意。首先，鲍威尔明确指出，利己主义可以理解为经济和政治利益，也可以理解为宗教和个人利益。这与一长串把鲍威【128】尔描绘成纯粹的宗教批评家的解释背道而驰。④ 其次，鲍威尔采用

---

① B. Bauer，"Die deutschen 'Nationalen,'" *Rheinische Zeitung*，Beiblatt，no. 69，March 10，1842. 他补充说，"德国"不是一个种族术语，而是一个文化术语。因此，它并不是专属的或种族主义的。

② B. Bauer，"Eine der Tendenzen der Augsburger Allgemeinen Zeitung,"*Rheinische Zeitung*，Beiblatt，no. 86，March 27，1842；"Die Kollisionen in den konstitutionellen Staaten,"*Rheinische Zeitung*，Beiblatt，no. 86，March 27，1842.

③ B. Bauer，"Die deutschen Sympathien fur Frankreich."

④ 举例来说，参见 Mario Rossi，*Da Hegel a Marx III：La Scuola hegeliana. Il giovane Marx*，2nd edition(Milan：Feltrinelli，1974)，115-116，120.

了一种有争议的战术观点。革命通过矛盾的激化而前进，因此，必须采取挑衅性的立场，以明确对立意识，并削弱妥协的可能性。鲍威尔的坚定立场引发了他与马克思在 1842 年年末关于《莱茵报》编辑方向的冲突。①

第三类是 1842 年年初的出版物，其中包含了大量的实质性理论论文。除其他主题外，这些论文还涉及强调矛盾的革命策略和决定性否定的辩证问题。这些文章为鲍威尔的革命观点辩护，反对其他共和党人（如卢格）早期的批评。② 鲍威尔关于反动和革命斗争的著作，表现为在《末日的宣告》和《黑格尔的宗教与艺术学说》中已经很明显的历史辩证法。相对于实证性或僵化的物质，主体的确定性是新事物的诞生地。当精神抛弃它时，即使物质曾经拥有的那种积极的稳定性现在也变成了不确定性。在这方面，新原则的任务是挑起矛盾、加剧矛盾，迫使肯定者再次采取一种暂时而必要的确定立场，然后才能彻底地推翻它。只有这样，新与旧的完全不相容才能显现出来，一切调和、调解的立场才能被削弱，新才能在其纯粹性中显现出来。正是在 1842 年夏天的文本中，鲍威尔最充分地表达了这一原则，这对于他通过强调矛盾来实现革命斗争的概念至关重要。

在那些时代从根本上彼此分开、利益相互割裂、过去谴责未来的时期，这种分裂，这种对重大问题的解决之所以是可能的，只是因为旧的觉得自己与新的不相容，但对于这种不相容，仍然只有一种不清楚的（如果是绝对正确的话）感觉。它不敢公正地审视新事物，也不敢理解新事物，因为它害怕自己会失去这种认识，而且在任何情况下，即使它毫不羞耻地考察新事物，

---

① David McLellan, *The Young Hegelians and Karl Marx* ( Toronto： Macmillan, 1969), 74-75.

② 关于卢格，参见 W. Neher, *Arnold Ruge als Politiker und politischer Schriftsteller* (Heidelberg，1933).

它也已经否定了自己。它只是不想要新事物，并运用其意志的全部力量来排斥未来和新原则本身。但在斗争的最初时刻，它甚至不能理解新事物。在决裂之前，当新的原则还停留在过去的子宫里时，这两个被危机撕裂的原则，仍然以一种不明确的方式相互渗透，相互制约，但也相互支持和承担。①

尽管他认为这是一个普遍的历史有效性原则，但这一描述尤其适用于鲍威尔对 19 世纪 30 年代的描述，当时旧秩序内部的矛盾以及旧秩序与哲学解放要求之间的矛盾尚未得到明确和普遍的承认。【*129*】这也是他对自己作为一个思辨神学家的早期职业生涯的自我批评，他也在《符类福音作者批判》系列中阐述了这一批判。在下一个过渡阶段，旧的原则寻求与未来妥协，寻求从新旧共存的不明朗和不确定性中获利，以使自己与新原则的外壳融为一体，而不是与新原则的本质和解。"当永恒之蛇重新焕发活力，穿上新衣服，光彩照人时，老蛇就会利用废弃的蛇皮。"②鲍威尔对正统阵营中的神学理性主义的批判，以及对进步力量中的支持者的批判，似乎也符合这种描述。神学理性主义试图通过清除宗教信仰中最明显的非理性因素来缓和信仰和理性之间的矛盾，但保留了旧秩序赖以生存的异化与从属的本质关系。它承认的原因是阉割和毁容。同样，施特劳斯和费尔巴哈的实体形而上学，通过最小化自我意识的自主性和形成性力量，无意中为崩溃的旧秩序提供了支撑。这种结构设定了批判的任务，决定了批判的策略。新原则通过对其形式和内容的阐述，通过对自身的自觉辩护和对对手的无情批判，迫使矛盾得到解决。

总是这样，当一个新的原则占了上风，真正超越了它的预

---

① B. Bauer，*Die gute Sache*，1.

② B. Bauer，"Kliefoth，"140.

设，在它胜利的第一刻，就会出现被打败的原则再次站起来对
新的原则提出抵抗的契机，但是，由于筋疲力尽，事实上，企
图的无能已经证明它完全被推翻了，即使是对那些还不相信它
的人。①

在努力应对新秩序的同时，旧秩序本身也被改造了。鲍威尔在
这里提到了他对斯塔尔的批评，后者对古代制度的辩护不能假装这
种秩序是直接有效的。现在定义它的是不相容原则之间的根本对立。
作为肯定性的辩护，一切保守主义都背负着矛盾。当它试图在理性
的对手面前为自己辩护时，它就否定了自己。② 旧事物不能再援引
传统来捍卫它的存在，因为在与对手对抗时，它的存在不再是直接
的。它对新原则的反对赋予了它一种新的形式：

> 与新对立的旧，不再是真正的旧，通过矛盾，它本身已经
> 成为一种新的精神形态：它的权利不再是过去的，而是首先被
> 证明的。③

尽管如此，这种被过时的秩序暂时采用的新形态，仍然根植于
过去，根植于毫无生气的生命形式的肯定性。新原则与旧原则的对
**【130】** 立，使以前隐而不显的东西变得清晰起来。它揭示了"旧的后果，它

---

① B. Bauer, "von Ammon," 162.

② In *Geschichte der Politik*，*Kultur und Aufklärung des achtzehnten Jahrhunderts.
Fortsetzung*：*Deutschland während der Zeit der französischen Revolution.* Erste
Abteilung(Charlottenburg：Egbert Bauer, 1844)，78，鲍威尔对 Burke 及其德国追随
者(如 Gentz)的反革命保守主义作了如下描述，以为 Gentz 是历史法学派的开创者："根据
这一概念，人对历史毫无意义。人对自己的创造物没有权利支配——当然，因为他不能创
作。所产生的一切都源于一种与他格格不入的力量，如果这种力量将要消亡，那它只会随
着年龄的增长而消亡。"

③ B. Bauer, *Die gute Sache*，2.

的正确意义和执行方式，旧的秘密，……它与新事物相矛盾的自白从中得到了解脱"①。只有当旧的被迫承担一个暂时且最终的决定时，它才能在实际上被征服。这就是鲍威尔为其作品的挑衅性辩护的理由。他是新时代的先驱，召集对手到战场上进行决定性的战斗；但他也是新党派的一员，为推翻对手做好了准备。

1841 年年底和 1842 年年初的理论文章澄清了当时新闻文章中短暂勾勒出的对立。虽然鲍威尔在这里更仔细地追溯了内部关系，但他的语言同样具有挑衅性。在《神学的无耻》中，鲍威尔为他对福音书的批判进行了高度政治化的辩护。正如他与卢格的通信所证实的那样②，这篇文章是在 1841 年 10 月写下的，当时《末日的宣告》即将出版。1841 年 11 月，它出现在卢格的《德国年鉴》杂志上。这篇文章以其尖锐的论战基调，一方面表现出不同宗教反应潮流之间矛盾的激烈激化，另一方面也表现出鲍威尔明确地与社会转型过程相关的批判相对立。③ 鲍威尔出版关于《圣经》的批判性论著是一种政治行为，这一行为引发了激烈的争论，他现在开始对对立的立场进行批判性的描述，推进了《基督教国家》从历史角度概述的斗争。他同时从攻击教会和神学教义，转向更全面地攻击信仰及其非理性、反理性的表达形式。

鲍威尔认为，现代的特征是信仰的完美，随之而来的是人性、理性和道德的堕落，以及信仰和理性完全对立的矛盾和相互排斥。鲍威尔概述了信仰保守主义的五种变体，称其为"无耻的"（Scham-losigkeiten），因为它们毫不掩饰地否定理性。第一种，亨斯滕贝格

---

① B. Bauer, *Die gute Sache*, 3.

② B. Bauer, "Theologische Schamlosigkeiten," *Deutsche Jahrbücher*, November 15-18, 1841, No. 117-120, pp. 465-479. B. Bauer, *Gute Sache*, 183, 鲍威尔在这里把神学意识与哲学科学的强烈对立描述为无耻的暴力反对。该书写于 1841 年 10 月。参见 B. Bauer to A. Ruge, Barnikol ms., #14, 10, letter of October 19, 1841. 这篇文章也转载于 Sass(ed.), *Feldzüge*, 44-69. 后面注释中的页码参考的是 Sass 版本。

③ B. Bauer, "Schamlosigkeiten," 55-56.

的正统虔诚主义取向只是拒绝处理或承认批判的结果，但这种忽视只会凸显信仰的沉默和无能。① 亨斯滕贝格不再像 1839 年那样，是值得尊敬的对手；在这场与他擦肩而过的斗争中，他现在只是一个无能的旁观者。第二种，莱奥的历史学派主张要对陈旧的社会条件表现出"爱和耐心"；在这一点上，鲍威尔尤其善于鼓吹革命。② 第三种，他在批评者中指出了机会主义者，后者只关注权力的转移。③ 第四种，施莱尔马赫式的伪批评试图用某些科学武器来对抗科学，但却因此将防御变成了欺骗和虚伪。④ 第五种，神学理性主义试图仅仅消除宗教信仰的矛盾和荒谬之处，同时仍然声称信仰是一种积**【131】**极的力量。⑤ 这些不同的态度代表了新旧原则之间不同的过渡时刻：亨斯滕贝格是最初的排斥时刻，施莱尔马赫和神学理性主义者是无法维持的妥协时刻，莱奥是承认新旧原则不相容的时刻。

到目前为止，最重要的是关于莱奥的部分，他是继亨斯滕贝格和斯塔尔之后，第三个主要的政治-宗教-正统主义支持者，也因此成为鲍威尔批判的对象。《末日的宣告》已经讽刺了莱奥无知的虔诚主义，现在他又作为历史法学派的代表出现了，黑格尔本人在《法哲学原理》中将最严厉的辩论留给了其先驱者哈勒。⑥ 鲍威尔在其批判中明确肯定了共和革命。自由的自我意识将引导和参与一个先前被排斥的群体——解放原则的拥护者——的胜利。这一胜利将意味着一场深刻的政治变革，一个以普遍自由原则为基础的新国家的建立。

---

① B. Bauer, "Schamlosigkeiten,"44-53.

② Ibid., 54-57.

③ Ibid., 56-62.

④ Ibid., 62-65. Further on Schleiermacher, see B. Bauer, "*Einleitung in die Dogmengeschichte*, von Theodor Kliefoth," in A. Ruge, ed., *Anekdota zur neuesten deutschen Philosophie und Publizistik* ( Zürich und Winterthur: Verlag des literarischen Comtoirs, 1843), Bd. II, 157.

⑤ Ibid., 65-69.

⑥ Hegel, *Philosophy of Right*, § 258, pp. 278-281.

这与他在《基督教国家》中对自由改革主义的批判和对共和主义的辩护是一致的，复辟王朝的监护国家必须彻底重组，以确保自由和自治。这种恶毒的争论语调表明政治斗争正在加剧。

　　[莱奥指出，]一个人应该对那些已经过时的历史制度表现出"爱和耐心"，我们不应该通过把它们描绘成业已灭亡和死亡来摧毁它们。爱和耐心！莱奥这样要求的语气，就像是一只狂躁的猎犬，它在咆哮和咬牙切齿，但要求它的主人温和安静。当莱奥先生要求哲学家们用爱和耐心对待尸体时，他吠叫、嚎叫、咬牙切齿、露出尖牙，就好像他自己是个狂暴的人，尸体的臭味已经使空气变得令人难以忍受……

　　今天，自由科学被国家禁止和否定，它站在政府拥有的权力之外，它允许人们接触到忠实的、沉默的多样性和声音[分别指鲍威尔对亨斯滕贝格和莱奥的描述——作者注]。如果这纯粹是一个权力和享受的问题，那么莱奥先生真的相信，如果我们愿意放弃我们的原则，转向一种或另一种形式的信仰，我们就不会参与其中吗？但这不仅仅是权力本身的问题，而是一个原则的权力问题；这不是纯粹的承认问题，而是一个原则的承认问题；不是关于国家的享受，而是关于基于自由自我意识原则的国家的享受。这不仅仅是一个人身自由和良心自由的问题，这两者谁也不需要向我们保证，而是一个基于和依赖于公众对自由自我意识原则的承认的自由的问题。只有当一个新的原则从理论上的理想化转变为权力的直接性时，它才能达到目的。……

　　是的，我们想参与[mitgeniessen]，正如所有新的原则及其参与的动力已经动摇，并最终摧毁了特权阶级那样。当这种渴望第一次被唤醒时，特权阶层再也不可能只允许领导人分享它 **【132】**

的优势——它的特权必须成为一项普遍的权利。所以，胡斯的信徒不想只把酒留给新教牧师喝，当教士们允许几个戴王冠的外行人喝这酒时，他们的口渴仍未止息。他们希望每个人都能享受，没过多久，每个人都能随心所欲地喝酒了。历史上每一个被排斥的阶级都想参加，而任何一个真正渴望的人都没有被拒绝。如经上所记，你们都要喝。

自由的自我意识也会参与进来，它的时代已经不远了。①

《神学意识的苦难与欢乐》一文写于 1842 年 1 月②，与《黑格尔的宗教与艺术学说》同时，为分析当时的意识形态思潮做出了进一步的贡献。德国人对人类更美好的未来有了一个清晰的概念，并对法国大革命产生了尊重，但他们又陷入了麻木、神秘主义和神学之中。因此，对神学意识的分析，正是对复辟思想的分析。③ 此外，政治批判还需要对德国进步运动与法国启蒙运动和革命之间的关系进行自我澄清。法国人不仅发起了一场反对个人把宗教意识表现为信仰和迷信的斗争，而且对这种意识的普遍性④、它的客观表现形式以及它在政治和社会压迫制度中的关键作用提出了挑战。鲍威尔辩称，现在把启蒙运动的作品贬为轻浮和不道德已经成为一种常态，即使它几乎不为人所知或不为人所研究；但这种轻率的否定的结果是，德国正进一步陷入反应的深渊。必须回顾启蒙运动人士反对君主专制和神职人员权力的英勇斗争、争取解放和主张自主性的斗争。⑤德国人必须再次向法国人学习，并在辩证思维最高境界的丰富下，

---

① B. Bauer, "Schamlosigkeiten," 54-56.

② Ruge correspondence, Barnikol ms., No. 14, 13, letter of January 9, 1842. 该文献首次出版于 Arnold Ruge, ed., *Anekdota*, Bd. II, 89-112. 该文献从结构上就是对以下文献的评注 Hegel, *Phenomenology*(Miller translation, chapter).

③ B. Bauer, "Leiden und Freuden," 89.

④ Ibid., 91.

⑤ Ibid., 89.

发展异化的神学意识与普遍的自我意识活动的关系。这就需要证明宗教异化的性质及其超越的可能性。① 这两个方面本质上都是政治性的。

鲍威尔认为，神学意识产生于痛苦的个体自我和普遍的、真实的自我之间自我意识的断裂。这种分裂构成了宗教关系的直接存在形式。当意识将反思，即知性的力量，加入到它的服务中时，它就成为真正的神学。反思活动产生了具体的宗教表象的世界，但它是通过否定自己的创造性并将其归因于另一种创造性来实现的。在它看来，它的活动就是被动地接受来自外部的真理和价值。② 与此同时，这种意识经历了一个现象学的过程（按照黑格尔的描述），表现出各种不同的态度。普遍性与特殊性的矛盾统一首先引起了焦虑：主观与神的统一的感觉消散了，因为自我在矛盾的每个要素之间不断地来回推挤。其次是自欺欺人，有意识地拒绝承认矛盾是自己的作品；然后是在宗教关系的范围内消除矛盾的徒劳努力。在所有这些和其他形式的痛苦和满足中，

【*133*】

> 神学意识的存在离不开自我意识的分裂和消解。人类自由的自我意识认识到并始终统一在自己的内在世界、普遍世界和理想世界中，这些世界就是所有团结起来并为人类服务的普遍决定，人类的自我意识认为这些决定是人类自身发展的见证，也是人类生命唯一有价值的见证。但是宗教意识把这些从人的自我中分离出来，把它们转移到一个天堂般的世界中，从而造成了个体自我与唯一值得称为人的自我之间的矛盾，个体自我已经变得虚弱、摇摇晃晃、痛苦不堪。③

---

① B. Bauer, "Leiden und Freuden,"91.

② Ibid., 94.

③ Ibid., 92.

这种不快乐的宗教意识，将人类活动的最高形式解释为他人的行为，因此贬低和歪曲了它的特定承担者。它把普遍性置于难以达到的"超越"之中，否定了主体自我超越的主张。它始终是一种虚假的无限，悬在一大堆细枝末节之上，而从来没有真正地整合过它的各个环节。但作为一个不可达到的普遍，它也揭示出了它自己的虚无。它超越了一切细节，因此是没有内容的；但它所宣称的"一切"，却让许多人无可救药地淹没在它们的直接性之中。

针对这种静态结构，鲍威尔主张自由自我意识的权利。"这一运动之所以大行其道，正是因为它符合普遍利益。"①它的支持者，即"自我意识共和国的公民"②，有自决和自主的能力。经验自我与普遍性的最高规定的统一现在是一种具体的、客观的可能性。目前的任务就是实现这一可能性。这正是宗教所否认的，它试图以野蛮的特殊性来约束人类，使之成为一个整体。因此，对抗是必要的。鲍威尔始终强调革命和危机的政治性质。他的意图是在历史的基础上，以一种新的自主性形式，实现普遍性和特殊性的统一。这一立场与他在《末日的宣告》中对黑格尔的解读和批判是一致的。

宗教和哲学的冲突也是鲍威尔 1843 年发表在《逸文集》(*Anek-*
**【134】** *dota*)上的评论文章《布列米克福音真理反现代派杂志》③的主题。该文将虔诚主义和理性主义的辩证法描述为现代神学潮流，从而完成了基督教历史特征的抽象过程。然而，在确定鲍威尔与黑格尔关系的发展方面，这是一份特别重要的文件。鲍威尔认为，黑格尔在自我意识领域之外保留了作为一种肯定力量的宗教，并试图调和宗教与哲学截然相反的原则。④ 宗教利益拒绝了这种妥协，因为理性的

---

① B. Bauer, "Leiden und Freuden,"111.

② Ibid., 111.

③ 在同卢格的通信中并没有此段内容，Barnikol ms. 这是《逸文集》第 2 卷 113—134 页的内容。

④ B. Bauer, "Bremisches Magazin," 131.

力量不是盟友，而是信仰的死敌。这种关于黑格尔的观点与鲍威尔在 1841 年的书信中所表达的观点是一致的，尽管这与《末日的宣告》的论证不一致。鲍威尔认为：

> 真正的反驳是对哲学的阐述，还有从所有肯定的前提中解放出来，直到现在，哲学的宗教反对者似乎依然认同这些前提……正是在近年来最具争议的一点上，黑格尔体系接近完成，由此得到的动力也将完成其他学科的体系，并按照自己永恒的真理原则来建构它。在积极的方面，它似乎仍然把意识的普遍性与作为一种实体力量的自我意识本身分开；但是批判会把这一点引向自我意识及其运动，因为自我意识是普遍性的统一和力量，所以它包含了一切。①

普遍的内在性是哲学批判的最终结果。在这篇文章中，鲍威尔首先阐述了这一立场对于重建哲学和特定科学学科的理论意义。其他当代文章则强调实践理性的作用和自主的政治意义。

鲍威尔在评论西奥多·克利夫斯的《教条史导论》②时，再次强调了他对宗教和国家的批判的根本统一性：两者都植根于对作为一种肯定力量的实体性的批判。肯定性的表现形式，据称是游离于自由的自我意识之外的，它主张自身的普遍性，否定其具体性。鲍威尔对自由自决的要求是对压迫性和非理性权力关系的激进批判。他揭示了教会和专制警察国家的根本统一性、超越性，这是一种原则的统一，不仅仅是对抗进步力量的战术联盟。③ 与他在《基督教国家》中的观点一致，鲍威尔并没有将"正式宪政国家"排除在这种批评

---

① B. Bauer，"Bremisches Magazin，" 132.

② 再一次，同卢格的通信并没有提到创作日期。此段文本出现在《逸文集》第 2 卷 135—159 页。

③ B. Bauer，"Kliefoth，" 150.

【*135*】　之外，因为它试图延续"其确定的积极形式，它认为这种形式是永恒
和确定的"①。鲍威尔关于自我意识形成力量的辩证法，清楚地表明
了他的共和主义立场。②

> 无论如何，正式的宪法和警察国家都不是唯一的国家形式。
> 国家将会出现——它们的时刻即将到来，因为现有的国家已经
> 意识到它们黑暗和不确定的未来——国家将会出现，这将使它
> 们自信地建立在自我意识的自由之上。③

对克利夫斯的评论也是进一步说明鲍威尔与黑格尔关系的机会。
黑格尔把主体作为实体来把握，同时也对这一观点进行了批判，因为
他从自我意识的运动中获得了实体性。黑格尔原理本身就是对系统中
有缺陷的公式的纠正。鲍威尔承认，他继续坚持这一哲学，这一哲学
现在正处于斗争的风暴中，在他自己的工作中得到进一步发展。④

在 1842 年 4 月创作的《一个软弱灵魂的自白》⑤中，鲍威尔与反
对运动中的改革派、立宪派产生了分歧。他把自由主义的立场描述
为在社会变革任务之前懦弱的退却，试图调和截然相反的原则，保
存旧秩序的腐朽残骸。对此，他明确支持有原则的革命立场。与《末
日的宣告》和《基督教真相》一致，他将革命的代理人置于自我意识之
中。⑥ 鲍威尔批评了这本书中提到的"软弱的灵魂"——《柏林文学

---

① B. Bauer, "Kliefoth," 150.

② Cf. Edgar Bauer, *Die liberalen Bestrebungen*, 29-47, 54-55.

③ B. Bauer, "Kliefoth," 150.

④ Ibid. , 140.

⑤ *Deutsche Jahrbücher*, June 23-24, 1842, No. 148-149, pp. 589-596; reprinted
in Sass (ed.), *Feldzüge*, 71-90. 卢格通信（Barnikol ms. , no. 14, 18, letter of
April 24, 1842)确立了鲍威尔的作者身份。后面脚注的页码来自 Sass 的版本。

⑥ Cf. the observations in P. -L. Assoun and G. Raulet, *Marxisme et théorie
critique*(Paris: Payot, 1978), 40, 50, 53, 就早期马克思而言，他采取了类似的立场。

报》的改革者——并概括了自己的政治立场。

> "改革，不是革命！"从一开始(第 2 期，第 34 页)就是他们的
> 竞选口号。"改革"，但没有革命，也没有反应(第 4 期，第 85 页)。
> "革命者，"我们的改革者教导我们，"与现存的关系和制度
> 作斗争，不纯粹是因为它们不够充分，或是因为一种变化在客
> 观上看来是必要的，而是根据完全抽象的理想，或是因为这些
> 制度不符合他们的格言和倾向。""抽象的、死的、否定的、专横
> 的"是革命的"内容"。与"通过客观上必要的改革取得进展的有
> 机政治发展模式"形成对比的是"高贵"、骑士风度、男爵气派，
> 甚至是皇家气派——即使不是精神上的(第 13 号，第 298 页)。
> 然而，当"客观"关系腐朽不堪，要求自上而下变革的时候，
> 革命还能抬头吗？当既存的关系与理念完全矛盾时，理念除了
> 在纯粹的自我意识中存在之外，还能在哪里存在呢？它把自己
> 从腐朽中拯救出来，并且把自己作为一个理想，来承担它存在
> 的真正形式。但是，自我意识难道没有权利要求在现有的法律
> 和制度中复制其内在决定吗？[①]

**【136】**

鲍威尔的文本还批判地指出，旧秩序的支持者对黑格尔的评价
发生了变化。[②] 在 19 世纪 30 年代，亨斯滕贝格曾谴责黑格尔本人就
是一个革命者，但现在黑格尔被誉为反对左翼尖锐要求的宗教主义
和君主主义的拥护者。鲍威尔继续声称，黑格尔的真正遗产是"无神
论，革命和共和国"[③]，以促进进步和政治变革。科学批判的必要性

---

① B. Bauer, "Bekenntnisse," 81-82.

② Ibid., 85-86. 值得注意的是，鲍威尔在这里批评的伪改革家们，预见到了 Haym 在 1848 年革命失败后对黑格尔学派的谴责。Rudolf Haym, *Hegel und seine Zeit* (Berlin: Gaertner, 1857).

③ B. Bauer, "Bekenntnisse," 86.

和破坏性工作，已经使乏味的德国反对运动转变为以法国为样板的确定运动。批评宣告了从理论革命到政治革命的转变。①

毫无疑问，鲍威尔设想的革命斗争不仅仅是抽象的原则冲突。在 1842 年 6 月为冯·阿蒙《耶稣生平》创作的评论中，他这样写道，

> 危机不再是一个理论上的原则问题，而是一个实践上的原则问题：一个被击败的原则，用它的语言和它的整体面貌证明了它的失败，它是否还应该统治现实世界，在这个世界上，它不再由理智统治，也不再能够统治；或者新的胜利原则是否应该得到实际的承认……②

> 未来属于人民；但真理是受欢迎的，因为它是开放的、不可分割的、无情的和毫不畏惧的。因此，真理将与人民分享对未来的占有，或者更确切地说，人民和真理是一体的，是一个全能的未来统治者。传统的教育风格将不再被人们所理解：他们想要的是真理、勇气和简单的风格——他们渴望的是只有他们自己才能理解的大众化的风格。③

这种对民众斗争与理论解放的统一的肯定，是鲍威尔 1842 年政治立场的特点。在这里，他把民众称为"人民"（das Volk），一个能够实现普遍愿望、能够颠覆现有秩序的革命主体。到 1844 年，他强调了"大众"对"人民"造成的危险，即纯粹的特殊性与精神的进步相对立。在保持共和主义者的抱负的同时，他也进一步发现，组成这场运动的各个社会阶层不足以代表自由原则。摇摇欲坠的客观运动与批判的主观意识之间的张力趋于极端。

---

① B. Bauer, "Bekenntnisse," 71.
② B. Bauer, "von Ammon," 163.
③ Ibid. , 185.

# 第四篇　审判革命运动

## 第七章

# "批判主义之火"：革命动力，1843—1848

鲍威尔对当下影响的批判性判断需要确定意识与其历史发展环
节的关系。关键问题是把握异化精神的历史形态，认识和区分异化
精神克服的阶段，其中最重要的是启蒙时期和后黑格尔时期。在描
述一个历史序列的同时，这些阶段也代表了一个逻辑进程，一个从
无限到绝对判断的转变。这些问题在鲍威尔于 1842—1843 年冬天撰
写的《基督教真相》一书中得到了解答。审查人员直接从出版社没收
了这本书，流传在外的只有几本。恩斯特·巴尼科尔的诸多研究成
果之一就是发现了一份人们长期以来认为已经失传的这一文本。①
自我意识与宗教异化的构成形式的对立是鲍威尔的中心主题。鲍威
尔继续将宗教和哲学描述为二律背反，他总结了自身先前在一系列
主题上的言论，包括启蒙运动中的唯物主义思潮对他自己思想的
影响。

对鲍威尔来说，宗教意识是一种静态的、内部对立的特殊性表
达，它冻结了历史运动。它通过阻断物种的真正普遍性，使特殊
与特殊的对立永久化。每一个宗教派别都声称自己是普遍的，是

---

① Ernst Barnikol, *Das entdeckte Christentum im Vormärz. Bruno Bauers Kampf
gegen Religion und Christentum und Erstausgabe seiner Kampfschrift* ( Jena: Eugen Died-
erichs，1927).

人类最终和真正本质的主体。从拜物教的角度来看，为了保持自己的形式，每个人都被迫拒绝其他特定群体的相同主张；因此，派系之间会发生致命的战斗。但这是一场没有进步、没有决心的斗争。冲突并没有超越自身而达到调和或克服有分歧的存在和意识的新水平；相反，它们只是加剧和强化了现有的对立。黑格尔的主奴辩证法似乎有着相似的基础，即每一方最初都希望拥有自

**【140】** 己的自由主张，但对于黑格尔来说，这种关系直接导致了转变，首先是单方面的承认，其中一方放弃了对独立的要求，然后在更高的意识中，每个人都获得了一个新的自我定义。① 相比之下，鲍威尔认为，宗教派别之间的斗争是典型的后宗教改革世界，没有相互承认，只会导致永久性的冲突和无限重复。每一个特殊的事物都想直接算作普遍的东西。没有一方放弃其对绝对有效性的独立主张，但是，在知道其他方做出相同主张的同时，每一方都严格地坚持自己的自给自足；不可能有内部动机的演变或优势的改变。宗教意识的基础不是主仆关系那样的自然的自我，而是一种已经构成的伦理形式，不管这种形式有怎样的缺陷。因此，它不能放弃自己，因为它可以支配其成员的资源，或要求国家的权力来保障其特权。更贴切的类比也许是《法哲学原理》所概述的主权国家之间的关系，尽管这些关系必须捍卫其自主性，因为它们代表着伦理意志的具体实现，② 而宗教意识仅仅是特殊性。鲍威尔本人认为，当他声称，例如，犹太人问题应该被理解为一个国家问题时，这种比较并不完全是错误的，因为这个问题涉及不同形式的伦

---

① G. W. F. Hegel, *Phänomenologie des Geistes*, ed. Johannes Hoffmeister (Hamburg: Meiner, 1955), 142-143. 另参见 H. S. Harris, *Hegel's Ladder*, vol. 1, *The Pilgrimage of Reason*(Indianapolis: Hackett, 1997), 356-362.

② G. W. F. Hegel, *Elements of the Philosophy of Right*, edited by Allen W. Wood, translated by H. B. Nisbet (Cambridge: Cambridge University Press, 1991), §321-40, pp. 359-371.

理（Sittlichkeit）的相互兼容性。① 他描述了宗教意识的无谓对抗：

> 每一个[宗教]派别都相信自己是人类本质的真实表达，因此，每一个派别都必须否认另一个派别，宣布它是不人道的，并且在与它疏远的同时，每一个派别都变得像一种动物对另一种动物一样陌生。每一方都相信自己是永恒的，因此，每一方都必须将对方从永恒中排除，或者永远诅咒对方，从而给人以独特的、具有唯一正当性的永恒印象。但是，当一方诅咒另一方时，它必须始终意识到它也在被另一方诅咒。每一方都在被诅咒，永远被诅咒。②

因此，在其各种表现形式中，宗教意识倾向于自我永续的整体性。虽然这种统一性的每一个环节都是相互矛盾的，但这种矛盾没有内在的发展原则。它不包含确定的否定。"宗教意识不能自由地表达和承认这种矛盾，因为它是它自己。"③如果从宗教表象的静态整体中不可能取得进展，意识最终就不能满足于这种结构。变革确实发生了，但这是通过巨大的革命剧变痛苦地发生的。新的更高的形式的种子，在构成形式的体系里是找不到的，这些形式是由对立但 **【141】** 形式上相同的规定构成的。只有当这些形式从它们的直接性中解放出来，并回到它们在异化自我意识中的共同起源时，一个内在的解决方案才会出现。当这些形式的内容通过理论批判和历史经验被破

---

① Bruno Bauer, "Neueste Schriften über die Judenfrage,"*Allgemeine Literatur Zeitung* I，December 1843，9. 他在这里声称(7 页)，他回答犹太人的问题是"为了进步"。另参见"Neueste Schriften über die Judenfrage"（continuation），*Allg. Lit. -Ztg.* IV，March 1844，16.

② Bruno Bauer, *Das entdeckte Christenthum. Eine Erinnerung an das 18. Jahrhundert und ein Beitrag zur Krisis des 19.* (Zürich und Winterthur：Verlag des literarischen Comptoirs，1843)，89.

③ Ibid.，89.

坏之后，就出现了一个基于新的基本原则的全新的伦理生活体系。
自我意识将自己从以前的局限中解放出来，并开始创造性地工作。
宗教意识的根基首先受到启蒙的无限判断的攻击，然后通过后黑格
尔哲学的绝对判断，这种判断运用了先前哲学和历史的劳动成果，
指出了真正解决问题的方法。

　　对鲍威尔来说，现有意识形式的僵化或肯定性，这种静态的结
构，已经在客观的否定过程中形成了自己，表达了人类先前努力的
局限性和不确定性。他认为宗教代表了社会生活和历史自我意识的
缺陷。对于费尔巴哈来说，神的属性并不是物种永恒的、普遍的属
性，与有限的个体形成对立。① 它们也不是像费希特认为的那样，
是实践理性所要求的。鲍威尔把它们看作历史的产物，是思想水平
和自我意识水平的客观缺陷的表现。

　　　　上帝是所有真实存在的非存在……思想的局限性，或更确
　　切地说是思想的限制性[Beschränktheit]，思想的客观化的局限
　　性上升为一个独立的本质。上帝是人的被动，是人最痛苦、最
　　贫穷和最空虚的精神。②

　　这种否定性既是宗教异化的原因，也是宗教异化的结果。宗教
意识包括主客观两个维度。各种形式的主观信仰都建立在产生和维
持它们的客观限制的基础上。这种意识的静态特性是关键因素。因
此，宗教异化的解放方案不可能仅仅像费尔巴哈建议的那样，将神
性重新融入人类，而在于否定作为其根源的局限性。马克思在 1843

---

　　①　Warren Breckmann, *Marx*, *The Young Hegelians*, *and the Origins of Radical
Social Theory. Dethroning the Self* (Cambridge: Cambridge University Press,
1999), 90-130.

　　②　B. Bauer, *Das entdeckte Christenthum*, 94-95.

年的著作中采取了与鲍威尔类似的立场。① 鲍威尔坚持认为，特殊和普遍都需要被改造，前者克服了束缚和扭曲它的实际缺陷，后者放弃了它的超越性和永恒的、实质性的外观。费尔巴哈的自然主义依然与历史格格不入，只有将这两个术语都吸收到历史形成的过程中，才能完成对普遍与特殊的同化。

认识到真正的关系，发现异化的自我意识和克服它的方法，也是一个历史性的成就，但这种认识只有通过长期的批判斗争才能逐渐获得。启蒙运动是这一最终觉醒和自我控制过程中的第一个契机。【*142*】正如康德所说，只有将教导抛在一边，启蒙才是道德成熟的开端，但对鲍威尔来说，启蒙的道德主体还没有完全意识到他们的自由。"法国人教导说，知识的缺乏、苦难、不幸和恐惧使人们对神性有了初步的认识，这说明他们并没有走得太近。"②然而，启蒙运动对宗教欺诈的批判是肤浅的。它没有涉及宗教所预设的深刻的异化问题。

例如，与霍尔巴赫不同的是，鲍威尔并不认为宗教建立在口是心非的基础上。正如他在《符类福音作者批判》第三卷中所展示的那样，他描述了宗教表征的文学起源，这个过程与其说是有意欺骗的表现，不如说是不成熟和异化的自我意识的表现。当他将这些幼稚的表象与《约翰福音》中神学推理的过程区分开来时，宗教意识所能达到的这种进一步的精炼也不是欺骗，而是通过表象或真理而陷入理性的陷阱。鲍威尔把神学在宗教观点中的出现看作一个必要的历史篇章，在这一篇章中，为了清晰和确定性而进行的、不可抑制的精神上的更高努力，被运用到一种低劣的、未进化的、异化的内容之中。这种综合，标志着从直接的宗教情感到反思性的神学观念的

---

① Karl Marx, "Critique of Hegel's Philosophy of Law: Introduction," in Karl Marx, Frederick Engels, *Collected Works*, vol. 3 (New York: International Publishers, 1975), 173-187.

② B. Bauer, *Das entdeckte Christenthum*, 94.

转变，然而，这并不是真正的进步，而是一种更深层次意识上的自卑，是意识在一种贫乏的内容面前的奴役。它只会导致奴性的护教学。

作为一种较新的适应性策略，宗教意识试图通过内化对立的理性原则来回应启蒙批判，但这是以一种完全平静的方式进行的。鲍威尔声称，与 18 世纪的自然神论潮流一样，与他同时代的神学理性主义反对者试图通过消除奇迹因素，并对其他基本教义提供似是而非或平庸的解释，来确保宗教戒律和理性之间的一致性。对鲍威尔来说，这并不是一个真正的发展，也不是对信仰和理性的真正综合，因为这里仍然没有自由——不受限制的检验，而只有对某一特定内容的辩护。然而，在将理性贬低为信仰的工具时，神学理性主义确实证明了根本性突破的必要性。启蒙运动声称信仰和理性根本不（偶然地）一致；这一主张遭到神学理性主义的反驳，但对立的双方都有相同的基本前提。要取得实质性进展，就必须更彻底地领会反对派的意见。

鲍威尔的历史观给出了解决办法。后启蒙时代的自我意识现在宣称它有权进行绝对自由和无限制的探究，并批判性地将其先前发展的结果据为己有。在黑格尔的工作将超验哲学大幅向前推进之后，【*143*】 自我意识现在认识到自己是现实的运动及其在知识中的反映。它认识到，它过去的存在受限制的形式是其进化的必要阶段；在这一认识中没有丢失任何基本内容。在鲍威尔的语言中，自我意识因此假设世界，在某种意义上，它是被带到意识中的世界的运动，由此成为真正的自我。

> 灵魂存在的目的是什么？为什么是自我意识？好像自我意识，在假定这个世界时，在假定这个世界中与它自己不一样[差别]的东西时，在假定自己在它的产品中产生时，再次扬弃了它

的产物与它自己之间的差异，它本身只存在于产生和运动中，就好像它没有自己的目的，并首先在这个运动中占有自己，这就是它自己！[1]

这样理解的历史过程，是概念与客观性结合的客观方面。这里提到的自我意识并不是本质，而是对承认共同任务的具体主体的成就的记录。主观方面也需要通过一个超越固定启蒙视角的新的代理概念加以阐述。[2] 启蒙发现了人类的一般概念，这一概念被宗教差异和社会等级制度所遮蔽和否定。鲍威尔在一篇相关的文章中批评普遍人权观是与生俱来的，也是永恒的。相反，他以自我意识的历史发展为基础来捍卫权利。

这些人权首先是现代历史的产物。在初期它们并不容易理解。它们只是自由和自我活动的产物，而不是自然的馈赠。所以直到最近才出现了人。人是历史的产物，不是自然的产物。他是他自己和他的行为的产物。现代革命是人权战胜自然驱动力和自然决定力的必要条件，自然决定力引导和统治着人们的财产生活。因此，同样的革命也是必要的，这样人们才能最终走向自我，成为真正的人。[3]

但是，这种普遍人权的最初概念仍然是空洞的，因为启蒙运动反对将个人视为一种受物质需要支配的、必然的创造物，而不是自由和自主的主体的僵化和特殊的观点。鲍威尔并不是简单地将需求

① B. Bauer，*Das entdeckte Christenthum*，160-161.

② Ibid.，161.

③ Bruno Bauer，"Rezension：*Die christliche Glaubenslehre in ihrer geschichtlichen Entwicklung und im Kampf mit der modernen Wissenschaft. von D. F. Strauss. 2 Bde. 1840-1841.*" *Deutsche Jahrbücher*，January 25-28，1843，nos. 21-24，85.

变为现实，而是邀请人们从更广泛的层面去设想他们的潜能，并努力建立实现这种潜能的社会和政治形式，尽管正如我们将看到的那样，他对自由的描述中存在着巨大的张力。现在，他声称，我们所需要的是去理解自我的普遍性，如流动性和形成性，从而克服启蒙立场的僵化。这是与革命的历史经验相对应的，从无限到主观上的必然判断的逻辑过程。对于鲍威尔来说，真理的主体并不是给定特质和天性的特定、偶然综合，也不是客观世界的确定性。这就是他律的主体性，是一种没有把握自己的自由，没有把自己提高到普遍性的特殊性。鲍威尔认为，这个主体不是物质利益和经济利益的集合体，也不是一个占有的个人主义者。① 启蒙运动所推崇的唯物主义功利主义通过支配作为满足或物质占有手段的对象，来限制精神的普遍性。这一哲学概念并非从经验理性上升到纯粹的实践理性，也不是从假设的欲望满足上升到对自由的无私追求。鲍威尔反对将相应的活动看成自然元素简单地重新排列成的新体系。活动必须从自由主体性的内在资源中产生新的东西，通过否定积极的给予，解放当下被压抑的可能性。即使在谈到主体间的关系问题时，启蒙主体性在本质上仍然是特殊的。与黑格尔对卢梭的批评相呼应，鲍威尔认为，公共利益依赖于对公共利益的私人计算，但这种公共利益并不是在其真正的普遍性中构想出来的。这就是黑格尔所说的普遍判断，是个人利益的总和。启蒙思想的规定，在客观存在和意识的存在中，都将真正的普遍分解和原子化了。鲍威尔本人并没有令人满意地解决主体间性问题，即使他的革命伦理将使问题变得显而易见；但他的意图是捍卫一个没有超验地位的普遍，同时又不可将其还原为一堆纯粹的特殊现象。

【144】

————————

① C. B. Macpherson, *The Political Theory of Possessive Individualism*, *Hobbes to Locke* (London: Oxford University Press, 1962). For recent accounts, see, Quentin Skinner, *Liberty Before Liberalism* (Cambridge: Cambridge University Press, 1998); and "Two Concepts of Citizenship," *Tijdschrift voor Filosofie* 55/3(1993), 403-419.

新自由原则的出现,必然要求宗教意识的净化,以及对历史客观运动的自我认同。"公正的人认识到这种矛盾,这是宗教意识的必然结果,当他完全地、公开地、毫无秘密的自我保留地认识到这一点时,他就把自己从这种矛盾中解脱出来了。"① 一个世纪的无情批判的结果,以及在政治和哲学革命经验下批判立场的迅速发展,侵蚀了宗教表现的整体性。精神已经放弃了这个发展阶段。尽管仍处于徒劳无功的战斗中,但维护宗教的选手们已经筋疲力尽,甚至无法在没有外界干预的情况下维持彼此的敌对状态。正如鲍威尔在《普鲁士福音教和科学》与《自由的正义事业和我自己的事业》中所说,国家已经成为宗教意识的重要支柱。鲍威尔说,宗教的独立存在只是一种假象,它现在作为政治压迫和监护的武器而存在。但这是一个后启蒙时代的判断,只有当我们理解了政治、宗教和其他异化在历史上所起的作用之后,才能得出。

《基督教真相》中的论点是鲍威尔对于犹太人问题所持立场的基础。在以下两部分别写于 1842 年 10 月和 1843 年年初的著作中,他的革命立场的问题要更多。《犹太人问题》② 和《现代犹太人和基督徒获得自由的能力》③,阐述了鲍威尔对宗教意识和政治改革主义的批判。④ 然而,它们出版的直接后果是鲍威尔丧失了他在反对派运动中的领导地位,因为人们认为他拒绝了反对派运动的一项核心要求。问题在于,这个有着明确基督教根基的普鲁士国家,能否消除长期 **【145】**

---

① B. Bauer, *Das entdeckte Christenthum*, 89. 不偏不倚意味着缺乏特别的积极兴趣和对普遍性的献身精神。这个词让人想起鲍威尔 1829 年手稿中的审美判断。

② Bruno Bauer, *Die Judenfrage*(Braunschweig: Fr. Otto, 1843).

③ Bruno Bauer, "Die Fähigkeit der heutigen Juden und Christen, frei zu werden," *Einundzwanzig Bogen aus der Schweiz*, ed. G. Herwegh(Zürich und Winterthur, Verlag des literarischen Comptoirs, 1843); reprinted in H. M. Sass(ed.), *Feldzüge*, 175-195.

④ 参见 B. Bauer, *Judenfrage*, 72, 101, and *passim*;关于法国与德国启蒙运动之间的关系,参见 "Fähigkeiten," p. 184;关于等级制度和政治上的成熟,参见 *Judenfrage*, 38.

以来对于犹太人参与公民机构的限制。① 反对犹太解放的保守派人士
否认了这种可能性，因为在这种情况下，国家将不得不放弃其宗教忠
诚，成为一个世俗国家。这将破坏其支持等级社会秩序的主权的宗教
基础。自由派和共和派的力量在为普鲁士犹太人争取解放的主张上大
体是一致的。鲍威尔对争端各方都提出批评。他抨击国家为非理性特
权辩护，并声称国家在维护从属关系时利用宗教作为其利益的幌子。
他批评自由主义将自由视为特殊利益。他批评犹太教的不变性，认为
其反对变革和进步，批评犹太教的从业者根据自己的特殊身份要求自
由。他在犹太人解放问题上的立场是，真正的政治和社会自由的先决
条件是放弃所有与过去的特殊联系；因此，要获得自由，犹太人必须
放弃其宗教信仰，基督徒也必须如此。鲍威尔的这两篇文章都是马克
思在 1843 年批判的对象。马克思从他新近获得的社会主义视角出发，
剖析了鲍威尔的政治自由概念，并反对鲍威尔的完全人类自由的思想。
他认为鲍威尔的革命概念并没有超越资产阶级社会的视野。② 然而，
尽管鲍威尔的分析存在种种缺陷，但他仍然坚持政治解放和人类解
放之间的区别，而马克思却声称这是自己的观点。鲍威尔驳斥了马
克思的指责，声称他的目标是社会自由和政治自由；在 1848 至 1849
年的革命岁月里，他将继续捍卫这一立场。③ 鲍威尔关于犹太人问
题的文本尽管具有争议性，但却包含了一些批判性的观察，这些观
察进一步揭示了政治学与宗教的关系以及他对现代社会的看法。

---

① 黑格尔对犹太人解放的支持，参见 *Philosophy of Right*，§ 270，pp. 295-296.

② Karl Marx, "On the Jewish Question," in K. Marx, F. Engels, *Collected Works*,
vol. 3, 146-174. David McLellan, *The Young Hegelians and Karl Marx* (Toronto: Mac-
millan, 1969) 认为，直到 1843 年秋天，鲍威尔一直对马克思有着强大而广泛的影响。他
们之间的分歧的第一个证据不是马克思在 1842 年 11 月至 12 月与 Freien 的决裂，而是
*The Jewish Question*(74-75). 相反，他注意到费尔巴哈在 1843 年春之前对他的影响微乎
其微，是从写作 *Critique of Hegel's Philosophy of Right* 才开始的。那也就是说，是在
"Preliminary Theses"以及 *Philosophy of the Future*(96ff)问世之后才开始的。

③ 参见本书第 8 章。

　　鲍威尔文本中的方法和范围直到最近才受到人们的密切关注。①
批评他的立场的人还没有充分认识到，他的论点必须从《基督教真
相》的立场来理解，这本书是在他第一次介入犹太人问题的同时撰写
的。鲍威尔认为放弃宗教是政治解放的先决条件这一论点重申了他　**【*146*】**
对排他性和特殊性的一贯批判。鲍威尔融合了排他性和利己主义，
将其作为旧秩序的原则，反对自由自我意识的普遍性，并将坚持这
些原则的尝试描述为对历史解放运动的一种盲目的实证主义主张。②
因此，他的实践立场在许多方面与《末日的宣告》的理论辩证法是一
致的，但现在却涉及他与进步运动的具体要求的对立。尽管他继续
坚称自己的立场确实是正确的革命立场，但他的坚决反对对他的共
和主义信誉造成了严重影响。

　　鲍威尔区分了对立的本质，因为它们出现在宗教意识的固定体
系中，而真正的关系存在于超越它的科学意识中。他的方法是揭示
宗教观的基础，然后把它们作为发展阶段排列，最后把它们与产生
它们的伦理生活的形式联系起来。宗教意识本身无法把握这些区别。

---

　　① David Leopold, "The Hegelian Antisemitism of Bruno Bauer,"in *History of European Ideas* 25(1999)，179-206. Yoav Peled, "From Theology to Sociology：Bruno Bauer and Karl Marx on the Question of Jewish Emancipation," in *History of Political Thought* 13/3(1992)，463-485. Peled 建议(467)，除了黑格尔，鲍威尔的犹太教概念可能来源于 Moses Mendelssohn 的《耶路撒冷》*Jerusalem*(1783)。Mendelssohn 将犹太教描述为一个天启律法体系，这与鲍威尔的观点一致；然而，Mendelssohn 则主张这一法律与现代性具有相容性，因为法律涵盖的是外部行为，而不是信仰。另参见 Julius Carlebach, *Karl Marx and the Radical Critique of Judaism* ( London：Routledge and Kegan Paul, 1978). Carlebach 总结了当时德国和犹太报刊(138-147)对鲍威尔的回应，以及 1844—1846 年(164-184)马克思的批评。他认为鲍威尔关于这个问题的第二个文本"Die Fähigkeit"的原创性在于拒绝了反对派发言人提出的新主张，即无论信奉任何宗教，解放仍将发生(136)。然而，理论分析相对薄弱。作者声称，"与费尔巴哈不同，鲍威尔没有任何实质性的理论来支撑他的论点"(128)。鲍威尔对四个模式的图式区分(133)依赖于对黑格尔的"正题——反题——合题"的解读；作者发现鲍威尔对这个模型的使用前后并不一致。此外，他还忽略了鲍威尔对 *Das entdeckte Christenthum* 和 *Religion des Alten Testaments* 的叙述的连续性，这些在这里都没有提及。

　　② B. Bauer, *Die Judenfrage*，19ff，62ff.

它们是主体从特殊利益和他律的重压下解放出来的历史契机。他对基督教和犹太教之间关系的描述，实际上与他在《基督教真相》中的章节完全相同。对于由宗教意识定义的教派来说，

> 两者都不能让另一个存在并认识到它；如果一个存在，另一个就不存在；双方都坚信自己是绝对真理。因此，如果它承认对方而否认自己，也就否定了它是真理……宗教本身就是排他性的，两种宗教只要被公认为是宗教，是最高的宗教，是启示的宗教，就永远不可能达成和平。①

对于科学意识来说，物质的表现方式是不同的。这种批判意识能够揭示宗教的特殊性、利己性和与人类普遍关注的疏离性的基础，并从伦理生活的不足来揭示出宗教疏离的根源。正如在《基督教真相》中一样，鲍威尔认为宗教反映了经验主义的矛盾。

> 在历史上，人们从来没有纯粹因为宗教信仰而做过任何事情，……没有打过战争。[即使]如果他们相信自己的行为和痛苦只是为了执行上帝的意志……决定和引导人类的始终是政治利益，或是它们的回声，或是它们最初的萌芽……宗教偏见的基础是社会的[公民的]和政治的偏见，但后者的基础，即使是在无意识的情况下，也是自足的。社会和政治偏见是宗教封闭和保护的核心……宗教偏见是人们对他们自己造成的社会和政治生活的无能、不自由和限制的反映，或者更确切地说，是梦想的反映。②

**【147】**

---

① B. Bauer, *Die Judenfrage*, 16, 21.
② Ibid., 94, 96, 97.

　　另外，科学意识在宗教态度中区分了历史演变的等级。在判断不同宗教在历史序列中的位置时，鲍威尔借鉴了他早期关于《启示录》的著作。在那里，他声称犹太教代表一种较低层次的意识，即人与上帝的外在关系，通过法律或任意意志来调节；正如黑格尔对东方社会的看法那样，只有一种社会是自由的（尽管这种社会是超越的），而特定的主体服从于非理性的命令。基督教表现出更高程度的意识，因为在它里面，一切都是自由的，神的外在性被取消了。但这并不是犹太教单方面的进步，因为基督教，特别是新教，将异化普遍化，使其涵盖社会生活的方方面面。基督教的优越性只在于它不可忍受的否定性，这使得它有必要过渡到一种新的、更高形式的伦理生活。① 自决和自卑之间矛盾的加剧，为划时代的解决开辟了道路；我们在鲍威尔 1841—1842 年的著作中看到了这一立场。

　　对鲍威尔来说，犹太人解放所提出的根本政治问题，并不是把保持其特殊性的细节整合成一个更为全面的整体，而是本质上的改变，或对细节本身的自我超越。整体也呈现出一种新的形态，不再是个人利益的总和和捍卫，而是自觉的普遍目的。只有这一点，对鲍威尔来说，才是共和的计划。因此，他总结，要成为共和国的公民，同时又要维护一个特殊的身份是不可能的。甚至在现有国家内也不能以此为根据主张权利。第一个原因正是基督教国家的支持者所坚持的，即这个国家从根本上致力于一个特定的教派，因此必须拒绝承认其他教派。另外，即使是针对现有国家，而不是未来的共和国，这种权利主张在理论上、在自我意识法庭上也是不可接受的，因为它混淆了普遍权利与根据某些特定特征或身份主张的特权或豁免。只有主体放弃这个身份，才能获得自由。

　　虽然鲍威尔继续支持历史完美主义和崇高的解放斗争，但他现在与政治反对派的重要因素发生了冲突。鲍威尔认为他在犹太人问

---

① B. Bauer, *Die Judenfrage*, 47.

题上的立场完全符合他的伦理唯心主义和共和主义，我们也已经发
现了他与其他著作的显著相似之处。然而，即使我们采用鲍威尔设
计的共和主义标准，他对犹太人解放的批判立场也不是评判革命运
动的唯一可能方式。在鲍威尔对这个问题的思考中，权利和道德的
**【148】**
结合并不是不可避免的，也不是他共和纲领的核心。他要求主体采
取一定的道德态度或一套准则，作为政治行动和司法平等的先决条
件。这种态度可能完全遵守了共和运动的一个标准，但这混淆了目
前的问题，即在一种有缺陷的国家形式的背景下，消除对进入公共
机构的不合理限制。鲍威尔并没有证明自己的理论是司法权让步的
必要标准，而在康德传统中，司法权是从动机中抽象出来的，只关
注外在行为。他也没有证明，主张这些权利的团体将对更大的革命
计划产生不利影响，尽管他显然认为情况就是这样的。他声称，对
这个国家提出要求就是使其合法化，这是不合理的；但鲍威尔认为，
需求本身是不合理的，因为它是一种特殊的身份主张。鲍威尔否认
了其他德国共和主义者和自由主义者所说的，即犹太人提出的主张
是普遍主义的，而国家只是一个特殊的行为。他驳斥了这样的论点，
即犹太人不是凭借某一特定身份要求权利，而是国家本身采取了不
理性的和特殊的行动，根据他们的身份将他们排除在公民生活之外；
因此，他们只寻求其他主体已经普遍享有的权利。他的回答是，犹
太人一直把自己排斥在公共事务之外，国家排斥他们只是在执行他
们自己的意愿。① 鲍威尔认为，这种情况也不会改变：只要他们信
奉自己的宗教，这种情况就不会改变。鲍威尔在这里的批判性判断
侧重于假定的、不可改变的主观意识形式，而不是具体客观可能性
的分析。他承认这种变化是可能发生的，因为对于精神来说没有什
么是不可能的②，但他忽略了自己在 1838 年对犹太教从法律意识过

---

①　B. Bauer, *Die Judenfrage*，1-5.

②　B. Bauer, "Fähigkeit," 195.

渡到先知意识转变的分析。① 取而代之的是他在《基督教真相》中的观点，即宗教表征是绝对静止的。

更根本的是，我们在这里看到鲍威尔的共和模式中出现了一个下滑，主观和客观的方面变得紧张。自由的自我的主观统一性，作为有效的历史行动的先决条件，被另一个形象所掩盖，这个形象就是自给自足的主体单独努力实现的解放。鲍威尔在这里认为，采纳适当的共和格言是必要的，他准备牺牲在权利范围和行使方面的具体进展。鲍威尔的立场可以用他自己在《基督教真相》中给出的定义来恰当地描述，即宗派主义，拒绝将其信仰拓展至其他派别。这是 【*149*】
他的对立方法的另一个例子，但这一次没有很好地建立在辩证理论的基础上，因为它不一定遵循他的前提。我们最好不要把它理解为对他的共和模式的否定，而是共和严谨性的一个例子。最近有人提出，关于西塞罗，我们可以区分其共和思想中的两股力量。一种是以人身安全和人身保护为目的，与消极自由相对应的、最低限度或基于权利的方法。另一种是积极的禁令，以促进社区的利益，而不仅仅是其保护功能。对于西塞罗，这是积极公民的权限，对他的道德决定和政治行为提出了更严格的要求。② 正是这种严谨的态度影响了鲍威尔对犹太人问题的思考。只有在牺牲了所有特殊利益的情况下，才能要求公民身份和平等。但鲍威尔将司法与伦理融合在了一起。

这种对承认的否定，是未能找出将司法主体联系起来的主体间关系，例如，费希特认为这是迈向完全道德承认的必要一步。③ 这

---

① B. Bauer，*Die Religion des alten Testaments*，Band II，140-41；347ff.

② Norberto de Sousa，"Ciceronian Republicanism and the History of Civil Society," unpublished ms.，1999. 引文出自 Marcus Tullius Cicero，*De Officiis*，trans. Walter Miller（Cambridge：Harvard University Press，1913）.

③ Douglas Moggach，"Reciprocity，Elicitation，Recognition：The Thematics of Intersubjectivity in the Early Fichte," *Dialogue*，*The Canadian Philosophical Review*，38/2（Spring 1999），271-96.

种受阻的主体间性也影响了鲍威尔自身主观与客观的综合，以及道德与美学的一致性。自我一开始就与客观过程相违背，并替代了客观过程，尽管鲍威尔认为他是在积极地参与竞争，而不是维护现状。然而，这种偏离政治斗争的客观展开，并不是鲍威尔共和主义的必然结果。对鲍威尔来说，这是一个代价高昂的判断错误。

关于犹太人解放的文本包含了其他重要的理论主题，这些主题在鲍威尔后来的著作中反复出现。他重申了 1842 年他在《莱茵报》中对自由主义的批判，把自由主义描述为一种垄断特权制度。"宪法自由主义是特权的、有限的和[自利的]自由的体系。它的基础是偏见，其本质仍然是宗教的。"①宪政将私人利益对立起来，寻求它们之间的机械平衡；这种安排与共和社会背道而驰，共和社会是自觉地追求积极的自由。"利己主义是为了抑制利己主义？至少在一段时间内，法律可以保护自己的特权，以对抗毫无特权的利己主义。但世界上不仅有利己主义，而且还有一种历史，它反对特权的自我追求，并且它将获得人类和自由的普遍利益的权利。"②即使鲍威尔对具体情况的评估是错误的，这种普遍利益仍然指导着他的共和主义。

鲍威尔经常声称，宗教的根源在于具体的伦理生活的局限性。在有关犹太问题的文本中，有一个重要的理论发展，就是鲍威尔越来越关注更具体地描述塑造现代社会生活的力量，说明制约当前意识表达和异化形式的具体矛盾。他对市民社会动态的描述在这里意义重大。这种描述缺乏黑格尔耶拿时期著作中的力量③，也缺乏对《法哲学原理》中的市民社会及其矛盾的描述，这本书引人注目地描

【*150*】

---

① B. Bauer, *Die Judenfrage*, 101.

② Ibid., 102.

③ G. W. F. Hegel, *Frühe politische Systeme*, ed. G. Göhler (Frankfurt/M: Ullstein, 1974), 201-90, for the 1805-06 Jena *Realphilosophie*.

述了现代世界的生产过剩和贫富两极分化。① 尽管如此，它仍然说明了鲍威尔的现代经济发展观。

> 需求是推动市民社会发展的强大动力。每一个人都利用对方来满足自己的需要，而对方也出于同样的目的……但是，如果需要以其偶然的反复无常和情绪作为规则，如果需要依赖于偶然的自然事件来满足，那么个人可以维护自己的荣誉，但不能阻止突然的、不可预见的、不可估量的地位变化的可能性。需要本身正是确保市民社会存在并保证其必要性的基础，它对市民社会的存在构成持续的危险，在市民社会中保持着一个不确定因素，并带来了贫穷与财富、苦难与繁荣的混合，这种混合包含在不断的交换中。②

对鲍威尔来说，建立在普遍商品交换基础上的现代资本主义经济的主要矛盾是财产的不安全性。他此时还没有探讨阶级冲突或结构性矛盾，尽管这一主题将出现在他 1845 年的著作中。同时，他肯定工业的发展是对自然的征服和人化。③ 鲍威尔为土地所有者的中介作用辩护，尽管土地所有者在法国和英国工业革命中被推翻，在拿破仑战争后被普鲁士改革运动削弱。④ 这一论点与黑格尔《法哲学原理》中的观点相似。

---

① G. W. F. Hegel, *Philosophy of Right*, §241-248, pp. 265-269; H. S. Harris, "The Social Ideal of Hegel's Economic Theory," in L. S. Stepelevich and D. Lamb, eds., *Hegel's Philosophy of Action*(Atlantic Highlands: Humanities Press, 1983), 49-74; Jay Lampert, "Locke, Fichte, and Hegel on the Right to Property," in Michael Baur and John Russon, eds., *Hegel and the Tradition. Essays in Honour of H. S. Harris* (Toronto: University of Toronto Press, 1997), 40-73.

② B. Bauer, *Die Judenfrage*, 8.

③ B. Bauer, *Gute Sache*, 216.

④ J. Droz, *Le romantisme allemand*, 225-238.

　　　　土地所有者的成员不仅有责任追求其私人利益，同时也追求其地产的普遍利益，这对他自己的利益构成了必要的限制。他知道自己是受人尊敬的，因为作为一个土地所有者的成员，他不仅关注他自己，而且关注整个市民社会的利益。①

公司的中介作用是通过个人意识来实现的，即公司的荣誉感和对普遍性的追求。鲍威尔强调了这一立场的脆弱性，这是基于流通领域的变化无常。鲍威尔在强调占有个人主义的消解效应时，预见到了一个主题，这一主题在他对大众的批判和他对革命进程的历史考察中再次出现。

1842 年之后，鲍威尔的共和主义承诺没有动摇，而是通过与法国大革命及其余波的接触而继续得到确认。如果说对历史进程的反思揭示了当前的解放潜力，那么，过去的历史也从战略上指导我们应该如何实现这一结果。真正的自主性与占有的个人主义之间的矛盾，决定了他的共和观。共和国作为一个自我决定的共同体，是一个社会的替代品，这个社会的原则和组织形式完全来自市场。鲍威尔认为，共和国的这一批判思想源于黑格尔的客观精神理论，黑格尔在坚持竞争性市场社会原则的同时，也为国家寻找到了一种独特的、不可还原的作用。左派黑格尔主义者对这一立场的批判为社会生活的转变打开了可能性，并提出了自由的新视野。现存的普鲁士国家，以其专制的名义，建立在反对启蒙和进步的利益之上。在黑格尔的意义上，它是一个肯定的制度，凌驾于个体主体之上，并与之对立；它不是源于自己的自由行为，而是源于历史上超越的生命形式的沉重负担。它试图以某种形式凝结理性已经退却的历史之流。② 从共

【*151*】

---

　　① B. Bauer, *Die Judenfrage*, 8.

　　② B. Bauer, "Rezension：'*Einleitung in die Dogmengeschichte*' von Theodor Kliefoth," *Anekdota* II, 150.

和主义的角度看，尽管黑格尔并不被视为现存秩序的辩护者，但黑格尔国家的实际缺陷也很明显：他的宪政国家似乎是在绝对监护和人民主权之间站不住脚的妥协，是一种动摇不定的态度，是一种折中的办法。① 鲍威尔进一步批判了自由主义、改革主义或宪政思想的不合理之处。他批评德国资产阶级不能对专制国家采取坚定不移的反对立场，缺乏革命热情、努力和牺牲。这一群体以私人利益为目的，这促使他们随时准备在这些利益出现危险时与反动国家妥协。鲍威尔认为这一弱点才是宪政的本质。② 对鲍威尔来说，资产阶级的利己主义是前几次革命失败的根源，对当前的革命运动也造成了致命的威胁。只有建立在自由自觉基础上的不偏离的共和主义，才能维持对现存国家的原则性反对，这是推翻现存国家的必要条件。

在鲍威尔关于法国大革命的著作中，"大众"和"人民"的区别起着关键作用；我们将在第八章结合他对自由主义的批判重新审视这个问题。人似乎是一个矛盾的概念。一个以封建庄园为基础的社会的解体有一个共同根源，这产生了两种可能的民族生活形式，分别取决于其成员是倾向于自治还是倾向于财产积累。正如亚里士多德所说，牟利主义阻碍了一种好的国家形式的可能性。一方面，在某种程度上，人们可以表现为"人民"，体现了自由和不断自我改造的思想，其历史性体现在雅各宾派的法国，现在又出现了一种具体的可能性。另一方面，更为常见的是，人们可以放弃其解放的主张，转而沉溺于眼前的私利【152】之中。这种大众社会对应着各种历史形式，无论是非政治的，还是帝国主义的、贪婪的：吉伦特时期的法国、热月时期的法国、拿破仑扩张主义时期的法国、复辟时期德国的多数倾向、当代英国等。

对鲍威尔来说，需要从小国的困境中建立一个统一，而这些小国

---

① B. Bauer, "Rezension：'*Einleitung in die Dogmengeschichte*' von Theodor Kliefoth," *Anekdota* II, 150.

② Edgar Bauer, *Die liberalen Bestrebungen in Deutschland*, 2 Hefte (Zürich und Winterthur: Verlag des literarischen Comptoirs, 1843).

的权力取决于其民众的顺从，这为 19 世纪 40 年代的德国设定了政治议程，民族斗争和共和斗争就是其中之一。只有把自己建设成一个革命的民族，德国人才能推翻旧秩序，从利己主义、占有个人主义和宗教意识的消极影响中解放出来。共和社会强调个体主体的绝对自主，是个体伦理决策的结果。国家共同体的成员资格是自由坚持的结果；国家并不是本质上的普遍性。在相互教育和合作的关系中，这种立场产生了一个非传统的国家概念。[①] 就像浪漫主义的概念一样，这个国家也不是建立在种族或命运的非理性特殊性之上的。鲍威尔在寻求占有式个人主义的替代方案时，主张将共和主义作为抵御自由主义私利侵害的堡垒。他对社会问题的兴趣对他的共和主义承诺至关重要。

鲍威尔详细而具体地探讨了法国大革命本身的进程，以及其在后革命时期向新的批判视角的转变。他对法国大革命[②]的研究代表了对雅各宾立场的一贯捍卫；言下之意，这些研究也规定了在当前德国危机中的正确立场。鲍威尔表明自己是罗伯斯庇尔的支持者，只有当后者偏离了革命路线的纯粹性时，他才会批判他。[③] 雅各宾派是人民的政党，是为理想而努力和牺牲的政党。[④] 正是他们巩固了革命，

---

① B. Bauer，"Neueste Schriften über die Judenfrage"(continuation)，16；"Die deutschen 'Nationalen,'"*Rheinische Zeitung*，March 10，no. 69，Beiblatt，1842.

② B. Bauer et al.，*Denkwürdigkeiten zur Geschichte der neueren Zeit seit der Französischen Revolution*. Nach den Quellen und Original-Memoiren bearbeitet und herausgegeben von Bruno Bauer und Edgar Bauer and Ernst Jungnitz. (Charlottenburg：Verlag von Egbert Bauer，1844). 这些文本仅仅被巴尼科尔视为派生的汇编，但重要的是要把它们看作鲍威尔批判性观点的延续和发展。以下部分经修改后再版，Douglas Moggach，"*Nation，Volk，Masse*：Left-Hegelian Perspectives on the Rise of Nationalism," in *History of European Ideas*，15/1-3(1992)，339-345，得到了 Elsevier Science 的许可。

③ 罗伯斯庇尔被描述为一个教条的理性主义者，这是受到了卢梭对天真原始本性幻想的启发。Bruno Bauer，*Die Septembertage 1792 und die ersten Kämpfe der Parteien der Republik in Frankreich*，part II，*Denkwürdigkeiten zur Geschichte der neueren Zeit seit der französischen Revolution*(1844)，72. See also Bruno Bauer，*Der Process Ludwig XVI und der 21. Januar 1793*，*Denkwürdigkeiten*(1844)，34.

④ Bruno Bauer，*Der 20. Juni und der 10. August 1792 oder der letzte Kampf des Königtums in Frankreich mit der Volkspartei*，*Denkwürdigkeiten*(1843)，59.

巩固了革命的原则，而吉伦特派则沉溺于简单的征服和国家边界之外的自我扩张。① 他们的行为反映了他们的社会基础，也反映了他们对自由的理解：虽然雅各宾派是人民中最先进的分子②，但吉伦特派则被规定为代表商业利益的政党③，其原则是享有私人利益，具有特殊性和积极性。④ 他们是大众的政党。雅各宾派代表着巴黎，巴黎是社会矛盾的中心，因此也是进步的中心，而吉伦特派的支持者则来自那些孤立于革命的活跃运动之外，并对其怀有敌意的各省。⑤

鲍威尔在捍卫雅各宾传统的过程中，对资产阶级的占有式个人主义提出了极端的批判，资产阶级对财产的执着使其与旧秩序的肯定性联系在一起。对于"靠工业、制造业和贸易为生"的中产阶级，他写道，

> 雅各宾主义确实把他们推回到了他们所热爱的默默无闻的境地，因为他们不关心一般事务，但他们在政治事务中的分量【*153*】并不因此而减少。国家迟早会按照他们的意见重建，他们将决定国家的命运。⑥

这就是鲍威尔对于热月的解释，⑦ 资产阶级对私人利益的重申，加上共和主义者的疲惫和无能，无法维持他们的革命承诺：

> 旧君主政体被推翻以后的时代属于资产阶级。资产阶级自

---

① Bruno Bauer, *Geschichte der Politik*, *Kultur und Aufklärung des achtzehnten Jahrhunderts*. III: *Zweite Abteilung*: *Die Politik der Revolution bis zum Frieden von Basel* (Charlottenburg, Verlag von Egbert Bauer, 1845), 233. [Hereafter *Geschichte der Politik*, III.]

② Bruno Bauer, *20. Juni*, 59.

③ Bruno Bauer, *Process*, 78; *Geschichte der Politik*, III, 10, 56.

④ Bruno Bauer, *Geschichte der Politik*, III, 267ff.

⑤ B. Bauer, *Septembertage*, part II, 6, 26.

⑥ B. Bauer, *Septembertage*, part I, 5. See also *20. Juni*, 6.

⑦ B. Bauer, *Geschichte der Politik*, III, 256.

己摧毁了恐怖统治，收获了从 18 世纪血淋淋的种子中萌生出来的金色果实。受益于革命思想的只有他们自己，而无私或热情的人们也为此牺牲了自己。他们把精神变成了黄金——当然，只有在他们阉割了精神，剥夺了它的后果、它破坏性的热忱、它对所有利己主义的狂热反对之后。①

尽管如此，雅各宾派的献身精神和革命热情让他们一度以少数派的身份取得了胜利②，这一段时间对革命产生了重大影响。摧毁封建特权堡垒是自由原则取得胜利的必要条件。封建特权和普遍权利是截然对立的，雅各宾派的伟大之处就在于承认并实现了这种绝对对立。③ 因此，在雅各宾派的领导下，"被剥夺了权利的大众，一下子变成了一个民族[人民]，通过英勇的奋斗获得了力量、勇气和摧毁一切特权的能力。"④

但是革命在国家问题上搁浅了。它背叛了自己的合法性原则，因此被推翻了。雅各宾派的失败意味着革命将在法国境外进行，不再是自由的进军，而是征服的战争。"法国人想要破坏特权，包括民族特权，但他们作为一个国家、作为一个排外的民族开始了对外征服。"⑤

---

① 　Bruno Bauer, *Septembertage*, part I, 6.

② 　Ibid. , 86.

③ 　关于改革封建统治的不可能性，参见 Bruno Bauer, *Bouille und die Flucht Ludwig XVI*, *Denkwürdigkeiten*, Charlottenburg 1843; second edition Leipzig 1847, 50; Bruno Bauer, *Geschichte der Politik*, *Kultur und Aufklärung des achtzehnten Jahrhunderts*, *Erster Band: Deutschland während der ersten vierzig Jahre des achtzehnten Jahrhunderts*(Charlottenburg: Verlag von Egbert Bauer, 1843), vi. [Hereafter *Geschichte der Politik*, I].

④ 　Bruno Bauer, *Geschichte der Politik*, I, vii.

⑤ 　Ibid. , vii; cf. *Geschichte der Politik*, *Kultur und Aufklärung des achtzehnten Jahrhunderts. Fortsetzung: Deutschland und die französiche Revolution. Dritte Abteilung. Die Politik der Revolution von Baseler Frieden bis zum Rastadter Kongress*(Charlottenburg: Verlag von Egbert Bauer, 1845), 194ff[Hereafter *Geschichte der Politik*, IV].

由于他们特殊的民族主义，法国人也放弃了他们的自由，听任一个
残暴的军事统治者统治①，并重新陷入了沉睡和奴役之中。② 雅各
宾派的倒台也加强了法国境外的反动势力，尽管他们的势力暂时
受到了威胁。德国的"解放战争"巩固了这些倒退因素，也加强了
对德国人民的奴役。③ 在这里，与"大众"相反，"人民"没有排他性
的、特殊的利益；它既反对利己主义的外在表现，也反对利己主
义的内在表现。其共和主义虽然具有民族性，但带有世界性的
取向。

　　革命战争成为法国和英国为争夺欧洲和世界市场的主导地位而
进行的一场旷日持久的贸易战④；问题是捍卫私人利益，而不是解
放原则。由于缺乏政治经济统一和"精神资本"⑤，德国成为这些战 **【154】**
争的被动牺牲品和战场。事实上，德国并不存在：它只是一堆私人
利益的杂乱混合⑥，每种利益都以牺牲其他利益为代价，没有共同
利益的概念。鲍威尔嘲笑德意志小国家的限制性特征，嘲笑小贵族
法庭的荒谬妄自尊大，以及他们对绝对服从的要求。⑦ 这里没有原
则，没有领导。他也批评德国资产阶级的麻木，因为他们无法回应
自由的呼声。鲍威尔把这种资产阶级描述为倒退和庸俗的，只关心

---

① Bruno Bauer，*Geschichte Deutschlands und der französischen Revolution unter der Herrschaft Napoleons*. Erster Band (Charlottenburg: Verlag von Egbert Bauer，1846)，88[Hereafter *Geschichte Deutschlands und der französischen Revolution*，I].

② Bruno Bauer，*G. der Pol.* IV，228.

③ Bruno Bauer，*Geschichte Deutschlands und der französischen Revolution* I，273.

④ Ibid.，6-9. 法国大革命的德国支持者 F. Buchholz 在 1806 年的 *Europäische Annalen* 中提出激烈的抱怨："(英国)利用这种商业垄断，提高原材料价格，在经济上奴役整个欧洲大陆；她不能容忍其他国家除了农业以外的任何活动。"(转引自 J. Droz，*Le romantisme allemand et l'État*，97)另参见 Geoffrey Barraclough，*The Origins of Modern Germany* (New York: Capricorn，1963)，他将德国的小封建国家描述为英国资本的渠道。

⑤ B. Bauer，*Geschichte Deutschlands und der französischen Revolution*，9-10.

⑥ B. Bauer，*Geschichte der Politik*，I，1-105；*Geschichte der Politik*，III，12.

⑦ B. Bauer，*Geschichte der Politik*，I，105ff.

其狭窄的私人利益①，这就排除了政治共同体的一切思想。农民也受到限制，与当时的重大事件隔绝了。他们的奴役状况和孤立阻止了他们参与斗争；相反，他们寻求神圣力量的帮助，只有在想象中，在上帝的恩惠和保护下，他们才能"净化自己，摆脱奴隶制的污秽"②。

法国大革命不能把这些因素与它的事业结合起来，而且还违背了它自己的合法原则。因此它就这样被取消了。随后的反应是重申了尚未得到完全超越的旧的积极性原则。③ 甚至启蒙思想家自己也还没有摆脱旧的预设。通过强调人的本质的偶然性，人的构成成为一种特殊的规定性的杂多，他们无法上升到自由的自我意识的概念，也不能达到纯粹的普遍规定的概念。④ 他们的批判性判断在形式上受到限制。世界是为主体而存在的，但启蒙主体既不能完全理解自己，也不能完全理解自己的世界，正如鲍威尔 1829 年的手稿所主张的那样。鲍威尔认为，只有无限自我意识原则才是普遍解放的基础，只有无限自我意识原则才能克服启蒙思想的局限性。只有它才能为自由的未来做好准备。同时，它的代表必须面对革命的后果，即革命转变为一种新的专制主义，甚至是所谓宪政国家的专制主义，

> 这是一种制度，在这种制度中政府完全从"存在的理由"出发，面对大量平等拥有权利(即同样少的权利)的个人，并根据

---

① B. Bauer，*Geschichte der Politik*，III，19-20. 鲍威尔赞同雅各宾派将财产置于共同利益之下的做法，这不是一种社会主义措施，而是对占有个人主义和对私人利益绝对合法性的攻击。参见第 8 章。

② B. Bauer，*Geschichte der Politik*，I，314.

③ B. Bauer，*Geschichte der Politik*，*Kultur und Aufklärung des achtzehnten Jahrhunderts. Fortsetzung*：*Deutschland während der Zeit der französischen Revolution*. Erste Abteilung. (Charlottenburg：Verlag von Egbert Bauer，1844)，59.

④ Ibid.，5-6，8-9.

其税收对维护国家机器的货币贡献来决定个人的价值。①

自由的事业要求对摇摆不定的、积极的政治力量进行批判，鲍威尔认为，这些政治力量并不是"自由的事业"的真正支持者。直到 1850 年，鲍威尔仍在抨击德国宪政反对派的不合理性。② 改革派没有反对国家，也没有承认国家没有变革的能力，而是继续对国家提出具体的政治要求③，从而使国家的存在及其作为政治问题仲裁者的权力合法化。相反，鲍威尔认为，切断一切肯定性的纽带是新 【155】世界的先决条件。改革派只是保留了旧的、肯定力量的前提，并要求一个本质上已经被鲍威尔证明了抵制变革的国家进行变革。④

但在改革的趋势下，鲍威尔的批判中偏狭和对立的特征再次显现出来。他无法想象一个由不同进步力量组成的联盟，作为一场更大的革命斗争的一部分来实现眼前的目标。事实上，他完全否认宪政派系的任何进步功能。他认为这只是旧秩序的一部分，需要明确反对。这种策略性的拒绝有着深刻的理论根源，因为鲍威尔的革命需要无条件地肯定和实现一个新原则。这一原则绝不能妥协，即使是为了眼前的利益。我们已经在《犹太人问题》中遇到过这种情况。

鲍威尔还批评公众的公开愿望不够明确、坚定或具有革命性⑤，认为就目前情况而言，新闻界有责任反对公众，而不是把自己描绘

① Bruno Bauer, *Geschichte Deutschlands und der französischen Revolution unter der Herrschaft Napoleons. Zweiter Band. Drei Jahre Kontrerevolution* (Charlottenburg: Verlag von Egbert Bauer, 1846), 230.

② B. Bauer, *Der Fall und Untergang der neuesten Revolutionen* (Berlin: Verlag von Gustav Hempel, 1850), II. *Der Aufstand und Fall des deutschen Radikalismus vom Jahre* 1842. Erster Band, 96.

③ Cf. J. Jacoby (anon.) *Vier Fragen beantwortet von einem Ost-Preussen* (Leipzig, 1841), and the critique of it in E. Bauer, *Die liberalen Bestrebungen*, 3-7.

④ B. Bauer, *Fall und Untergang*, 154.

⑤ Ibid. , 98.

成其发言人和代表。

　　还必须无条件地承认，新闻界确实表达了大众精神中活跃而有力的东西，但它只是表达了大众精神中现成的东西，其中只包含很少的一般性和不确定的要求与骚动。新闻界没有足够的力量和勇气来推动新的创造和判断，从而消除不确定性，如果新闻界也得到了很大一部分公众的支持，那么，只有新闻界才有可能做出一项体面的决议。公众对旧形式不再抱着天真的信念，但也还没有超越它们。尽管政府徒劳地试图减轻人们对其改革自身和修补旧秩序的怀疑，但公众的发言人只是在文字上表达了对这一恢复的不明确的不满情绪。在这混乱的纠结中，一种决定性的、具有破坏性的、有生命力的、能够创造新事物的力量不见踪影。①

　　在《政党斗争史》一书中②，鲍威尔不仅批评立宪派，而且批评共和党政治运动的重要组成部分不够激进。③ 针对早在 1842 年秋天就因挑衅性而拒绝接受其文章的《莱茵报》④，鲍威尔主张"即使在反对现有秩序的斗争中，他们也只想在现有法律的监督下进行斗争，这也就是说他们不想斗争、进步、发展！"⑤他嘲笑卢格在 1842 年撒克逊第二会议厅前为《德国年鉴》辩护，卢格声称该杂志是无害的。⑥他谴责卢格为了将反对派的政治影响降到最低而做出不合理行为。

----

① B. Bauer, *Fall und Untergang*, 107.

② Bruno Bauer, *Vollständige Geschichte der Parteikämpfe in Deutschland während der Jahre* 1842-1846(Charlottenburg：Egbert Bauer, 1847).

③ Ibid., 169ff.

④ Marx, *MEGA* I, 1(2), 277, 280ff. 另参见 D. McLellan, *Marx Before Marxism*, 90-94.

⑤ B. Bauer, *Parteikämpfe*, 188-189.

⑥ Ibid., 203ff.

这与布鲁诺·鲍威尔的兄弟埃德加在 1844 年针对以色列少校的指控 【156】
进行的辩护相比，是很有启发性的。被告说，他不是作为普鲁士的
主体在律师面前行事，也不询问谁可能会因他的调查结果而受到冒
犯。他采取了解放人性的立场，并展示了他的工作是如何为这一目
标做出贡献的。他把他的审判变成了科学论证。他输掉了比赛，却
把这次审判当作一种非暴力反抗的行为，一种捍卫自由事业的机会，
他不接受压制他的法律，而是被迫屈服于其非理性的强制力。① 因
此，布鲁诺·鲍威尔理解自己在 1842 年被解雇时的自卫行为，以及
自己与审查员的辩论。所以，他认为，所有的共和主义者都必须采
取行动。

鲍威尔赞同（完全同意：如果斗争如此广泛地蓬勃发展）②地引
用了自由派报纸《飞行员报》（Der Pilot），该报 1843 年第一期曾指
出："根据国家的基本基础，革命和国家之间不可能和平共存。"③斗
争必须以消灭一方或另一方而告终。这就是雅各宾派的鲍威尔。但
他现在也声称，诉诸恐怖主义证明了意识还不是普遍存在的，意识
试图通过武力来表现自己。④ 这是一个新的注解，在《末日的宣告》
中没有出现，也没有在《法国大革命以来的近代历史遗迹》中雅各宾
派的特征中明确指出。它的重要性不应被夸大，因为鲍威尔很快就
在 1848 年为街垒战士辩护，反对保守派的批评；他不否认革命斗
争。但很明显鲍威尔与反对派运动的关系变得更加矛盾和有问题。
他在美学上的自足，现在往往是以牺牲崇高和雅各宾主义为代价的。

---

　　① Edgar Bauer, ed., *Pressprozess Edgar Bauers über sein Werk: Der Streit der Kritik mit Kirche und Staat. Acktenstücke*(Bern: Jenni, Sohn, 1844); cf. Bruno Bauer, ed., *Acktenstücke zu den Verhandlungen über die Beschlagnahme der "Geschichte der Politik, Kultur und Aufklärung des achtzehnten Jahrhunderts," von Bruno Bauer*. Teil I(Christiania: Verlag von C. C. Werner, 1844).

　　② B. Bauer, *Parteikämpfe*, 220.

　　③ Ibid., 220.

　　④ Ibid., 161.

鲍威尔思想的对立性倾向于以原则的纯粹性的名义，阻止复辟的反对者之间的战略联盟。尽管他继续抨击政治上的不合理，并因此采取了与 1842 年相同的立场，但他强调个人与伦理和审美模式的普遍、主观方面的直接、个人和自觉的统一。然而，他对客观过程的兴趣丝毫没有减弱。社会问题作为革命形势的决定性因素之一，现在是最为突出的。

# 第八章

# "自我意识的共和国":
# 1848年的革命政治学

旧式的革命已经结束了。1848年的运动尤其体现了这一点。近代
的伟大社会运动，在思想内容上也是革命性的，它避免了资产阶级政
党所走过的老路。它为自己设定了新的目标，并以新的方式前行。[1]

马克思的一位追随者在19世纪末对1848年革命的评价概括了鲍
威尔自己对这场运动的解放前景的评价，尽管这些前盟友之间存在着
激烈的分歧。新目标和新方法的性质仍然是一个有争议的问题，而且
进一步产生了截然不同的评价。[2] 在1848年革命提出的一系列问题中，
参与者都同意社会问题具有重要的政治意义，即旧的土地秩序的终结和
资本主义工业生产的开始，导致了新形式的贫穷和反抗的存在。[3] 他们

---

[1] Wilhelm Blos, *Die deutsche Revolution. Geschichte der deutschen Bewegung von* 1848 *und* 1849(Stuttgart: Dietz Verlag, 1893), 4.

[2] Walter Schmidt, "Die 1848er Forschung in der DDR," *Zeitschrift für Geschich-tswissenshaft*, Vol. 42 (1994), 21-38; Dieter Langewiesche, "Republik, konstitutio-nelle Monarchie und 'soziale Frage': Grundprobleme der deutschen Revolution von 1848/49," *Historische Zeitschrift*, Vol. 230, no. 3(1980), 529-547.

[3] 例如，参见 Helmut Bleiber, Walter Schmidt, and Rolf Weber(eds.), *Männer der Revolution von 1848*, Band II(Berlin: Akademie Verlag, 1987), 24-25; Jonathan Sperber, *The Democratic Movement and the Revolution of 1848-1849*(Princeton: Prince-ton University Press, 1991), 490.

在问题的起因和解决办法上存在激烈的分歧。

关于布鲁诺·鲍威尔的作品在多大程度上受到了社会问题的影响，对此学界尚未达成共识，尤其是在"三月革命前时期"的后期。自 1843 年以来，鲍威尔一直把政治解放与社会解放的关系作为批判理论的对象。甚至在马克思的《神圣家族》出版引发争论之前①，鲍威尔就已经在回应社会问题的出现，这是德国与欧洲其他地方展开政治辩论的决定因素。正如洛伦茨·冯·施泰因（Lorenz von Stein）在 1842 年所述，在博纳罗蒂广为流传的关于法国大革命的著作中，②利己主义和共同体之间的对立就是中心主题。虽然鲍威尔拒绝了博纳罗蒂的社会主义结论，但他可能会在这里找到类似于他自己在《末日的宣告》中的观点。在 1843 年 12 月出版的第一期《文学总汇报》中，鲍威尔已经不加任何阐述地主张，政治问题的真实用意在于社会。③ 他在其他地方继续说明，法国人正确地提出了这个社会问题，【*158*】但却没有有效的解决办法。④ 他们对新自由理论的理解并不充分，而这一理论是从与黑格尔的内在接触中产生的。

鲍威尔认为社会问题有两个不同的方面。它引发了对自由主义和社会主义的批判。问题的一个方面是法国大革命后大众社会的出

---

① Karl Marx，Frederick Engels，"The Holy Family，or Critique of Critical Criticism. Against Bruno Bauer and Company，"in *Collected Works*，vol. 4（New York：International Publishers，1975），5-211. 卢格自己也参与了与马克思的争论，在他们的合作失败后（《德法年鉴》*Deutsch-französische Jahrbücher*），卢格认为《神圣家族》是可悲的概要，不配与从前的朋友为伍。参见 Barnikol Ms.，Quellenteil，Ruge to Fleischer（May 27，1845），23，II. 9. cc）.

② Lorenz von Stein，*Der Socialismus und Communismus des heutigen Frankreichs*（Leipzig，1842）.

③ Bruno Bauer，"Hinrichs politische Vorlesungen. BandI，"*Allgemeine Literatur Zeitung*［ALZ］I，December 1843，30. Hegelian 中心的成员 H. F. W. Hinrichs 在 1841 年被卢格描述为政治自由主义者。参见卢格致 Rosenkranz，1841 年 2 月 25 日，Heinz und Ingrid Pepperle，*Die Hegelsche Linke. Dokumente zu Philosophie und Politik im deutschen Vormärz*（Frankfurt am Main：Röderberg，1986），808.

④ Bruno Bauer，"Correspondenz aus der Provinz，"*ALZ*，VI（May 1844），34.

现；自由主义无意中为这种发展发声，试图将自由定义为获得。问题的另一个方面是现代社会主义的诞生，鲍威尔认为，现代社会主义与自由主义有许多相同的地方，但其对自由主义所肯定的条件提出了不一致和不可接受的解决方案。鲍威尔反对特殊性的批判性斗争包括了这两个方面，同时他继续毫不吝啬地攻击复辟政权的非理性特权、豁免和企业垄断利益。受传统束缚的旧秩序世界与自由、原子主义、占有主义的个人主义相互映照，成为特定利益的表达，其中一种是宗教利益，另一种是经济利益。两者都不利于主体的理性自决，也不利于从特殊利益到普遍利益的意识提升，尽管它们在鲍威尔的进化历史体系中占据着不同的位置。他批评市民社会的抽象个人主义和利己主义，呼吁建立一种新的、自由的个性，这种个性从属于作为行动终点的积累，而有利于自由选择地认同历史进程的进步和革命的主旨。他认为，这种转变不仅给政治学，而且给所有社会关系注入了活力和正义。①

随着"三月革命前时期"危机的加深，鲍威尔的共和主义将自己定义为一种与自由主义和社会主义截然不同的对立潮流。自由派和共和主义立场的分歧并不是 1848 年的一个原始特征。鲍威尔已经分析了法国大革命时期形成的这种敌对形态，他在 1842 年《莱茵报》针对克伦威尔和清教主义的讨论中提到了英国的情况。他现在把这种意识形态上的分裂解释为一种社会差别，即反对人民的党派和大众的党派。这种对立是全面的：一方面存在着代表惰性和停滞的群众，群众意识的模糊构成了现状的真正堡垒；另一方面存在着真正的革命力量，他们以道德勇气承担了解放的任务。这种区别呈现出自由自我活动与被动感知、自主与他律之间绝对对立的特点。

鲍威尔认为，"大众"是法国大革命的结果：封建社会的解体

---

① Bruno Bauer, "Erste Wahlrede von 1848," in Barnikol, *Bruno Bauer*, 526-529.

导致了一个纯粹的原子主义社会，其特点是主张个人财产权。① 大
众是新兴的、由市场支配的市民社会的一种愿景："使这个大众出
**【159】** 现集体运动的表象的，只是个别原子带着其特殊利益和需要的运
动；他们内部斗争的，只是这个无限个人利益的斗争和竞争。"②虽
然有关鲍威尔的二手文献经常把大众等同于工业工人阶级，但
这一定义过于狭隘，扭曲了他的社会批判，曲解了其真正的对
象。③ 这一概念必须与鲍威尔关于后革命现代性的思想，以及其中
的社会、政治斗争和变革的思想联系起来理解。尽管鲍威尔对无产
阶级在目前的意识和组织水平上的自主行动能力感到悲观，但他的
大众范畴特别针对的是摇摆不定的自由资产阶级和由私人经济利益
所塑造的市民社会。鲍威尔的共和主义批判了自由权利，主张一种
新的美德学说；在犹太人问题上，我们已经看到了这种立场的一些
后果。鲍威尔声称，正如自由主义所解释的那样，权利是特权或豁
免，本质上与封建豁免没有区别。对鲍威尔来说，终极的权利是自
我超越的权利，即将意志从任何特殊性中抽离，以支持伦理普遍性
的能力。他认同自由主义者的观点，即个人独立需要一定的个人财
产，但他反对自由主义者的权利观念，认为它是僵化的、不变的，
不利于真正的自主。这种权利仅仅是对特殊性的认可和对历史变迁
的抵制。它们巩固了财富和社会地位的差异，在黑格尔意义上是积
极的，因为它们寻求与历史发展保持一致。④ 鲍威尔认为，自由权

---

① Bruno Bauer, "Was ist jetzt der Gegenstand der Kritik?", *ALZ*, VIII, June
1844, 18-26.

② Bruno Bauer(pseudonym A. Fränkel), "Die religiöse Bewegung. Erster Artikel.
Die Masse,"*Norddeutsche Blätter*, VIII, January 1845, 63.

③ Robert Nola, "The Young Hegelians, Feuerbach, and Marx," in R. C. Solomon
and K. M. Higgins(eds.), *The Age of German Idealism*. *Routledge History of Philoso-
phy*, vol. VI(London, Routledge, 1993), 298-299.

④ 例如，参见 Bruno Bauer, *Geschichte Deutschlands und der französischen Revolution
unter der Herrschaft Napoleons. Zweiter Band. Drei Jahre Kontrerevolution* (Charlottenburg:
Verlag von Egbert Bauer, 1846), 230.

利是一种要求，使客观世界的某些部分免受理性的审视和修正。他不拒绝权利，而是拒绝权利的自由辩护。自由主义只从经验的实践理性和物质满足中获得权利，为此牺牲了纯粹实践理性所规定的更高的自主性理念；但与康德、费希特和黑格尔认同的对自由的司法解释不同，鲍威尔再次将这两种形式的理性视为二律背反。他对犹太解放的态度已经表明，他不愿承认特定的权利，并对司法关系具有道德化倾向。

现在值得注意的是鲍威尔的批判在社会问题上的应用，他把自由主义和无节制的积累主义等同起来。自由主义的自由定义是个人主义对私人权利的占有式主张，具有明显的社会后果。鲍威尔对自由主义的控诉是，它消解了伦理生活的纽带，将社会缩小为相互竞争的原子的总和。自由主义本身是法国大革命产生的变革的结果，在其进步时期，它有助于个人从传统的从属关系中解脱出来，而这种关系正是旧制度的特征。但它促进了一种虚假的自由，一种以他 【160】 律形式表现出来的自由。自由主义的决定性原则是私有财产，所有权态度和所有权关系决定了其持有者的行为。自由主义在自由平等的面具下，对敛财者实行垄断和特权的制裁，其权利学说与封建的等级防卫一样具有排他性和反历史性。仅靠个人利益的总和是无法恢复被破坏的现代伦理的。早在1829年，鲍威尔已经全神贯注于这种剥夺的文化，这种文化在自由主义纲领中得到了充分的体现。国家，即潜在的历史变革的代理人（如鲍威尔在1841年所说），成为自由主义现状和现有的商品分配方式的守护者。由于占有的神圣性是最高的自由主义原则，任何国家（以最低的代价）只要能保证财产就足够了；因此，鲍威尔总结说，自由主义者无法持续反对现有的政治秩序，他们会为了安全而加速与之妥协。这一教训在法国大革命中得到了充分的证明，并有可能在德国重演。雅各宾派勇敢地反对这种态度，但显然未能克服它，这种态度在革命的严酷考验中变得更加强烈。

鲍威尔的替代选择是共和国,其基础是承认真正的共同利益和公民个人的自我超越,他们不再由财产决定,而承认自己是历史变革的活力和能量。《末日的宣告》和《黑格尔的宗教与艺术学说》中的这一结论是鲍威尔分析 19 世纪 40 年代法国和德国革命运动的基础。鲍威尔把共同利益概括为消除特权和不平等,主张人们有权根据他们对自由的理解来重塑他们的政治和社会制度。无限的自我意识在共和国呈现出适当的形态,不断地修正它自己的存在形式。在当前形势下,旧秩序的崩溃及其对非理性合法化的绝望追求,批判性地阐明了一个决定性的历史问题:必须坚决捍卫人民主权,反对君主制的傲慢和自由主义的动摇。这项权利具有反身性和自我修正性,与自由特权有着根本的区别。一旦得到保护,其形式和内容就可以进一步得到阐述和更新。理性的现代伦理生活的可能性取决于个人是否有能力使自己成为普遍利益的代理人,并在新的共和制度中确认自己的自主权。

与自由主义中的财产自由相反,鲍威尔援引道德完美主义和毫不妥协的崇高斗争来改变政治关系和制度。一旦共和制度成立,进一步的社会变革就成为可能。鲍威尔的共和主义不同于旧共和主【161】义对过去美德的诉求,而是植根于现代发展的具体特征。① 它继续通过对社会问题的理解,为其批判性判断寻找客观的方向。

鲍威尔对大众社会的批评,在最近的研究文献中,就像在他的许多同时代人中一样,造成了这样的印象:在 1848—1849 年的暴力冲突之前,他已经放弃了革命事业。② 然而,根据他自己的叙述,

---

① Istvan Hont and Michael Ignatieff(eds.), *Wealth and Virtue. The Shaping of Political Economy in the Scottish Enlightenment* (Cambridge: Cambridge University Press, 1983).

② 如第 7 章所述,鲍威尔的政治立场从未成为持续调查的对象。Dieter Hertz-Eichenrode, *Der Junghegelianer Bruno Bauer im Vormärz*, Inauguraldissertation(Berlin: Frei Universität, 1959) hardly mentions any texts written after 1842.

他在《文学总汇报》①和《北德意志杂志》②的一系列文章中对反对派运动的批评，并不代表他背离了对政治革命的承诺，如 1839—1843 年的文本所示，它们是对其社会影响的一种评判。尽管鲍威尔强烈批评了参与反对普鲁士政权斗争的势力，但他仍然坚持共和主义的立场。然而，即使在最极端的情况下，鲍威尔的批评也直指进步党的不合理、优柔寡断和不明确的要求。他的社会批判是对自由主义和社会主义的否定，同时也坚定不移地反对复辟秩序。

在 1844 年针对大众社会的辩论文章《目前什么是批判的对象？》中，鲍威尔认为，1838—1844 年的危机是由大众和他们的代言人构想出来的，不是自我意识与之前的矛盾和限制的内部斗争，而是一场与眼前的物质利益相联系的斗争，因此没有超越旧的关系体系和利己主义的视域；但对鲍威尔来说，没有任何一种未经改造的东西本身就带有未来的种子。他说，把他的批评与群众的斗争等同起来，只是虚幻的。批判与反对者的政治预设产生了相当短暂的冲突。随着对抗的展开，批判将先前限制了政党、地产、企业的利己主义的政治本质完全公开化。因此，一方面，在其历史发展中，这种利己主义现在是无止境的；另一方面，冲突的结果表明，自我意识的过程和运动，必须把握和克服人的缺陷，而这些缺陷以前被认为是陌生的、超出人的能力的。③ 在这篇文章和相关的文本中，鲍威尔对大众的批判采用了一种高傲的语气，证明了巴尼科尔对其知识分子的傲慢的描述是正确的④；这表明他倾向于把对立面作为映衬，对

———————————

① Bruno Bauer ( ed. )，*Allgemeine Literatur-Zeitung*. Monatschrift. 12 issues Dec. 1843-Oct. 1844. Second edition under the title *Streit der Kritik mit den modernen Gegensätzen*. Mit Beiträgen von Bruno Bauer，Edgar Bauer，Ernst Jungnitz，Szeliga und Anderen(Charlottenburg：Egbert Bauer，1847).

② Bruno Bauer(ed. )，*Norddeutsche Blätter. Eine Monatschrift für Kritik，Literatur und Unterhaltung*，10 issues July 1844-April 1845.

③ B. Bauer，"Was ist jetzt der Gegenstand der Kritik，" 20-25.

④ Ernst Barnikol，"Bruno Bauer，der radikalste Religionskritiker und konservativste Junghegelianer，"*Das Altertum*，Band 7，Heft 1(Berlin：Akademie Verlag，1961)，41-49.

此他受到了许多正确的批评。变革的形式和物质原因，以及要取得
成功就必须接触和改造的群众基础，现在出现了一种新的对立关系。
正如我们所看到的，鲍威尔在《普鲁士福音教和科学》中把大众——
尽管迟钝但有抵抗力的——作为任何客观历史转变的必要基础；而
他现在已经对其不屑一顾。创造性和批判性的知识分子现在对大众
采取了一种对立的态度，认为大众是现存秩序的堡垒。这种态度再
次表明了历史进程主观和客观两方面的紧张关系。随着客观政治力
量被证实难以改变，鲍威尔的批判似乎是在纯粹主观的自我肯定中
寻找庇护。"应该"和"存在"现在处于激烈的对立之中，这种批判的
判断似乎越来越无法在两者之间架起桥梁。即将到来的革命失败使
鲍威尔在 1844 年之后的干预显得更加悲怆。

然而，这种论调不能误导我们，使我们认为鲍威尔正在从积极参
与政治的进程中退出。他将纯粹的政治革命等同于自由主义，即让大
众社会的成员去自由地推进他们的限制性进程。共和主义提出了新的
目标和新的方式，这超越了自由主义的视野。鲍威尔指出了人与大众之
间的对立，并得出结论，这种对立现在必须通过它的当代形式来追溯。

鲍威尔的合作者所写的其他文本有助于阐明政治和社会革命的
区别，尽管这些文本必须始终非常谨慎地用作鲍威尔自己立场的证
据。在这里，它们只是进一步证明了鲍威尔自己的著作中存在的区
别，比如那些关于法国大革命的著作。例如，埃德加·鲍威尔
在 1844 年发表了一篇文章，题为《与教会和国家的批判之争》。1845
年，他因这篇文章煽动叛乱而被判长期监禁，直到三年后的民众起
义才使他获释。他在这篇文章中指出，要使革命完全实现自身，自
由必须比纯粹的政治形式更具有普遍性。[①] 政治观念是必要的，但
还不够。自由要求使社会中最不受欢迎的人的生活条件和工作人性

---

① Edgar Bauer, *Der Streit der Kritik mit Kirche und Staat* (Bern: Jenni,
Sohn, 1844), 257. See also his article "1842" in *ALZ*, VIII, July 1844, 1-8.

化。他把贫困和私有财产联系起来，抨击的仅仅是没有抓住罪恶根源的改革者的治标不治本。[1] 埃德加·鲍威尔在这里把自己的立场描述为共产主义，并把工人，包括失业者和边缘化的人定义为革命阶级。"自由的人拥有私有财产是不合适的。因为自由的人不应因任何事而与他人断绝关系，他自己不应拥有任何限制他人自由的东西。"[2] 1849年，他拒绝承认私有财产是一种使社会处于战争状态的政治特权垄断[3]，他主张，在真正的社会中，将其成员团结在一起的不再是一种力量，而是一种"永远崭新"的共同利益。[4] 两兄弟的立场不可能总是被同化，布鲁诺·鲍威尔也从来没有如此紧密地认同社会主义纲领；他的反社会主义确实是主题性的，但它是通过他自己对社会问题的诊断和解决而出现的。与他的弟弟不同，他认为私有财产构成了个人独 **【163】**立和主动性的一部分，但他对这种倾向进行了抨击，认为这种倾向会超出其应有的界限。尽管如此，布鲁诺·鲍威尔和埃德加·鲍威尔对特殊主义和改革主义的抨击有着重要的相似之处，前者对大众的批判被视为对支配一切社会关系的市场的攻击。1844 年后，鲍威尔柏林圈子的其他成员的著作也证实了这一观点。例如，在 1846 年，塞利加出版了一本小册子，名为《人类劳动组织》(*Organisation der Arbeit der Menschheit*)。在这本书中，作者在批判 18 世纪至今政治运动的不足的同时，也强调了大众与人民的区别，无组织的大众是占有性个人主义者群体，而不是体现解放人类价值的人民。[5] 共和主义共同体与私有制国家有着根本的区别。

---

① E. Bauer, *Streit*, 285-86.

② Ibid., 289, 另见 Wolfgang Eßbach, *Die Junghegelianer. Soziologie einer Intellektuellengruppe*(München: Wilhelm Fink Verlag, 1988), 242 n. 253.

③ Edgar Bauer, *Die Parteien*, *Politische Revue*, 2es und 3es Heft (Hamburg 1849), 4, 20-28.

④ Edgar Bauer, *Die Parteien*, *Politische Revue*, 1es Heft(Hamburg 1849), 9.

⑤ Szeliga [Franz Zychlin von Zychlinski], *Die Organisation der Arbeit der Menschheit und die Kunst der Geschichtsschreibung Schlossers, Gervinus, Dahlmanns und Bruno Bauers*(Charlottenburg, 1846), 32, 42, 44.

鲍威尔区分政治革命和社会革命的关键在于大众的概念。[①] 社会革命构成了共和的人民，而最终在法国，仅仅是政治革命就解放了大众社会的成员。鲍威尔为"人民"的概念辩护，认为它超越了自由主义的视野。但他反对大众这一观念。这一立场符合鲍威尔对特殊利益和普遍利益的辩证法，并解释了他参与 1848 年革命的原因：他不是否定政治解放，而是提倡更广泛的社会解放形式，批判反对运动的局限性和利己主义。革命运动最高志向的批判联盟尚未破裂。鲍威尔对解放的理解，要求我们特别审视他与社会主义之间的争议性关系。

1848 年革命的一个重要成果是共和主义与社会主义潮流的决裂。布鲁诺·鲍威尔清楚地把握了这一发展，而在之前引用的埃德加·鲍威尔作品中，这一发展仍较为模糊。19 世纪 40 年代的革命运动揭示的不是雅各宾传统的延续，而是它的断裂。大众联盟中的政治团体随着每个人对自己的具体目标有了更清晰的认识而具体化，并且在一定程度上明确了自己反对前盟友的立场。对布鲁诺·鲍威尔来说，这是一个必要的过程，因为通过它，早期的对立被重构为原则性和自觉的矛盾，并以这种形式得到解决。早期的雅各宾主义本身并没有在社会、政治和军事问题上形成一个稳固的统一战线，正如 1793—1794 年法国大革命中政府的动荡历程所生动展示的那样。[②] 1848 年，这场运

---

① B. Bauer, "Die Gattung und die Masse," *ALZ*, X, September 1844, 42-48; reprinted in H. M. Sass, *Feldzüge der reinen Kritik*, 213-220.

② 例如，对工资和物价的最高限制引起了巴黎工人的强烈反对，恐怖统治并没有放过他们。对 Hébert 的处决源于罗伯斯庇尔与一个更左翼或民粹主义派系的分裂，尽管这个派系有冒险主义的嫌疑，尤其是在军事动员问题上。热月的计划是与雅各宾派合谋进行的，这些雅各宾派与巴黎大众力量密切相关，特别是 Billaud-Varenne 和 Collot d'Herbois. 关于这个问题，参见 Marc Bouloiseau, *Le comité de salut publique* (1793-1795), 2nd edition(Paris: Presses universitaires de France, 1968), 68; Georges Lefebvre, *The French Revolution from 1793 to 1799* (London: Routledge and Kegan Paul, 1964), 39-138. 关于热月，参见 Jacques Godechot, *The Counter-Revolution*, *Doctrine and Action 1789-1804* (Princeton: Princeton University Press, 1971), 246; 以及 Richard T. Bienvenu (ed.), *The Ninth of Thermidor: The Fall of Robespierre* (London: Oxford University Press, 1968), 182-191, 204-206.

动中的分歧得到了明确的理论表述。鲍威尔在 1848 年前后的反社会主义论战证明了这一转变。正如我们已经观察到的，鲍威尔认为，旧的雅各宾主义不能简单地复活，而是必须清除其原则的肯定性，以及它坚持的对自我的唯物主义的观点和对美德的模仿概念。还必 **【164】** 须对它提出挑战，因为它的结果不充分，它无力推翻旧秩序的一切表现形式，它在利己主义特殊性的重压下失败了。他声称，新共和主义在对自由的理解和对历史的批判性判断上远远超前于它的前身。尽管其表面上的盟友表现出犹豫不决和困惑，但它仍然对最终的胜利充满信心。

鲍威尔进一步指出了与旧雅各宾主义的不同之处，他明确地宣称，新共和主义的目标不仅是政治上的，而且是社会上的解放。① 他在回应马克思关于他在《犹太人问题》中立场的描述时提出了这一点②，尽管他对政治和社会解放的区分早于这些争论。自 1841 年以来，鲍威尔坚持认为解决社会问题是最紧迫的政治任务之一。正如我们也看到的那样，鲍威尔对资本主义的批判并不像马克思那样关注工人的压迫和反抗，而是主要关注流通领域的不稳定性，以及这种不稳定性使国家沦为资本主义的仆人和监督者的趋势。③ 鲍威尔还强调，需要重新认识劳动的本质，不是把劳动与满足需要的利己主义联系起来，而是把劳动作为创造的手段。自 1841 年以来，他坚持认为社会问题的解决现在是一种具体的可能性，这与黑格尔更为怀疑的评价相反。他认为，只有实现无产阶级的解放，国家才能完成其历史使命。④ 对鲍威尔来说，这一过程从根本上是由理性国家

---

① Bruno Bauer, "Verteidigungsrede vor den Wahlmännern des vierten Wahlbezirkes am 22. 2. 1849," in Ernst Barnikol, *Bruno Bauer: Studien und Materialien*, 522.

② Karl Marx, "On the Jewish Question," in *Collected Works*, vol. 3 (1975), 146-174.

③ B. Bauer, *Die Judenfrage* (Braunschweig: Fr. Otto, 1843), 8.

④ Bruno Bauer, "Der christliche Staat und unsere Zeit," in H. -M. Sass (ed.), *Feldzüge der reinen Kritik* (Frankfurt am Main: Suhrkamp, 1968), 33.

在批判理论的指导和督促下，为了自身的完善而努力推动的。① 这是千禧年斗争的高潮，通过这场斗争，国家摆脱了特定利益和特权的支配，以其适当的共和形态作为普遍和理性自由的表现。工人的解放主要包括教育、生活条件的人性化以及他们获得的新型自我意识。鲍威尔预计，这些改革将产生广泛的影响，不仅会消除贫困，而且将会使所有的社会关系中都渗透着公正，并促进新的社会和文化创造形式。与历史早已超越的特殊利益联系在一起的复辟国家并没有完成其必要的任务。相反，共和主义者必须采取果断措施，实现真正的解放。

鲍威尔在捍卫自己的立场时，认为这种解放是一种社会正义的要求，而共和国家将在民众自主的结果下实现这一要求。给予解放的不是国家；自由不能来自上天的恩赐，而必须通过包括工人本身在内的所有人的努力来赢得。从 1843 年秋起，马克思就把工人阶级的自我解放作为其特有的社会主义形式的标志。鲍威尔赞同自我活动的观点，但否认其政治后果是社会主义国家。对鲍威尔来说，这种新意识也是有效的革命行动的先决条件。但是他认为，革命的主体并不是由他们的社会地位决定的，尽管他强调了那些被当前社会秩序边缘化的人的强烈反对。在他看来，革命者必须奋起迎接挑战，重新定义自己，不是捍卫特定利益，而是超越特定利益。这是鲍威尔在工作中一贯的要求。他反对马克思，是因为他认为马克思的地位是他律的。他反对马克思的理由是他采用了他律论来描述马克思的立场。对鲍威尔来说，特殊超越自身的辩证过程可能并不是必然的无意识运作（如马克思对阶级形成的描述），而是一种伦理自由的行为。

在社会主义阵营中，人们对反对运动内部紧张关系的认识也日益

【*165*】

---

①   Bruno Bauer, *Die gute Sache der Freiheit und meine eigene Angelegenheit* (Zürich und Winterthur: Verlag des literarischen Comptoirs, 1842), 33.

增强。马克思与鲍威尔的论战始于 1842 年年底，当时作为《莱茵报》的编辑，马克思在策略上反对鲍威尔和柏林《自由之境》的作品中过于具有挑衅性的特点；然而，在这个时候，马克思和鲍威尔都有共和主义倾向。① 1843 年秋以后，当马克思采取社会主义立场时，这些论战呈现出一种新的特点，即原则上的不同。1844 年夏天，马克思与卢格因《德法年鉴》的编辑方向问题而决裂，这使这种分歧更加严重。在这里，社会主义和共和主义之间画下了清楚的界限。② 随后，《神圣家族》和《德意志意识形态》从社会主义的角度更详细地阐述了其理论上的分歧，尽管后者直到 20 世纪 30 年代才出版。③ 在他们的论战中，双方都指责对方有同样的缺陷：对鲍威尔来说，社会主义是无产阶级的普遍化，而不是改造；对马克思来说，共和主义巩固了资产阶级市民社会，但没有改造资产阶级市民社会。在《论犹太人问题》中回应鲍威尔时，马克思描述了共和国家的拜物教特征。它建立了一个具有政治普遍性的领域，使市民社会的个人主义和利己主义斗争保持原样。鲍威尔所倡导的共和主义与其说是占有个人主义的一种选择，不如说是对占有个人主义的补充；与其说是一种挑战，不如说是对财产霸权的肯定。在马克思的分析中，共和国家在资本的力量面前是无能为力的，其普遍主义意识形态掩盖了具体社会生活中的现实矛盾。这些弱点源于共和主义无法在市民社会仍然按阶

---

① 关于 *Freien*，参见 W. Eßbach, *Die Junghegelianer*, 215-219.

② 对此的分析参见 Joachim Höppner, "Einleitung," in Arnold Ruge and Karl Marx(eds.), *Deutsch-französische Jahrbücher* [1844](Leipzig: Reclam, 1973), 5-83.

③ Marx, *Holy Family*, 78-143; Karl Marx, Frederick Engels, "The German Ideology," in *Collected Works*, vol. 5 (New York: International Publishers, 1976), 19-539; on Bauer, esp. 97-116. 在后一个文本中，特别是在对费尔巴哈的批判(27—93)中，马克思提出了他的历史唯物主义理论的第一个梗概，即劳动组织形式的顺序，这涉及三个术语之间的变量关系：劳动过程的物质工具和对象、作为活动目的论的劳动本身，以及由于社会各阶级不同的劳动条件而在各阶级之间有不同分配方式的劳动产品。尽管《德意志意识形态》(74—83)的意图是反思辨的，但它在资产阶级和无产阶级经历的阶级形成的辩证三段论(分别是多个"一"和多个合并为一个)中呼应了黑格尔的逻辑。Cf. G. W. F. Hegel, *Science of Logic*, 163-178.

级划分的情况下创造出真正具有共同利益的领域。马克思关于犹太人问题的文本还批评了法国大革命中的雅各宾主义，认为它是国家维护自身独立于其物质基础，脱离产生它的资产阶级社会而独立的徒劳尝试。① 共和主义和社会主义在理论上的决裂并不意味着战略联盟的不可能；1848 年年底，马克思发现德国资产阶级没有贯彻始终如一的反封建纲领，因此他认为在小规模财产的所有者中，共和和民主运动的作用越来越大。② 但共和党人被视为不可靠的盟友，他们的政治自由理想被抛弃，这对社会主义运动的未来产生了重大影响。

【*166*】

　　马克思在《神圣家族》中对鲍威尔的讽刺性模仿，主要针对的是《文学总汇报》中的文章。这没有对鲍威尔的政治或理论地位提出一个全面的视角。马克思无情的批判源于共和革命运动和社会主义革命运动之间的实际断裂。在马克思将鲍威尔视为社会主义的对手的三次猛烈抨击中，在《论犹太人问题》《神圣家族》和《德意志意识形态》中，马克思声称鲍威尔缺乏社会解放的观念，他把所有的社会问题都转化为宗教问题，他混淆了政治解放和真正的人类的解放。如果我们对鲍威尔在 1848 年以前的全部著作进行考察，这些说法似乎站不住脚。马克思正确地谴责鲍威尔的批判性判断过于严格，鲍威尔在特殊利益和普遍利益之间保持着绝对的对立，就像在犹太人问题上一样。马克思还重建了批判理论与其群众基础之间的关系，避免了鲍威尔在《文学总汇报》的文章中表现出的宗派含义；理论在唤起群众采取政治行动时成为一种物质力量。③ 在这一点上，马克思

---

① Karl Marx, "On the Jewish Question," 164-168.

② Karl Marx, "The Bourgeoisie and the Counter-Revolution," in Karl Marx, Frederick Engels, *Collected Works*, vol. 8 (New York: International Publishers, 1977), 154-169.

③ Karl Marx, "Contribution to the Critique of Hegel's Philosophy of Law. Introduction," in Karl Marx, Frederick Engels, *Collected Works*, vol. 3 (New York: International Publishers, 1975), 175-187.

更接近于鲍威尔在《普鲁士福音教和科学》中对问题的表述。

作为回应，1848 年的共和主义表现为对社会主义的有意识的敌视，这是鲍威尔 19 世纪 40 年代后期思想的主要特点之一，如果说把无产阶级完全等同于鲍威尔表述的大众是不正确的，那么 1844 年以后，他确实特别注重批判社会主义和共产主义理论。这种反对集中在劳动的概念上，并把自由的不同形式视为普遍的主张，而不是特殊的主张。

劳动的解放潜力是马克思社会主义思想的核心。马克思提出他的劳动理论，部分是为了回应他所认为的共和国家的虚幻共同体，这种共同体只会与自由主义描述的占有个人主义领域无效地共存。对马克思来说，在一个声称代表有意识的自由和普遍性的国家内，市民社会不应保持不变。相反，市民社会通过将普遍性纳入维持和再现物质社会生活的关系中来改造自己。在《关于费尔巴哈的提纲》中，马克思对劳动的概念强调了以往哲学传统的不足，其方式与鲍威尔对自由历史的解读是一致的。鲍威尔描述了唯物主义和先验论唯心主义之间的分裂，马克思则批评了现代哲学的分裂，即机械论唯物主义和主观唯心主义。在马克思的解读中，前者，包括费尔巴哈①，捍卫感受性，但否认自发性；而后者，如鲍威尔，【*167*】将活动局限于其自发的、概念性的一面，即目标的设定，但将其从实现的过程中抽象出来，这需要物质因果过程的参与。马克思提出了一种新的激进的唯物主义，其核心概念是劳动。目的论与因果论、目的论与过程论的综合，是对现代哲学分裂的主观与客观维度的整合。②

鲍威尔有自己独立的异化劳动理论。由于其他形式的异化，特

---

① Karl Marx, "Theses on Feuerbach," in Karl Marx, Frederick Engels, *Collected Works*, vol. 5 (New York: International Publishers, 1976), 3-5; cf. 6-8.

② Axel Honneth, "Work and Instrumental Action," in *New German Critique* (Spring-Summer 1982), 31-54.

别是宗教和政治上的异化，劳动表现为胁迫和命令。① 因此，这不是异化的主要表现。在当前被异化的形式下，劳动"沉没在物质中"②，缺乏自由主体性的契机。鲍威尔并没有因为工人们当前意识的狭隘性和特殊性而免去对于他们的批评。③ 异化的劳动意识仍然停留在一个直接、初步的水平上，无法掌握自我决定的原则，因为对于鲍威尔来说，它只面对作为对立面的野蛮本性，不能把征服自主性的历史进程作为教训来反思。鲍威尔认为，以自由自觉的模式塑造历史的力量属于智力创造，而不属于无产阶级的狭隘和受限制的劳动，在目前的形式下，这种劳动缺乏自主性和确定性。他还否认劳动的主体间性，而这将是马克思的中心思想：认识到工人所遇到的他者不仅是物质对象的世界，而且是作为共同任务的合作者的其他主体。④ 鲍威尔认为，异化的劳动不能通过产生新的团结形式来提供自己的解决方案。这些必须来自对共和社会的自由认同，来自对客观进程的批判性反思，而不是出于必要性。鲍威尔认同的实践既不是劳动，也不是沉思，而是政治行动，尤其是对现状的革命性反抗。

　　然而，鲍威尔对于劳动的描述并不是纯粹负面的。在他将通过工业和艺术实现的自我意识与根据宗教观念由奇迹造成的对自然的否定进行比较时，这一点显而易见。⑤ 前者通过自然法则运作，以

---

① B. Bauer, *Gute Sache*, 215.

② Bruno Bauer, "Organisation der Arbeit," *Norddeutsche Blätter*, V, 1844, 76-85.

③ Ibid., 84-85.

④ William James Booth, "The Limits of Autonomy: Karl Marx's Kant Critique," in Ronald Beiner and William James Booth, *Kant and Political Philosophy. The Contemporary Legacy*(New Haven: Yale University Press, 1993), 245-275, 论证了马克思关于劳动关系性质的观点的优越性，这里主要是指主观目的论和客观因果过程的结合，而不是传统典型的康德二元论。我们可以把这种批评扩展到鲍威尔对劳动的叙述中具有限制性的主体间性。

⑤ Bruno Bauer, *Kritik der evangelischen Geschichte der Synoptiker.* Zweiter Band(Leipzig: Wigand, 1841), 159-160.

实现给定事物的变形或精神化；后者只是无视这些法则，以嘲笑的态度对待自然。在这里，鲍威尔使用了一种独特的现代口音。从这个角度看，劳动不仅仅是由于理念被物质污染而失去纯粹性，同时也是根据理念对自然的改造或提升。他与黑格尔有着同样的观点，对于黑格尔来说，劳动和艺术都是他的唯心主义的象征。①

他的批判没有一个具有惊人的独创性；它们与同时代人从不同 【168】政治角度反对社会主义和共产主义的批评类似，比如蒲鲁东和洛伦兹·冯·斯坦。其中有些甚至与马克思在 1848 年的《共产党宣言》中对天然共产主义的批评没有什么不同；但是鲍威尔不承认马克思的社会主义和竞争学派的社会主义有根本的区别。在某些方面，鲍威尔预见了约翰·斯图尔特·穆勒对于历史实验和完美主义的观点，以及他对因循守旧的批判。② 然而，鲍威尔的立场完全符合他 1841年以来提出的革命和自决理论。

就像他的兄弟埃德加在《与教会和国家的批判之争》(*Streit der Kritik*)中一样，鲍威尔也把他的注意力转向了难逃谴责的社会主义 【169】的温和改革版本；在《德意志意识形态》的后半部分中，马克思以同样的语气对类似的对手进行了描述。③ 例如，鲍威尔在《政党斗争史》中对于"真正的社会主义"宣言的乏味提出了挑战。他研究的是如何将社会问题纳入持不同政见的知识分子的意识形态中，这些知识分子在先前的政治斗争中失败了，现在正在寻求另一个关注的对象。他们缺乏勇气，无法实现普遍性，这只不过是转移到了社会领域。④ 他希望将自己对社会问题的参与与这种权宜之计区分开来，但他在

① G. W. F. Hegel, *Introductory Lectures on Aesthetics*, trans. Bernard Bosanquet, edited by Michael Inwood(Harmondsworth：Penguin, 1993), 14-15.

② Cf. John Stuart Mill, *On Liberty*, chapter 4. 然而，与穆勒的功利主义不同，鲍威尔认为，社会进步不是来自偶然发现的积累，而是来自对历史时代要求的理性洞察。鲍威尔的普遍性不像穆勒那样只是细节的总结。他的批判理论保留了绝对判断的形式，反对穆勒的普遍(而不是启蒙的无限)判断。

③ Marx, "German Ideology," 453-539.

④ B. Bauer, *Parteikämpfe*, vol. II, 76-84, vol. III, 13-29, 150ff.

该文本中没有对当前经济危机产生的原因进行有力的分析。

他对于这场危机的看法，以及竞争市场的动态，提出了一个重
大问题，而他的一些合作者，尤其是福彻，对这个问题的处理最为
明确。[①] 与马克思本人一样，鲍威尔身边的共和主义者倾向于支持
自由贸易，而不是保护主义。[②] 就鲍威尔的同僚而言，这种立场源
于反对垄断和国家直接参与生产；后者与马克思的自由贸易理论有
很大不同。然而，依然存在一个重要的共同点。自由贸易的立场，
无论是在马克思的情况下，还是在鲍威尔的圈子里，都源于这样一
种观点，即制造品国际市场的开放加速了生产，并随之加速了资本
家和工人之间对立和斗争的发展：这是鲍威尔关于加剧矛盾的原则
的一种论述。这些立场与费希特形成了鲜明对比，例如，1800 年，
费希特在他的《封闭的商业国家》中，[③] 曾为保护主义和国家经济自给
自足辩护，认为这是保证所有国民靠劳动生活的基本权利所必需的。
这也是"三月革命前时期"共和主义的典型代表。最近对 1848 年的研究
发现，在德国领土上，对自由贸易的支持与君主立宪主义和自由主义
潮流之间存在关联，而共和和民主似乎普遍倾向于保护主义。[④] 鲍威

---

① Julius Faucher, "Berlins Armenwesen," *ALZ*, XI-XII, October 1844, 52-60.

② Karl Marx, "Speech on the Question of Free Trade," in Karl Marx, Frederick Engels, *Collected Works*, vol. 6 (New York: International Publishers, 1976), 450-465.

③ J. G. Fichte, *Der geschloßne Handelsstaat*, *Gesamtausgabe*, Bd. I/7 (Stuttgart: Fromann, 1988), 37-141. 对费希特来说，工作权是人格的构成要素。它的地位是绝对的，而不是假设的：它不能被对自由市场效率的诉求所压倒，即使这种主张能够经验性地持续下去。为了确保这项权利的行使不受外部市场波动或国际分工变化无常的影响，国家将成为防止世界商业入侵的堡垒。

④ Heinrich Best, "La bourgeoisie allemande a-t-elle trahi la révolution de 1848? Bilan d'une analyse sérielle," *Histoire et mesure*, Vol. 3, no. 4(1988), 427-440; *Interessenpolitik und nationale Integration. Handelspolitische Konflikte im frühindustriellen Deutschland* (Göttingen: Vandenhoeck und Ruprecht, 1980), 81-279; "Struktur und Wandel kollektiven politischen Handelns: Die handelspolitische Petitionsbewegung 1848/49," in Heinrich Volkmann and Jürgen Bergmann(eds.), *Sozialer Protest. Studien zu traditioneller Resistenz und kollektiver Gewalt in Deutschland vom Vormärz bis zur Reichsgründung* (Opladen: Westdeutscher Verlag, 1984), 169-197.

尔的合作者在经济问题上的独特立场与他对自由和竞争的观点，以及他对监护和统治的攻击完全一致，尽管我们不能提供他自己对自由贸易立场的直接文本证据。

然而，有一篇有趣的、革命性的自由贸易辩护，《工人阶级的福利》（"Das Wohl der arbeitenden Klassen"），1845 年 3 月出现在鲍威尔的《北德意志杂志》上。这是一篇匿名的文章，巴尼科尔和扎纳多都未将其归于鲍威尔①，但其讨论的主题包含在鲍威尔 1848—1849 年的选举演说中，并回应了鲍威尔自己关于不受约束的竞争必然会导致垄断的观点。② 这篇文章在《北德意志杂志》上发表，暗示了鲍威尔对这篇文章中所持立场的认可，即使他自己不是作者。这篇文 **【170】** 章接近埃德加·鲍威尔对于贫困和资产阶级道德改革不起作用的原因的诊断，埃德加可能就是作者，因为他在文章发表时还没有开始服刑。虽然在兄弟俩独立发表文章时我们必须小心区分他们的立场，但在这里，我们可以更有信心地认为，由于他的编辑监督，这篇文章所表达的观点与布鲁诺·鲍威尔本人的观点一致。这篇文章很有意思，值得在这里引证。

> 我们的资产阶级很难获得政治上的重要性，在立法上也很难占有一席之地。作为一个政治团体的残余，它具有源自神圣罗马帝国的明显标志，必须不断地因与社会其他阶层的牵连而痛苦。在克服其中的一个问题之前，它已经卷入了另一个新的问题。它受到四面八方的威胁、推搡和反对，无法集中力量，

---

① Aldo Zanardo，"Bruno Bauer hegeliano e giovane hegeliano，"in *Rivista Critica di Storia della Filosofia*，1965，1-57.

② （anon.）"Das Wohl der arbeitenden Klassen，"in *Norddeutsche Blätter* IX，March 1845，52-66. 另比较 Bruno Bauer，"Die Gattung und Masse，"in H. M. Sass，*Feldzüge*，221；Ruge to Nauwerck(December 23，1844)，他挖苦地说，鲍威尔一家都是绝对经济（即社会主义）的信徒。Barnikol ms.，23. II. 9. 2 z.

无法集结成一个方阵。

　　法国资产阶级在类似的斗争中取得了胜利。但为什么呢？因为旧封建贵族的废墟不再阻挡它，因为它还没有和无产阶级纠缠在一起。然而，主要的原因是，它自己能够使竞争和贸易自由的影响，概括地说就是大资本的规则，占据主导地位。[1]

　　根据这篇文章，普鲁士的情况不同于法国，因为德国资产阶级无法为自己征服权力，但因国家的让步而寄生于繁荣。除了马克思主义的关于阶级的顺序及其相互斗争的论点，该文还从根本上探讨了自由贸易问题。与马克思一样，它认为保护性关税是对资产阶级的一种补贴，是迫使工人购买价格昂贵、质量低劣的国内产品的一种手段。[2] 它将劳动力定义为取之不尽、用之不竭、永续更新的资本来源。[3] 它还提出了剩余价值或资本主义利润的解释，这些剩余价值或利润来源于流通和通货膨胀，而不是直接来自生产。这一解释与马克思后来引证的解释不同，在 1845 年马克思还没有就这个问题阐明自己的立场。

　　现在想想，工人在产品离开他手的那一刻，就需要以平均比生产成本高出五分之一的价格回购产品，因为这些产品属于私营企业主，必须给他们带来利润。在这五分之一中，你要算上维持国家财富所需的其他费用，工人几乎必须独自承担这些费用，如间接税、地租、关税等。通过这种平淡的计算，你会发现，法国工人阶级最终不得不支付资产阶级在国民经济中的几乎所有支出。[4]

---

[1]　(anon.)，"Das Wohl der arbeitenden Klassen," 57.

[2]　Ibid.，57-58.

[3]　Ibid.，59.

[4]　Ibid.，58.

　　倡导自由贸易的真正理由，在于其在加剧反对意见并进而解决 【*171*】
这些反对意见方面发挥的进步的历史作用。它通过摧毁小生产者来
创造垄断(正如鲍威尔在《犹太人问题》中关于流通不安全的争论)；
但它也为推翻垄断创造了条件。黑格尔两极分化的论题在这里展开，
现在这也被视为解决市民社会矛盾的信号。这是共和主义者对社会
问题的回应，以一种新的、定义不明确的组织形式，在劳动力和资
本之间建立起一种人道的关系。"起初，自然而然地，劳动力只能以
其作为资本的异化形式获得胜利。"①随后，人类将有可能"把劳动和
资本作为其生活内容，作为其生活的基础和表现形式"②。正如鲍威
尔自己所说，所有的关系都要充满正义。匿名文章继续写道：

　　　　因此，法国资产阶级当然是通过贸易自由、自由竞争建立
　　了自己的政治统治。但是，它能做到这一点，同时又不耗尽这
　　些革命原则的后果吗？自由竞争的主要后果之一在于资本法则！
　　最大的资本由资产阶级支配。通过这一点，它创造了一个工业
　　强国，在所有的政治、立法和经济[国家]问题上都立竿见影。
　　正是这种力量统治、代表、管理着法国，并赋予它法律。这股
　　力量现在在震惊的欧洲面前准备好了这样一幅可怕的景象：两
　　千万工人在富足之中，因缺乏人所需要的一切而受苦。但也正
　　是这种力量，才能通过竞争战胜竞争，消灭资产阶级，要用大
　　量的资本对抗广大的工人，也许还会恢复资本和劳动力[劳动]
　　之间尚可容忍的关系。③

---

① (anon.), "Das Wohl der arbeitenden Klassen," 59.
② Ibid., 59.
③ Ibid., 58.

在这里，共和主义的计划面临着矛盾。一方面，在鲍威尔的著作中，竞争是个人独立的必要因素。另一方面，鲍威尔的期刊承认，无限制的竞争是资本至上、财富积累和集中的原因之一。竞争破坏了自身存在的条件，并在全国范围内促进垄断。我们也看到，鲍威尔在《犹太人问题》中，强调在现代竞争性斗争中持有财产的脆弱性和不安全性。由于缺乏更明确的证据，我们或许可以尝试性地重构他在 19 世纪 40 年代提出的社会和经济理想，即简单商品生产的一种形式，在这种形式中，独立的小生产者既不极端富有，也不极端贫穷。卢梭的《社会契约论》中表达的这一经典的共和主义观点，与鲍威尔在未来革命国家中将正义注入所有关系以及不受约束、不受强制的劳动的尊严的观点并不矛盾。这种相对稳定的生产关系的理

【*172*】想是否与鲍威尔关于持续变革的整体观点以及他对自由权利的批判相矛盾，这是一个值得商榷的问题。可能共和主义的所有权不是绝对的，而是受到比自由主义所允许的程度更大的政治管辖权和再分配的制约（如鲍威尔明确同意的雅各宾的例子）；只要国家干预在动态平衡中维持竞争，恢复相对平等的条件，而不使生产服从于直接的政治控制，那么国家干预是合理的。鲍威尔也可能相信，一个平等主义的市场社会将最有利于公民，也最有利于在政治上超越私人利益，而这正是他共和主义的核心所在；尽管这一论点有可能将他律重新纳入政治领域，除非经济条件只被视为一种贡献，而不是个人行为和态度的决定因素。在社会问题的另一个方面，鲍威尔在农民问题上保持沉默，而农民仍然占普鲁士人口的 80%。他只注意到其在被奴役的历史影响下的衰弱（只是最近才结束，而且问题已经解决）；他认为农民缺乏政治主动性，并且作为宗教意识的堡垒支撑着现状。尽管如此，他对封建统治的批判是毫不留情的。

除了在自由贸易问题上某些理论上的相似之处外，对鲍威尔来说，反对社会主义仍然是最重要的。他对自由主义和社会主义潮流

的批判，并没有使他放弃政治变革或斗争的必要性，即使在 1848 年反应最激烈的时候也是如此。他为 1848 年 3 月在柏林的暴动，特别是反对君主制的街垒战士提供了有力的辩护。他把被排除在旧秩序之外的工人和共和主义者的革命目标与资产阶级的有限目标区别开来，资产阶级的有限目标是由他们的私有利益决定的。在回应保守派关于纷争和斗争的起因是异化的说法时，他坚称：

> 是的，他们是同军队进行了真正的斗争的外来者：工人和少数知识分子，他们是从官府的特权社会中被驱逐出来的，资产阶级的义愤对他们起了支持作用，帮助他们同这个艰苦的、软弱的社会进行斗争。资产阶级让这些小分队守住一个又一个街垒……但是，资产阶级由他们的愤慨支持这场斗争，甚至有少数资产阶级积极参加这场斗争，他们想要什么呢？那些在街垒上流血的弃儿们与现存的［秩序］作斗争，而现存的［秩序］只赋予他们被剥夺的义务，而对他们履行这一职责的回报却只有蔑视——这些胜利的战士相信他们已经掌握了君主制，他们正在进行一场革命。但是资产阶级的唯一目标是君主专制。资产阶级想要剥夺君主制的排他性，使其成为自己，成为大众，而由于缺乏创造力，由于征服精神的泯灭，由于思想的贫乏，它［君主政体］早就与之相似了。资产阶级想在平等和平权的基础上与君主政体进行谈判。① 【173】

鲍威尔在这里再次表明了反对专制主义的有限斗争和人民运动更激进的革命目标之间的对立。这段文字恰好与马克思在《资产阶级

① Bruno Bauer, *Die bürgerliche Revolution in Deutschland seit dem Anfange der deutsch-katholischen Bewegung big zur Gegenwart*(Berlin：Hempel，1849)，193-194.

和反革命》中对于君主制和容克①的自由主义妥协的谴责不谋而合。②
同样，鲍威尔也提出了这样一种观点，即革命是因为私人经济利益
而遭到背叛的。尽管他们的诊断是一致的，但他们的政治计划仍然
各不相同。

鲍威尔在 1848 至 1849 年革命危机中的两次公开讲话对于他分
析政治局势极为重要，当时他作为夏洛滕堡的候选人，参加了普鲁
士国民议会的选举，但没有成功。③ 他和他的兄弟埃德加（后者因其
颠覆性的著作刚刚获释）一起创立了柏林民主社会的一个地方分
会。④ 鲍威尔在他的竞选演说中否认了他的聚会祝酒词和他关于犹
太人问题的著作给人的印象，即他曾经反对进步党。⑤ 他把自己的
职业生涯描述为对政府长达 15 年的审判，对政府的意图、权力和利
益的持续批判。他说，如果他不是共产党人，那是因为他首先要代
表自由的普遍利益，而且必须在共产党达不到这一理想或曲解它的
时候提出批评。⑥ "我与神学和共同体利益[即旧秩序的圣殿或庄园]
的斗争，其目标是政治和社会解放，正如我的批判斗争是社会斗
争一样。"⑦他抨击国家试图恢复封建等级制度，⑧ 否认人民代表的权
利，努力使政治和社会生活陷入僵化。这些反动企图只证明了旧秩
序无力体现自我意识的要求，一个不能再战胜自己内在力量的监护

---

① 容克，意为地主之子，指年轻的德国贵族，原为普鲁士的贵族地主阶级，19 世
纪后开始资本主义化，成为半封建型的贵族地主。

② Karl Marx, "The Bourgeoisie and the Counter-Revolution," in *Collected Works*,
vol. 8(1977), 154-169.

③ B. Bauer, "Erste Wahlrede von 1848," and "Verteidigungsrede vor den
Wahlmännern des vierten Walhbezirkes am 22. 2 1849," in E. Barnikol, *Bruno Bauer: Stu-
dien und Materialien*, 525-531, 518-525.

④ Eric Gamby, *Edgar Bauer, Junghegelianer, Publizist und Polizeiagent* (Trier:
Karl-Marx-Haus, 1985), 23-29. 埃德加・鲍威尔在 1848 至 1849 年曾担任警察。

⑤ B. Bauer, "Verteidigungsrede," 519, 521.

⑥ Ibid. , 521.

⑦ Ibid. , 522.

⑧ Ibid. , 520.

原则的无效性和积极性。他通过持续而无情的批判，肯定地说："因此，我准备了这些组织，它们将坚定而肯定地建立在真正的关系上，建立在我们最崇高的代表权上，建立在我们整个思想和情感世界上。"①因此，他总结说，他不可能反对进步党。

他的竞选演说清楚地阐明了根本的政治问题。1848 年革命的重大问题，在 3 月第一次爆发的战斗中就已经提出了，虽然当事人没有清楚地看到，那就是"人民是否有权给自己制定法律，或者他们是否能够冷静地接受一个永远只能是绝对的国家权力，一个可以给他们制定宪法的国家权力。"②他坚决反对与封建政权的一切妥协，强调人民主权与神恩统治的不相容性。

【*174*】

> 一些民众领袖要求君主制从充分行使自身权力的前提出发颁布制宪会议选举法，他们要求君主制承认这些决定人民参与立法的重要法律……人们认为自己赢得的权利是从上面的恩典中获得的……这些演说完全忘记了普鲁士人民为获得权利而进行的斗争……那些人民在 3 月获得的权利现在必须重新得到永远的保障。必须表明，这些权利确实是人民的财产……我们现在所希望的是在平等权利的基础上制定一部宪法，这必定会产生重大的社会后果，因为这样一部宪法必须将正义原则引入所有关系……只有有了这个平等权利的联盟，才能创造出无条件的人身自由。③

平等权利联盟是通过对旧秩序的英勇而毫不妥协的斗争而产生的，它体现了当代历史进步的潜力。为了达到这个目的，革命已经

---

① B. Bauer, "Verteidigungsrede," 521.

② Ibid., 525.

③ Bruno Bauer, "Erste Wahlrede von 1848," in Barnikol, *Bruno Bauer: Studien und Materialien*, 526-529.

摆脱了监护的枷锁,现在必须以坚定的勇气,在生活的各个方面进
行解放的工作。旧秩序尚未消灭,反动政变的危险依然存在。① 只
有革命者的献身精神,才能保存和扩大 3 月的成果。制定新宪法的
工作才刚刚开始;其目的是消除运动中的所有障碍,这些障碍限制
了人类的自由。② 有一些非常实际的任务需要完成:

> 政府、政治家必须赢得国家的尊重,这样才能为我们的
> 工业产品找到销路。他们必须在海上架起桥梁,建造船队,
> 把我们的劳动力运到世界其他地方;只有他们有责任消除一
> 切障碍。③

这不是帝国主义的宣言,而是斯密主义的宣言:贸易的障碍本
质上仍然是内部的,源于土地利益的支配。从他对拿破仑的批判中
也可以清楚地看到,鲍威尔并不主张外国征服或掠夺别国土地,④
而是主张消除德国经济和工业生产自由发展的一切障碍。我们也看
到,支持自由贸易是鲍威尔圈子里提倡的共和主义的一个显著特征,
尽管他在这里没有详细说明。

【175】   鲍威尔的第一次竞选演说明确地涉及进步力量夺取和行使主权
的问题。他问道:"这个国家是否已经有能力决定自己的未来,创
造一个能够帮助自己塑造未来的政府;是否已经建立了一个能够掌

---

① Bruno Bauer, "Erste Wahlrede von 1848," in Barnikol, *Bruno Bauer*: *Studien und Materialien*, 531.

② Ibid., 530.

③ Ibid., 530.

④ 目前还无法确定鲍威尔对一些共和主义和社会主义圈子提出的,特别是由《新莱茵报》(*Neue Rheinische Zeitung*)辩护的对俄罗斯和丹麦发动战争的呼吁的评价。有人认为,这样的战争将巩固分散的德国革命力量,削弱与那些把俄罗斯视为救世主的哥克的妥协。不幸的是,在鲍威尔从 1848 到 1849 年的信件中,没有一封能够证明他在这一问题和自由贸易等其他革命问题上的立场。他对 1848 年后俄罗斯的看法在结语中作了概述。

握主动权的机构?"①鲍威尔勾勒了革命政治的形势：两个对立的主权原则并存，并在议会的两个议院中形成了制度形态。黑格尔自己在君主制和人民之间的政治妥协是不可实现的，这一点已经得到了实践的证明。普鲁士上议院是为容克保留的，是一个未经选举而产生的机构，它对民众提出的动议具有永久的、制度化的否决权和审查制。为了对抗这个议院的非法权力，鲍威尔提出了他所说的有效而不仅仅是象征性的抗议，在抗议中，民选的下议院将通过在立法和政治上采取实际控制并行使权力来证明自己的胜利，并确认革命的最高权利。下议院应直接成立立宪委员会，其任务是根据普遍权利重新起草宪法，并动员民众支持这项工作，以便在与上议院发生不可避免的对抗时，进步的舆论的全部力量已经被动员到革命派一边。② 这两种合法性来源之间的妥协是不能被承认的，但在共和党原则最大限度地提高了获胜机会的情况下，这种矛盾必然达到顶点。只有明确和果断的政治举措才能确保这一结果。③

鲍威尔在竞选演说中虽然提到了现代市民社会的形式，这些形式因其垄断性的主张和无限性而危及自由，但他并没有直接攻击自由反对派，只是从战术角度批评他们准备与封建主义妥协。比起革命前的激烈辩论，他现在似乎更愿意与自由主义者建立共同阵线。然而，鲍威尔在强调他不仅主张政治正义，而且主张社会正义的同时，也将他的共和主义立场与社会主义者的立场区别开来，他认为后者主张与现有国家机构结成政治联盟并加强现有的国家机构。他

---

① B. Bauer，"Erste Wahlrede，" 526.

② Ibid. ，528.

③ Edgar Bauer，*Die Parteien. Politische Revue.* 1es Heft（Hamburg，1849），39-41，主张把普遍武装人民作为革命的另一具体任务。他把拥有武器与代表自己作为一个公民的能力，与拥有反抗他人监视和统治的手段联系起来。这个传统的共和主义主题，也可以在马克思的《共产党宣言》和1848—1849 年的《新莱茵报》中找到，在这里运用布鲁诺·鲍威尔的语言解释，公民—士兵原则表明"从今以后，自由人格应该是最高的，也是所有社会创造的唯一要素"（40 页）。

认为这是他们基本威权主义的结果，而不仅仅是战术上的错误。鲍威尔将社会主义的所有变体同化为一个单一的政治立场，忽略了（或可能不熟悉）社会主义阵营内关于联盟、战术和战略的争论。很明显，1848 年，拉萨尔在俾斯麦时代复兴的一个社会主义派别确实呼吁现有国家保护自己不受资本侵害；其他派别则避开政治斗争而支持人道主义改革。有些（但不是全部）倾向把社会主义等同于保卫工业无产阶级。在这些人中，只有一些迫切要求立即同资产阶级对抗，

**【176】** 而以马克思、恩格斯为代表的一派则主张，消除封建主义是反对资本主义斗争的前提。① 鲍威尔的批评主要适用于第一种倾向，因为他把社会主义者吁求的国家描述为刚刚为革命运动动摇的国家；我们知道，在他对共和主义，甚至某些社会主义类型的描述中②，鲍威尔自己也认识到，参与现有国家和建立新国家之间的区别。但他并没有在这里做出这些区分。

　　相反，他将他的共和平等权利联盟与国家社会主义的威权主义性质进行了对比，共和平等权利联盟的目标是个人的无条件自由、③人民的自主、社会和工人的自我组织。④

　　　　为了社会利益，有一方会把政府的权威搞得一塌糊涂，希望政府把国家劳动力掌握在自己手中，加以规范和管理，甚至接管它。对我们来说，结果是摆脱了监护的枷锁，但这个政党将政府的权力提升到了一个神秘的高度，使国家和政府以铁腕统治一切关系，即使由于工党人数众多，专制政府已经在 3 月被推翻，因为它不再具有塑造[设计]国家劳动力的力量，这是

---

① Rob Beamish, "The Making of the Manifesto," *Socialist Register* (1998): 218-239.

② Bruno Bauer, "Die Gattung und die Masse," in H. M. Sass, *Feldzüge*, 213-220.

③ B. Bauer, "Erste Wahlrede," 529.

④ Ibid., 531.

巨大的劳动力。①

在公共平台上，鲍威尔详细阐述了他早先对社会主义的批评。由于政府是反对变革和进步的代表，胜利的国家社会主义将对发明和发现实行教皇式的禁止。相反，假设政府确实赞助了创新，它将面临财政破产的风险，因为在找到正确的解决方案之前，进步取决于实验和反复失败。监督这些进程将需要一支由文职和军事官员组成的军队，以及代价高昂但不具备生产性的投资。②

> 先生们，如果你们想真正了解这些国家的杰作，就把目光转向东方那些巨大的建筑工程，比如埃及的金字塔。这些都是专制主义的国家产物，是专制主义者强加给他们的臣民的，为了他们自身的利益而利用后者，使愤怒的群众免受伤害。臣民是这些国家的劳动力，是他们的暴君焦虑不安的证明，他们在这些纪念碑上向子孙后代永久地证明了暴君的专制和受奴役的人民。③

因此，第一次选举演讲确定了主要的对手是封建秩序的残余，但也警告说，社会主义正在寻求复兴这个非常专制的国家，以达到自己的目的。在 1849 年 2 月的第二次选举演说中，鲍威尔针对三项 【**177**】指控为自己进行了辩护，④ 这些指控也同样具备后来许多阐释他思想的文献的特征。这些指控的范围和相互矛盾的性质，证明了对他的作品进行毫不含糊的解读是困难的。一是他极端的革命态度会轻

---

① B. Bauer, "Erste Wahlrede," 529.
② Ibid., 529-530.
③ Ibid., 530.
④ B. Bauer, "Verteidigungsrede," 519.

率地加剧矛盾，从而危及进步运动。① 第二种是相反的指控，源于他关于犹太人问题的著作，他宁愿为现有的秩序辩护而反对反对派。② 第三种是作为一个纯粹的抽象理论家，他脱离了运动，企图破坏各方，以维护自己的智力优势。③ 他在公民责任的基础上主张公共辩护权，相互尊重是公民在理性政治秩序中的基础。

> 实际上，我们还没有生活在一个自由的国家里，但我们都想使它成为现实，如果我们履行这样一个国家强加给其成员的义务，我们就一定会使它成为现实。④

鲍威尔为他在犹太问题上的干预辩护，认为其在政治上是进步的，他说，他只是表明特权是旧秩序的本质，因此该秩序不可能对自由做出让步；基督徒也不能在自己还没有获得自由的时候把自由让给他人。"自由只能通过共同的努力来征服，而不是作为礼物来给予。"⑤针对他的批评者，鲍威尔给出了以下的自我描述：

> 批判无非是正确地［真实地］使用眼睛。它是真实的看见，不受阻碍，不被表象和利益（这些与我将要看到的对象是不相关的）所扭曲；没有被双方所带着的常常对目标造成歪曲的愿望、希望和恐惧所欺骗。企业和政府的利益不会承认对象会被视为

---

① Cf. Rudolf Haym，*Hegel und seine Zeit*（Berlin：1857）；Ernst Barnikol，"Bruno Bauers Kampf gegen Religion und Christentum und die Spaltung der vormärzlichen preussischen Opposition," *Zeitschrift für Kirchen-Geschichte* XLVI（1928），1-34.

② Cf. Julius Carlebach，*Karl Marx and the Radical Critique of Judaism*（London：Routledge and Kegan Paul，1978）.（卡尔·马克思对犹太教的激进批判）

③ Cf. Sydney Hook，*From Hegel to Marx*（Ann Arbor：University of Michigan Press，1962）.

④ B. Bauer，"Verteidigungsrede," 518.

⑤ Ibid.，524.

它本来的样子。批判消解了这一意志、这一利益，把客体从一种强烈地束缚或扩展它的压力中解放出来。它根据自己的本性恢复了自己的权利，给予了自己的自由，并允许自己宣布自己的判断和决定……[批判]是基于对目前[形式]的决议[决定的存在]的了解，这些决议将我们引向一个安全的未来。①

这段文字使用了"不受阻碍地看见"的比喻，让人想起费尔巴哈对正确使用感官来对抗唯心主义的扭曲和颠倒的叙述。在这里，它与鲍威尔对伦理理想主义的辩护，以及他 1829 年的手稿联系在一起；1848 年之后，正如后记所指出的，这个想法将发挥不同的作用。批判没有给客体增添任何东西，也没有援引任何附加的标准，但批判在其审美上的无私，只是听任客体经历自己的命运。无私不是冷漠，鲍威尔肯定了他与进步党的联盟。鲍威尔拒绝分享其不正当的热情，并对其不足之处行使批评权，他将自己定义为自由和进步运 **【178】** 动良好事业的真正朋友。"批判是消除不可能的事情，并使必要的事情得到承认的手段和力量[权力]。"②批判的任务是使现实矛盾得到充分的表现，尖锐地提出问题，而不受主观先入之见和外界因素的歪曲。它的判断是通过对历史进程和当下矛盾的反思来维持的。它是采取有效行动的必要前提，它不是抽象的，而是在解放斗争中处理具体问题。正如第一次选举演说也表明的那样，批判必须找出关键问题，并在最有利的条件下敦促解决这些问题；这些条件是由革命者自己行动的勇气和果断所带来的。这构成了鲍威尔在为政治和社会变革服务时对共和美德的重申。

因此，鲍威尔在 1848 年的政治立场是复杂的。他痛斥资产阶级及其自由派的代言人，认为他们对旧秩序妥协甚深。财产至上使他

---

① B. Bauer, "Verteidigungsrede,"520.

② Ibid., 521.

们的自由观发生了变形。他认同无特权者和被排斥者的斗争，但对
社会主义复兴威权国家作为其组织原则的做法持高度批评态度。他
似乎更接近自由主义，以捍卫竞争(这种观点可能是辩证的，而不是
纯粹肯定的)；他现在似乎准备与自由主义者结成战略联盟，对抗封
建主义的残余。但事实证明，革命力量不足以完成鲍威尔所规定的
甚至是他所预测的共和政体的转型任务。这一失败凸显了鲍威尔思
想中主观和客观维度之间的紧张关系。鲍威尔把他的完美主义伦理
学和崇高美学与虚伪的无限区分开来，在虚伪的无限中，思想和存
在永远不会重合。因此，他要求美的自我的概念，即意识在与客观
性接触后回归到内在性。这种主观性的统一，即把握并内化了历史
进程的革命意识的自我确定性，似乎与所有其他意识的主张背道而
驰。这种态度解释了鲍威尔批判大众、犹太解放和工人运动的宗派
主义基调；他的孤立无援使他的主张失去了客观性。然而，这种缺
陷只是鲍威尔 1848 年思想和政治活动的一个方面。他的两次选举演
说概括了反对封建落后的斗争的许多方面，提出了平等权利原则并
建议扩大新的工业秩序。作为这场斗争的忠实支持者，鲍威尔在革
命对峙的时刻重新获得了自由的主角地位。

　　在描述鲍威尔"三月革命前时期"的共和主义时，我们回到
【*179*】 了 1829 年他获奖手稿的主题。"真理之光只有通过分裂、对立和运
动才能前进"①，因此，矛盾的激化，使它们在没有妥协或调解的情
况下出现，使它们显得纯洁，从而能够被克服。这个真理是思想与
存在的统一，不是一个封闭的、完整的同一性，而是一种过程，在
此过程中，自由的概念通过主观努力突破为存在，并重新形成客观
的关系。鲍威尔强调思想的客观性，这既体现于对历史可能目的的
理解上，也体现于在政治和社会关系中实现这些目的的需要上。"思
维的自我意识不能仅限于一种内在的感觉，它不仅在自身内和客观

---

　　① B. Bauer, *De pulchri principiis*, 68a.

性内，并且在它的对方身上找到自己。"①因此思维作为自我意识，是无限的。作为一种异化和理性恢复的过程，主体在历史上享有独特的优势。黑格尔哲学唤起了一种新的批判判断和新的共和主义。与黑格尔体系的内在局限性及其强大力量的接触，开启了一种伦理和审美理想主义的可能性，在这种理想主义中，主体超越其特定的利益和身份，成为普遍的载体。"只有被扬弃，它们才真正存在。"②

当我们读到布鲁诺·鲍威尔在 1848 年为柏林的街垒战士所做的辩护时，我们知道这不是他的最后一句话。鲍威尔思想的断裂是在革命斗争失败后发生的。他屈服于 19 世纪 50 年代的悲观主义，认为欧洲已经精疲力竭，无法进行创造性的自我更新。他现在认为，重生将来自俄罗斯。前现代生活的连贯性和稳定性现在代表了思想和存在统一的另一种版本，尽管鲍威尔不再认为这个术语是合适的。作为一位文化和文学史学家，一个帝国主义和经济全球化的预言家，后来的鲍威尔对我们所关注的共和主义问题已不感兴趣。1848 年失败后，这位"自由之友"断绝了他与解放运动的哲学计划和具体的政治运动的联系。他被称为"里克斯多夫的隐士"，他的个人命运并不是对他早先的共和主义承诺的决定性驳斥，这些承诺仍与他努力打造人道和自由的社会制度、承认并推广自治的要求相关。思想和存在的统一并不意味着像后来的鲍威尔所认为的那样，所有这些努力都会崩溃成一种前现代的实体，也不意味着历史将终结在无处不在的市场中，而是唤起了进一步变革的必要性。重新发现各种形式的共和主义在这里有其历史意义。鲍威尔在"三月革命前时期"的伦理理念论对这一共和主义传统做出了具有独创性的重大贡献。

①　B. Bauer, *De pulchri principiis*, 91a.

②　Ibid. , 106a.

## 结　语

# 革命后：基督教-日耳曼
# 时代的终结

在鲍威尔晚期的判断中，1848 年的失败证明了欧洲形而上学传统的破产，而他自己的伦理理想主义曾一度是这一传统的顶峰。① 虽然他宣称继续忠于革命前的基本见解，但他的思想经历了深刻的变化。他放弃了共和主义，但他一贯的反自由主义立场现在诱使他为保守事业做出贡献。1848 年以后，完美主义的伦理思想已无法维持，但美学思想在鲍威尔的思想中更为持久。一种形而上学的思想和存在统一的观念，在个人和社会形式上都有很大的变化。就个人而言，这种统一不再是通过崇高和不断的斗争，而是在个人修养中，或是对文化衰败和再生的必然过程的无私的审美沉思中获得的。在社会方面，1848 年之后，鲍威尔把俄罗斯看作疲惫无能的欧洲的复兴力量，认为欧洲已经在特殊主义的重压下沉没了。尽管欧洲的改

---

① 由于导言中所述的原因，本结语并不打算包罗万象，而是尝试追溯鲍威尔在 1848 年后放弃共和主义所产生的主要理论后果。艾辛加、巴尼科尔的手稿，以及后者出版的著作，已经被证明是关于鲍威尔后期大量作品的非常有用的指南。除了这些资料来源外，这一时期的文献中没有相关的二手文献，除了 Albert Schweitzer, *The Quest of the Historical Jesus. A Critical Study of its Progress from Reimarus to Wrede*(Baltimore：Johns Hopkins University Press, 1998)。艾辛加将鲍威尔 1848 年后微不足道的政治思考与他的重要神学结论区分开来，而巴尼科尔则对鲍威尔关于基督教起源于 2 世纪晚期的说法提出异议，认为这是不可信的，也没有得到其他历史研究的支持。巴尼科尔还强调了晚期鲍威尔的反黑格尔主义。

革和革命遗产正在向俄罗斯施压，尽管他认为俄罗斯对自己不光彩和未被承认的过去充满了厌恶，但俄罗斯在包罗万象的专制主义中团结了政治和宗教力量。现在，一个前现代社会似乎为一个新开端提供了前景，这如果不是一个可以模仿的模式，那也是一种变革的刺激。

1848 年后，鲍威尔不再相信眼前的未来是共和主义的进步。他现在预见到一个多国或全球帝国主义的时代，俄罗斯将在其中发挥重要作用。形形色色的德国政治运动已经筋疲力尽①，其文化遗产将有多少存活下来还不确定。复兴的任何希望现在都必须取决于对欧洲的根本性调整。直到 1848 年，鲍威尔对历史的反思依然集中在启蒙运动和法国大革命的国际影响上。1848 年后的决定性问题是俄罗斯权力的确立，以及俄罗斯的参与对欧洲所有重大政策问题的影响。鲍威尔预测，欧洲将加快与俄罗斯的接触。虽然他在革命前的 **【181】** 思想强调了新兴的市民社会的不确定性，但各国在走向欧洲和全球专制主义的过程中，将摆脱其各自的特征。他认为，这种联盟是不可避免的，尽管其形式将因这些新关系是与俄罗斯积极勾结，还是与俄罗斯决战而有所不同②，因为这两种截然不同的专制主义都处于危险之中。1848 年的危机还不够彻底，因为它维护了个别国家的独立，甚至给某些国家注入了新的活力。这场危机现在正通过东方专制主义唤醒的斗争而变得普遍；鲍威尔肯定这已经是他 1848 年的基本思想。③ 他预见到尼采，他预言，从这场欧洲文明的普遍灾难中，将出现一个新的解放时代，打破旧的历史形式和价值观，以及

① Eduard Schläger，"Bruno Bauer und seine Werke，"*Schmeitzner's Internationale Monatsschrift*，vol.1(1882)，393-394.

② Ernst Barnikol，*Bruno Bauer*，*Studien und Materialien*，ed. P. Riemer und H. -M. Sass(Assen: van Gorcum，1972)，312.

③ Bruno Bauer，*Die russische Kirche. Schlussheft*（Charlottenburg: Egbert Bauer，1855），Vorwort. 至少鲍威尔之前提到过欧洲国家的疲惫，参见"Neue kritische Zeitschriften，"*Norddeutsche Blätter* I，July 1844，12-13.

它们的形而上学和宗教制裁。[①] 即使鲍威尔的后期作品也预示着一场新的关键性革命。尽管他在 1848 年后放弃了历史完美主义,并与保守势力合作,但他继续否定传统主义,并为反自由主义思想开辟了新的道路。这条路充满了危险;鲍威尔成为反犹太主义的先驱,并被一些民族社会主义作家称为先驱,尽管巴尼科尔对这种联系提出了异议。[②] 他后期的著作为他的历史批判主义奠定了新的基础。

对于鲍威尔来说,1848 年的革命代表着一场理性的危机。它们与先验计划有着千丝万缕的联系,因此它们的失败就意味着形而上学的最终毁灭。哲学在 1848 年徒劳无功的斗争中达到顶峰,同时也宣告了自己的灭亡。哲学的实现是它的终结,尽管在某种意义上这并不是马克思在 1843 年的意图[③];它只留下一堆破灭的希望和不可能实现的愿望。鲍威尔在革命后思想发展的关键时刻发生在 1852 年。在那一年里,他仍然把自己的工作描绘成对于康德和黑格尔纲领的完成[④],但随后又迅速地与黑格尔拉开了距离。他后期的批判吸收了黑格尔和施特劳斯的思想以及实体观。鲍威尔对黑格尔的最终裁决与他 1829 年手稿的部分内容相呼应,坚持认为实体是对形式和主体性的否定。[⑤] 实体的胜利意味着个性的消失。虽然这一主张与鲍威尔

---

① 因此,Brudney 关于鲍威尔反历史的态度的主张似乎对晚期作品有效,但对早期作品无效。参见 Daniel Brudney, *Marx's Attempt to Leave Philosophy* (Cambridge: Harvard University Press, 1998), 129-130.

② E. Barnikol, *Bruno Bauer, Studien und Materialien*, 350-353.

③ Karl Marx, "Contribution to the Critique of Hegel's Philosophy of Law. Introduction," in Karl Marx, Frederick Engels, *Collected Works*, Vol. 3 (New York: International Publishers, 1975), 180-181, 哲学作为被异化的思想的终点,同时也是它的解放要求的实现。

④ Bruno Bauer, "The Present Position of the Jews," in *New York Daily Tribune*, June 7, 1852. 这篇开创性的文章包含在艾辛加的档案中。巴尼科尔没有提及这篇文章,但在另一篇文章中,他提到了 Charles B. Dana 是鲍威尔在美国发表的几篇新闻报道的译者。E. Barnikol, *Bruno Bauer. Studien und Materialien*, 313.

⑤ Bruno Bauer, *Über die Prinzipien des Schönen. De pulchri principiis. Eine Preisschrift*, hrsg. Douglas Moggach und Winfried Schultze (Berlin: Akademie Verlag, 1996), 95b.

早期的批评是一致的，但他现在将其扩展成对于整个黑格尔体系的描述。在这里，只有让未分化的、形式的和抽象的思想决定淹没所有细节，在无定形的实体中失去现存的细节，才能获得系统的统一。① 黑格尔把个体纳入一种虚幻的普遍之中，从而屈服于他思想中的斯宾诺莎主义冲动②，而在 1845 年，鲍威尔在斯宾诺莎和费希特之间，在惰性物质和形成性奋斗之间发现了黑格尔的创造性张力。现在，理性思想的超验性不再是黑格尔自己的体系修正的偶然提法，而是根植于体系所嵌入的实体性之中。 **【182】**

　　这种观点的转变需要对黑格尔进行新的政治评价。在 1848 年之前，鲍威尔认为黑格尔教导过"共和与革命"，但现在鲍威尔谴责传统形而上学的绝对主义倾向。③ 形而上学的压迫性统一与历史上无所不包的专制主义趋势相平行，甚至可以预见到这一趋势，因为哲学的运动，即把特殊事物同化在抽象思维之中，已经完成了。晚期的鲍威尔似乎没有对自己"三月革命前时期"的伦理理念论提出任何自我批评，只是把黑格尔贬低个性的观点归因于一致性。这种语调在当代产生了令人惊讶的共鸣。④

　　在方法论上，鲍威尔主张从形而上学到批判的转变，并将其理解为一种实证科学。在他的新描述中，他的方法涉及对历史细节的研究，这些研究使它们自身的内在关系变得明显，但没有先验的系

---

　　① Bruno Bauer, *Russland und das Germanenthum* （Charlottenburg: Egbert Bauer, 1853）, 40-49.

　　② Bruno Bauer, *Theologische Erklärung der Evangelien* （Berlin: Hempel, 1852）, 1.

　　③ Bruno Bauer, *Russland und das Germanenthum*, HeftI, 49-54. Cf. Baues, "Bekenntnisse einer schwachen Seele," *Deutsche Jahrbücher*, 23-24 June, 1842, nos. 148-149, pp. 589-596.

　　④ 对于频繁出现的后现代指称，即古典理性主义否认他者的变体，参见 Kenneth Baynes, James Bohman, and Thomas McCarthy （eds.）, *After Philosophy. End or Transformation?* （Cambridge: MIT Press, 1987）, 21-158. 这一共识并不令人惊讶，因为许多后现代主义者声称尼采是他们的先驱，而在鲍威尔的晚年，通往尼采的道路正在被扫清。

统关注。只有谨慎的经验主义才能使观察者不受歪曲或偏袒地跟随历史的真实运动。我们不再需要把历史现象的整体性看作揭示一种共同的思想本质，或是表现一系列相互联系的解放斗争。然而，并不是所有与他以前工作的联系都消失了。正如他在《普鲁士福音教和科学》一书中所说，最好的科学研究保持了其独立性，不受教会和政治的约束。它的目的是确定权利和意志自由（晚期鲍威尔没有否认这两者，尽管它们现在缺乏形而上学的基础）与人类的自然基础的关系。① 自然与自由的关系仍然是一个中心的理论问题，正如 1829 年的手稿所说的那样②，但理性并没有指示我们进行干预以影响变化的进程。"自由之友"现在把自己描述成研究之友。这一呼应在德语中显得更为清晰，"Freund der Freiheit"变成了"Freund der Forschung"。③

这项研究揭示，未来不属于人民④，也不属于不同的国家命运，而是属于一个跨国帝国主义，包括两种不同的专制主义方案的对抗。一个是保留了私利原则的德国；政治专制主义作为其必要的补充，在现代大众社会之中兴起。这一描述让人想起鲍威尔早先反对古老和过时的国家形式的论战，其现在也适用于正在进行、尚未完成的发展进程。另一种专制主义形式是俄罗斯的专制主义，其凝聚力的基础是政治权力和教会权力的融合，以及现代人格原则的滞后发展。黑格尔和康德、费希特一样，把这一领域排除在世界历史的

---

① Bruno Bauer, "Vorwort," *Schmeitzner's Internationale Monatsschrift*, vol. 1 (1882), 4, cited in E. Barnikol, *Bruno Bauer. Studien und Materialien*, 434.

② B. Bauer, *Über die Prinzipien des Schönen*, 109a.

③ Bruno Bauer, *Einfluss des englischen Quäkerthums auf die deutsche Cultur und auf das englisch-russische Project einer Weltkirche*(Berlin: Eugen Grosser, 1878), 236.

④ Cf. Bruno Bauer, "Rezension: Die Geschichte des Lebens Jesu von Dr. von Ammon. Erster Band." in A. Ruge(ed.), *Anekdota zur neuesten deutschen Philosophie und Publizistik*, vol. II ( Zürich und Winterthur: Verlag des literarischen Comptoirs, 1843), 185.

范围之外，但其意义已不容否认。<sup>①</sup> 俄罗斯最初的政治基础要归功 【*183*】
于德国。<sup>②</sup> 在这里，鲍威尔预言了无政府主义者巴枯宁的论断，然
而，巴枯宁颠倒了鲍威尔的意思，他认为，俄罗斯缺乏自发的政治
生产力是其优于西方的证据。<sup>③</sup> 然而，在鲍威尔看来，俄罗斯在很
大程度上仍然不受西方哲学的影响，只采取了有助于直接实现其实
际目的的做法。因此，它代表着一条独立的发展道路，但俄罗斯也
充满了矛盾和神秘。如果西方形而上学没有在俄罗斯精神中找到肥
沃的土壤，那么像贵格会这样的宗教运动的影响确实贯穿了彼得大
帝改革的始终。沙皇在英格兰逗留期间，宗教复兴的个人经历激发
了他的西方化计划。<sup>④</sup> 鲍威尔还谈到 1000 万俄罗斯宗派教徒（拉斯科
尔尼基和杜霍博尔派，即信奉内心启示和无形教会的人）与支持王权
和东正教并拒绝一切改革尝试的泛斯拉夫主义者发生的冲突。这场
冲突的问题尚不清楚。尽管这种一致性来自教会和国家之间的连锁
力量，但俄罗斯对自己的过去充满强烈的仇恨和耻辱，这反而激发
了它的活力。它的力量无法被遏制，但有吞没巴尔干半岛和君士坦
丁堡的危险。<sup>⑤</sup>

　　鲍威尔在克里米亚战争之前有关俄罗斯的文本中认为，解决当
代危机的方案不是由俄罗斯直接提供的，而是属于欧洲，特别是德

---

① B. Bauer，*Russland und das Germanenthum*．Heft I，1-2．

② B. Bauer，*Deutschland und das Russenthum*（Charlottenburg：Egbert Bauer，1854），
3-12．

③ 这是巴枯宁在大量未完成的作品中提出的论点，translated as Michel Bakounine，
*L'empire knouto-germanique et la révolution sociale* 1870-71，Arthur Lehning ed.（Leiden：
Brill，1981）．俄国本土反国家主义的思想也是他反对马克思的国家社会主义的论战的基
础。参见 Michael Bakunin，*Marxism，Freedom and the State*，trans. K. J. Kenafick
（London：Freedom Press，1950）．

④ B. Bauer，*Einfluss des englischen Quäkerthums*，8-27；Bruno Bauer，*Disraelis
romantischer und Bismarcks socialistischer Imperialismus*（Chemnitz：Ernst Schmeitzner，
1882），146-147．

⑤ B. Bauer，*Disraelis romantischer Imperialismus*，23．

国。① 尽管他否认形而上学，但正是费希特设计的启发模式最能描述鲍威尔对来自东方的影响的看法。在费希特的模型中，无论是在人际层面还是国际层面，与他人的相遇都是召唤，但并不是强迫、承认和自我的重新努力。② 鲍威尔默认了这一模式，欧洲内部资源枯竭，面对外来对手的活力，如果它不彻底屈服，就必须承担起改变自己的任务。俄罗斯由此引发了一场解决基本历史问题的斗争。按照卡尔·洛维特采用的一种说法，鲍威尔把这个问题称为"基督教-日耳曼时代"的终结。③ 这一过程包括帝国主义的全面扩张，覆盖了欧洲乃至全球，以及竞争对手在新帝国内部争夺统治地位的冲突。世界大战已列入历史议程。

鲍威尔预测了社会主义者卡尔·考茨基（Karl Kautsky）关于超级帝国主义的一些论断，尽管他不赞同后者的乐观看法，即这种趋势预示着霸权竞争者之间冲突的解决。④ 这一全球计划的历史性功能是对特殊性进行原则上的粉碎，⑤ 磨灭民族特性，并为最终的世界性重生奠定基础。鲍威尔淡化了民族主义作为一种政治力量的重

---

① B. Bauer，*Die russische Kirche*，3-20.

② J. G. Fichte，*Grundlage des Naturrechts*，Gesamtausgabe der Bayerischen Akademie der Wissenschaften，ed. R. Lauth et al.，Bd. I/3，（Stuttgart：Fromann，1966），§ 1-4. For a comparison of this text with Fichte's *Reden an die deutsche Nation*，*Werke*，Bd. VII(Berlin：de Gruyter，1971），263-499，see Douglas Moggach，"Nationhood and Freedom in Fichte's Political Thought," in Frank Brinkhuis and Sascha Talmor (eds.），*Memory*，*History*，*and Critique. European Identity at the Millennium* (Utrecht：University for Humanist Studies，1998)(CD-ROM).

③ B. Bauer，*Russland und das Germanenthum*. Heft I，1-2；B. Bauer，*Die russische Kirche*，11-12；Karl Löwith，*From Hegel to Nietzsche. The Revolution in Nineteenth Century Thought*，trans. David E. Green（New York：Holt，Rinehart and Winston，1964).

④ Karl Kautsky，*Nationalstaat*，*imperialistischer Staat und Staatenbund* (Nürnberg：Fränkische Verlagsanstalt，1915). 另参见 Kautsky's article "Ultraimperialism," in *New Left Review*，No. 59，January 1970.

⑤ 鲍威尔早期作品中对这一立场的预期在引言中有所暗示。参见 Bruno Bauer，*Die evangelische Landeskirche Preußens und die Wissenschaft* (Leipzig：Otto Wigand，1840)，19-33.

要性。这个问题与其说是维护国家利益，不如说是在一个跨国秩序 【*184*】
中争夺不同中心的霸权。虽然社会主义运动远没有实现其国际主义
主张，因而对现有秩序也没有构成直接威胁，但社会主义运动的平
等性力量却推动了政治权力的日益集中，使各国人民团结起来。
这一趋势也与鲍威尔所说的政治贫民主义的出现相对应①，这种政
治贫民主义是干预政治事务的普遍障碍。如何将平等与个人价值、
独立统一起来，是未来需要解决的问题。这将是一切文化复兴的关
键，但目前无法预见其解决办法。②

　　鲍威尔发现，现在的危机让人想起罗马帝国时期古典世界的终
结。在这方面，他的宗教批判得到了重铸。在 19 世纪 50 年代出版
的一系列研究中，他重新开始了对新约的研究。③ 他认为基督教起
源于 2 世纪，第一部福音书是在哈德良时期（117—138 年）写成的，
而保罗书信（Pauline epistles）要稍微更早一些。保罗书信表达了基督
教信仰中未加修饰的核心——复活。鲍威尔从希腊文化遗产中追溯
基督教教义的演变，主要来自罗马帝国折中文化中的斯多亚主义和
其他源头。特别令人感兴趣的是约翰的逻各斯学说，鲍威尔认为其
源自斐洛和新柏拉图主义。他的意图是阻止基督教与犹太教之间的
直接关系或依赖性。这两种宗教不应被视为一种持续的发展，这也
是鲍威尔在《亨斯滕贝格博士》中的立场，但现在他更强调了基督教

---

　　① B. Bauer，*Disraelis romantischer Imperialismus*，17(cited in E. Barnikol，*Bruno Bauer*，*Studien und Materialien*，401).

　　② Bruno Bauer，"Vorwort," *Schmeitzner's Internationale Monatsschrift*，3(cited in E. Barnikol，*Bruno Bauer*. *Studien und Materialien*，434).

　　③ Bruno Bauer，*Kritik der paulinischen Briefe*（Berlin：Hempel，1850-1851）；*Kritik der Evangelien und Geschichte ihres Ursprungs*，3 vol.（Berlin：Hempel，1850-1851）；4th vol. *Die theologische Erklärung der Evangelien*（Berlin，1852）. 鲍威尔回到了基督教的古希腊罗马起源的主题，参见 *Philo，Strauss und Renan und das Urchristentum*（Berlin：Hempel，1874）；*Christus und die Cäsaren*（Berlin，1879）. 其中一些材料在 A. Schweitzer，*The Quest of the Historical Jesus*，157-160. Pauline *soma christou* 或基督的身体的真实存在形式被描述为罗马帝国（160）. Schweitzer 将晚期的鲍威尔与他早年（137—157）进行了极为不利的比较。

社会姗姗来迟的历史面貌。与"三月革命前时期"的立场相比，他还
对作为罗马帝国下层阶级解放源泉的基督教给予了更积极的评价，
强调了基督教的革命性质，认为它是将穷人和奴隶从统治秩序中解
放出来的一种形式。他在 1882 年的最后一部著作延续了这一思想，
强调基督教对希腊和罗马历史的社会主义总结，将早期基督教震撼
世界的力量与其仅仅作为资产阶级良心安慰的现代作用进行了对
比。① 恩格斯在鲍威尔的讣告中赞美的正是这个因素。② 1908 年，
卡尔·考茨基在他的《基督教的起源》中发展了鲍威尔的论点。③

　　随着理性和伦理自决在鲍威尔后期作品中的作用逐渐消退，他
对情感在促成现代主体性形成方面的作用给予了更为积极的评价。
这种态度在他对贵格会和类似运动的国际影响的广泛研究中得到了
体现。④ 按照这种说法，虔诚主义的内在性和被动性似乎是 18 世纪
的主要特征，至少在德国是如此。理性主义启蒙是它的附庸，虔诚
主义给康德和费希特留下了深刻的印象，他们的实践理性将良心的
**【185】** 内在声音转化为另一种理性主义的习语。⑤ 鲍威尔将实践理性的首
要地位与虔诚的感觉——或者说是感觉确定性——混为一谈，针对

---

① B. Bauer, *Disraelis romantischer Imperialismus*, 202-203.

② Friedrich Engels, "Bruno Bauer und das Urchristentum," *Sozialdemokrat* (May 4 and 11, 1882).

③ Karl Kautsky, *Der Ursprung des Christentums. Eine historische Untersuchung* (Stuttgart: Dietz, 1908).

④ 与他在 1843 年的《基督教真相》中捍卫的立场不同，鲍威尔在《英国教友会的影响》(*Einfluss des englischen Quäkerthums*, 42-95) 中不再将德国启蒙运动的人物如爱德曼(Edelmann)视为无神论者，而是将其视为斯宾诺莎泛神论的信徒。参见 E. Barnikol, *Bruno Bauer. Studien und Materialien*, 360-361. 鲍威尔认为爱德曼的观点是，上帝是如此充分地存在于这个世界上，以至于任何特定的神性化身都是非宗教的。一种现代的评估参见 Annegret Schapper, *Ein langer Abschied vom Christentum. Johann Christian Edelmann* (1698-1767) *und die deutsche Frühaufklärung* (Marburg: Tectum-Verlag, 1996). 关于鲍威尔后来对于启蒙运动的观点，参见 Baues, *Freimaurer, Jesuiten und Illuminaten in ihrem geschichtlichen Zusammenhange* (Berlin: F. Heinicke, 1863).

⑤ B. Bauer, *Einfluss des englischen Quäkerthums*, 159-161.

这一点，他早些时候保留了一些最激烈的论点。[1] 但他也将虔诚主义视为基督教的顶点和终结，因为它摧毁了有利于内在启示的教条主张，并将法定宗教分解为道德的正直。[2] 鲍威尔在这里的论证与他的《基督教真相》一脉相承，根据他的观点，宗教被定义为依附于排他性的教条和符号的拜物教。历史的方向仍然是驱散这些幻想，但鲍威尔现在发现，动力更多地在于无法表达的情感，而不是自主的理性。这与他在《末日的宣告》中的立场相比是有启发性的。在那里，他谴责施莱尔马赫通过诉诸情感来恢复教条主义基督教的努力是倒退的，并认为情感和理性是截然相反的。现在他声称，情感的力量恰恰与施莱尔马赫的假设相反。它破坏了所有教义主张的有效性；即使是理性主义批判也从这一基本动力中获得力量。如果罗马帝国以基督教的胜利告终，那么新世界帝国也将随着教条式宗教的瓦解而终结，取而代之的是个人信仰。

在对当代政治形势的判断中，鲍威尔对俾斯麦的军事和国家社会主义进行了批判性的评价，俾斯麦的军事和国家社会主义使所有生产活动都服从于狭隘的政治目的。巴尼科尔正确地指出，鲍威尔从来不像人们有时描述的那样，是一个亲俾斯麦的民族自由主义者。[3] 鲍威尔描述了俾斯麦政策的国内根源，其延续了 18 世纪早期普鲁士国王的军国主义努力，而他早就在《普鲁士福音教和科学》中描述了这一点。鲍威尔还注意到他所谓迪斯雷利[4]的浪漫帝国主义所提供的外部动力，即试图在父权制君主政体之前建立英国社会。俾斯麦为不可避免的经济全球化趋势赋予的政治形式有所不同，其

---

① Cf. Bruno Bauer, "Theologische Schamlosigkeiten," *Deutsche Jahrbücher für Wissenschaft und Kunst*, 15-18 November 1841, no. 117-120, pp. 465-479.

② E. Barnikol, *Bruno Bauer, Studien und Materialien*, 363, 370-371.

③ E. Barnikol, *Bruno Bauer, Studien und Materialien*, 393, citing editorial remarks in Karl Marx, Friedrich Engels, *Werke*, Bd. I(Berlin: Dietz, 1957), 635.

④ 迪斯雷利(1804—1881)，英国政治家、小说家，曾两度出任英国首相，大力推行对外侵略和殖民扩张政策。——编注

特点是在国家的命令下组织所有生产，并将人民置于最严格的监护之下，扼杀了创新和独立的源泉。俾斯麦的政策完善了国家社会主义，但他的政治策略既不能安抚工人，也不能压制天主教对手。在评估俾斯麦对世界帝国主义倾向的贡献时，鲍威尔认为他最终是失败的。

鲍威尔对俾斯麦的批评背后，是对德国文化的辩护，反对其在普鲁士和奥地利政权中的部分表现，并反对任何国家对其的滥用。这种态度往往与对德国文化的缺点的严厉批判结合在一起，即使像歌德这样的最高典范也是如此。① 形而上学的传统在一定程度上是造成这些失败的原因，但鲍威尔在他早期的作品中强调，德国精神是思想的产物，而不是自然的产物。德国不是一个种族，而是历史的产物。危险在于，德国人自发的、有利于国家的精神正在消失②，尽管帝国主义不可抗拒的发展可能使这成为一种不可避免的命运。鲍威尔晚年的反省带有强烈的反民族主义色彩，这使得国家社会主义者对他思想的挪用成为问题。

**【*186*】**

在这方面，同样值得注意的是，鲍威尔强调的是种族融合的积极价值，而不是种族纯洁性，不过，他和马克斯·韦伯一样，过分关注涌入柏林和东德的斯拉夫人。混合需要同化和平衡，而它的积极影响会因一种元素突然不成比例地增加而丧失。巴尼科尔怀疑鲍威尔是 1882 年一篇匿名文章的作者，这篇文章将犹太人问题描述为社会问题的新形式。西欧的历史现在表现为一个衰落的过程，在此过程中，复兴的努力不断地付诸东流。③ 作者声称，犹太人在整个政治派别中的政治意义证明了这一普遍弱点。

在鲍威尔最后的文本中，令人惊讶的是，"三月革命前时期"共

---

① E. Barnikol, *Bruno Bauer. Studien und Materialien*, 291, 342.

② E. Barnikol, *Bruno Bauer. Studien und Materialien*, 387-388, on the link with Nietzsche.

③ E. Barnikol, *Bruno Bauer, Studien und Materialien*, 432-433.

和主义的声音并没有完全受到压制。他在 1848 年的最后裁决是，人民选出的代表没有将宪法的前途和集体的自由托付给革命的进程；他们转而支持普鲁士国王，颠覆了大众事业。① 他描述了旧的封建征服权与新的自由人格权和和平劳工权之间的对立，这种对立有一天可能会激起无数群众参加反对现存秩序的起义。

> 随着类似的起义和解放，希腊和罗马的历史在帝国主义胜利之前就结束了……从前的被压迫者和身负重担者在当时的基督教中找到了他们的共同点，并且在几个世纪的时间里，从帝国那里得到了扭曲的承认。到目前为止，在某些特定的国家工人圈子中，像基督教向他们的希腊-罗马前身提供的那样建立兄弟关系的前景相当渺茫，而且由于他们的努力失败了，政府不必为反对一个单一的、威胁所有工人联盟的联盟而自扰。②

然而，如果不是工人兄弟会的社会主义梦想，另一种形式的统一即将到来：

> 在表面的民族服装下，［人民］已经成为欧洲人，共同的帝国主义经历将使他们感觉自己更加欧洲化。当末日来临时，当帝王［君主］围绕欧洲祖国的组成而展开斗争时，这些民族的成员将为武装对手提供宝贵的军事物资。③

【*187*】

---

① B. Bauer, *Zur Orientierung über die Bismarck'sche Ära* ( Chemnitz： Ernst Schmeitzner，1880)，315-317.

② B. Bauer, *Disraelis romantischer Imperialismus*，21(cited in E. Barnikol, *Bruno Bauer，Studien und Materialien*，402).

③ B. Bauer, *Disraelis romantischer Imperialismus*，17(cited in E. Barnikol, *Bruno Bauer，Studien und Materialien*，401).

与考茨基不同的是，鲍威尔所预见的超级帝国主义并不是温和的，而是会引发大规模的自相残杀的战争。它不会刺激经济，反而会阻碍经济增长。鲍威尔宣称，无休止的政治动荡和军事准备破坏了生产活动。① 在世界帝国主义带来的灾难中，旧秩序将达到世界末日般的高潮。只有这样，新的文化可能性才会出现。黑格尔已经完全黯然失色，尼采出现在地平线上。②

鲍威尔的后期工作值得进一步研究。它揭示了一个失败的共和主义的变迁，包含了对全球主义和世界大战的预见，并体现了与 20 世纪各种思想形式的可能联系。这种复杂的知识遗产的元素散落在左右两翼，也在考茨基、尼采、极端的德国民族主义和其他地方重新出现。在鲍威尔的著作中，始终保持不变的是一个绝对的命令：永远不要成为一个自由主义者。③

---

① B. Bauer, *Disraelis romantischer Imperialismus*, 17(cited in E. Barnikol, *Bruno Bauer, Studien und Materialien*, 401).

② 卡尔·洛维特的研究"From Hegel to Nietzsche"(从黑格尔到尼采)，其价值在于确定这一转变；但这样做并没有承认鲍威尔早期的共和主义。

③ 我把这个表述归功于昆廷·斯金纳(Quentin Skinner)，他是在与一位不相关的思想家的讨论中做出这一表述的。

# 附 录

# 布鲁诺·鲍威尔《论美的原则》(1829)

关于美的原则的论文,这是康德在他的哲学的一部分中提出来
的,他打算以此作为对于判断力的批判。

格言:"艺术的严肃性在于它的宁静。"①

(66[b])经过两千年的精神劳动[ingenii],康德哲学产生了,并
通过一场伟大的革命为新哲学开辟了道路。为了弄清这一哲学体系
的力量和运动,我们必须简要地指出哲学科学的先行性原则,因为
只有通过它的先行因素才能理解哲学体系。

每一种哲学都想研究思维和存在的原理,并发现它们的

(67[a])共同来源。因为在上帝那里,存在和思维是不分开的,
这确实是永恒的理念。因此,哲学思维是神圣的思维,因为哲学的
思维致力于考察上帝的统一性和本源。② 但是,由于希腊哲学源于
存在与思维的直接统一,因此[这些术语之间的]对立既不能克服也

---

① Cf. Schiller, the Prologue to *Wallenstein*(1798): "Life is serious, art is serene."
Friedrich Schiller, *Wallenstein. Ein dramatisches Gedicht* ( Reinbek bei Hamburg:
Rowohlt, 1961), Erster Teil, *Wallensteins Lager*. Prolog. [鲍威尔的手稿缺少所有的参
考资料。引用由作者提供] 评审委员会用这句话来鉴别匿名提交的"普鲁士皇家奖"的手
稿。页码遵照手稿原稿;添加[a]和[b]是为了区分对页。

② G. W. F. Hegel, *Enzyklopädie der philosophischen Wissenschaften im
Grundrisse* ( 1827 ), *Gesammelte Werke*, Bd. 19 ( Hamburg: Meiner, 1989 ), § 1;
*Glauben und Wissen*(1802), *Gesammelte Werke*, Bd. 4, 1968, 323.

不能消除。现在巴门尼德非常简单地阐明了这种直接的统一："存在"和"关于存在的思想"[*to einai esti* 和 *to einai esti to noein*]。[①] 他的教导将永远是正确的，[但]这并不是因为他已经深入到分裂和对立之中，也不是因为他正确地通过这些[区别]来走向真理。柏拉图的哲学，

(67[b])也是建立在事物和观念的和谐之上的：因为根据他的学说，只有概念或理念，理念就是事物的真理。接下来亚里士多德也说：事物是被动的理性，思想是主动的理性。因此，事物被思考，被引导并提升到概念。

【189】　在中世纪，这种对立变得最为严重。基督教教义为人类打开了天国的大门，通过天国，人们的心灵可以从尘世的纷争中找到避难所。因为这个世界被极端的野蛮和分裂所束缚，它希望调解并消除这种分裂，所有的生命都在各个领域努力通过最激烈物种和形式的斗争而向新的时代奋起。

(68[a])因为真理之光只有通过分裂、对立和运动才能前进。诚然，面对尘世的喧嚣和骚动，信仰安慰着人们，并教导他们，今世生活的真理只有在外面的世界才能找到。因此，既然哲学是为信仰服务的，它便保持着这种分离和不可调和的对立。和解确实是人们渴望的，经院哲学甚至确保了统一，但只是将其作为信仰，而不是真正的已知的东西。因为信仰排除一切怀疑。因此，既然信仰已经被赋予并成为哲学思想的对象，那么这个思想的真理

(68[b])就已经给出，并且思维不是它自己的对象。思维因信仰的力量而为人所知，因此它不是自由的。既然思维与信仰是同一的，那么思维就不能成为中介它自己的对象的真理。因此，必然把它们分开，只有在我们这个时代产生的中介统一才是真正的知识。

当康德试图解决这个已经出现的分离时，它被提升到了其最高

---

① "Being is," and "being is thinking."

点。因为从他形而上学的第二部分开始，他就努力证明真理和思想的自由；但是整个有限的世界

（69[a]）与此相反，他无法实现真正的和解。经验主义体现了这一缺陷，并且只关注有限世界。它的形而上学对于有限世界的见解，甚至缺乏真正的哲学思想。但既然有限世界与神圣世界的统一是对立的，那么这种分离就必须尽可能地加以解释，因为必须达到真正的统一。康德发现了这两个截然不同的阶段，并着手进行解决这两个阶段的伟大工作，事实上，这一任务最终是由新哲学完成的。

康德哲学的必然性和真理就建立在

（69[b]）由实在论派系的洛克和休谟，以及理念论派系的笛卡尔、斯宾诺莎和莱布尼茨提出的调和实在论和理念论之间对立的伟大工作之上。[①] 但是，由于批判哲学力求既保持实在论又保持理念论，这表明两者都是真理。然而，由于真理不能以相反的立场出现，**【190】** 康德把注意力转向了"自在之物"。然而，由于它没有真正加入这两个派别，这仍然是一个无限的障碍；因为如果我们确实通过感官来感知事物，我们的心灵[animus]就会受到外力的影响，而我们通过这一点所获得的知识既不是

（70[a]）必要的，也不是普遍的。虽然我们通过感官感知事物，但我们仍然保持着思维的自发性，这种自发性不是从外部而来的，因为将任何事物的多种特性还原为统一，只能是心灵的自发行动。因此，既然我们承认我们对一种感觉的感受性只是因为我们受到某种事物的影响，那么我们必须将知识与情感区分开来。因为我们获得的量、质、关系等形式，都是我们的判断功能，而这些形式只是从我们的意识中得来的，而不是从事物本身得来的。因此，只有通

---

① G. W. F. Hegel, *Enzyklopädie*(1827)，§ 37-41，§ 60；*Vorlesungen über die Geschichte der Philosophie*，III，*Werke*，Bd. 20（Frankfurt/M：Suhrkamp，1971），332-333.

过这些形式，我们才能把事物的多元性归纳为统一，并且由于事物本身中并无

（70[b]）实在性，理念论的权利便又得到了恢复。然而，因为我们的思维只有发现事物的不同特征，并将其还原为统一之后才能运作，没有这种多样性，它将一无所有，将是空的，因此在某种程度上，思维必然受到事物的影响，思维依赖于事物。因此，由于现实必然以事物的方式存在，实在论也就得以恢复了。既然实在论和理念论都是必要的，而现实性存在于两者之中，又既然它们是对立的，同时又是相互依存的，并不是真正相互协调的，也不是真正的调停，那就必须理解为有别的东西在影响着它们的统一。这就是"自在之物"，

（71[a]）但自在之物既然是无表象的存在，所以是未知的，绝对是虚无的。

因此，康德从一个派系中得出影响感觉的东西，而从另一个派系中得出思想或理念；他说，前者只有在理论哲学中才能得到认识，而后者只有在实践哲学中才能达到。然而，两者仍然是分裂的，属于不同的能力，这些能力相互限制，尚未实现各自的统一。因为理论哲学能够通过表象来认识其对象，但不能把对象看成自在之物，而只能看成现象；反之，实践哲学则具有自由的概念，

【*191*】　　　（71[b]）在其对象中知道"自在之物"，但却不能用表象来表示自在之物。由于这些考虑，康德提出了一种无限的超感官的力量，但我们不能通过我们的思想来洞察它。但是，尽管感性的、自然的概念与自由的概念或非感性的概念之间有着不可估量的距离——这是一段无法跨越的距离——然而，正如康德所说，这种[自由的]概念在那个领域[自然的]应该具有力量和运动，也就是说，自由的概念或理念应该在感官世界中实现它的目的或兴趣。[1] 因此，感性和

————————

[1]　Kant, *Kritik der Urteilskraft*, *Kants gesammelte Schriften*, Bd. 5, Königlich Preußische Akademie der Wissenschaften(Berlin, de Gruyter, 1908), 175-176, 195.

超感性的统一，从自然的概念到

（72[a]）自由的概念的过渡必须实现。因此，康德在认识到概念与客观性的结合时，达到了哲学的顶峰，我们将思考他是如何沿着这条崇高的道路加速前进的。正如从自由的概念过渡到自然的概念一样，在知性和理性之间也有必要存在一个中间环节，即判断的能力。但也有另一个理由，引导我们接受作为理性和知性中介的判断能力。因为心灵[animi]的所有能力都可以归结为三种，即认识的能力、愉悦或厌恶的感觉以及欲望的能力。

（72[b]）只有知性才通过先天的自然概念，把法律强加于知识的能力之上，而只有理性才能把法律强加于欲望的能力之上。[①]　因此，由于愉悦感或厌恶感是介于认识能力和欲望能力之间的，而判断能力是介于知性和理性之间的，康德的结论是，判断能力本身也先天存在着一个先验原则，这种能力构成了从自然概念到自由概念的过渡。[②]

现在，判断的能力就是我们把特殊性归入普遍性的能力。如果普遍性已经被赋予，而特殊性被包含在普遍之中，那么判断能力就是决定性的。[③]

（73[a]）然而，依然存在着各种形式不确定的自然，我们也必须研究它们的规律。因此，判断的能力作为反思而产生，[当]通过它，从特殊到普遍的必要提升就发生了。[④]　然而，为了达到这一目的，它依然缺乏一个原则，我们既不能从经验中推演出这一原则，也不 **【192】** 能将其归于自然本身，因为自然并不依赖于我们努力把握它的概念所依赖的那些条件，而这个概念根本没有延伸到它身上。因此康德

---

① Kant，*Kritik der Urteilskraft*，177-78；cf. Hegel，*Glauben und Wissen*，339.

② Kant，*Kritik der Urteilskraft*，178.

③ Ibid.，179.

④ Ibid.，179-180.

提出，由于普遍的自然规律取决于把它们归为自然的知性①，

（73[b]）那么对于那些尚未被这些规律规定的事物，特殊的和普遍的规律应该被看作一个统一体，就好像这些规律是知性所产生的。由此可以肯定的是，判断能力将法则强加于自身，而不是强加于自然。

但更进一步地探讨这个问题，它包含了什么？这是终结的形式。这个终结是一个普遍的概念，个体的事物符合于这一目的，因此它们就是有目的的。事实上，这种利益的实现和满足[的结束]与快乐感有关。② 当我们认识到特殊与普遍是一致的，我们就会被一种快乐所感动，这样的快乐既不包含贪婪，

（74[a]）也不包含渴望。因此，既然快乐与关于某种对象的形式的理解联系在一起，而不涉及由概念所决定的独特知识，这种表象不涉及客体，而仅涉及主体，由此而来的快乐，无非是客体与认识能力的契合。③ 因为当我们在理解中把握了这种形式时，必然会出现反思性的判断能力，即使它本身是无意识的，也会将这种表现

（74[b]）与它自身将表象指向概念的能力进行比较。因此，如果快乐是由想象能力（这是一种先验的表象能力）与理解的一致性引起的，那么客体就与它的目的一致。这种既不依赖于客体概念，也不提供其概念的判断称为审美判断。那对象就是美，通过对美的反思，它的形式必然产生快乐，而对这种快乐的判断能力就是品位。④

因为，正如我们在上面所看到的，知性和理性因每种共同力量和它们互相之间可能进行的每一个行动而受到阻碍，这是因为

（75[a]）在感性事物和超感性事物之间可能会有不可测量的距

---

① Kant, *Kritik der Urteilskraft*, 180, 187.
② Ibid., 187.
③ Ibid., 189, 192.
④ Ibid., 190.

离，由于感性事物中超感性事物的观照既不能归为知性，也不能归为理性，所以康德就以直观的知性来把握美，从而达到真理。[①] 但这一[成就]再次被削弱，因为康德将判断能力的概念降级为一种有关快乐和厌恶感的构成原则，即一种主观规则。[②]

　　康德在对美的判断能力和美的学说进行实际批判之前，提出了这些观点，以显示美在哲学中的地位和姿态。

　　(75[b])但是在我们开始批评他关于美的学说之前，让我们仔细考虑一下他的这一导言，看看这样能否把握美及其理念的真正本质。康德在完成了哲学的另外两部分，即实践理性批判和纯粹理性批判之后，开始了对美的思考和对判断力的批判。他说，哲学是综合判断，是不同的理性[rationes]的结合，而不是它们的分离，正如沃尔夫在他的形而上学中所说的那样。但是，这种判断不能像经验主义那样从经验中来，而是必须依赖于概念和思想，因此

　　(76[a])综合判断是先天的。但康德说，在我们研究和构建这个综合系统之前，必须先确定认识的能力并对其加以批判。根据这一原则，他完成了对纯粹理性的批判。知性的自发性与感性是对立的。它的活动在于将感官表征的多样性还原为普遍的概念。因此，理解是判断的行为。因此康德从一般逻辑中提取了这四个范畴，却没有说明它们的必要性。[③] 但这些范畴是空洞而抽象的，

　　(76[b])为了使自身获得内容，它们必须适用于对象和表象；但它们并不适用于"自在之物"。因为我们只通过理性来认识自在之物，但由于认识不过是范畴的运用，而范畴在理性的领域内又不能完成任何事情，理性就陷入矛盾之中，而矛盾便成为先验的辩证法的对

【193】

---

　　① Hegel, *Enzyklopädie* (1827), §55; *Glauben und Wissen*, 327, 341; *Vorlesungen über die Ästhetik*, I, 91; *Vorlesungen über die Geschichte der Philosophie*, III, 380.

　　② Kant, *Kritik der Urteilskraft*, 197.

　　③ Hegel, *Enzyklopädie* (1827), §41; cf. I. Kant, *Kritik der reinen Vernunft*, ed. R. Schmidt (Hamburg: Meiner, 1930), A70=B95.

象。批判哲学的伟大功绩在于敢于向矛盾前进；但由于它从不考虑概念内在的丰富性和具体性，因而无法遏制矛盾，也无法继续寻求真正的解决方案和概念的真相。因此，康德的哲学

（77[a]）仍然完全是一种主观的理念论，因为康德的哲学并没有深入到发展了的真理和发展了的理念中去，而只保留了抽象的主观性。因此，在我们正在考虑的那部分哲学中，康德假定了一种普遍**【194】**和特殊的相互关系，即特殊性是由普遍性决定的，这就构成了另一个他在《纯粹理性批判》中研究过的更优关系，如果把概念或普遍性应用到事物上，就会产生矛盾。然而，在美中，普遍性是内在于特殊性之中的，理念便得以显现和实现。因此

（77[b]）康德在他的哲学的这一部分中，获得了关于理念的知识。但是，这种认识与——只有理念才是真理，而真理只存在于对它［理念］的认识中——这一认识是不一致的。① 康德因此贬低了它，因为他表明它只出现在感性的事物和经验中，并将它［理念］的知识降低到主观感觉的［等级］。因为我们通过直观的理解发现了这种关系的知识。但康德在感性直观的和谐中，或在表象的自由发挥和规定规律的知性中，发现了这种直观的知性。

（78[a]）这种和谐感使我们感到某种快乐，［康德］将其称为品位这种判断快乐的主观能力。因此，对在客体中表现出来的事物的一般认识只是一种不确定的意义，它不能声称自己是客观的价值和真理，因为它对客体是偶然的，正如一个客体的真理、存在和性质不能用它的概念来表达一样。因此，当康德把对这种喜悦感的判断能力作为批判的基础建立起来时，它仍然只是一种

（78[b]）缺乏客观性的主观性。因此，如果一个人考虑美的各个时刻，他将只考察在主体中所产生的感觉，无法深入洞察美的真正知识，也无法发现美的概念。因为如果我们承认在这个意义上存在

---

① Hegel, *Enzyklopädie*(1827), §56.

着如此多的美，以致它引起了快乐，我们就能理解它在主体中引起了什么，而不是它的真正概念是什么。因为，举例来说，如果我们只说希腊人在思考艺术作品，被这种高度的快乐所影响，并在这种快乐中栖息，那么想必我们还没有掌握希腊艺术的运动和概念。

(79[a])艺术的目的在于消解自由和必然性的最高矛盾，而这个矛盾的解决就是真理和理念。如果理念具有客观性或外在形式，并且理念本身是真实的，那么理念的形式也就足以表示理念，而且理 **【195】** 念本身也就完全充满了形式。因此，当我们说一件艺术品美，我们并不是认为只有概念才是美，也不是说只有形式才是美，而是把两者都把握在一起，因为艺术作品本身就把两者和谐地结合在一起。的确，心灵[animum]

(79[b])在思考美的时候，确实受到了和平、安宁和受祝福的宁静和庄严之感的影响，康德似乎把这种宁静和安宁理解为处于快乐的力量之下，但是通过"快乐"这个词，我们只表示美的一种力量，但不是美丽本身的存在。而且，因为这里只考虑主观性，我们始终能够在康德根据这四个范畴来判断美的四个契机中看到这个缺陷。现在，跟随康德，让我们考察这四个契机。

第一个契机是关于质的范畴。[①] 美是激发快乐的东西，快乐并不能

(80[a])决定意志，也就是说，它不属于欲望的能力。如果我们的意志是由某件事物决定的，那么这种情况的发生并不是因为事物本身，而是因为它与我们的经验[关于它的经验]的关系。主要是为了解释这一环节，康德把美与善区分开来。来自美好和愉悦的快乐决定了我们的意志。[②] 如果我说某个事物是令人愉快的，我就不能

---

① Kant，*Kritik der Urteilskraft*，§1-5，203-11；cf. Hegel，*Vorlesungen über die Ästhetik*，I，92-93. 另参见 Hegel，*Vorlesungen über die Geschichte der Philosophie*，III，372-382.

② Kant，*Kritik der Urteilskraft*，§3-4，205-209；345-346.

不受欲望［渴望］的影响，因为我的欲望［渴望］被一种愉悦感动，因为令人愉快的事物引起的快乐表明了某种事物的存在与我的关系。因为在存在的感性的事物中，只有

（80[b]）与我们的需要及其满足有关的价值存在。因此，这里的关系[ratio]是这样的，一方是客体，另一方是我们指称客体的利益或目的，客体与它是不同的。① 例如，因为我消费了某个对象，所以利益是我的，而不存在于该对象中。② 但善之所以是这样，是因为通过理性，它仅仅通过概念的方式来使人愉悦。因为既然目的的概念已经呈现出来，那么理性与意志的关系就是存在的，即对一个物体或行为存在的愿望。因此，欲望能力与善和悦人的关系是存在的，两者都能激发快乐，这种快乐不仅通过表象表现出来，而且

（81[a]）通过主体与客体的连接和联系表现出来。因此，审美判断只能是沉思的。③ 因此康德正确地说，在这三种快乐中，只有美的快乐才是自由的。因为在美的世界里，终点与目标并没有区别。因此，我们把客体定义为自由，因为它本身就能使我们愉快，因为它包含着自己的目的或终点。④

【*196*】

第二个契机是关于量的范畴。⑤ 既然美的快乐与无欲望［渴望］联系在一起，就必须假定美是直接取悦所有人的。因为

（81[b]）这种快感并不取决于判断主体的任何欲望，判断[主体]本身是自由的，不受任何情感[或倾向、喜爱]的约束。他也不能举出任何理由，这些理由可能存在于他作为个体主体的内心，为什么美应该取悦他自己[alone]；相反，他认为，他自己的判断只能由其

---

① Hegel，*Vorlesungen über die Ästhetik*，I，93.

② Ibid.，93.

③ Kant，*Kritik der Urteilskraft*，210.

④ Hegel，*Vorlesungen über die Ästhetik*，I，93.

⑤ Kant，*Kritik der Urteilskraft*，§ 6-9，211-219；cf. Hegel，*Vorlesungen über die Ästhetik*，I，93-94.

他个体也可以假设的东西来证实和支持，就像他相信每个人都会受到同样的快乐的影响一样。① 因此，对美的判断似乎是合乎逻辑的，即由客体的概念所决定的。② 然而，它是审美的，它本身就包含着客体与主体之间的关系。它类似于逻辑判断，只是因为它必须对每个人都有效。

（82[a]）然而，审美判断的这种普遍性不能产生于概念，因为从概念不能过渡到愉悦感，因为在这种判断中，只有主观的普遍性才能存在。③ 因此，在审美判断中，除了没有概念的中介的常识之外，没有任何东西是必需的。因此，如果判断的原因仅仅是主观的，而不包含客体的概念，那么判断中的原因，或存在于判断中的原因，也只是在他们之间表现能力的关系中发现的心灵[animi]的条件。以这种方式，认识的力量就是自由自在地存在着的，因为没有一个明确的

（82[b]）概念包含在单一的认知规则中。在产生关于某个对象的知识时，想象力的力量属于对象的表象，而知性属于概念的统一性。这种认知能力的自由发挥必须是共同的，因为知识是对所有人都有效的唯一表现方式。④ 因此，主观判断是我们从认知能力的和谐发挥中体验到快乐的原因，而这些认知力量的普遍性又决定了我们在欣赏美的时候所感受到的那种共同的快乐的力量。因此，由于审美判断依赖于主观感觉，我们既没有意识到明确的概念，

（83[a]）也没有意识到普遍性下的包容。因为[审美判断]只不过 **【197】**
是[这个，那个]在美的愉悦中的分离，而这一过程只有在逻辑判断不出现时才会发生，所以美的第二个契机是：美是直接使所有人愉

---

① Kant, *Kritik der Urteilskraft*, 211.
② Ibid., 211, 347.
③ Ibid., 212, 214.
④ Ibid., 217-218.

悦的，即不需要概念的中介。①

第三个契机是关系范畴。② 在这一环节中，康德思考了终结的
形式是如何归因于美的。如果把概念作为对象的原因，那么目的就
是概念的对象。③ 因此，当正在被思维的东西不仅是对对象的知识，
而且是对象本身作为某物的概念的结果时，目的必然是得到了思
考的。

(83[b])然而，对象，与目的是一致的，即使某些事物的目的的
表象不一定是假定的。因此，如果我们不把产生这种形式的原因放
在任何意志中，这种形式就可以没有目的。④ 因此，我们可以仅仅
根据形式来考察结局的形式，即使我们不承认结局中存在着一个有
区别的目的。因此，在美中，在某一对象的表象中，除了主观的结
局形式以外，没有别的东西，没有[具体的]终结；因此，只有最终
形式的形式才能决定意志。但合目的性的客观形式，只有通过杂多
与一个明确的目的的关系才能得到认识，因此也只能通过一个概念
来认识。因此，美在判断中只有合目的性的形式，

(84[a])是完全不同于善的表象，在善的表象中，存在着合目的
性的客观形式。⑤ 更确切地说，某种事物的表现形式，即将杂多归
结为统一，并不能产生客观形式的终结性，因为它从统一的目的[或
原因]中完全抽象出来，只有表现的目的性的主观形式留在正在思考
的人的头脑[心灵]中。因此，这种判断被称为审美，因为它的原因
和原则不是一个概念，而是那种在心灵力量[ingenii]的发挥中达
成一致的感觉。⑥ 康德由此得出如下结论：没有一个客观的审美规

---

① Kant, *Kritik der Urteilskraft*, 219.
② Ibid, §10-17, 219-236; cf. Hegel, *Vorlesungen über die Ästhetik*, I, 94.
③ Ibid., 220.
④ Ibid., 220.
⑤ Ibid., 221.
⑥ Ibid., 228.

律是通过概念

（84[b]）来指示和决定美是什么的。[①] 以往对美的判断是主观的，没有对象的概念存在其中。[②] 因此，试图寻求审美原则是徒劳的，因为它会通过不同的概念给出一个共同的审美标准。[③]

但是，如果我们追问，那么除了主观意义之外，审美判断的原则是否绝对不存在呢？康德回答说，品位的正常形象只是一种观念。[④] 康德将观念命名为理性概念，而理想则是与观念一致的事物的表现。[⑤] 正因为如此，品位的正常形象，尽管它依赖于一种不确定的理性概念，【*198*】

（85[a]）但却不能通过概念来证明，而只能通过对美的单一表征来证明，更确切地说是理想的美。[⑥] 然而，适合于理想的美只有一种，也就是说，只有一种美包含着其自己存在的目的——人。[⑦] 因此，我们得出了这一环节的真相。如果我们不以一种与现实不同的方式来理解一个对象的目的，那么这个对象就是美的。在有限形式的终结中，目的与它的中介是不同的，因为目的与物质有着外在的联系。在这里，目的的表象已经从存在本身中分离出来。然而，美本身就包含着

（85[b]）它自己的目的。目的即是生命，而生命存在于一切环节中，在生命里，目的与整个质料并无区别，两者没有中介地结合在一起了，因为如果某事物本身的目的是内在的，那么它就是一个实存着的东西。因此，在美中，这种终结的形式是内在的，正如目的是事物本身的内在本性一样。

————————————

① Kant，*Kritik der Urteilskraft*，231.

② Ibid.，231.

③ Ibid.，231.

④ The text has "nudam(*bloße*)." D. M.

⑤ Ibid.，232.

⑥ Ibid.，232.

⑦ Ibid.，235.

第四个契机，是关于模态范畴的①：美与快乐有着必然的关系。然而，这种快乐的必要性不是理论上的、客观的，每个人都会被一种我可以称为美的事物带来的同样的愉悦所感动；它也不是实际的，似乎这种快乐可以被

（86〔a〕）推断为客观规律的必然结果。相反，所有人在同一判断中达成一致的这种必要性被视为某些无法证明的规则的典范。由此可见，这种必然性不能从一个不同的概念中产生。这是一种审美判断，从这种判断出发我们可以期望，所谓美的事物确实应该被定义为美。但是，这个"应当"在审美判断中并不是绝对的。既然审美判断没有一个明确的客观原则，但又有其必然性，

（86〔b〕）那么审美判断也可能并不缺乏原则。必须有一个主观的原则来普遍地决定什么是美，不是通过概念，而是通过主观的感觉。

【*199*】然而，这一原则只能被设想为一种常识，这样的常识往往被理解为认识能力自由发挥的结果。这种常识引导我们做出判断，其中"应该"是固有的；然而，这并不是说每个人都将分享我们的感受，而是说他们应该这样做。这样，我们就得到了审美判断的必然性的主观原则。出于这个原因，我们称美为

（87〔a〕）必要的愉悦的对象，但没有概念。② ……既然我们现在要转到对美的这些契机的批判上，首先必须问，为什么康德只列举了四个契机。很明显，他肯定了美的四个契机，因为他在先验逻辑中提出了四个范畴作为思维的规定。通过将这些作为所有概念的基础，他提出了自我意识的先验统一。在先验美学里，他承认感官所赋予的表象是由杂多结合起来的，就其内在的丰富性〔copia〕和形式而言，都是由杂多结合起来的。当主体

---

① The text has "nudam(*bloße*)." § 18-22，236-240；cf. Hegel，*Vorlesungen über die Ästhetik*，I，94-95.

② Kant，*Kritik der Urteilskraft*，240.

(87[b])把这个杂多指向自身并在自我意识中将其统一起来时，这个杂多便被还原为统一。这些范畴就是杂多与主体的区别原则。康德提出了关于人类心灵的十二个基本概念，并将其分为四类。亚里士多德是第一个研究并列出这些概念的人，但他对这些概念的解释却远不及康德。总体而言，康德从亚里士多德和普通逻辑那里接管了这些，将其当作一个不良的整体，但实际上，他并没有说明它们为什么存在，也没有说明它们以什么必要的方式从对方中产生。虽然他在经验上从当代逻辑推导出它们，而没有

(88[a])从哲学上把握它们，但他坚持它们是思维的决定和一切知识的基础。但这些范畴只是主观意识的统一，它们自身却是空的。它们在经验中找到了自身的运用和内在的丰富与真理。因此，在我们正在考虑的这部分哲学中，康德将它们与美和对美的判断联系起来。但是，既然我们必须怀疑这些范畴的真实性和整体性，因为它们不是根据自身的必然性来得到论证，而是仅仅在经验上被接受的，那么在这

(88[b])四个美的契机里，也就不可能存在必然性。康德在这里想摆脱知性的渴望和思维的偶然，但如果把美的概念归结于思维的惯性，并仅根据四个简单的规定来判断，那并不是更好的办法。逻 【200】辑在哲学思想中有不小[haud parvam]的力量和分量；[但是]如果思维的逻辑规定只是从经验上接受的，而不是从思维本身推导出来的，那么思维的规定便只是空洞、无用的幻影。

那么，如果概念本身在逻辑学中，

(89[a])在它自身展开和确定的过程中，能够表现出认识的形式和规定，以及认识的统一性[或证明]和内在的丰富性，那么逻辑就可以是主动的，并且是哲学的一个真正的环节。因此，在对判断力的批判中，这些范畴在美中表现为其具体的丰富，作为主观意识的统一，正如我们在经验中所看到的那样。因为它的感觉和表象的一

部分只是主观的东西，所以我们仍停留在抽象的主观性里，并不能发展到真正的客观性。

（89[b]）康德对美的第一个契机给出了如下的定义，即在对美进行判断时，我们要让美的[对象]自由地存在，因为这个[对象]是直接令人愉悦的，并且脱离了所有的欲望。因为在对美的判断中，我们不可能知道美，但通过想象的力量，我们只把表象指向主体本身，指向主体的感官享受。正因为如此，由于审美判断只决定主观判断，它不能产生知识，客体也不能被主体感知。

因此，一方面我们看到客体

（90[a]）本身是自由的，另一方面我们看到审美判断，其决定性的原因只能是主观的，因为它取决于快乐的感觉。因此，审美判断也是自由的，而不是由对象本身决定的。但这样我们就能发现美的本身是什么吗？我们只听到某种[封闭]在其自我中的感觉，它既不指向自身的对象，也不通过思考进入这个[对象]。因为它保持了对象的独立性，所以它保持着自己抽象的主观性。审美判断无非就是这样一种抽象的感觉，它不是从对象本身来理解的，

（90[b]）而是从观察对象所激起的快乐来理解的。但是，如果康德假定审美判断，他也必须假定被判断的对象和判断的思维理解力。【201】这种思维理解力不应停留在客体之外，而应脱离客体所激发的感觉；它必须通过思考才能穿透对象。因此，如果内在的主观感觉转向对象并指向它，感觉[情感]就会被激发出来。因此，在感觉上，我们既有内在的感觉，又有外在的客体；既有主观的认识，

（91[a]）又有客观的东西。这是激发情感的必要条件，因为情感依赖于对象。但正是因为感情依赖于对象，而对象是超越感情的，而且对象是有限的，所以感情本身也是有限的，并且有限的东西不能保持感情本身。[①] 因为在判断中，必须对事物做出判断，而判断

---

① Hegel, *Vorlesungen über die Ästhetik*, I, 59-60n.

本质上属于思维的力量，因此思维必须是审美判断的基础。在思考中，对象不是独立的，我们也不是从对象中抽象出来的，我们通过思考来感知对象，把对象从它自身中提取出来，引到思维中去，从而达到它的真理。

（92[a]）自觉的思想本身不再[non amplius]是那种把自己局限于自己的主观性的内在感觉，也不再仅仅受到这种感觉的影响，而是既存在于自身，又存在于他者之中；我们甚至可以说，我们在自己之中找到了对象。① 这样看来，思维的认知是真正无限的。因此，感觉和思维必然归于审美的感觉，因为美感是由二者构成的，也是由二者组成的，而这种感觉和思维的同一性是我们在表象中发现的。在这种统一的表象里，感觉过渡到思维，思维又过渡到感觉；有限和无限被统一在同一事物中，

（92[a]）无限以有限的形式存在，有限接受无限，并超越性[auctissime]地与无限结合起来。这种超越性[aucta]的联系和构成最终产生了一种美感，这种美感中蕴含着和平、幸福和最高的宁静，每一种对立都被消除了。

从我们在对美的判断中发现的这种感觉和思维的结合中，我们可以得出这样的结论：这两个观察美的契机不应脱离彼此，既不能与对方分离，也不能否定一方而只接受另一方。因此，

（92[b]）当康德认为审美判断的决定因素只是主观的时候，他就把自己局限于感觉和快乐的感受，而完全否定了思想的作用。在美的连续的契机之中，我们将看到这个错误的进一步展开。

这样，美的第二个契机就显露出来了，美的表现是没有概念的。【202】然而，可以肯定的是，在《判断力批判》的导论中，康德承认，在自然的概念和理性之间[有]存在着一个范围，在这个范围内，感性事物由超感性事物所决定，质料由理念所决定，两者结合在一起成

① 　Hegel, *Vorlesungen über die Ästhetik*, I, 57-58.

为一种具体的同一性。

（93[a]）但是，由于康德仅仅把理性称为一种不确定的、[存在]
于我们心中的、无法被认识的理念，那么从康德的学说来看，审美
的理念也永远无法被认识。既然在美里，感觉和思想的对立已经被
超越了，康德就把这种超越理解为否定，就好像可理解的东西确实
没有在美中积极地存在一样。因为这个原因，康德总是得出同样的
结果，即美是不可能被认识的，我们不能假定美的概念，而美不借
助任何概念就能让人感到愉悦。因此，既然美只取决于

（93[b]）感官的欲望和愉悦的感觉，取决于想象能力的和谐发
挥，那么美本身就必须是主观的和有限的，而且美本身不存在客观
的真理。因此，当康德说美是普遍的愉悦时，这种普遍性只能是主
观的，即它并不以客体本身为基础，它的存在也不是来自客体本身
的概念。这种主观的普遍性之中的错误和空虚也很明显，因为审美
判断不能赞扬所有人的赞同，因为只有当审美判断不仅来自主观的
快乐，而且

（94[a]）来自对象本身和它的概念时，这种判断才会发生。

因此，当我们在主观感觉中被牢牢抓住，当普遍性被归因于这个
主体性时，我们却没有发现这个空的主体性是如何被填满的，我们还
在寻求它的具体的内在充实。答案就在美的第三个契机。康德在这里
提出了理念的概念。在康德以前，这一术语在日常生活和哲学中都常
常得到荒诞和错误的表述，而且由于除了主观的、不确定的表象之外，
没有任何东西是经由它而得以理解的，因而它的地位就更加退步了。

（94[b]）康德再次为这个概念辩护，认为它是理性的概念，并试
图把它恢复到应有的位置。① 但理念确实是一个普遍的东西，同时

---

① Cf. G. W. F. Hegel, *Enzyklopädie der philosophischen Wissenschaften im Grun-
drisse* (1830), *Erster Teil. Die Wissenschaft der Logik*, mit den mündlichen
Zusätzen(Frankfurt/M: Suhrkamp, 1970)，§45Z.

又是一切特殊的总和。理念本质上是一种活动，而那特定于理念的、最初只是含蓄地[per se 自身]存在于理念中的东西，也必须被提出。【203】因此，理念本身即是概念，理念本身即包含着暗含在[自身]之中的特殊。① 但是这个概念并不是我们主观的东西，它与事物本身是有区别的，是事物的灵魂、真理和本质。在先在的形式[作为隐含的]中，理念就是概念。但概念必须展开、发散出它自己，并将其自身表现为客观性。事实上，概念和客观性

(95[a])并不是两个截然不同的、没有任何相互关系的事物，而本质上是一个单独的整体，即理念本身。因此，观念是客观的真理，是真实的东西，是外在和内在相结合的东西，是概念和客观性相结合的东西。作为存在者的理念是完全的生命，因为理念就是真理，而真理既然存在着，那么它就是生命。真理既然是生命，那么它就是美，因此美和生命是一体的。美是存在于客观性中的概念，正如客观性只出现在概念中一样，整个概念

(95[b])都包含在客观性中。因此，理念本身就是生命；或者说，生命的真实和实质，正是美。正因为如此，美和生命是同一的理念和真理。因为真理就是思想和认识的理念，美就是存在于表象中的理念。但生命在本质上必然会成为一种有生命的主观的东西，因为生命不应一直是斯宾诺莎的实体，而斯宾诺莎的实体是缺乏一切主观性的。在这种主观性里，一切差别都结合在一起，而这种统一性便决定了否定与无限。

(96[a])这种主观统一是一种无限的自我关系，即真正的自由。只有通过这样的统一，生命才成为真正有生命的东西。现在，这个统一体将自己展现为一个有机体，在美中，我们首先寻求的正是这个[统一体]。因此，当理念转移到外部存在时，它就成为一个真正的理念，并在这种主观的统一中成为理想。在这个作为具体理念的

---

① "idea" inserted. D. M.

理想之中，我们看到了具体的自由、幸福与和平。

我们在上面说过，康德再次把这个概念与理性的概念调和起来。因此有人问，康德

(96[b])是如何理解理性概念的？他说，理性的概念是绝对的概念，但就表象而言，理性是具有超越性的。理性，作为一种空洞的活动，作为无限的单纯的概念，是与有限对立的。因为根据康德自己的看法，无限必须是绝对自由的，由此产生了一个最严重的矛盾，因为[对他来说]，如果不从对立的事物中抽象出来，绝对就不会存在；事实上，如果没有这种对立，它就什么都不是。① 这样，无限

**【204】** 或绝对本身便成为相对的，因为它并不指向一种通过它自身而设定的客观性。② 相反，

(97[a])[客观性]仍然在它的外部，并且漠不关心地站在它的对立面。然而，正如我们刚才所解释的那样，理念是[真正]绝对的，因为它并不是指某个与它相异、与它对立的事物；而是指它本身所散发出来的客观性，并在这个[要素]中承担着它自己。作为客观性和概念的整体，它是真正理性的。③ 因此，概念和客观性必须同时包含在理念中，因为它们是统一的，不能分开的；理念也不能仅仅被认为是主观的概念。因为如果这种情况发生了，理念本身就会退化为一种

(97[b])偶然的东西。

如果像康德那样，否定这个观念的客观真理，[理由是]它在表象上是先验的，而且在在感性世界中，找不到与之一致的对象。但我要问的是，这些空虚的、软弱的、短暂的、易逝的和虚假的表象，难道不是构成理念的真正客观性的因素吗？④ 当然，我们不应该在

---

① Hegel, *Enzyklopädie* (1827), §42-45.

② Ibid., §94.

③ Hegel, *Vorlesungen über die Ästhetik*, I, 69.

④ Ibid., 28-29.

它们身上寻找真正的理念吧？但如果理念是真实的，它也会有一个有价值的、真实的、理性的客观性；如果客观性是真实的，那么理念也就是内在的。此外，康德认为理念是一种界限，或者说，

（98[a]）它是一个边界，根据这个边界，实在，作为它的规范的形象，是被设想出来的。这一学说产生于康德对理念的规定，即理念对事物而言是超越的，正如理念是超越性的，任何事物都不能接近它，任何事物都绝对不能达到它。但这种意见显然必须加以否定，因为理念本身已经是概念和客观性的全部了。既然两者的同一性已经存在于其中，所以事实上没有必要假定它们是否彼此一致。因为只有当理念真正地内在于其中时，事物才是美的。

（98[b]）因此，如果康德说，品位的规范性形象是一种判断对象所依据的理念，而且找不到真正符合这个理念的客观对象，那么这个理念就变成了一个纯粹的主观规则，我们用它来衡量客观性的标准，并以此检验一个对象是否接近理念。但是，既然理念只存在于主体中，而美就站在理念的对立面上，那么我要问，什么是美，或者它能是什么，在理念中，它本身不是内在的，那不包含理念本身作为它自己的真理的见证的东西又是什么呢？这绝对是无。但艺术作品本身就是一个整体。因为[对康德而言]概念只会被抛回

（99[a]）到主体身上，所以艺术对象会回归自身，而无形的物质仍然存在，就像是死亡的头颅。事实上，康德在这种对立中更进一步，以至于他说，每个人都必须在自己身上形成这种理念。① 但这必然遵循康德的观点，只是对前面已经包含的内容作了不同的陈述而已。但也因此，美的概念显然变得主观了。它反对客观性，认为客观性与它格格不入，而这种客观性对它也没有反应。正因为如此，美的理念不过是我们心中一个不确定的先验理念，【205】

（99[b]）然而，这个理念是不可知的。然而，康德自己在提出美

---

① Kant，*Kritik der Urteilskraft*，232.

的理念时，也提出了美的概念，即美的概念是自然与理性概念的同一性。因此，康德认为理性的理念永远不能成为知识，因为超感官的东西本身包含有概念，而概念与任何实在或表象都不能一致。然而，理性的理念在美中得到体现，概念在表象中得到体现。因为理性的理念被看成感性事物和超感性事物的同一，

（100[a]）但在理念之下，不能理解外来的感性事物所反对的超感性事物，正如超感性事物超越知识一样。然而，如果康德说，美的理念或审美理念不能被认识，因为没有概念与表象是一致的，那么他就没有考虑到审美理念是在理性理念中显现出来的。因为美是真实与理想的具体构成和相互渗透，是最高对立的消解，是有限与无限在表象上的同一性。但在哲学中，这种对立

（100[b]）在纯粹的同一性中扬弃了自己。因此，艺术和哲学都集中在知识的最高点上。因此，没有什么比哲学更能深入艺术的真正本质，在哲学中，艺术必然成为知识的对象，特别是艺术只有通过哲学才能绝对地得到认识。只有智力上的懒惰才会声称美是无法被人了解的，美只能通过感觉来把握，任何概念都不足以表达美。只有主观性的空洞反映，才能把有限与无限分开，并把无限或绝对［当作某种东西］置于人的一切知识之上，

（101[a]）回到那在现实中无法得到证明的空洞和广阔的无限性。

【206】因此，绝对真实的理念，也就归结为主观判断［*arbitrium*］，主体通过这种主观判断，在自己的反思中观察事物。

现在让我们进入第四个契机。康德在这里说，美是没有概念的必要享乐的对象。必然性是一个抽象的范畴。必然性就是真理，在真理里可能性与实在是同一回事。必然的东西是直接的纯粹的存在，同时也是自身的反映，因为这两者是结合

（101[b]）在一起的。① 就反思的必然性而言，反思是有基础和

---

① Hegel, *Enzyklopädie*(1827), §147-149.

条件的，但反思的基础和条件仅在于反思自身，因为必然性是由它自己决定的。因此，必然性本身就是内在的组织，所以当我们把必然性归于美时，就没有什么比有机体更容易理解的了①：这就是美赖以存在和显现的必然性，以及概念和客观性在美中成为唯一的必然性。因此，这个概念也通过客观性表现出来，客观性同时接受整个概念并将其作为它自己的见证。但这种内在的和谐，这种与自身的和平，

（102[a]）同时又是绝对的否定性和它自身存在的自由。因此必然性就是自由和自由的爱，理念以这种自由和自由的爱在美中表现自己，把自己释放到概念和客观性中去。它以爱的纽带把两者结合起来，以具体的统一体使两者协调一致。但康德将这种美的必然性假定为主观的。因为他假定了一种"常识"，即所有的人都以同样的方式受到美的影响，因此，每个人都有可能在对他人的评价上达成一致，但他又清楚地看出这种主观必然性的弱点，

（102[b]）他不得不把这种必然性当成一种相对关系，并坚持认为，当一个人对美的鉴赏力提出要求时，别人应当赞同他的判断。由于康德的主观原则，他并没有超出这种"应当"的范围，而思维的无能，实际上一直坚持和默认了这种"应当"。对于美的这种规定，正如我们在上面所说明的那样，理念只应当在现实中表现出来，因为康德固执地坚持概念与客观性的分离，并且相信他已经充分地实现了这一点。

但现在，让我们来到我们批判的顶峰。

（103[a]）在反思性的判断能力中，康德发现了自然概念与理性概念之间、客观或经验的多重性与知性的抽象之间的中介。② 但这　　**【207】**
种同一性本质上是理性，康德在他的哲学的这一部分或多或少地正

---

① Hegel，*Enzyklopädie*(1827)，§60.

② Hegel，*Glauben und Wissen*，339.

式谈到了这一点。尽管康德提出了理性的概念以及自然和自由概念的同一性，但它不过是我们心中一个在任何情况下都无法获得知识的超知觉的理念。① 正如理性的理念不能为人所知，因为其本身就包含着无限的概念一样，审美的理念也不可能成为

（103[b]）知识，因为想象力的力量是它的基础，而对这一点来说，任何概念都是不充分的。因此康德把理念分为感性的和有限的，以及超感性的，因为它超越了一切经验和认识，尽管理念确实能够以客观性和概念的绝对同一性得到认识。因此，当美被解释为自然和自由概念的同一性时，[同时]超感性的既不能被认识也不能被表现出来，审美判断就被称为抽象的主体性，成为美的判断的超感性原则。但是，如果它成为美的至高无上的原则，

（104[a]）那我们就对其一无所知，因为它的表象不能用概念来解释，而它的概念也不能用表象来表征。因此，美是指主观的感觉，是指主体本身的快乐，这种快乐是从美与反思的关系中产生的；因此，美显然已经成为主观的和偶然的。尽管康德在美中设定了一个可理解的契机，但他仍然停留在这个主观的有限的认识中，他认为这是绝对的。康德提出了理念的概念，但理念的真正概念是不能容纳在他的体系中的：如果他把理念

（104[b]）作为他的哲学的真正原则和目的，他就违背了他自己的学说。因此，理念必然被贬低、减损、败坏，主观反思和有限的认识必然被认作是真实的。因此康德哲学仍然是形式知识，因为绝对的多重性和对立性是反对主体的形式同一性的。因此，如果在这种对立中，抽象的同一性过渡为多样性，并规定了多样性，这种同一性与多样性仍然是相异的。如果多样性过渡到同一并充溢在同一性之中，多样性也同样是异质的，因为两者的综合只是形式上

---

① Hegel, *Glauben und Wissen*, 340.

的。① 这种对立的中介，使对立被绝对地除去，实际上仍然是超越
性的

（105[a]）……理性，正如对它的无限渴望是天生的一样，它只　　【*208*】
能被相信，而不能被真正了解。因此，当康德在美中发现了这种绝
对有限和绝对无限的中介，而且两者必须结合在一起时，他并没有
违反"应当"的规定，相反，我们无法获得真正的同一性，而真正的
理念就成为主观的原则。

现在我们来讨论《判断力批判》的第二部分，即它的辩证法。②
康德将知性定义为通过自我意识的统一而形成的杂多的综合。这种
综合的

（105[b]）活动主要以范畴为基础。但是，与这种知性和被这种
知性所充实的知性，以及这些范畴中所固有的特殊性相比，理性是
抽象的统一。由于这种抽象的统一被保留为与有限相对立的无限概
念，康德哲学便陷入了矛盾之中，这一矛盾表现在二律背反中。但
是，正如康德所说，绝对或无限与有限的对立必然成为规定，因此
也就成为否定。康德停留在这种否定中，这就是他的体系中最主要
的缺陷。这就是新哲学，它超越了这种否定，达到了积极的目的，
消除了对立，并在对立统一中发现了真理。

（106[a]）因为对立、矛盾以及概念的辩证运动，构成了通向真
理的根本途径。但是，这些分离的对立不一定彼此对立，仿佛每一
对立本身都有某种价值似的，但是，只有当它们在自己的消解[扬
弃]中发现它们的真理时，它们才能被真正地消灭。它们真正的辩证
思考在于：矛盾的每一部分都表现为在其自身中包含着对方，没有
对方，任何一方都不可能存在，只有被扬弃之后，它们才真正存在。
我们刚才说过，这种绝对的对立必然导致无限的确定和否定，从而

---

① Hegel, *Glauben und Wissen*, 343；Hegel, *Enzyklopädie*(1827)，§60.
② Kant, *Kritik der Urteilskraft*, §55-57，337-346.

必然导致对真正理念的否定。我们可以从康德提出的三种二律背反中看出这一点。

（106[b]）他采用了三种类型的二律背反，因为他假定了三种认知能力：理解力、判断能力和欲求能力；每一种都有其自己的先验原则。[①] 康德说，当理性判断这些原则及其使用时，它必然为一切相对的和有限的事物寻求绝对[②]；然而，作为绝对或理念，他说，**【209】** 这是不可知的。康德认为这是他整个哲学的结果。因此，理念和理性就被这种绝对的对立摧毁了。主观性的反思取得了胜利，它已经成为决定一切事物的绝对。因此，在判断力的辩证法中，康德提出了关于审美判断原则的辩证法。

（107[a]）康德说，这种辩证法是可能的，如果这种能力的原则的二律背反被发现，就会使人怀疑其合法性和权威性。但是康德在揭露这一二律背反时，却表现得相当漫不经心，因为它不遵循概念本身的运动和节奏，而这正是他在分析中想要论证的。[③] ［相反］康德考察了两个常见的观点，判断力的辩证法就是从它们的矛盾中产生的。第一个老生常谈是包含在格言中的，即每个人都有自己的品位，这也就是说，审美判断的决定因素只是主观的，并不需要假定客观必然性。[④]

（107[b]）第二个常见的观点是：没有关于品位的争论[disputari]，即审美判断的决定性原因确实可以是客观的，但它不能被简化为一个明确的概念，由此可以得出，判断不能被任何论证所识别，尽管可以对此进行论证[certari]。[⑤] 但这种观点，即对审美判断进行争论是可能的，显然与前一个观点对立。涉及审美判断原则的二律

---

① Kant, *Kritik der Urteilskraft*, 344.

② Ibid., 345.

③ Ibid., 281-285.

④ Ibid., 338.

⑤ Ibid., 338.

背反是这样提出的:

正题:审美判断不是基于概念的。

反题:审美判断是基于概念的。①

康德正确地认识到,想要消除这一矛盾,只有证明在审美判断中所指对象的概念是在双重意义上使用的,或者更确切地说,在上述两种情况下,真理都是仅从一个部分派生出来的,而真理只存在于对立的统一中。

(108[a])康德在理性中发现了这种矛盾的解决方法。因此,事实上,只有理性才能消除抽象理解所提出的和相互对立的所有矛盾。但康德通过理性理解的是什么呢?正如我们在上面所提到的,无非是一种不确定的超感性的理念,这种理念是物体作为现象的基础。但这种观念既不能用表象来表现,也不能通过表象来认识任何事物。通过这种超感性的观念,通过这种不可知的理性观念,整个二律背反就被消除了。事实上,判断依赖于这个概念,然而,通过这个概念,关于这个物体的任何东西

(108[b])都不可能为人所知。以这种方式,或者更确切地说,通过这种诡辩,矛盾就被消除了。因为当康德在正题中说审美判断 **【210】**不依赖于概念时,根据它的对立,这确实是正确的,因为它只依赖于无限的概念,而无限的概念就是没有任何东西是已知的;在反题中所说的审美判断依赖于概念,也与正题相矛盾,因为这个概念是不确定的,不清晰的。因此,二律背反的全部解决办法在于,这两种观点同时存在,并且两者都是真实的,尽管,正如康德所说,它们概念的可能定义或声明超出了我们的认知能力。因此,当康德本应在真正的理念中消除这些对立时,他又回到了主观的原则上来,

(109[a])也就是说,回到了我们心中既不能理解也不能把握的不确定的、超理解的理念。因此,在审美判断能力批判的最后,在

---

① Kant, *Kritik der Urteilskraft*, 338-339.

那里，所有的对立都将被真正扬弃，美的真正理念将被提出，但从
主观反思中产生的矛盾却被保留了下来。因为在最后，我们再次听
到，美的概念是不可能被认识的，尽管康德自己已经给美的理念下
了定义，即美是对自然和自由概念的认同。① 这正是康德哲学的最
高点，即理性的概念不能被认识，因为超感性的东西本身包含了
概念，

(109[b])并且超越了所有的认识；表象也不能与它一致，就好
像理性的理念没有在美中得到证明，概念[也没有]在表象中得到体
现。但这整个缺陷产生于对理念的错误理解[认知]，我们在上面已
经解释过了。因为康德并没有认识到理念和客观性的统一，而是把
两者分开了。正如他所说，他将感性和超感性对立起来，作为直接
的对立，正如超感性站在所有知识之外并且超越知识。因此，康德
认为，在美中，正如在被表象的理念里，概念与客观性的对立被否
定了一样，概念本身也确实被否定了，并且被吸收了。因为这个
原因，

(110[a])当他说，理念既不能被认识，也不能被表征时，康德
总是会回到那个可悲的先验结果。但是，既然理念是不可知的，我
们甚至不能通过认识来把握美，也没有审美和美的客观原则，也就
没有艺术哲学。但艺术本身对哲学家来说是至高无上的，因为艺术
把他带进了一个庇护所，在那里，理念的结合把那些在本性和思想
【*211*】上彼此分离的东西，亦即客观性和概念，和谐地结合在一起，这两
者似乎总是在互相逃避。正如在哲学中，知识的对立被提升到具体
的同一性，在艺术中，概念

(110[b])与客观性的对立也被直接超越了。因此，艺术是哲学
的一种象征，没有人，包括艺术家本人，能够比哲学家更深入地研
究艺术。关于艺术，除了哲学，没有什么是绝对的；由此可知，艺

---

① Hegel, *Glauben und Wissen*, 340.

术哲学确实存在。因为，我要问的是，哲学既然在具体的理念里发现了一切对立的解决，为什么不能承认理念本身是扬弃其自身而成为客观性的呢？然而，声称理念是超凡的、超越一切知识的哲学，也同样无法认识到理念，因为理念是直接自为地表现出来的。当它应当承认理念

（111[a]）是美的灵魂时，它反而把抽象的主观性提升到美的唯一原则的地位，使美本身变成有限的、偶然的和空虚的。事实上，我们从历史上各个民族的艺术成就中看到，只有理念才是真理，而且是美丽的，既生动又活跃。因为在思想的真实性还没有得到承认的地方，因为在理念尚未真正得到承认的地方，人们便产生了用表象来证明理念的欲望，正如理念本身缺乏趣味和天赋[ingenio]一样。但当理念以其真正的天赋[ingenuitate]和真理而产生时，美也就这样产生了，产生了被理念渲染的外在或客观性，而这不过是理念的表现而已。① 但是，

（111[b]）康德的这种洞察力确实无法推测，因为他把主观性作为美的唯一原则。

正如结果一方面是理念无法得到认识，另一方面康德说理念是不可表征的。但是，除了被展示和表征的思想，艺术还有什么？② 因此，如果理念不能被表现出来，艺术就成为不可能，或者就会成为某种偶然的东西，也就是说，这种东西本身只涉及快乐的感觉，因此也就带有令人遗憾的主观性。③ 康德在美的概念中理解了自然与自由概念的同一性④；他接受了以可理解性为基础和原理的美，甚至承认这是合乎理性的。他看到，

（112[a]）对美的认知并不停留在感官表象中，而必须在本质上

---

① Cf. Hegel, *Vorlesungen über die Ästhetik*, I, 27.

② Hegel, *Enzyklopädie*(1827), §556-560.

③ Hegel, *Glauben und Wissen*, 340.

④ Ibid., 343.

依赖于理性的基础。然而，这种可理解的、理性的，甚至理性本身
都被否定了，有限的认识却被认作是绝对的。① 尽管康德的哲学以
直观的知性作为中介，把概念和表象结合起来，但是在他哲学的
这一部分中，这个概念并没有达到它的真理。尽管这个概念在康德
哲学的这一部分中或多或少被明确地阐释过，

（112[b]）理念被认为是美的基础和原理，然而它却被主观的反
思抛到一个不可知的、空虚的、广阔的、超越的区域中去了。美，
失去了灵魂，变得完全有限了。有限的主观反思取代了绝对的知识，
并在理念和理性的坟墓之上取得了胜利。

——由道格拉斯·莫格奇（Douglas Moggach）和彼得·弗利（Peter
Foley）从拉丁语翻译而来。

---

①   Hegel，*Glauben und Wissen*，343.

# 参考文献

## 布鲁诺·鲍威尔的著作，1829—1882

### A. 1829—1849

*De pulchri principiis*. Prussian royal prize manuscript，1829. 最初 【264】
出版时题为 *Über die Prinzipien des Schönen. De pulchri princi-
piis. Eine Preisschrift*，hrsg. Douglas Moggach und Winfried
Schultze，mit einem Vorwort von Volker Gerhardt(Berlin：Akad-
emie Verlag，1996)。

"Rezension：*Das Leben Jesu，kritisch bearbeitet* von David Friedrich
Strauss. Erster Band," *Jahrbücher für wissenschaftliche Kritik*，
Dec. 1835，no. 109，879-880；nos. 111，891；no. 113，905-912.

"Rezension：*Das Leben Jesu，kritisch bearbeitet* von David Friedrich
Strauss. Zweiter Band," *Jahrbücher für wissenschaftliche Kri-
tik*，May 1836，no. 86，681-88；no. 88，697-704.

Review of writings on Strauss by Baader，Sack，Lange and others：
*Jahrbücher für wissenschaftliche Kritik*，March 1837，no. 41，321-
328；no. 43,337-343.

"Rezension: *Streitschriften zur Vertheidigung meiner Schrift über das Leben Jesu und zur Charakteristik der gegenwärtigen Theologie* von Dr. D. F. Strauss," *Jahrbücher für wissenschaftliche Kritik*, November 1837, no. 101, 837; no. 103, 838.

*Kritik der Geschichte der Offenbarung. Die Religion des alten Testaments in der gechichtlichen Entwicklung ihrer Prinzipien dargestellt*, Bd. I and II (Berlin: Ferdinand Dümmler, 1838).

*Herr Dr. Hengstenberg. Ein Beitrag zur Kritik des religiösen Bewußtseins. Kritische Briefe über den Gegensatz des Gesetzes und des Evangeliums* (Berlin: Ferdinand Dümmler, 1839).

(anon., 1st ed.) *Die evangelische Landeskirche Preußens und die Wissenschaft* (Leipzig: Otto Wigand, 1840); second edition, with author indicated, 1840.

*Kritik der evangelischen Geschichte des Johannes* (Bremen: Carl Schünemann, 1840). "Der christliche Staat und unsere Zeit," *Hallische Jahrbücher für deutsche Wissenschaft und Kunst*, 7-12 June 1841, nos. 135-140, pp. 537-558.

*Kritik der evangelischen Geschichte der Synoptiker. Erster Band* (Leipzig: Otto Wigand, 1841).

*Kritik der evangelischen Geschichte der Synoptiker. Zweiter Band* (Leipzig: Otto Wigand, 1841).

【265】 (anon.) *Die Posaune des jüngsten Gerichts über Hegel den Atheisten und Antichristen. Ein Ultimatum* (Leipzig: Otto Wigand, 1841); *The Trumpet of the Last Judgement against Hegel the Atheist and Antichrist. An Ultimatum*, trans. L. Stepelevich (Lewiston, N.Y.: E. Mellen Press, 1989).

"Theologische Schamlosigkeiten," *Deutsche Jahrbücher für Wissen-*

*schaft und Kunst*, 15-18 November 1841, nos. 117-120, pp. 465-479.

"Über die neuesten Erscheinungen in der englischen Kirche,"*Rheinische Zeitung für Politik*, *Handel und Gewerbe*(dated London, Jan. 8), Jan. 20, 1842, no. 20, Beiblatt.

"Die Parteien im jetzigen Frankreich," *Rheinische Zeitung* (dated Paris, Jan. 15), Jan. 23, 1842, no. 23, Beiblatt.

"Die Rheingrenze,"*Rheinische Zeitung*, Jan. 30, no. 30, Beiblatt.

"Die deutschen Sympathien für Frankreich," *Rheinische Zeitung*, Feb. 6, 1842, no. 37, Beiblatt.

"Die Zersplitterung der Parteien in Frankreich,"*Rheinische Zeitung*, Feb. 10, 1842, no. 41, Beiblatt.

"Das Köllner Quartett," *Rheinische Zeitung*, March 1, 1842, no. 60, Feuilleton.

"Rezension: Lebensbilder aus den Befreiungskriegen," *Rheinische Zeitung*, March 1, 6, 13, 31, nos. 60, 65, 72, 90, Beiblatt.

"Die deutschen 'Nationalen,'" *Rheinische Zeitung*, March 10, no. 69, Beiblatt.

"Joseph II. und die Belgische Revolution," *Rheinische Zeitung*, March 13, 1842, no. 72, Beiblatt.

*Kritik der evangelischen Geschichte der Synoptiker und des Johannes*, *Dritter und letzter Band*(Braunschweig: Fr. Otto, 1842).

"Eine von den Tendenzen der 'Augsburger Allgemeinen Zeitung,'" *Rheinische Zeitung*, March 27, 1842, no. 86, Beiblatt.

"Die Kollisionen in den konstitutionellen Staaten,"*Rheinische Zeitung*, March 27, 1842, no. 86, Beiblatt.

"Kirche und Staats-Gouvernement" (dated Munich, March 10), *Rheinische Zeitung*, March 29, 1842, no. 88, Beiblatt.

"Wie Lüttich dem deutschen Reiche verloren ging,"*Rheinische Zei-tung*, April 3, 1842, no. 93, Beiblatt.

"Rezension: Preußen, seine Verfassung, seine Verwaltung, sein Verhältnis zu Deutschland. von Bülow-Cummerow. Berlin 1842," *Rheinische Zeitung*, April 7, 1842, no. 97, Beiblatt.

"Was ist Lehrfreiheit?" *Rheinische Zeitung*, April 12, 1842, no. 102, Beiblatt.

"Der Terrorismus der 'Augsburger Allgemeinen Zeitung,'"*Rhei-nische Zeitung*, April 24, 1842, no. 114, Beiblatt.

"Die deutschen Artikel der 'Augsburger Zeitung,'"*Rheinische Zei-tung*, May 1, 1842, no. 121, Beiblatt.

"Etwas über die Presse in der Schweiz,"*Rheinische Zeitung*, May 3, 1842, no. 123, Beiblatt.

(anonymous) *Hegels Lehre von der Religion und Kunst von dem Standpuncte des Glaubens aus beurtheilt.* (Leipzig: Otto Wig-and, 1842); new edition Aalen: Scientia Verlag, 1967.

"Rezension: *Deutschlands Beruf in der Gegenwart und Zukunft.* von Th. Rohmer. Zürich und Winterthur 1841," *Rheinische Zei-tung*, June 7, 1842, no. 158, Beiblatt.

【266】 "Louis Philippe und die Juli-Regierung,"*Rheinische Zeitung*, June 19, 21, 23, 1842, nos. 170, 172, 174, Beiblatt.

(anonymous) "Bekenntnisse einer schwachen Seele," *Deutsche Jahrbücher*, 23-24 June, 1842, nos. 148-149, pp. 589-596.

*Die gute Sache der Freiheit und meine eigene Angelegenheit*(Zürich und Winterthur: Verlag des literarischen Comptoirs, 1842).

"Rezension: *Das Leben Jesu, kritisch bearbeitet*, von D. F. Strauss. 2 Bde. Tübingen 1840.*" Deutsche Jahrbücher*, July 10-

14, 1842, nos. 165-168, pp. 660-671.

"Die Judenfrage," *Deutsche Jahrbücher*, Oct. 27-Nov. 4, 1842, nos. 274-282, pp. 1093-1126.

"Johann Christian Edelmann oder Spinoza unter den Theologen," *Deutsche Jahrbücher*, Nov. 24-25, 1842, nos. 302-03, pp. 205-212.

"Rezension: *Die christliche Glaubenslehre in ihrer geschichtlichen Entwicklung und im Kampf mit der modernen Wissenschaft. von D. F. Strauss. 2 Bde. 1840-1841.* " *Deutsche Jahrbücher*, Jan. 25-28, 1843, nos. 21-24, pp. 81-95.

*Die Judenfrage* (Braunschweig: Fr. Otto, 1843).

"Leiden und Freuden des theologischen Bewußtseins," in A. Ruge (ed.), *Anekdota zur neuesten deutschen Philosophie und Publizistik*, vol. 2 (Zürich und Winterthur: Verlag des literarischen Comptoirs, 1843), 89-112.

"Rezension: ' *Bremisches Magazin für evangelische Wahrheit gegenüber dem modernen Pietismus. Erstes Heft.* ' Auch unter dem Titel: ' *Die verschiedenen theologischen Richtungen in der protestantischen Kirche unserer Zeit* ' von Paniel. Bremen. bei Schünemann 1841. " *Anekdota* II, 113-134.

"Rezension: ' *Einleitung in die Dogmengeschichte* ' von Theodor Kliefoth. " *Anekdota* II, 135-159.

"Rezension: *Die Geschichte des Lebens Jesu mit steter Rücksicht auf die vorhandenen Quellen dargestellt* von Dr. von Ammon. Leipzig, 1842. " *Anekdota* II, 160-185.

"Das alte neue Testament," *Anekdota* II, 186-193.

*Das entdeckte Christenthum. Eine Erinnerung an das 18. Jahrhundert und ein Beitrag zur Krisis des 19.* (Zürich und Winterthur: Verlag des literarischen Comptoirs, 1843).

"Die Fähigkeit der heutigen Juden und Christen, frei zu werden," in
G. Herwegh ( ed. ), *Einundzwanzig Bogen aus der Schweiz*
(Zürich und Winterthur: Verlag des literarischen Comptoirs,
1843), 56-71.

*Geschichte der Politik, Kultur und Aufklärung des achtzehnten
Jahrhunderts, Erster Band : Deutschland während der ersten vi-
erzig Jahre des achtzehnten Jahrhunderts* (Charlottenburg: Ver-
lag von Egbert Bauer, 1843).

*Denkwürdigkeiten zur Geschichte der neueren Zeit seit der
Französischen Revolution.* Nach den Quellen und Original Mem-
oiren bearbeitet und herausgegeben von Bruno Bauer und Edgar
Bauer (Charlottenburg: Verlag von Egbert Bauer, 1843-1844).
Contains the following pamphlets by Bruno Bauer: (a) "Bouillé
und die Flucht Ludwig XVI," 1843. (b) "Der 20 Juni und der 10
August, 1792 oder der letzte Kampf des Königtums in Frankreich
mit der Volkspartei," 1843. (c) "Die Septembertage 1792 und die
ersten Kämpfe der Parteien der Republik in Frankreich."
2. Abteilungen, 1844. (d) "Der Prozess Ludwig XVI und der
21. Januar 1793," 1844.

"Neueste Schriften über die Judenfrage," *Allgemeine Literatur Zei-
tung* I, December 1843, 1-17.

【267】 "Rezension: Hinrichs, 'Politische Vorlesungen. ' Band 1," *Allg.
Lit. -Ztg.* I, December 1843, 29-31.

"Neueste Schriften über die Judenfrage" ( continuation ), *Allg.
Lit. -Ztg.* IV, March 1844, 10-19.

"Rezension: Hinrichs, 'Politische Vorlesungen,' Band II." *Allg.*

*Lit. -Ztg.* V, April 1844, 23-25.

*Briefwechsel zwischen Bruno Bauer und Edgar Bauer während der Jahre* 1839-1842 *aus Bonn und Berlin* (Charlottenburg: Verlag von Egbert Bauer, 1844).

"Korrespondenz aus der Provinz," *Allg. Lit. -Ztg.* VI, May 1844, 20-38.

"Erkenntnis des Oberzensursgericht in betreff der zwei ersten Bogen des Briefwechsels zwischen Bruno Bauer und Edgar Bauer,"*Allg. Lit. -Ztg.* VI, May 1844, 38-41.

"Was ist jetzt der Gegenstand der Kritik?"*Allg. Lit-Ztg.* VIII, July 1844, 18-26.

"Briefe aus Berlin I,"*Norddeutsche Blätter für Kritik, Literatur und Unterhaltung* II, August 1844, 20-27.

"Wilhelm Weitling,"*Norddeutsche Blätter* II, August 1844, 43-48.

"Die Gattung und die Masse," *Allg. Lit. -Ztg.* X, September 1844, 42-48.

*Geschichte der Politik, Kultur und Aufklärung des achtzehnten Jahrhunderts. Fortset-zung: Deutschland während der Zeit der französischen Revolution.* Erste Abteilung(Charlottenburg: Verlag von Egbert Bauer, 1844).

"Briefe aus Berlin II,"*Norddeutsche Blätter* III, September 1844, 1-12.

"Ludwig Feuerbach," *Norddeutsche Blätter* IV, October 1844, 1-13.

"Innere Geschichte des Illuminaten-Ordens,"*Allg. Lit. -Ztg.*, XI — XII, November-December 1844, 1-25.

"Der Sturz des Illuminaten-Ordens,"*Norddeutsche Blätter* V, November 1844, 35-49.

"Die Lichtfreunde in Kothen,"*Norddeutsche Blätter* V, November 1844, 50-75.

"Die Organisation der Arbeit,"*Norddeutsche Blätter* V, November 1844, 76-87.

*Acktenstücke zu den Verhandlungen über die Beschlagnahme der* "*Geschichte der Politik, Kultur und Aufklärung des achtzehnten Jahrhunderts*", *von Bruno Bauer.* Teil I herausgegeben von Bruno Bauer(Christiania: Verlag von C. C. Werner, 1844).

"Marat und Charlotte Corday,"*Norddeutsche Blätter* VI, December 1844, 14-27.

"Die zweite Versammlung des Berlin Lokalvereins für das Wohl der arbeitenden Klassen,"*Norddeutsche Blätter* VI, December 1844, 39-52.

"Die protestantischen Freunde und ihre Gegner," *Norddeutsche Blätter* VII, January 1845, 20-42.

"Die religiöse Bewegung. Erster Artikel. Die Masse,"*Norddeutsche Blätter* VII, January 1845, 60-71.

"Briefe aus Berlin III,"*Norddeutsche Blätter* VIII, February 1845, 57-65.

*Geschichte der Politik, Kultur und Aufklärung des achtzehnten Jahrhunderts. Fortsetzung. Deutschland und die französische Revolution. Zweite Abteilung: Die Politik der Revolution bis zum Frieden von Basel* (Charlottenburg: Verlag von Egbert Bauer, 1845).

*Geschichte der Politik, Kultur und Aufklärung des achtzehnten Jahrhunderts. Fortsetzung: Deutschland und die französiche*

*Revolution. Dritte Abteilung. Die Politik der Revolution von Baseler Frieden bis zum Rastadter Kongress* (Charlottenburg: Verlag von Egbert Bauer, 1845).

"Charakteristik Ludwig Feuerbachs," *Wigands Vierteljahrschrift* III, 1845, 86-146.

*Geschichte Deutschlands und der französischen Revolution unter der Herrschaft Napoleons. Erster Band. Bis zum Frieden von Luneville* (Charlottenburg: Verlag von Egbert Bauer, 1846).

*Geschichte Deutschlands und der französischen Revolution unter der* **【268】** *Herrschaft Napoleons. Zweiter Band. Drei Jahre Kontrerevolution* (Charlottenburg: Verlag von Egbert Bauer, 1846).

*Geschichte der Französischen Revolution bis zur Stiftung der Republik*, von Bruno Bauer, Edgar Bauer und Ernst Jungnitz. Erster Band: *Die ersten Kämpfe der konstitutionellen Prinzips mit dem Königtum und der Volkspartei*. Zweiter Band: *Der Sturz des Königtums und die ersten Kämpfe der Republik* (Leipzig: Voigt und Fernans Separat-Conto, 1847) (*Denkwürdigkeiten* 的一个版本).

*Vollständige Geschichte der Parteikämpfe in Deutschland während der Jahre* 1842-1846 (Charlottenburg: Verlag von Egbert Bauer, 1847).

"Erste Wahlrede von 1848," in E. Barnikol, *Bruno Bauer: Studien und Materialien*, 525-531.

"Verteidigungsrede Bruno Bauers vor den Wahlmännern des Vierten Wahlbezirkes am 22. 2. 1849," in E. Barnikol, *Bruno Bauer: Studien und Materialien*, 518-525.

*Untergang des Frankfurter Parlaments* (Charlottenburg: Verlag von Egbert Bauer, 1849).

*Die bürgerliche Revolution in Deutschland seit dem Anfange der deutschkatholischen Bewegung bis zur Gegenwart* (Berlin: Hempel, 1849).

*Der Fall und Untergang der neuesten Revolutionen. I. Der Sturz der französischen Republik und des deutschen Reiches durch Napoleon Bonaparte. II. Der Aufstand und Fall des deutschen Radikalismus vom Jahre* 1842 (reprints respectively of *Geschichte Deutschlands und der französischen Revolution*, and of *Vollständige Geschichte der Parteikämpfe*).

### B. 1850—1882(仅引用过的部分作品)

*Kritik der paulinischen Briefe* ( Berlin: Gustav Hempel, 1850-1851).

*Kritik der Evangelien und Geschichte ihres Ursprungs*, 3 vols. (Berlin: Gustav Hempel, 1850-1851); 4th vol. 题为 *Die theologische Erklärung der Evangelien* (Berlin, 1852).

"The Present Position of the Jews,"*New York Daily Tribune*, June 7, 1852.

*Russland und das Germanenthum*, 2 vols. (Charlottenburg: Egbert Bauer, 1853).

*De la dictature occidentale* (Charlottenburg: Egbert Bauer, 1854).

*Deutschland und das Russenthum* (Charlottenburg: Egbert Bauer, 1854).

*Die russische Kirche. Schlussheft* (Charlottenburg: Egbert Bauer, 1855).

*Das Judenthum in der Fremde. Separat-Abdruck aus dem Wagener'schen Staats-und Gesellschaftslexikon* (Berlin, 1863).

*Freimaurer, Jesuiten und Illuminaten in ihrem geschichtlichen*

*Zusammenhange*(Berlin: F. Heinicke, 1863).

*Philo, Strauss und Renan und das Urchristenthum*(Berlin: Hempel, 1874).

*Einfluss des englischen Quäkerthums auf die deutsche Cultur und auf das englischrussische Project einer Weltkirche*(Berlin: Eugen Grosser, 1878).

*Christus und die Cäsaren. Der Ursprung des Christenthums aus dem römischen Griechenthum*(Berlin: Eugen Grosser, 1879).

*Zur Orientierung über die Bismarck'sche Ära*(Chemnitz: Ernst **【269】** Schmeitzner, 1880). *Disraelis romantischer und Bismarcks socialistischer Imperialismus* (Chemnitz: Ernst Schmeitzner, 1882).

## C. 档案

Barnikol, Ernst, *Bruno Bauer. Darstellung und Quellen*, ca. 1965, unpublished manuscript, International Institute for Social History, Amsterdam.

van der Bergh van Eysinga, Gustaaf Adolf, *Bruno Bauer. Sein Leben und seine theologische Bedeutung*, 未刊手稿, International Institute for Social History, Amsterdam.

## D. 由布鲁诺·鲍威尔编辑的期刊

(a)*Zeitschrift für spekulative Theologie* in Gemeinschaft mit einem Verein von Gelehrten herausgegeben von Lic. Bruno Bauer, Privat-Docenten an der Universität zu Berlin. Berlin, bei Ferdinand Dümmler(1836-1838). Three volumes appeared between 1836 and 1838, including a number of texts by Bauer. Among these are: "Der mosaische Ursprung der Gesetzgebung des Pentateuch," vertheidigt vom Lic. B. Bauer, 1836, vol. I, no. 1, 140-181; "Die

Prinzipien der mosaischen Rechts-und Religions-Verfassung nach ihrem innern Zusammenhange," entwickelt von Lic. B. Bauer. 1837, vol. II, no. 2, 297-353; "Die Authentie des Pentateuch, erwiesen von Dr. E. W. Hengstenberg. Erster Band. Berlin, bei Ludwig Oehmigke 1836," von B. Bauer, Lic. 1837, vol. II, no. 11, pp. 439-466.

(b) *Allgemeine Literatur-Zeitung*. Monatschrift. Charlottenburg, 12 issues December 1843-October 1844. Second edition under the title: *Streit der Kritik mit den modernen Gegensätzen*. Mit Beiträgen von Bruno Bauer, Edgar Bauer, Ernst Jungnitz, Szeliga und Anderen (Charlottenburg: Verlag von Egbert Bauer, 1847).

(c) *Norddeutsche Blätter. Eine Monatschrift für Kritik, Literatur und Unterhaltung*. Charlottenburg. 10 issues July 1844-April 1845. Second edition under the title: *Beiträge zum Feldzuge der Kritik. Norddeutsche Blätter für* 1844 *und* 1845. Mit Beiträgen von Bruno und Edgar Bauer, A. Fränkel, L. Köppen, Szeliga u. s. (Berlin, 1846).

(d) collaboration with Friedrich Wilhelm Hermann Wagener as editor of *Neues Conversations-Lexikon. Staats-und Gesellschafts-Lexikon*, 23 vols. (Berlin, 1859-1867).

### E. 论文

Licentiate, 1834: "Theses Theologicae quas summe reverendi Theologorum Ordinis in Universitate Literaria Frederica-Guilelma auctoritate pro Gradu Licentiati in Sacro-Sancta Theologia rite obtinendo publice defendet die XV M. Martii A. MDCCCXXXIV Hora XI Bruno Bauer Carolotopolitanus," reproduced in Barnikol and in van den Bergh van Eysinga manuscripts，IISH，Amsterdam.

## 其他左派黑格尔主义者的著作 【270】

Anonymous and unidentified，"Das Wohl der arbeitenden Klassen，" *Norddeutsche Blätter* IX，March 1845，52-66.

Bauer，Edgar，*Bruno Bauer und seine Gegner* (Berlin：Jonasverlag，1842).

*Die liberalen Bestrebungen in Deutschland*，2 Hefte（Zürich und Winterthur：Verlag des literarischen Comptoirs，1843）.

*Staat，Religion und Partei* (Leipzig：Otto Wigand，1843).

*Der Streit der Kritik mit Kirche und Staat* (Bern：Jenni，Sohn，1844).

*Pressprozess Edgar Bauers über sein Werk：Der Streit der Kritik mit Kirche und Staat. Acktenstücke* (Bern：Jenni，Sohn，1844).

*Die Parteien. Politische Revue* Heft 1-3 (Hamburg，1849).

Engels，Friedrich，"Bruno Bauer und das Urchristentum，" *Sozialdemokrat* (May 4 and 11，1882).

"Ludwig Feuerbach and the End of Classical German Philosophy，" in K. Marx and F. Engels，*Selected Works* (New York：International Publishers，1968)，594-632.

Faucher，J.，"Berlins Armenwesen，" *Allg. Lit. -Ztg*. XI-XII，October 1844，52-60.

Feuerbach，Ludwig，"Zur Kritik der Hegelschen Philosophie" [1839]，in W. Bolin and F. Jodl（eds.），*Sämmtliche Werke* II (Stuttgart：Fromann，1904).

*Das Wesen des Christentums* (1841)，hrsg. Werner Schuffenhauer und Wolfgang Harich (Berlin：Akademie Verlag，1973)；*The Essence of Christianity* (New York：Harper & Row，1957).

"Vorläufige Thesen zur Reformation der Philosophie，" *Anekdota* II，

1843, 62 ff; reprinted in W. Schuffenhauer, ed. , *Feuerbachs Kleinere Schriften* II(Berlin: Akademie Verlag, 1970).

"Notwendigkeit einer Veränderung" [1842-1843], in Karl Löwith, ed. , *Die Hegelsche Linke*(Stuttgart: Fromann, 1962).

*Grundsätze der Philosophie der Zukunft* (Zürich und Winterthur: Verlag des literarischen Comptoirs, 1843 ); *Principles of the Philosophy of the Future*, trans. M. Vogel ( Indianapolis: Bobbs-Merrill, 1966).

"Über 'Das Wesen des Christentums' im Bezug auf dem 'Einzigen und sein Eigenthum '" *Wigands Vierteljahrschrift* II, 1845, 193-205.

*Ausgewählte Briefe von und an Ludwig Feuerbach* , Zweiter Band, ed. W. Bolin(Leipzig: O. Wigand, 1904).

*Ludwig Feuerbach in seinem Briefwechsel und Nachlass*, Bd. I , 1820-1850, hrsg. Karl Grün(Leipzig: C. F. Winter, 1874).

Köppen, K. F. , *Friedrich der Grosse und seine Widersacher*(Leipzig: 1840).

Marx, Karl, "Difference Between the Democritean and Epicurean Philosophy of Nature," in Karl Marx, Frederick Engels, *Collected Works*, vol. 1 ( New York: International Publishers, 1975 ), 25-105.

"The Philosophical Manifesto of the Historical School of Law,"*Collected Works*, vol. 1 ( New York: International Publishers, 1975), 203-210.

"Contribution to the Critique of Hegel's Philosophy of Law. Introduction,"*Collected Works* , vol. 3 (New York: International Publishers, 1975), 5-129.

"On the Jewish Question,"*Collected Works*, vol. 3 (New York: International Publishers, 1975), 146-174.

"Economic and Philosophical Manuscripts of 1844," *Collected* 【*271*】 *Works*, vol. 3 (New York: International Publishers, 1975), 270-282.

"Theses on Feuerbach,"*Collected Works*, vol. 5 (New York: International Publishers, 1976), 3-8.

"Speech on the Question of Free Trade,"*Collected Works*, vol. 6 (New York: International Publishers, 1976), 450-465.

"The Bourgeoisie and the Counter-Revolution," *Collected Works*, vol. 8(1977), 154-169.

Marx, Karl, Friedrich Engels, *Historich-kritische Gesamtausgabe* (*MEGA*), hrsg. D. Ryazanov. Dritte Abteilung, Band I: Marx-Engels Briefwechsel 1844-1853 (Berlin: Marx-Engels Verlag, 1929).

"The Holy Family, or Critique of Critical Criticism," *Collected Works*, vol. 4 (New York: International Publishers, 1975), 5-211.

"The German Ideology,"*Collected Works*, vol. 5 (New York: International Publishers, 1976), 19-539.

"Manifesto of the Communist Party,"*Collected Works*, vol. 6 (New York: International Publishers, 1976), 477-519.

*Marx and Engels on Religion*(Moscow: Progress, 1957).

Pepperle, Heinz and Ingrid, eds., *Die Hegelsche Linke. Dokumente zu Philosophie und Politik im deutschen Vormärz* (Frankfurt am Main: Röderberg, 1986).

Ruge, Arnold (editor, with Theodor Echtermeyer), *Hallische*

*Jahrbücher für deutsche Wissenschaft und Kunst*, Leipzig(edited in Halle), Jan 1, 1838-June 30, 1841.

*Preußen und die Reaction. Zur Geschichte unserer Zeit* (Leipzig: O. Wigand, 1838).

"Karl Streckfuß und das Preußentum," *Hallische Jahrbücher*, November 1839.

"Freiherr von Florencourt und die Kategorien der politischen Praxis," *Hallische Jahrbücher*, November 1840.

"Zur Kritik des gegenwärtigen Staats-und Völkerrechts"(1840), in G. W. F. Hegel, *Philosophie des Rechts*, hrsg. H. Reichelt (Frankfurt a. M. : Ullstein, 1972), 598-623.

"Die Hegelsche Rechtsphilosophie und die Politik unsrer Zeit" (1842), in G. W. F. Hegel, *Philosophie des Rechts*, hrsg. H. Reichelt, 624-649.

(editor), *Deutsche Jahrbücher für Wissenschaft und Kunst*, Leipzig(edited in Dresden), July 2, 1841-January 7, 1843.

(editor), *Anekdota zur neuesten deutschen Philosophie und Publizistik*, 2 vol. (Zürich und Winterthur: Verlag des literarischen Comptoirs, 1843).

(editor, with Karl Marx), *Deutsch-französische Jahrbücher*, 1ste und 2te Lieferung (Paris, 1844; new edition Leipzig: Verlag Philipp Reclam, 1973).

*Zwei Jahre in Paris. Studien und Erinnerungen* (Leipzig: W. Jurany, 1846).

*Briefwechsel und Tagebuchblätter aus den Jahren*, 1825-1880, hrsg. P. Nerrlich(Berlin: Weidmann, 1886).

Stirner, Max(Johann Caspar Schmidt), "Rezension: Rosenkranz,

'Königsberger Skizzen,'" *Leipziger Allgemeine Zeitung*, July 20, 1842; *Rheinische Zeitung*, July 26, 1842.

*Der Einzige und sein Eigentum* (Leipzig: O. Wigand, 1845).

(anon.), "Bruno Bauer,"*Wigands Konversations-Lexikon* (Leipzig: O. Wigand, 1846), 78-80.

Strauss, David Friedrich, *Das Leben Jesu, kritisch bearbeitet*, 2 vols. (Tübingen: C. F. Osiander, 1835; second edition 1836, third 1838, fourth 1840).

*Streitschriften zur Vertheidigung meiner Schrift über das Leben Jesu und zur Charakteristik der gegenwärtigen Theologie*, 3. vol. 【272】
(Tübingen: C. F. Osiander, 1837).

Szeliga (Franz Zychlin von Zychlinski), *Die Organisation der Arbeit der Menschheit und die Kunst der Geschichtsschreibung Schlossers, Gervinus, Dahlmanns und Bruno Bauers* (Charlottenburg: Egbert Bauer, 1846).

### 其他主要直接文献资料

Aristotle, *The Metaphysics*, 2 vols., trans. H. Tredennick (London: Heinemann, 1956-1958).

*The Nichomachean Ethics*, trans. M. Ostwald (Indianapolis: Bobbs-Merrill, 1962)

*The Politics*, trans. E. Barker (London: Oxford University Press, 1958).

Cicero, Marcus Tullius, *De Officiis*, trans. Walter Miller (Cambridge: Harvard University Press, 1913).

Descartes, R., *Discourse on Method and Mediations*, trans. F. E. Sutcliffe (Toronto: Penguin, 1968).

d'Holbach, Paul-Henry Thiry, *Le christianisme dévoilé, ou Exa-*

men des principes et des effets de la religion chrétienne (London, 1756), *Oeuvres philosophiques*, tome 1, Préface de Jean Claude Bourdin(Paris: Editions Alive, 1998), 1-120.

Epictetus, *The Discourse and Manual*, trans. P. E. Matheson (London: Oxford University Press, 1916).

Fichte, J. G. , *Der geschloßne Handelsstaat*, *Gesamtausgabe*, Bd. I/7(Stuttgart: Fromann, 1988), 37-141.

*Grundlage der gesammten Wissenschaftslehre*, *Gesamtausgabe*, Bd. I/2, (Stuttgart: Fromann, 1965); *Wissenschaftslehre*, ed. and trans. P. Heath and J. Lachs (New York: Appleton-Century-Crofts, 1970).

*Grundlage des Naturrechts*, Gesamtausgabe der Bayerischen Akademie der Wissenschaften, ed. R. Lauth et al. , Bd. I/3 and I/4 (Stuttgart: Fromann, 1966 and 1970).

*Reden an die deutsche Nation*, *Werke* VII (Berlin: de Gruyter, 1971), 263-499.

*Versuch einer Kritik aller Offenbarung* , in *Fichtes Werke* V(Berlin: de Gruyter, 1971), 9-174 [first ed. 1792, second 1793].

Hegel, G. W. F. , *Briefe von und an Hegel*, Bd. 3, ed. J. Hoffmeister(Hamburg: Meiner, 1961).

*Difference Between the Fichtean and Schellingian Systems of Philosophy*, trans. and intro. J. P. Surber (Reseda, Cal. : Ridgeview, 1978).

*Early Theological Writings*, trans. T. M. Knox(Philadelphia: University of Pennsylvania Press, 1971).

*Enzyklopädie der philosophischen Wissenschaften im Grundrisse* ( 1827 ), *Gesammelte Werke*, Bd. 19 ( Hamburg: Meiner,

1989).

*Enzyklopädie der philosophischen Wissenschaften im Grundrisse* (1830), hrsg. Friedhelm Nicolin und Otto Pöggeler(Hamburg: Meiner, 1969).

*Frühe politische Systeme*, ed. Gerhard Göhler(Frankfurt/M: Ullstein, 1974).

*Glauben und Wissen*, *Gesammelte Werke*, Bd. 4(Hamburg: Meiner, 1968).

*Grundlinien der Philosophie des Rechts*, ed. Helmut Reichelt (Frankfurt am Main: Ullstein, 1972); *Elements of the Philosophy of Right*, ed. Allen W. Wood, trans. H. B. Nisbet(Cambridge: Cambridge University Press, 1991).

*Introductory Lectures on Aesthetics*, trans. Bernard Bosanquet, 【*273*】 edited by Michael Inwood(Harmondsworth: Penguin, 1993).

*Lectures on Natural Right and Political Science. The First Philosophy of Right*(Berkeley: University of California Press, 1995).

*Lectures on the History of Philosophy*, 3 vols., trans. E. S. Haldane(London: Kegan Paul, 1892-1895).

*Lectures on the Philosophy of World History. Introduction: Reason in History*, trans. H. B. Nisbet(Cambridge: Cambridge University Press, 1975).

*Natural Law. The Scientific Ways of Treating Natural Law*, *Its Place in Moral Philosophy*, *and Its Relation to the Positive Sciences of Law*, trans. T. M. Knox (Philadelphia: University of Pennsylvania Press, 1975).

*Phänomenologie des Geistes*, ed. J. Hoffmeister (Hamburg: Meiner, 1955); *Phenomenology of Mind*, trans. J. B. Baillie (New

York: Harper & Row, 1967 ); *Phenomenology of Spirit*, trans. A. V. Miller(Oxford: Oxford University Press, 1977).

*Philosophy of History*, trans. J. Sibree ( New York: Dover, 1956).

*Philosophy of Religion*, trans. E. B. Speirs and J. B. Sanderson (London: Kegan Paul, 1895).

*Political Writings*, trans. T. M. Knox(Oxford: Clarendon Press, 1964).

*Vorlesungen über die Ästhetik*, I, *Sämtliche Werke. Jubiläumsausgabe*, ed. H. Glockner, Band 12(Stuttgart: Fromann-Holzboog, 1964).

*Vorlesungen über die Geschichte der Philosophie*, III, *Werke*, Bd. 20(Frankfurt am Main: Suhrkamp, 1971).

*Vorlesungen über die Philosophie der Religion*, Erster Band, 2nd ed. , *Werke*, Bd. 11
(Berlin, 1840).

*Vorlesungen über Rechtsphilosophie* 1818-1831, ed. K. -H. Ilting, vols. I-IV(Stuttgart: Fromann-Holzboog, 1973-1974).

*Wissenschaft der Logik*, *Sämtliche Werke*, Bd. 5-6 ( Stuttgart: Fromann, 1964); *Science of Logic*, trans. A. V. Miller ( London: Allen and Unwin, 1969).

Jacoby, J. (anon. ), *Vier Fragen beantwortet von einem Ost-Preussen*(Leipzig, 1841).

Kant, Immanuel, *Grundlegung zur Metaphysik der Sitten*, *Werke*, Bd. 4, ed.
A. Buchenau and E. Cassirer ( Hildesheim: Gerstenberg, 1973 ); *Groundwork of the Metaphysics of Morals*, trans. H. J. Paton (New York: Harper & Row, 1964).

*Kritik der praktischen Venunft*, *Werke*, Bd. 5(Hildesheim: Gerstenberg, 1973): *Critique of Practical Reason*, trans. L. W. Beck (New York: Macmillan, 1956).

*Kritik der reinen Vernunft*, ed. R. Schmidt (Hamburg: Meiner, 1930); *Critique of Pure Reason*, trans. N. K. Smith (New York: St. Martin's Press, 1929).

*Kritik der Urteilskraft*, *Kants gesammelte Schriften*, vol. 5, Königlich Preußische Akademie der Wissenschaften (Berlin: de Gruyter, 1908); *Critique of Judgment*, trans. and ed. Werner Pluhar(Indianapolis: Hackett, 1987).

*On History*, ed. and trans. L. W. Beck(Indianapolis: Bobbs-Merrill, 1963).

*Kant's Political Writings*, ed. H. Reiss (Cambridge: Cambridge University Press, 1970).

Leo, Heinrich, *Die Hegelingen. Actenstücke und Belege zu der sogenannten Denunciation der ewigen Wahrheit*(Halle: E. Anton, 1838; second edition, 1839).

Luther, M. , *Martin Luther: Selections from his writings*, ed. J. Dillenberger(Garden City: Doubleday, 1961).

Machiavelli, N. , *The Prince and Discourses* (New York: Modern Library, 1950).

Marcus Aurelius, *Mediations*, 2 vols. , trans. A. S. L. Farquharson 【274】 (Oxford: Clarendon Press, 1964).

Plato, *The Collected Dialogues*, ed. E. Hamilton and H. Cairns (Princeton: Princeton University Press, 1961).

Schiller, Friedrich, *Wallenstein. Ein dramatisches Gedicht*(Reinbek bei Hamburg: Rowohlt, 1961).

Spinoza, B. , *Works*, 3 vols. , trans. R. H. Elwes (New York: Dover, 1951-1955).

## 间接文献资料

Anderson, Perry, *Lineages of the Absolutist State* (London: New Left Books, 1974).

Assoun, P. -L. , and G. Raulet, *Marxisme et théorie critique* (Paris: Payot, 1978).

Avineri, Shlomo, *Hegel's Theory of the Modern State* (Cambridge: Cambridge University Press, 1972).

Baatsch, H. -A. , "Introduction," in B. Bauer, *La trompette du dernier jugement contre Hegel*, *L'Athée et l'Antéchrist. Un ultimatum* (Paris: Aubier-Montaigne, 1972).

Bakunin, Michael, *Marxism, Freedom and the State*, trans. K. J. Kenafick (London: Freedom Press, 1950).

[Bakounine, Michel], *L'empire knouto-germanique et la révolution sociale* 1870-1871, ed. Arthur Lehning (Leiden: Brill, 1981).

Barnikol, Ernst, *Bruno Bauer*, *Studienund Materialien*, aus dem Nachlass ausgewählt und zusammengestellt von P. Riemer und H. -M. Sass (Assen: van Gorcum, 1972).

"Bruno Bauer, der radikalste Religionskritiker und konservativste Junghegelianer," *Das Altertum*, Band 7, Heft 1 (Berlin: Akademie Verlag, 1961), 41-49.

"Bruno Bauers Kampf gegen Religion und Christentum und die Spaltung der vormärzlichen preussischen Opposition," *Zeitschrift für Kirchen-Geschichte* XLVI (1928) 1-34.

*Das entdeckte Christentum im Vormärz. Bruno Bauers Kampf gegen Religion und Christentum und Erstausgabe seiner Kampfscb-*

*rift* ( Jena: Eugen Diederichs, 1927).

Barraclough, Geoffrey, *The Origins of Modern Germany* (New York: Capricorn, 1963).

Baynes, Kenneth, James Bohman, and Thomas McCarthy, eds., *After Philosophy. End or Transformation?* (Cambridge: MIT Press, 1987).

Beamish, Rob, "The Making of the Manifesto,"*Socialist Register* (1998), 218-239. Beiser, F. C. (ed.), *The Cambridge Companion to Hegel* (Cambridge: Cambridge University Press, 1993).

Best, Heinrich, " La bourgeoisie allemande a-t-elle trahi la révolution de 1848? Bilan d'uneanalyse sérielle," *Histoire et mesure*, vol. 3, no. 4(1988), 427-440.

*Interessenpolitik und nationale Integration. Handelspolitische Konflikte im frühindustriellen Deutschland* (Gmttingen: Vandenhoeck und Ruprecht, 1980), 81-279.

"Struktur und Wandel kollektiven politischen Handelns: Die handelspolitischePetitionsbewegung 1848/49," in Heinrich Volkmann and Jürgen Bergmann, eds., *Sozialer Protest. Studien zu traditioneller Resistenz und kollektiver Gewalt in Deutschland vom Vormärz bis zur Reichsgründung* (Opladen: Westdeutscher Verlag, 1984), 169-197.

Bienvenu, Richard T. (ed.), *The Ninth of Thermidor: The Fall* 【275】 *of Robespierre* (London: Oxford University Press, 1968).

Bleiber, Helmut, Walter Schmidt, and Rolf Weber, eds., *Männer der Revolution von* 1848, Band II (Berlin: Akademie Verlag, 1987).

Blos, Wilhelm, *Die deutsche Revolution. Geschichte der deutschen*

*Bewegung von* 1848 *und* 1849(Stuttgart: Dietz Verlag, 1893).

Böhme, H. , *Prolegomena zu einer Sozial-und Wirtschaftsge-schichte Deutschlands im* 19. *und* 20. *Jahrhundert* (Frankfurt am Main: Suhrkamp, 1968).

Booth, William James, "The Limits of Autonomy: Karl Marx's Kant Critique," in Ronald Beiner and William James Booth, *Kant and Political Philosophy. The Contemporary Legacy* (New Haven: Yale University Press, 1993), 245-275.

Born, K. W. , ed. , *Moderne deutsche Wirtschaftsgeschichte* (Berlin: Neue wissenschaftliche Bibliothek, 1966).

Bouloiseau, Marc, *Le comité de salut publique* (1793-1795), 2nd edition(Paris: Presses universitaires de France, 1968).

Bourgeois, Bernard, *Etudes hégéliennes* (Paris: Presses universitaires de France, 1992).

Bradl, Beate, *Die Rationalität des Schönen bei Kant und Hegel* (München: Fink, 1998).

Brazill, W. J. , *The Young Hegelians* (New Haven: Yale University Press, 1970).

Breckman, Warren, "Ludwig Feuerbach and the Political Theology of Restoration," *History of Political Thought* , 13/3, 1992, 437-462.

*Marx, The Young Hegelians, and the Origins of Radical Social Theory. Dethroning the Self* (Cambridge: Cambridge University Press, 1999).

Brudner, Alan, "Hegel and the Crisis in Private Law," in Drucilla Cornell et al. , eds. , *Hegel and Legal Theory* (London: Routledge, 1991), 127-173.

Brudney, Daniel, *Marx's Attempt to Leave Philosophy* (Cambridge: Harvard University Press, 1998).

Brunner, Otto, Werner Conze, and Reinhard Koselleck, eds., *Geschichtliche Grundbegriffe*, Bd. VI(Stuttgart: Klett, 1990).

Buhr, Manfred, *Revolution und Philosophie* (Berlin: DVW, 1965).

Carlebach, Julius, *Karl Marx and the Radical Critique of Judaism* (London: Routledge & Kegan Paul, 1978).

Cassirer, Ernst, *The Philosophy of the Enlightenment* (Boston: Beacon Press, 1951).

Cesa, Claudio, "Diritto naturale e filosofia classica tedesca," in Luca Fonnesu and Barbara Henry, eds., *Diritto naturale e filosofia classica tedesca* (Pisa: Paccini, 2000), 9-38.

"Figure e problemi della storiografia filosofica della sinistra hegeliana, 1831-1848," *Annali dell' Instituto G. G. Feltrinelli* VI (1963), 62-104. ed., *Guida a Hegel* (Rome: Laterza, 1997).

*Studi sulla Sinistra hegeliana* (Urbino: Argalia, 1972).

Chitty, Andrew, "Recognition and Social Relations of Production," *Historical Materialism*, no. 2(Summer 1998), 57-97.

Claudn, Fernando, *Marx, Engels y la revolución de* 1848 (Madrid: Siglo veintiuno de España, 1975).

Cohen, G. A., *History, Labour, and Freedom. Themes from Marx* (Oxford: Clarendon Press, 1988).

Conze, Werner(ed.), *Staat und Gesellschaft im deutschen Vormärz* (Stuttgart: Ernst Klett Verlag, 1962).

Cornu, Auguste, *Karl Marx et Friedrich Engels*, vols. I-IV(Paris: Presses universitaires de France, 1955).  【276】

*Moses Hess et la Gauche hégélienne*(Paris: Alcan, 1934).

*The Origins of Marxian Thought* ( Springfield: C. C. Thomas, 1957).

de Pascale, Carla, "Archäologie des Rechtsstaates," in Manfred Buhr ( ed. ), *Das geistige Erbe Europas* ( Naples: Vivarium, 1994), 489-505.

de Sousa, Norberto, "Ciceronian Republicanism and the History of Civil Society," unpublished ms. , 1999.

Desmond, William, ed. , *Hegel and His Critics. Philosophy in the Aftermath of Hegel* (Albany: State University of New York Press, 1989).

Droz, Jacques, *Europe Between Revolutions* 1815-1848 ( London: Fontana, 1967).

*Les révolutions allemandes de* 1848(Paris: Presses universitaires de France, 1957).

*Le romantisme allemand et l'État : Résistance et collaboration dans l'Allemagne napoléonienne*(Paris: Payot, 1966).

Eichholtz, Dieter, *Junker und Bourgeoisie vor* 1848 *in der preussischen Eisenbahngeschichte*(Berlin: Akademie Verlag, 1962).

Eßbach, Wolfgang, *Die Junghegelianer. Soziologie einer Intellektuellengruppe*(München: Wilhelm Fink Verlag, 1988).

Fürster, Eckart, ed. , *Kant's Transcendental Deductions* ( Stanford: Stanford University Press, 1989).

Fulda, H. -F. , and R. -P. Horstmann, eds. , *Hegel und die "Kritik der Urteilskraft"*(Stuttgart: Klett-Cotta, 1990).

Furet, François, *Marx et la Révolution française*(Paris: Flammarion, 1986).

Gamby, Eric, *Edgar Bauer, Junghegelianer, Publizist und Polizeiagent* (Trier: Karl-Marx-Haus), 1985.

Gebhardt, Jürgen, "Karl Marx und Bruno Bauer," in *Politische Ordnung und menschliche Existenz: Festgabe für Eric Voegelin*: (München: Beck 1962), 202-242.

Geraets, Theo, "Hegel: l'Esprit absolu comme ouverture du système,"*Laval théologique et philosophique* 42/1(1986), 3-13.

"Les trois lectures philosophiques de*l'Encyclopédie* ou la réalisation du concept de la philosophie chez Hegel," *Hegel-Studien*, 10 (1975), 231-254.

Gethmann-Siefert, Anne-Marie, "Ästhetik oder Philosophie der Kunst,"*Hegel-Studien*, 26(1991), 92-110.

*Die Funktion der Kunst in der Geschichte, Untersuchungen zu Hegels Ästhetik* (Bonn: Bouvier, 1984).

"Die Rolle der Kunst im Staat,"*Hegel-Studien*, Beiheft 27(1986), 69-74.

ed. , *Phänomen versus System. Zum Verhältnis von philosophischer Systematik und Kunsturteil in Hegels Berliner Vorlesungen über Ästhetik oder Philosophie der Kunst* (Bonn: Bouvier, 1992).

Gethmann-Siefert, Anne-Marie, and Otto Pöggeler, eds. , *Welt und Wirkung von Hegels Ästhetik* (Bonn: Bouvier, 1986).

Gilbert, Alan, *Marx's Politics* (New Brunswick: Rutgers University Press, 1981).

Gillis, J. , "Aristocracy and Bureaucracy in Nineteenth-Century Prussia,"*Past and Present* no. 41(1968), 105-129.

Godechot, Jacques, *The Counter-Revolution, Doctrine and Action*

1789-1804(Princeton: Princeton University Press, 1971).

Göhler, Gerhard, "Neuere Arbeiten zu Hegels Rechtsphilosophie und zur Dialektik bei Hegel und Marx," *Hegel-Studien* 17-18 (1982-1983), 355-383.

【277】 *Grimm's Deutsches Worterbuch*, Bd. 13(Leipzig, 1922).

Guyer, Paul, ed., *The Cambridge Companion to Kant* (Cambridge: Cambridge University Press, 1992).

Habermas, Jürgen, "Labour and Interaction: Remarks on Hegel's Jena Philosophy of Mind," in *Theory and Practice*, trans. J. Viertel(London: Heinemann, 1974).

Hamerow, J. S., *Restoration, Revolution, Reaction: Economics and Politics in Germany* 1815-1871(Princeton: Princeton University Press, 1966).

Harris, H. S., *Hegel's Development*, vol. I: *Towards the Sunlight*(Oxford: Clarendon Press, 1972).

*Hegel's Ladder*, vol. 1, *The Pilgrimage of Reason*; vol. 2, *The Odyssey of Spirit*(Indianapolis: Hackett, 1997).

"The Social Ideal of Hegel's Economic Theory," in L. S. Stepelevich and D. Lamb, eds., *Hegel's Philosophy of Action* (Atlantic Highlands, N. J.: Humanities Press, 1983), 49-74.

Hartmann, Klaus, "Towards a New Systematic Reading of Hegel's Philosophy of Right," in Z. A. Pelczynski, ed., *The State and Civil Society* (Cambridge: Cambridge University Press, 1984), 114-136.

Haym, Rudolf, *Hegel und seine Zeit*(Berlin: Gaertner, 1857).

Henderson, W. O., *The State and the Industrial Revolution in Prussia* 1740-1870(Liverpool: Liverpool University Press, 1958).

Henrich, Dieter, "Logische Form und reale Totalität. Über die Begriffsform von Hegels eigentlichem Staatsbegriff," in D. Henrich and R.-P. Horstmann, eds., *Hegels Philosophie des Rechts* (Stuttgart: Klett-Cotta, 1982), 428-450.

"Zur Aktualität von Hegels Ästhetik,"*Hegel-Studien*, Beiheft 11 (1974), 295-301.

Hertz-Eichenrode, Dieter, *Der Junghegelianer Bruno Bauer im Vormärz*. Inaugural-dissertation ( Berlin: Freie Universität, 1959).

Hobsbawm, Eric, *The Age of Revolution*, 1789-1848 (New York: Mentor, 1972).

Hoffheimer, Michael H., *Eduard Gans and the Hegelian Philosophy of Law*(Dordrecht: Kluwer, 1995).

Hofstadter, A., "Die Kunst: Tod und Verklärung,"*Hegel-Studien*, Beiheft 11(1974), 271-285.

Honneth, Axel, "Work and Instrumental Action," *New German Critique*, Spring-Summer(1982), 31-54.

Hont, Istvan, and Michael Ignatieff, eds., *Wealth and Virtue. The Shaping of Political Economy in the Scottish Enlightenment* (Cambridge: Cambridge University Press, 1983).

Hook, Sydney, *From Hegel to Marx* (Ann Arbor: University of Michigan Press, 1962).

Höppner, Joachim, "Einleitung," in Arnold Ruge and Karl Marx, eds., *Deutsch-französische Jahrbücher* [ 1844 ] ( Leipzig: Reclam, 1973), 5-83.

Houlgate, Stephen, "Substance, Causality, and the Question of Method in Hegel's Science of Logic," in Sally Sedgwick, ed.,

The Reception of Kant's Critical Philosophy (Cambridge: Cambridge University Press, 2000), 232-252.

Hyppolite, Jean, Studies on Marx and Hegel, trans. John O'Neill (New York: Basic Books, 1969).

Genesis and Structure of Hegel's Phenomenology of Spirit (Evanston: Northwestern University Press, 1974).

【278】 Ilting, K.-H., "Die 'Rechtsphilosophie' von 1820 und Hegels Vorlesungen über Rechtsphilosophie," in G. W. F. Hegel, Vorlesungen über Rechtsphilosophie 1818-1831, hrsg. K.-H. Ilting, vol. I(Stuttgart: Fromann-Holzboog, 1973), 25-126.

"Hegel's Concept of the State and Marx's Early Critique," in Z. A. Pelczynski, ed., The State and Civil Society, 93-113.

"The Dialectic of Civil Society," in Z. A. Pelczynski, ed., The State and Civil Society, 211-226.

Jaeck, Hans-Peter, Die französische bürgerliche Revolution von 1789 im Frühwerk von Karl Marx (1843-1846). Geschichtsmethodologische Studien (Vaduz: Topos Verlag, 1979).

Johnston, Larry, Between Transcendence and Nihilism. Species-Ontology in the Philosophy of Ludwig Feuerbach (New York: Peter Lang, 1995).

Jordan, Erich, Die Entstehung der konservativen Partei und die preussischen Agrarverhältnisse vor 1848 (München: Duncker und Humblot, 1914).

Kamenka, Eugene, The Philosophy of Ludwig Feuerbach (New York: Praeger, 1970).

Kautsky, Karl, Der Ursprung des Christentums. Eine historische Untersuchung (Stuttgart: Dietz, 1908).

*Nationalstaat，imperialistischer Staat und Staatenbund*（Nürnberg：Fränkische Verlagsanstalt，1915）.

"Ultraimperialism，"*New Left Review* No. 59，Jan. 1970.

Kegel，Martin，*Bruno Bauers Übergang von der Hegelschen Rechten zum Radikalismus*. Inauguraldissertation（Leipzig：Quelle und Meyer，1908）.

Koch，Lothar，*Humanistischer Atheismus und gesellschaftliches Engagement. Bruno Bauers "Kritische Kritik"*（Stuttgart：Kohlhammer，1971）.

Koigen，David，*Zur Vorgeschichte des modernen philosophischen Sozialismus in Deutschland*（Bern：Stürzenegger，1901）.

Kojève，Alexandre，*Introduction to the Reading of Hegel*（New York：Basic Books，1969）.

Kolb，David，ed. ，*New Perspectives on Hegel's Philosophy of Religion*（Albany：State University of New York Press，1992）.

"The Particular Logic of Modernity，"*Bulletin of the Hegel Society of Great Britain*，41/42（2000），31-42.

Krieger，Leonard，*The German Idea of Freedom*（Boston：Beacon Press，1958）.

Kuhn，H. ，"Die Gegenwärtigkeit der Kunst nach Hegels Vorlesungen über Ästhetik，"*Hegel-Studien*，Beiheft11（1974），251-269.

Lampert，Jay，"Locke，Fichte，and Hegel on the Right to Property，" in Michael Baur and John Russon，eds. ，*Hegel and the Tradition. Essays in Honour of H. S.*

*Harris*（Toronto：University of Toronto Press，1997），40-73.

Lange，Erhard，et al. ，eds. ，*Die Promotion von Karl Marx. Jena 1841. Eine Quellenedition*（Berlin：Dietz，1983）.

Langer, William, *Political and Social Upheaval*, 1832-1852 (New York: Harper & Row, 1969).

Langewiesche, Dieter, "Republik, konstitutionelle Monarchie und 'soziale Frage': Grundprobleme der deutschen Revolution von 1848/49," *Historische Zeitschrift*, vol. 230, no. 3 ( 1980 ), 529-547.

Lefebvre, Georges, *The French Revolution*, 2 vols. ( London: Routledge & Kegan Paul, 1962).

【279】 Leopold, David, "The Hegelian Antisemitism of Bruno Bauer," *History of European Ideas* 25(1999), 179-206.

Losurdo, Domenico, *Hegel et les libéraux* (Paris: Presses universitaires de France, 1992).

Löwith, Karl, *From Hegel to Nietzsche. The Revolution in Nineteenth Century Thought*. ( Garden City, N. Y. : Doubleday, 1967).

Löwy, Michael, "'The Poetry of the Past': Marx and the French Revolution,"*New Left Review*, 177(1989), 111-124.

Lukacs, Georg, *Der junge Hegel. Über Beziehungen von Dialektik und Ökonomie*, *Werke*, Bd. 8(Berlin: Luchterhand, 1967); *The Young Hegel*(London: Merlin Press, 1975).

"Moses Hess and the Problems of the Idealist Dialectic," *Telos*, 10 (1971), 3-34.

Lütge, Friedrich, *Deutsche Sozial-und Wirtschaftsgeschichte* (Berlin: Springer, 1966).

Macpherson, C. B. , *The Political Theory of Possessive Individualism, Hobbes to Locke* ( London: Oxford University Press, 1962).

Mah, Harold, *The End of Philosophy and the Origin of Ideology. Karl Marx and the Crisis of the Young Hegelians* (Berkeley: University of California Press, 1987).

Marcuse, Herbert, *Reason and Revolution. Hegel and the Rise of Social Theory* (Boston: Beacon Press, 1960).

Massey, M. C. , *Christ Unmasked: The Meaning of the Life of Jesus in German Politics* (Chapel Hill: University of North Carolina Press, 1983).

Mayer, Gustav, " Die Anfänge des politischen Radikalismus im vormärzlichen Preußen,"*Zeitschrift für Politik* (1913), Heft 1, Sonderdruck, 1-113.

McCarney, Joseph, *Hegel on History* ( London: Routledge, 2000).

McLellan, David, *Marx Before Marxism* ( Toronto: Macmillan, 1970).

*The Young Hegelians and Karl Marx* ( Toronto: Macmillan, 1969).

Mehlhausen, Joachim, *Dialektik, Selbstbewußtsein und Offenbarung. Die Grundlagen der spekulativen Orthodoxie Bruno Bauers in ihrem Zusammenhang mit der Geschichte der theologischen Hegelschule dargestellt* ( Bonn: Friedrich-Wilhelms-Universität, 1965).

Mehring, Franz, *Philosophische Aufsätze. Gesammelte Schriften*, Band 13, 1961.

Moggach, Douglas, "Absolute Spirit and Universal Self-Consciousness: Bruno Bauer's Revolutionary Subjectivism,"*Dialogue, The Canadian Philosophical Review* 38, 2(1989), 235-256.

"Bruno Bauer's Political Critique, 1840-1841," *Owl of Minerva*, vol. 27, no. 2(1996), 137-154.

"*Nation*, *Volk*, *Masse*: Left-Hegelian Perspectives on the Rise of Nationalism," *History of European Ideas*, 15/1-3 (1992), 339-345.

"Nationhood and Freedom in Fichte's Political Thought," in Frank Brinkhuis and Sascha Talmor (eds.), *Memory*, *History*, *and Critique. European Identity at the Millennium* (Utrecht: University for Humanist Studies, 1998)(CD—ROM).

"New Goals and New Ways: Republicanism and Socialism in 1848," in Douglas Moggach and Paul Leduc Browne(eds.), *The Social Question and the Democratic Revolution: Marx and the Legacy of* 1848(Ottawa: University of Ottawa Press, 2000), 49-69.

"Reciprocity, Elicitation, Recognition: The Thematics of Intersubjectivity in the Early Fichte," *Dialogue*, *The Canadian Philosophical Review*, 38/2(Spring 1999), 271-296.

【280】 Mommsen, Hans, *Grosse und Versagen des deutschen Bürgertums. Ein Beitrag zur politischen Bewegung des neunzehnten Jahrhunderts*(Stuttgart: Deutsche Verlagsanstalt, 1949).

Mönke, Wolfgang, *Die Heilige Familie. Zur ersten Gemeinschaftsarbeit von Karl Marx und Friedrich Engels*(Glashütten im Taunus: Akademie Verlag, 1972).

Mottek, Hans(ed.), *Studien zur Geschichte der industriellen Revolution in Deutschland*(Berlin: Akademie Verlag, 1970).

*Wirtschaftsgeschichte Deutschlands*, *Ein Grundriss*, I (Berlin: DVW, 1964).

Negt, Oskar, *Lebendige Arbeit*, *enteignete Zeit*, 2nd ed. (Frankfurt/M. ; Campus Verlag, 1985).

Neher, Walter, *Arnold Ruge als Politiker und politischer Schrifts-teller* (Heidelberg; C. Winter, 1933).

Neuhouser, Frederick, *Foundations of Hegel's Social Theory. Actualizing Freedom* (Cambridge; Harvard University Press, 2000).

Noyes, P. H. , *Organization and Revolution , Working Class Association in the German Revolution of* 1848-1849 (Princeton; Princeton University Press, 1966).

O'Neill, John, ed. , *Hegel's Dialectic of Desire and Recognition* (Albany; State University of New York Press, 1996).

Obermann, Karl, *Die deutschen Arbeiter in der Revolution von* 1848(Berlin; Dietz, 1953).

*Deutschland von* 1815 *bis* 1849(Berlin; DVW, 1967).

Patten, Alan, *Hegel's Idea of Freedom* (Oxford; Oxford University Press, 1999).

Pelczynski, Z. A. , ed. , *Hegel's Political Philosophy. Problems and Perspectives* (Cambridge; Cambridge University Press, 1971).

"Hegel's Relevance Today; Culture, Community, and Political Power,"*Europa* , vol. 2, no. 2(1979), 7-20.

ed. , *The State and Civil Society* (Cambridge; Cambridge University Press, 1984).

Peled, Yoav, "From Theology to Sociology; Bruno Bauer and Karl Marx on the Question of Jewish Emancipation,"*History of Political Thought* , 13/3(1992), 463-485.

Pepperle, Ingrid, *Junghegelianische Geschichtsphilosophie und Kunsttheorie* (Berlin; Akademie Verlag, 1978).

Pinkard, Terry, *Hegel. A Biography* (Cambridge: Cambridge U-
  niversity Press, 2000).

Pinson, J.-C., *Hegel, le droit et le libe ralisme* (Paris: Presses
  Universitaires de France, 1989).

Pippin, Robert, "Hegel, Freedom, the Will," in Ludwig Siep,
  ed., *Grundlinien der Philosophie des Rechts* (Berlin: Akademie
  Verlag, 1997), 31-53.

*Hegel's Idealism. The Satisfactions of Self-Consciousness* (Cam-
  bridge: Cambridge University Press, 1989).

*Idealism as Modernism. Hegelian Variations* (Cambridge: Cam-
  bridge University Press, 1997).

Plant, Raymond, *Hegel* (London: Allen and Unwin, 1973).

Pöggeler, Otto, et al., eds., *Hegel in Berlin, Preußische Kul-
  turpolitik und idealistische Ästhetik* (Berlin: Staatsbibliothek
  Preußischer Kulturbesitz, 1981).

Pöggeler, Otto, and A. Gethmann-Siefert, eds., *Kunsterfahrung
  und Kulturpolitik im Berlin Hegels* (Bonn: Bouvier, 1983).

Rambaldi, E., *Le origini della sinistra hegeliana* (Florence: Nuo-
  va Italia, 1966).

【*281*】 Rawls, John, "Themes in Kant's Moral Philosophy," in Eckart
  Förster, ed., *Kant's Transcendental Deductions* (Stanford:
  Stanford University Press, 1989), 81-113.

Riedel, Manfred, ed., *Materialien zu Hegels Rechtsphilosophie*,
  Bd. II (Frankfurt am Main: Suhrkamp, 1975).

*Zwischen Tradition und Revolution, Studien zu Hegels Rechtsphi-
  losophie* (Stuttgart: Klett, 1982).

Rihs, Charles, *L'école des jeunes-Hegeliens et les penseurs social-*

*istes français* (Paris: Anthropos, 1978).

Rosen, Stanley, *G. W. F. Hegel, An Introduction to the Science of Wisdom* (New Haven: Yale University Press, 1974).

Rosen, Zvi, *Bruno Bauer and Karl Marx* (The Hague: Nijhoff, 1978).

"The Influence of Bruno Bauer on Marx's Concept of Alienation," *Social Theory and Practice* 1(1970), 50-65.

"The Radicalism of a Young Hegelian: Bruno Bauer," *Review of Politics*, vol. 33(1971), 377-404.

Rosenberg, Hans, *Bureaucracy, Aristocracy and Autocracy. The Prussian Experience*, 1600-1815 (Boston: Beacon Press, 1958).

*Politische Denkströmungen im deutschen Vormärz* (Göttingen: Vandenhoeck und Ruprecht, 1972).

Rossi, Mario, *Da Hegel a Marx III: La Scuola hegeliana. Il giovane Marx*, 2nd edition (Milan: Feltrinelli, 1974).

Rotenstreich, Nathan, *Basic Problems in Marx's Philosophy* (Indianapolis: Bobbs-Merrill, 1965).

*From Substance to Subject: Studies in Hegel* (The Hague: Nijhoff, 1974).

Rotta, Graziella, *Applicazione del punto di vista kantiano e sviluppi originali nel "Saggio di una critica di ogni rivelazione" di J. G. Fichte*, Tesi di Laurea, Università degli Studi di Pisa, 1987-1988.

*L'Idea Dio. Il pensiero religioso di Fichte fino allo Atheismusstreit*, Tesi di Dottorato, Università di Torino, 1992-1993.

Sass, H. -M., "Bruno Bauer's Critical Theory," *Philosophical Fo-*

*rum* 8 (1978), 93-103. "Bruno Bauers Idee der *Rheinischen Zei-*
*tung* ," *Zeitschrift für Religions-und Geistesgeschichte* 19(1967),
221-276.

"Nachwort," in Bruno Bauer, *Feldzüge der reinen Kritik* , ed.
H. -M. Sass (Frankfurt am Main: Suhrkamp, 1968), 227-228.

Schapper, Annegret, *Ein langer Abschied vom Christentum. Jo-*
*hann   Christian   Edelmann* ( 1698-1767 ) *und   die   deutsche*
*Frühaufklärung* (Marburg: Tectum-Verlag, 1996).

Schmidt, Walter, "Die 1848er Forschung in der DDR," *Zeitschrift*
*für Geschichtswissenshaft* , vol. 42(1994), 21-38.

Schnädelbach, Herbert, "Zum Verhältnis von Logik und Gesell-
schaftstheorie bei Hegel," in Oskar Negt (ed. ), *Aktualität und*
*Folgen der Philosophie Hegels* (Frankfurt am Main: Suhrkamp,
1971), 58-80.

Schuffenhauer, Werner, *Feuerbach und der junge Marx* (Berlin:
DVW, 1972).

Schweitzer, Albert, *The Quest of the Historical Jesus. A Critical*
*Study of Its Progress from Reimarus to Wrede* (Baltimore: Johns
Hopkins University Press, 1998).

Sedgwick, Sally, ed. , *The Reception of Kant's Critical Philoso-*
*phy. Fichte , Schelling , and Hegel* (Cambridge: Cambridge U-
niversity Press, 2000).

【282】 Sens, Walter, *Karl Marx: Seine irreligiöse Entwicklung und an-*
*tichristliche Einstellung. Christentum und Sozialismus* (Halle:
E. Klinz, 1935).

Skinner, Quentin, *The Foundations of Modern Political Thought* ,
vol. 1, *The Renaissance* (Cambridge: Cambridge University Press,

1978).

*Liberty Before Liberalism* ( Cambridge: Cambridge University Press, 1998).

"Two Concepts of Citizenship," *Tijdschrift voor Filosofie* 55/3 (1993), 403-419.

Schläger, Eduard, "Bruno Bauer und seine Werke,"*Schmeitzner's Internationale Monatsschrift, Zeitschrift für allgemeine und nationale Kultur und deren Literatur*, vol. 1(1882), 377-400.

Siep, Ludwig, *Anerkennung als Prinzip der praktischen Philosophie*(Freiburg und München: Karl Alber, 1979).

"Recht und Anerkennung," in Helmut Girndt, ed., *Selbstbehauptung und Anerkennung* ( Sankt Augustin: Academia Verlag, 1990), 161-176.

Solomon, R. C., and K. M. Higgins, eds., *The Age of German Idealism. Routledge History of Philosophy*, vol. VI ( London: Routledge, 1993).

Sperber, Jonathan, *The Democratic Movement and the Revolution of* 1848-1849(Princeton: Princeton University Press, 1991).

Steinkraus, W. E., and K. I. Schmitz, eds., *Art and Logic in Hegel's Philosophy*(Brighton: Harvester Press, 1980).

Stepelevich, L. S., ed., *The Young Hegelians. An Anthology* (Cambridge: Cambridge University Press, 1983).

Stuke, Horst, *Philosophie der Tat, Studien zur 'Verwirklichung der Philosophie' bie den Junghegelianern und den Wahren Sozialisten*(Stuttgart: Klett, 1963).

Taylor, Charles, *Hegel*(Cambridge: Cambridge University Press, 1975).

*Was ist Liberalismus? Hegelpreis* 1997 (Frankfurt: Suhrkamp, 1997).

Theunissen, Michael, "The Repressed Intersubjectivity in Hegel's Philosophy of Right," in Drucilla Cornell et al. , eds. , *Hegel and Legal Theory* (London: Routledge, 1991), 3-63.

Toews, J. E. , *Hegelianism. The Path toward Dialectical Humanism* (Cambridge: Cambridge University Press, 1980).

"Transformations of Hegelianism," in F. C. Beiser(ed. ), *The Cambridge Companion to Hegel* (Cambridge: Cambridge University Press, 1993), 391-403.

Tucker, Robert, *Philosophy and Myth in Karl Marx* (Cambridge: Cambridge University Press, 1961).

van den Bergh van Eysinga, G. A. , "Aus einer unveröffentlichten Biographie von Bruno Bauer. Bruno Bauer in Bonn 1839-1842," *Annali Feltrinelli* (1963), 329-386.

Verweyen, Hansjürgen, "Offenbarung und autonome Vernunft nach J. G. Fichte," in K. Hammacher and A. Mues, eds. , *Erneuerung der Transzendentalphilosophie* (Stuttgart: Klett, 1979), 436-455.

*Recht und Sittlichkeit in J. G. Fichtes Gesellschaftslehre* (Freiburg/München: Alber, 1975).

von Stein, Lorenz, *Der Socialismus und Communismus des heutigen Frankreichs* (Leipzig, 1842).

*History of the Social Movement in France*, trans. K. Mengelberg (Totowa, N. J. : Bedminster, 1964).

Waser, Ruedi, *Autonomie des Selbstbewußtseins. Eine Untersuchung zum Verhältnis von Bruno Bauer und Karl Marx* (1835-

1843)(Tübingen: Francke Verlag, 1994).

Williams, R. R. , *Hegel's Ethics of Recognition* (Berkeley: University of California Press, 1997). 【*283*】

Winfield, R. D. , "Rethinking the Particular Forms of Art: Prolegomena to a Rational Reconstruction of Hegel's Theory of the Art-forms,"*Owl of Minerva* , 24/2(1993), 131-144.

Zanardo, Aldo, "Bruno Bauer hegeliano e giovane hegeliano," *Rivista Critica di Storia della Filosofia* , 1965, 1-57.

# 索 引①

absolute 绝对 10，30，43，59，
68，102，103，106，107，110，
114，203—204，208，211

Absolute Spirit 绝对精神
　　in Bauer 鲍威尔论 35，37，
　　59，69，71，106，111
　　in Hegel 黑格尔论 10，29，
　　44，111，114，119，122

absolutism 专制主义，absolutist
state 专制国家 10，16，32，
50，53，71，77，78，79，90，
93，94—95，114，126，132，
134—135，154，180—181，
182—183

abstract right 抽象权利 7，8，
14，91

actuality（*Wirklichkeit*）现实性
5—6，22，23—24，113

aesthetics 美学
　　in Bauer 鲍威尔论 11，13，
　　14，16，21，33，35—37，121，
　　156，180
　　in Hegel 黑格尔论 29—30
另见 art；beauty；judgement，
　　aesthetic；sublime

alienation 异化 2，10，11，12，33，
36，37，48—49，51，59—60，
64—65，79，99，106—107，
114，119，120，122，124，129，
132，139—142，144，146，150

Altenstein 阿尔滕斯坦，Karl
von 63，81

---

**图书在版编目(CIP)数据**

布鲁诺·鲍威尔的哲学和政治学/(加)道格拉斯·莫格奇
(Douglas Moggach) 著;刘亚品译.—北京:北京师范大学出版
社,2022.9
(国外马克思学译丛)
ISBN 978-7-303-28060-5

Ⅰ.①布… Ⅱ.①道… ②刘… Ⅲ.①鲍威尔(Bauer,Bru-
no 1809—1882)—哲学思想—研究 Ⅳ.①B516.49

中国版本图书馆 CIP 数据核字(2022)第 142374 号
北京市版权局著作权合同登记号:图字 01—2019—0166

营　销　中　心　电　话　010-58805385
北京师范大学出版社 http://xueda.bnup.com
主题出版与重大项目策划部

出版发行:北京师范大学出版社　www.bnup.com
　　　　北京市西城区新街口外大街 12-3 号
　　　　邮政编码:100088
印　　刷:北京盛通印刷股份有限公司
经　　销:全国新华书店
开　　本:710 mm×1000 mm　1/16
印　　张:24.75
字　　数:310 千字
版　　次:2022 年 9 月第 1 版
印　　次:2022 年 9 月第 1 次印刷
定　　价:98.00 元

策划编辑:祁传华　　　责任编辑:赵雯婧
美术编辑:王齐云　　　装帧设计:王齐云
责任校对:陈　民　　　责任印制:赵　龙

## 版权声明